大连海事大学校企共建特色教材
大连海事大学—海丰国际教材建设基金资助

（第二版）

港口供电系统

GANGKOU GONGDIAN XITONG

主　编　/　姚玉斌　吴志良　单巨擎
主　审　/　朱景伟

大连海事大学出版社
DALIAN MARITIME UNIVERSITY PRESS

Ⓒ 姚玉斌　吴志良　单巨擎　2023

图书在版编目(CIP)数据

港口供电系统/姚玉斌,吴志良,单巨擎主编. —
2版. — 大连:大连海事大学出版社,2023.12
　ISBN 978-7-5632-4508-6

Ⅰ.①港… Ⅱ.①姚…②吴…③单… Ⅲ.①港口—
供电—电力系统　Ⅳ.①U653.95

中国国家版本馆 CIP 数据核字(2023)第 252945 号

大连海事大学出版社出版

地址:大连市黄浦路523号　邮编:116026　电话:0411-84729665(营销部) 84729480(总编室)
http://press.dlmu.edu.cn　E-mail:dmupress@dlmu.edu.cn

大连金华光彩色印刷有限公司印装　　　　　大连海事大学出版社发行

2018年12月第1版　　2023年12月第2版　　2023年12月第1次印刷

幅面尺寸:184 mm×260 mm　　　　　　　　印张:15.5

字数:380千　　　　　　　　　　　　　　　印数:1~1000册

出版人:刘明凯

责任编辑:董玉洁　　　　　　　　　　　　责任校对:张　华
封面设计:解瑶瑶　　　　　　　　　　　　版式设计:解瑶瑶

ISBN 978-7-5632-4508-6　　　　　定价:39.00元

大连海事大学校企共建特色教材
编 委 会

主任委员：赵友涛

副主任委员：(按姓氏笔画为序)

  杨现祥 吴桂涛

委　　员：(按姓氏笔画为序)

  王　勇 计明军 田明远 付先平 朱作贤

  刘志杰 刘克诚 刘洪波 李　伟 李法强

  李翔生 李瑞民 杨现祥 吴桂涛 林叶锦

  赵友涛 赵宏革 赵俊豪 郭汝倩 郭树东

  章文俊 曾　罡 曾庆成 赖智勇 薛明元

总前言

　　航运业是经济社会发展的重要基础产业,在维护国家海洋权益和经济安全、推动对外贸易发展、促进产业转型升级等方面具有重要作用,对我国建设交通强国、海洋强国具有重要意义。大连海事大学作为交通运输部所属的全国重点大学、国家"双一流"建设高校,多年来为我国乃至国际航运业培养了大批高素质航运人才,对航运业的发展起到了重要作用。

　　进入新时代以来,党中央、国务院及教育主管部门对高等教育的人才培养体系提出了更高要求,对教材工作尤为重视。根据要求,学校大力开展了新工科、新文科等建设及产教融合、科教融合等改革。在教材建设方面,学校修订了教材管理相关制度,建立了校企共建本科教材机制,大力推进校企共建教材工作。其中,航运特色专业的核心课程教材是校企共建的重点,涉及交通运输、海洋工程、物流管理、经济金融、法律等领域。

　　2021年以来,大连海事大学与海丰国际控股有限公司签订了校企共建教材协议,共同成立了"大连海事大学校企共建特色教材编委会"(简称"编委会"),负责指导、协调校企共建教材相关工作,着力建成一批政治方向正确、满足教学需要、质量水平优秀、航运特色突出、符合国家经济社会发展需求和行业需求的高水平专业核心课程教材。编委会成员主要由大连海事大学校领导和相关领域专家、海丰国际控股有限公司领导和相关行业专家组成。

　　校企共建特色教材的编写人员经学校二级单位推荐、学校严格审查后确定,均具有丰富的教育教学和教材编写经验,确保了教材的科学性、适用性。公司推荐具有丰富实践经验的行业专家参与共建教材的策划、编写,确保了教材的实践性、前沿性。学校的院、校两级教材工作委员会、党委常委会通过个人审读与会议评审相结合、校内专家与校外专家相结合等不同形式对教材内容进行学术审查和政治审查,确保了教材的学术水平和政治方向。

　　在校企共建特色教材的编写与出版过程中,海丰国际控股有限公司还向学校提供了经费资助,在此表示感谢。大连海事大学出版社对教材校审、排版等提供了专业的指导与服务,在此表示感谢。同时,感谢各方领导、专家和同仁的大力支持和热情帮助。

　　校企共建特色教材的编写是一项繁重而复杂的工作,鉴于时间、人力等方面的因素,教材内容难免有不妥之处,希望专家不吝指正。同时,希望更多的航运企事业单位、专家学者能参与到此项工作中来,为我国培养高素质航运人才建言献策。

大连海事大学校企共建特色教材编委会
2022年12月6日

第二版前言

《港口供电系统》是一本具有港航特色的教材，其第一版于2018年出版。为反映港口供电系统技术的发展、新设备和新产品的使用以及新标准的实施，作者对本书第一版进行了修订。本版是按照大连海事大学电气工程及其自动化专业培养计划和"港口供电系统"课程教学大纲要求编写的，为大连海事大学校企共建特色教材，由大连海事大学—海丰国际教材建设基金资助出版，谨致衷心的感谢！

本书较全面、系统地阐述了港口供电系统的基本理论、工程实践及应用。本书共分8章，内容分别为概论、港口电力负荷计算、短路电流计算、港口变电所及其一次系统、港口电网、港口供电系统的保护、港口变电所自动化、港口供电系统的电气安全与防雷接地，涵盖了港口供电系统的主要内容，在保证体系完整、理论严谨的基础上，力求简明实用、概念清晰。

本书可作为高等院校电气工程及其自动化专业以及相关专业的教学用书，亦可作为相关学科研究生及港口企业从事港口供电系统研究、开发、设计、生产的工程技术人员的参考用书。

本书由大连海事大学姚玉斌、吴志良，辽宁港口股份有限公司大连港电力公司单巨擎担任主编。大连海事大学朱景伟教授担任主审，提出了许多宝贵的意见和建议。使用本书第一版的王莹老师指出了书中的错误并提出了许多很好的修订建议。在此一并表示衷心的感谢！

在本书的编写过程中，作者参阅、引用了许多同行的论著，所有引用和参考的论著已在参考文献中列出，在此向所有作者致谢！

由于作者水平有限，书中难免存在一些不足和错误，真诚地希望广大读者批评指正。

编　者
2023年8月

第一版前言

《港口供电系统》是按照大连海事大学电气工程及其自动化专业培养计划和有关"港口供电系统"课程的教学大纲要求编写而成的,已获得批准作为大连海事大学特色教材,由大连海事大学资助出版。

本书较全面、系统地阐述了港口供电系统的基本理论、工程实践及应用。是编者长期从事"港口供电系统"课程的教学、科研工作的总结。本书共七章,第四章、第六章由大连海事大学吴志良教授编写,其余各章及附录由大连海事大学姚玉斌教授编写。大连海事大学王丹教授对全书进行了审阅,并提出了许多宝贵的意见和建议,在此表示衷心的感谢!

本书可作为高等院校电气工程及其自动化专业和相关专业的教学用书,亦可作为相关学科研究生及港口企业从事港口供电系统研究、开发、设计、生产的工程技术人员的参考用书。

本书引用和参考了许多同行的论著,特别是大连海事大学电气工程及其自动化专业原使用教材《港口供电及自动化系统》(2003年大连海事大学出版社出版)。

本书所有引用和参考的论著已在参考文献中列出,在此也向所有作者们致谢!

由于编者水平有限,书中难免存在一些不足和错误,殷切希望广大读者批评指正。

编 者

2018年8月

目 录

第一章 概 论 ·· 1
第一节 供电的意义 ·· 1
第二节 电力系统与港口供电系统 ·· 2
第三节 电力系统电压 ··· 6
第四节 电力系统的供电质量 ·· 9
第五节 电力系统中性点的运行方式 ··· 13
思考题与习题 ·· 18

第二章 港口电力负荷计算 ·· 19
第一节 电力负荷和负荷曲线 ·· 19
第二节 三相用电设备组的计算负荷 ··· 23
第三节 单相用电设备组的计算负荷 ··· 30
第四节 港口供电系统的功率损耗和电能损耗 ·· 33
第五节 港口供电系统计算负荷的确定 ··· 36
第六节 港口供电系统无功功率补偿 ··· 37
第七节 尖峰电流的计算 ·· 48
思考题与习题 ·· 48

第三章 短路电流计算 ·· 50
第一节 概 述 ··· 50
第二节 三相交流电网短路的过渡过程 ··· 53
第三节 无限大容量电源供电系统短路电流计算 ·· 58
第四节 短路电流的效应 ·· 69
思考题与习题 ·· 74

第四章 港口变电所及其一次系统 ··· 75
第一节 港口变电所 ·· 75
第二节 开关电器中的电弧及触头 ··· 77
第三节 高压开关电器及配电装置 ··· 81
第四节 变电所的电气主接线 ·· 91
第五节 互感器 ·· 105
第六节 低压配电装置 ··· 112
第七节 电力变压器 ·· 116
第八节 电气设备的选择与校验 ·· 121
第九节 岸电技术 ··· 124
思考题与习题 ·· 126

第五章 港口电网 ·· 128
    第一节 港口电网的接线方式 ··· 128
    第二节 港口电网线路的结构和敷设 ·· 131
    第三节 导线和电缆截面积的选择计算 ··· 133
    思考题与习题 ·· 142

第六章 港口供电系统的保护 ·· 143
    第一节 继电器与继电保护 ·· 143
    第二节 港口供电网络的继电保护 ··· 154
    第三节 电力变压器的继电保护 ·· 176
    第四节 熔断器保护及低压断路器保护 ··· 195
    思考题与习题 ·· 203

第七章 港口变电所自动化 ··· 204
    第一节 自动重合闸装置 ··· 204
    第二节 备用电源自动投入装置 ·· 210
    思考题与习题 ·· 212

第八章 港口供电系统的电气安全与防雷接地 ·· 213
    第一节 电气安全 ·· 213
    第二节 过电压和防雷 ·· 216
    第三节 电气装置的接地 ··· 219
    思考题与习题 ·· 224

附录 ·· 225

参考文献 ·· 235

第一章 概 论

第一节 供电的意义

国民经济的发展必须有足够的能源供给作保障。石油、煤炭、天然气和水力等随自然演化而成的动力资源是能源的直接提供者,为一次能源;电能是由一次能源转化而成的,为二次能源。

电能是现代工业生产的主要能源和动力。电能易于由其他形式的能量转换而来,又易于转换为其他形式的能量以供应用;它的输送和分配简单经济,又便于控制、调节和测量。利用电能易于满足生产工艺要求,保证产品质量,提高劳动生产率,减少能量损失,节约原料和材料,有效地提高工农业生产的机械化和自动化水平。因此,电能在现代工业生产及整个国民经济生活中应用极为广泛,给人类社会带来了日新月异的进步。在现代社会,人均年用电量是反映一个国家现代化程度的主要指标之一。我国的年发电量自2011年(4.7万亿 kW·h 时)、总装机容量自2013年(12.47亿 kW)已经居世界第一位;在电力输送方面,我国的特高压输电技术处于世界领先地位。

电能的另一个特点是发电、供电和用电的全过程是同一瞬间完成的。因此,电能生产过程中如果任何一个环节出现问题或某个电能用户使用不当,都会给整个系统造成影响。电能的应用范围极广,一旦中断供电,其后果可能是非常严重的,如会引起重大设备的损坏,或造成大量产品的报废,甚至发生重大人身伤亡事故,给国家和人民带来重大损失。

要保证生产和生活的需要,供电工作必须满足以下要求:

安全:在发电、供电和用电过程中,不应发生人身事故和设备事故。

可靠:满足电能用户对供电可靠性的要求。

优质:保证供电质量。电能质量的主要指标电压、频率要合格和稳定,波形为正弦波。

经济:供电系统应投资少,运行费用低,节约电能,有色金属消耗量小。

环保:尽量减少对环境的破坏,节约用地,有效利用资源,实现节能减排。

第二节　电力系统与港口供电系统

一、电力系统的概念

由发电厂、变电所、电力线路和电力用户组成的系统称为电力系统，如图 1-1 所示。电力系统是现代社会中最重要、最庞杂的工程系统之一，是以交流为主干、以直流输电为辅助的交直流混合系统。

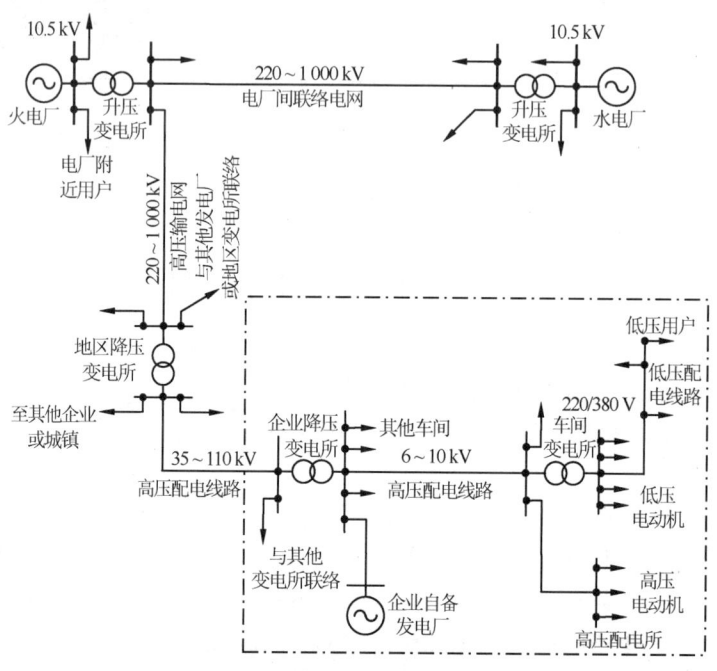

图 1-1　电力系统示意图

我国发电机的额定电压多为 6.3 kV、10.5 kV、13.8 kV 或 15.75 kV，少数大容量发电机的额定电压为 18 kV 或 20 kV。这种低压电能，除了满足电厂自用电和直接分配给附近电能用户外，一般都是通过升压变电所转换成高压电能，将电能输送出去。在电力网的导线截面积和线路电压损失一定的条件下，输电电压越高，则输送距离越远，输送的功率也越大。若输送功率、送电距离和允许电压损失一定，则输电电压越高，导线截面积越小，可以节省导线所用的有色金属（铝或铜）。或者说，当输送功率为一定值时，提高输电电压就可减少输电线路上的电流，因而减少线路上的电能损耗和电压损失，提高网络输送电能的效率，使用户得到品质好的电能。

电力网可分为输电网和配电网两大部分。由 220~1 000 kV 输电线路和区域变电所组成的输电网，将电能送到各个地方的供电网络，或直接送给大型用户。由 110 kV~220/380 V 配电线路和降压变电所组成的配电网，将电能分配到各类用户。

二、电力系统的基本组成

1. 发电厂

发电厂是生产电能的工厂,它把一次能源通过发电设备转换为电能。根据一次能源的不同,发电厂可分为火电厂、水电厂、核电厂等传统发电厂;此外,还有利用风力、太阳能、生物质能等发电的清洁新能源发电形式。

(1) 火电厂

火电厂将煤、石油、天然气的化学能转化为电能。我国火电厂燃料以煤炭为主,发达国家火电厂燃料中石油和天然气占的比例较大。火电厂的主要设备为锅炉、汽轮机和发电机。火力发电的原理:燃料在锅炉中燃烧,将水转化成高温、高压蒸汽,蒸汽推动汽轮机转动,带动发电机旋转发出电能。能量的转化过程:化学能→热能→机械能→电能。目前先进的发电厂一般采用超超临界压力锅炉,发电机的发电功率可达 1 200 MW。汽轮发电机为隐极机,转速为 3 000 r/min。有些火电厂除了发电外,还向工业用户或居民供热,称为热电厂。

(2) 水电厂

水电厂,常称为水电站,它将水的位能或动能转化为电能。水电厂的主要设施为水库、水轮机和发电机。水力发电的原理:水流驱动水轮机转动,带动发电机旋转发出电能。能量的转化过程:位能或动能→机械能→电能。目前水轮发电机最大发电功率为 1 000 MW。水轮发电机为凸极机,转速一般在 100 r/min 左右。三峡水电站有左岸(14 台机组)、右岸(12 台机组)和地下(6 台机组)三大电站,共有 32 台大型水电机组,单机容量为 700 MW,总装机容量为 2 240 万 kW,年均发电量 1 000 亿 kW·h 左右,是目前世界上装机容量最大的水电站。世界第二大水电站白鹤滩水电站左岸厂房和右岸厂房各有 8 台机组,于 2022 年 12 月 20 日全部投产发电。白鹤滩水电站单机容量达 1 000 MW,其研制、安装调试难度远大于世界在建和已投运的任何机组,被誉为当今世界水电行业的"珠穆朗玛峰"。

(3) 核电厂

核电厂,常称为核电站,它利用重核原子的原子核裂变产生的巨大热量发电。核电厂的主要设备为核反应堆、汽轮机和发电机。核能发电的原理:核燃料在核反应堆中受控裂变释放核能,将水转化成高温、高压蒸汽,蒸汽推动汽轮机转动,带动发电机旋转发出电能。能量的转化过程:核能→热能→机械能→电能。核电厂的汽轮发电机也为隐极机,转速为 1 500 r/min,为半速发电机。

(4) 风力发电厂

风力发电厂是利用风力的动能来产生电能的工厂,它建在有丰富风力资源的地方。风能是一种取之不尽的清洁、廉价和可再生能源。近几年,风力发电在我国迅猛发展,成为新能源开发的重点项目。风力发电的发电过程:利用风力带动风车叶片旋转,再通过变速机构将转速提升,来促使发电机发电。风力发电过程中,风速变化会使原动机输出的机械功率发生变化,从而导致发电机输出功率波动而使电能质量下降。应用储能装置是改善发电机输出电压和频率质量的有效途径之一,同时也增加了风力发电机组与电网并网运行时的可靠性。具有应用前景的风力发电系统储能方式主要有蓄电池储能、超级电容储能、超导储能和压缩空气储能等形式。风力发电分为离网型和并网型。并网型风力发电是大规模开发风电的主要形式,也是近年来风电发展的主要趋势。并网型风力发电通常由多台容量较大的风力发电机组构成风力发电机群,也称为风电场。风电场具有机组大型化(50 kW～3 MW)、集中安装和便于控制等特点。风电场中,风力发电机组经变压器升压后与电力系统相连。风力发电的优点是清洁、可再生和装机灵活;缺点是噪声大、占地面积大、稳定性弱、成本高和不可控等。

(5) 太阳能发电厂

太阳能同样是一种越来越受人们青睐的清洁、可再生能源,它的应用之一就是将太阳能转换成电能。太阳能发电厂是直接利用太阳能辐射的光伏效应或间接利用太阳能辐射的热能转换成电能的电厂。直接利用太阳能辐射的光伏效应的发电方式称为光伏发电;间接利用太阳能辐射热能的发电方式称为光热发电。光伏发电利用太阳能电池板发电;光热发电通过聚焦太阳光到吸热塔,融化熔融盐,带动汽轮机发电。光伏发电由太阳能电池方阵、蓄电池组、充放电控制器、逆变器、交流配电柜和太阳跟踪控制系统等设备组成。太阳能光伏电厂也称光伏电站,有离网型(独立运行系统)和并网型两种,并网型光伏电厂是与电网相连并向电网输送电力的光伏电厂,可带蓄电池或不带蓄电池。带有蓄电池的并网型光伏电厂具有可调度性,可根据需要并入或退出电网,还具有备用电源的功能,当电网发生故障而停电时提供紧急供电。带有蓄电池的并网型光伏电厂常安装在民用建筑中,不带蓄电池的并网型光伏发电厂则不具备可调度性和备用电源的功能,一般安装在较大型的系统上。目前,除大规模并网型光伏发电外,太阳能发电还以离网方式广泛地应用于军事、航天、工业、商业、农业、通信、家用电器以及公共设施等领域,尤其可以分散地在边远地区、高山、沙漠、海岛和农村使用,以节省造价很高的输电线路。我国太阳能资源比较丰富,特别是西藏、新疆和内蒙古等地区,常年日照时间达250～300天,属于太阳能丰富区。虽然太阳能发电与常规发电相比受到技术条件的限制,如系统运行的随机性大等,但因其利用的是可再生的太阳能,因此依然比较有发展前景。图1-2为某港口屋顶光伏电站。

图1-2 某港口屋顶光伏电站

2. 变电所

变电所也称变电站,是接受电能、变换电压和分配电能的场所。为了实现电能的远距离输送并将电能分配到用户,需要由变电所将发电机的电压进行多次电压变换。变电所由电力变压器、配电装置和二次设备等构成。仅用于接受和分配电能,而不变换电压的场所称为配电所。用于交流电流与直流电流相互转换的场所称为换流站。

按变电所的性质和任务不同,变电所可分为升压变电所和降压变电所,除了与发电机相连的变电所为升压变电所外,其余均为降压变电所。按变电所的地位和作用不同,变电所又分为枢纽变电所、中间变电所、地区变电所和终端变电所。

（1）枢纽变电所

位于电力系统的枢纽点，连接电力系统中的高压和中压的几个部分，汇集多个电源，称为枢纽变电所。枢纽变电所的变压器高压侧电压通常为330～1 000 kV，低压侧电压为330～110 kV。枢纽变电所电压等级高，供电范围广，在系统中处于举足轻重的地位。全所停电将引起系统解列，造成大区域停电，甚至造成电力系统瓦解，使社会的运行处于瘫痪状态。

（2）中间变电所

以交换潮流为主，起系统功率交换的作用，或使长距离输电线路分段，一般汇集2、3个电源，同时又降压给当地用户供电，这样的变电所全所停电后，将引起区域网络的解列，造成大面积停电。

（3）地区变电所

地区变电所的变压器高压侧电压一般为220～330 kV，低压侧电压一般为110～10 kV。它是以对地区用户供电为主的变电所，全所停电后，将使地区中断电源。

（4）终端变电所

终端变电所处于输电线路的终端，接近负荷点，其变压器高压侧电压一般为10～110 kV，经降压后直接给用户供电。终端变电所全所停电后，将使用户中断电源。大中型企业的总降压变电所和车间变电所、电气化铁路的牵引变电所、煤矿企业的井上变电所和井下变电所等均属于终端变电所。

3. 电力线路

电力线路把发电厂、变电所和用户联系起来，将电能输送和分配给电能用户。电力线路有各种不同电压等级和不同结构类型。220 kV及以上的电力线路称为输电线路；110 kV及以下电力线路称为配电线路。电力线路分为架空线路和电缆线路两种，高压输电多用架空线路，大中城市和现代化企业配电网多用电缆线路。架空线路一般采用铝导线，其包含铝绞线、钢芯铝绞线、铝合金绞线等，电缆线路多采用铜导线。

4. 电力用户

电力用户为所有用电单位。电力用户按其性质不同可分为工业用户、商业用户、农业用户、城镇居民用户。在我国，工业企业用电占全国总发电量的60%以上，是最大的电力用户。

三、港口供电系统

港口是重要的工业用户，它的供电系统也属于工业企业供电系统。港口供电系统由企业总降压变电所、高压配电线路、车间或码头变电所、低压配电线路及用电设备组成。工业企业内部供电系统与电力系统的关系如图1-1所示，图中虚线部分即为工业企业内部供电系统。

大型工业企业都要设置总降压变电所，把从电力系统接受的35～110 kV电压降为6～10 kV的高压配电电压，向车间或码头变电所配电。为保证供电的可靠性，总降压变电所多为两台降压变压器。中小型企业仅有6～10 kV变电所。

对于某些工业企业，由于其生产对国民经济的重要性，需要建立自备发电厂作为备用电源时，可建立企业自备热电厂，同时为生产提供蒸汽或热水。一般说来，当工业企业要求供电可靠性较高时，可从电力系统引出两个独立电源对其供电，以保证供电的连续性。

在一个或几个码头之间，根据生产规模、用电设备的布局及用电量大小等情况，可设立几个码头变电所。几个相邻的用电量不大的码头，可设立一个变电所，其位置为几个码头的负荷中心，也可选在用电量最大的码头内。

车间或码头变电所一般设置 1~2 台变压器。单台变压器容量通常在 1 000 kVA 及以下，将 6~10 kV 电压降为 220/380 V，为低压用电设备供电。若有高压用电设备，则直接由车间或码头变电所的 6~10 kV 母线供电。

码头变电所的主要电气设备是电力变压器和受、配电设备及装置。所谓受、配电设备及装置就是用来接受和分配电能的电气装置，包括开关设备、保护电器、测量仪表、母线及其他辅助设备(仪用互感器)等。对 10 kV 及以下的系统，为了安装和维护简便起见，制造厂均将受、配电设备及装置组装为成套式开关柜。

港口高压配电线路主要供港内输送、分配电能之用，把电能送到车间或码头。早期的多数工业企业高压配电线路都采用架空线路，因为架空线路建设投资少，便于维护和检修。但在某些企业(如钢厂、化工厂、港口、造船厂等)的厂区内，由于厂房和其他构筑物较密集，架空敷设的管道纵横交错占据着空间，或由于厂区个别区域腐蚀性气体较严重等因素的限制，在厂区内部分地段不宜敷设架空线路，此时可在这些地段敷设地下电缆网络。最近几年来，由于电缆制造技术的发展，电缆质量不断提高，成本也有所下降，同时为了美化厂区环境、节约用地，现代企业的厂区高压配电线路已逐渐向电缆化方向发展。

工业企业低压配电线路用于向低压电气设备供电。在户外敷设的低压配电线路目前多采用电缆线路。在厂房和车间内部则应根据具体情况确定，或采用明线配电线路，或采用电缆配电线路。在厂房车间内，由动力配电箱到电动机的配电线路一律采用绝缘导线穿管敷设或采用电缆线。

在企业内，为了减轻大型电动机起动引起的电压波动对照明负荷的影响，照明线路和动力线路以分别架设为宜。如果没有频繁起动的电动机，则两种线路可用同一台配电变压器供电。当然，照明系统最好用专门的变压器供电，这样虽增加一些设备投资，却能防止或减轻灯光的闪烁现象。事故照明系统，必须有可靠的独立电源，以保证在发生事故时能及时地向事故照明系统持续供电。

第三节　电力系统电压

电力系统中的各种电气设备，只有在一定的电压和频率下工作才能正常运行并获得最佳的运行效果。根据国民经济发展的需要，考虑技术经济上的合理性，以及电机、电器制造工业的水平和发展趋势等一系列因素，并参考国际标准和其他国家的规定，国家统一制定了电力系统和相关设备的系统标准电压，包括电力网络的标称电压和设备的额定电压等。

标称值是用以规定或识别一个元件、器件或设备的合适的近似量值；额定值是由制造厂针对元件、器件或设备的规定运行条件而规定的量值。标称电压是规定或识别电力系统电压等级的电压值。额定电压是能使发电机、变压器和一切用电设备在正常运行时获得最佳经济效果的电压值。

一、电力系统的标称电压

我国国家标准 GB/T 156—2017《标准电压》规定了交流输配电系统和相关设备、交流和直流牵引系统、高压直流输电系统的标称电压;发电机、低压交流和直流设备等的额定电压。常见的交流系统和相关设备的标称电压有:220/380 V、380/660 V、1 kV、3 kV、6 kV、10 kV、20 kV、35 kV、66 kV、110 kV、220 kV、330 kV、500 kV、750 kV、1 000 kV。

上述交流系统的标称电压中,330 kV、500 kV、750 kV 为超高压,1 000 kV 为特高压。

直流输电系统的标称电压和常用的部分直流用电设备的额定电压有:110 V、220 V、400 V、±500 kV、±800 kV、±1 100 kV。

上述直流输电系统的系统标称电压中,±500 kV 为超高压,±800 kV 和 ±1 100 kV 为特高压。

二、电气设备的额定电压

电气设备的额定电压通常由制造厂家确定,用以规定设备额定工作条件的电压。一般应该采用国标 GB/T 156—2017 规定的标准值。

1. 发电机的额定电压

发电机的额定电压高于用电设备额定电压或电网标称电压 5% 左右。因为线路在输送电流时会产生电压损失,以此来补偿这种电压损失。

2. 电力变压器的额定电压

(1) 一次绕组的额定电压

当变压器直接与发电机相连时,如图 1-3 中的变压器 T_1,其一次绕组的额定电压应与发电机额定电压相同,即高于同级电网标称电压 5%。当变压器不与发电机相连,而是连接在线路上时,如图 1-3 中的变压器 T_2,其一次绕组的额定电压应与电网标称电压相同。

(2) 二次绕组的额定电压

电力变压器二次绕组的额定电压,是指二次绕组的开路电压,即空载电压。当变压器满载时,变压器内一般有 5%~10% 的阻抗电压降。如果变压器二次侧供电线路较长(如为 35 kV 及以上高压线路)时,变压器二次侧额定电压既要考虑补偿变压器满载时内部 5% 的电压降,还要考虑变压器满载输出的二次电压高于电网标称电压 5%,以补偿线路上的电压降,因此它要比电网标称电压高 10%,如图 1-3 中的变压器 T_1。如果变压器二次侧供电线路较短(直接向高低压用电设备供电,如 10 kV 及以下线路)时,则变压器二次绕组的额定电压只需高于电网标称电压 5%,以补偿变压器内部 5% 的电压降,如图 1-3 中的变压器 T_2。

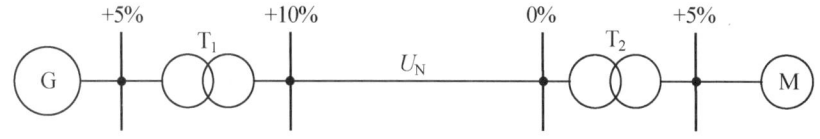

图 1-3　电力变压器的额定电压

3. 用电设备的额定电压

用电设备运行时,供电线路上会产生电压降,所以线路上各点的电压略有不同。然而,用电设备只能按其使用处的电网标称电压制造,因此,用电设备的额定电压应与同级电网的标称电压相同。

例 1-1 已知图 1-4 所示供电系统中线路的标称电压,试求发电机和变压器的额定电压。

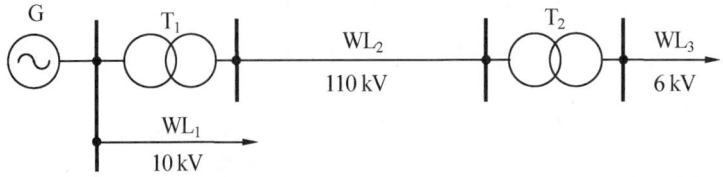

图 1-4 例 1-1 供电系统图

解:发电机 G 的额定电压　$U_{N.G} = 1.05 U_{N.WL_1} = 1.05 \times 10 = 10.5 (kV)$

变压器 T_1 的额定电压 $U_{1N.T_1} = U_{N.G} = 10.5$ kV

$$U_{2N.T_1} = 1.1 U_{N.WL_2} = 1.1 \times 110 = 121 (kV)$$

变压器 T_2 的额定电压 $U_{1N.T_2} = U_{N.WL_2} = 110$ kV

$$U_{2N.T_2} = 1.05 U_{N.WL_3} = 1.05 \times 6 = 6.3 (kV)$$

三、供电系统电压等级的确定

电压等级的确定在供电系统设计中非常重要,电压等级确定得是否合理将直接影响供电系统设计的技术和经济的合理性。

各电压等级都有各自的适用范围,可以作为选择电压等级的参考依据。各电压等级电力线路的输送容量和输送距离如表 1-1 所示。

表 1-1 各电压等级电力线路的输送容量和输送距离

电网电压/kV	架空线路		电缆线路	
	输送容量/MVA	输送距离/km	输送容量/MVA	输送距离/km
0.22	≤0.06	≤0.15	≤0.1	≤0.20
0.38	≤0.1	≤0.25	≤0.175	≤0.35
3	0.1~1.0	1~3	≤1.5	≤1.8
6	0.1~1.2	4~15	≤3.0	≤8.0
10	0.2~2.0	6~20	≤5.0	≤10
35	2~10	20~50	—	—
66	3.5~30	30~100	—	—
110	10~50	50~150	—	—
220	100~500	100~300	—	—
330	200~800	200~600	—	—
500	1 000~1 500	250~850	—	—
750	2 000~2 500	>500	—	—
1 000	3 500~5 000	>1 000	—	—

经验表明有总降压变电所的企业,当 6 kV 用电设备的负荷占企业总负荷的 30%~40%

时,企业内部配电电压宜采用 6 kV;高压设备容量较小时,配电电压采用 10 kV 比较适宜。

第四节 电力系统的供电质量

电能质量,从严格意义上讲为衡量供电电压、频率和波形的指标。从普遍意义上讲是指优质供电,包括电压质量、电流质量、供电质量和用电质量。电能质量问题可以定义为导致用电设备故障或不能正常工作的电压、电流或频率的偏差,其内容包括频率偏差,电压偏差,电压波动与闪变,三相电压不平衡,瞬时或暂态过电压,波形畸变(谐波),电压暂降、中断、暂升以及供电可靠性等。

电能质量涉及问题很多,不同的用户或设备对电能质量的要求也不同。如短时的电压变动对具有较强惯性的传统电机影响较小,但对精密的电子设备影响则很大。

一般来说,发电机发出的电能是比较理想的,公共电网的电能质量主要是负荷电流扰动造成的。例如,大容量换流设备是电力系统的主要谐波源,交流电弧炉等波动负荷是电压波动的发生源,电力机车等单相用电设备是导致三相电压不平衡的主要因素。因此国家标准中除了规定了电力系统的质量指标外,也对电力用户提出了要求。

一、电压质量

电压质量包括电压偏差、电压波动与闪变、三相电压不平衡、电压暂降与短时中断等。

1. 电压偏差

实际运行电压对系统标称电压的偏差相对值称为电压偏差,用百分数表示,即

$$\Delta U\% = \frac{U - U_N}{U_N} \times 100\% \qquad (1-1)$$

式中,$\Delta U\%$ 为电压偏差百分数;U 为实际电压;U_N 为系统标称电压。

我国国家标准 GB/T 12325—2008《电能质量 供电电压偏差》规定供电电压偏差的限值,为:

35 kV 及以上供电电压正、负偏差绝对值之和不超过 $10\% U_N$,供电电压上下偏差同号(均为正或负)时,以较大的偏差绝对值作为衡量依据;

20 kV 及以下三相供电电压偏差为 $\pm 7\% U_N$;

220 V 单相供电电压偏差为 $(+7\% \sim -10\%) U_N$。

电压偏差会造成以下不良影响:

(1) 对感应电动机的影响

感应电动机的转矩与电压的平方成正比。当电压下降 10% 时,转矩减少约 20%,负荷电流将增大,温升升高,加速绝缘老化,缩短电机的寿命。而且,转矩减小,转速下降,将降低生产效率,减少产量,增加废品和次品的数量。当然,电压偏高时,负荷电流和温升一般也要增加,绝缘也会受损,但不及电压偏低时的影响大。

(2) 对同步电动机的影响

同步电动机的端电压偏高或偏低时,转矩随电压成正比变化。除了不会影响其转速外,电

压偏差对转矩、电流和温升等也都有影响。

(3) 对电光源的影响

电压偏差对白炽灯的影响最为显著。当白炽灯的端电压降低 10% 时，灯泡的使用寿命将延长 2~3 倍，但发光效率下降 30% 以上，灯光明显变暗，严重影响人的视力健康，降低工作效率，并可能引发事故。若电压升高 10%，发光效率将提高 1/3，但其使用寿命会极大缩短，为原来的 1/3。电压偏差对荧光灯等气体放电灯也有影响，电压偏低时，灯管不易起燃，若多次反复起燃，则灯管寿命会明显缩短，照度下降；若电压偏高，则寿命也会缩短。

2. 电压波动与闪变

按照我国国家标准 GB/T 12326—2008《电能质量 电压波动和闪变》的定义：电压波动为电压方均根值（有效值）一系列的变动或连续的改变。闪变为灯光照度不稳定造成的视感。

电压波动用电压变动 d 和电压变动频度 r 综合衡量。

电压波动的大小用电压变动 d 表示：

$$d = \frac{\Delta U}{U_N} \times 100\% \tag{1-2}$$

式中，ΔU 为电压方均根值曲线上相邻的电压有效值的最大值与最小值之差。

电压变动频度 r 为单位时间内电压变动的次数（电压由大到小或由小到大各算一次变动）。不同方向的若干次变动，如果间隔时间小于 30 ms，则算一次变动。

电压波动是电网电压短时快速的变动，电压波动是由负荷急剧变动引起的。负荷急剧变动，引起网络电压损失相应变动，因而造成电气设备端电压波动。例如电动机起动，特别是满载起动，电焊机工作，大型电弧炉和大型轧钢机等冲击性负荷工作，都会引起电网电压波动。

电压波动会影响电动机的正常起动，甚至使电动机无法起动；还可能引起同步电动机转子振动；可使某些电子设备特别是电子计算机无法正常工作；可使照明灯产生明显的闪烁，如果闪烁过快和过强，将使人们无法正常生活和工作。

GB/T 12326—2008《电能质量 电压波动和闪变》规定了电力用户在电力系统公共连接点产生的电压波动和闪变的限值，电压波动限值如表 1-2 所示。

表 1-2 电压波动限值

电压变动频度 r/(次/小时)	电压变动 d	
	≤ 35 kV	> 35 kV
$r \leq 1$	4%	3%
$1 < r \leq 10$	3%	2.5%
$10 < r \leq 100$	2%	1.5%
$100 < r \leq 1\,000$	1.25%	1%

3. 三相电压不平衡

三相电压不平衡是指三相电压在幅值上不同或相位差不是 120°，或兼而有之。不平衡的程度用不平衡度（电压负序基波分量与正序基波分量的方均根值百分比）来表示。GB/T 15543—2008《电能质量 三相电压不平衡》中规定：

①电力系统公共连接点电压不平衡度限值为：电网正常运行时，负序电压不平衡度不超过 2%，短时不得超过 4%；低压系统零序电压限值暂不作规定，但各相电压必须满足 GB/T 12325

②接于公共连接点的每个用户引起该点负序电压不平衡度的允许值一般为 1.3%，短时不超过 2.6%。

4. 电压暂降与短时中断

GB/T 30137—2013《电能质量 电压暂降与短时中断》定义：电压暂降是指电力系统中某点工频电压方均根值突然降低至 0.1~0.9 pu，并在短暂持续 10 ms~1 min 后恢复正常的现象；短时中断是指电力系统中某点工频电压方均根值突然降低至 0.1 pu 以下，并在短暂持续 10 ms~1 min 后恢复正常的现象。

二、频率质量

GB/T 15945—2008《电能质量 电力系统频率偏差》规定：电力系统正常运行条件下频率偏差限值为±0.2 Hz，当系统容量较小时，偏差限值可放宽到±0.5 Hz。标准中没有说明系统容量大小的界限。在《全国供用电规则》中规定：供电局供电频率的允许偏差为电网容量在 300 万 kW 及以上者为±0.2 Hz；电网容量在 300 万 kW 以下者为±0.5 Hz。实际运行中，从全国各大电力系统运行看频率偏差都保持在±0.1 Hz 范围内。

目前，世界上电网的额定频率有两种：50 Hz 和 60 Hz。亚洲、欧洲等大多数地区采用 50 Hz，北美采用 60 Hz，有些国家如日本同时有 50 Hz 和 60 Hz 两种额定频率，我国工业用电的频率标准为 50 Hz。而在工厂的某些场合采用较高的频率，以减轻工具重量、提高生产效率和加热零件。如某些大型流水作业的装配车间采用 175~180 Hz 的高频工具，某些机床采用 400 Hz 的电机以提高切削速度，锻压、热处理及熔炼利用高频加热等。

电网频率降低，所有用户的交流电动机转速都将下降，因而许多企业的产量和产品质量都将受到影响。例如频率降至 48 Hz 时，电动机转速降低 4%，冶金、化工、机械、纺织和造纸等工业的产量将相应降低，产品质量也会受到影响，如纺织品断线、纸张厚薄不均、印刷品色泽深浅不规律、计算机产生误计算、误打印和信号误显示等。

三、波形质量

电网电压的波形应该为正弦波。发电机产生的电压波形为正弦波。由于电力系统中存在着许多谐波源，高次谐波造成正弦波形畸变，严重影响电能质量。

非线性元件即谐波源。例如荧光灯、高压汞灯等气体放电灯，交流电动机，电焊机，变压器和感应电炉等，特别是大型晶闸管变流设备和大型电弧炉所产生的谐波电流，是电力系统最主要的谐波干扰因素。

高次谐波电流通过变压器，可明显地增加其铁芯损耗，使变压器过热，缩短使用寿命。高次谐波电流通过交流电动机，也会显著增加铁芯损耗，还会引起转子振动，严重影响机械加工的产品质量。高次谐波对电容器的影响更大。由于电容器对高次谐波的阻抗很小，所以高次谐波电压易使电容器因过负荷而损坏。高次谐波电流使电力线路的电能损耗增加，使电力系统发生电压谐振，从而在线路上引起过电压，有可能击穿线路设备的绝缘。高次谐波还可能使系统的继电保护和自动装置发生误动作，并可对附近的通信设备和线路产生信号干扰。

GB/T 14549—1993《电能质量 公用电网谐波》规定了公用电网谐波电压（相电压）限值，如表 1-3 所示。同时规定了用户注入电网的谐波电流允许值以及单台变流设备和交流调压装置接入电网的允许容量等,并提出了谐波管理的措施。用户注入公共连接点的谐波电流允许值如表 1-4 所示。

表 1-3 公用电网谐波电压(相电压)限值

电网标称电压/kV	电压总谐波畸变率	各次谐波电压含有率	
		奇次	偶次
0.38	5.0%	4.0%	2.0%
6	4.0%	3.2%	1.6%
10	4.0%	3.2%	1.6%
35	3.0%	2.4%	1.2%
66	3.0%	2.4%	1.2%
110	2.0%	1.6%	0.8%

表 1-4 注入公共连接点的谐波电流允许值

标称电压/kV	基准短路容量/MVA	谐波次数及谐波电流允许值/A																						
		2	3	4	5	6	7	8	9	10	11	12	13	14	15	16	17	18	19	20	21	22	23	24	25
0.38	10	78	62	39	62	26	44	19	21	16	28	13	24	11	12	9.7	18	8.6	16	7.8	8.9	7.1	14	6.5	12
6	100	43	34	21	34	14	24	11	11	8.5	16	7.1	13	6.1	6.8	5.3	10	4.7	9.0	4.3	4.9	3.9	7.4	3.6	6.8
10	100	26	20	13	20	8.5	15	6.4	6.8	5.1	9.3	4.3	7.9	3.7	4.1	3.2	6.0	2.8	5.4	2.6	2.9	2.3	4.5	2.1	4.1
35	250	15	12	7.7	12	5.1	8.8	3.8	4.1	3.1	5.6	2.6	4.7	2.2	2.5	1.9	3.6	1.7	3.2	1.5	1.8	1.4	2.7	1.3	2.5
66	500	16	13	8.1	13	5.4	9.3	4.1	4.3	3.3	5.9	2.7	5.0	2.3	2.6	2.0	3.8	1.9	4.1	1.6	1.9	1.5	2.8	1.4	2.6
110	750	12	9.6	6.0	9.6	4.0	6.8	3.0	3.2	2.4	4.3	2.0	3.7	1.7	1.9	1.5	2.8	1.3	2.5	1.2	1.4	1.1	2.1	1.0	1.9

当公共连接点处的最小短路容量与表 1-4 中的基准短路容量不同时,谐波电流允许值按下式修正:

$$I_h = \frac{S_{k1}}{S_{k2}} I_{hp} \tag{1-3}$$

式中, S_{k1} 为公共连接点处的最小短路容量;S_{k2} 为基准短路容量;I_{hp} 为表 1-4 中的第 h 次谐波电流允许值;I_h 为短路容量为 S_{k1} 时的第 h 次谐波电流允许值。

GB/T 24337—2009《电能质量 公用电网间谐波》规定的间谐波电压含有率限值如表 1-5 所示,接于公共连接点的单一用户引起的间谐波电压含有率限值如表 1-6 所示。

表 1-5 间谐波电压含有率限值

电压等级	频率/Hz	
	< 100	100~800
1 kV 及以下	0.2%	0.5%
1 kV 以上	0.16%	0.4%

表 1-6 单一用户引起的间谐波电压含有率限值

电压等级	频率/Hz	
	< 100	100~800
1 kV 及以下	0.16%	0.4%
1 kV 以上	0.13%	0.32%

衡量电能质量的指标除了有上述的电压、频率和波形等指标外,还包括过电压、欠电压、电压中断、断电、电压突升、电压瞬变、电压切痕等。这些电能质量问题有的有相应的国家标准进行规范,有的目前还没有国家标准,尚在研究中。

第五节 电力系统中性点的运行方式

在三相交流电力系统中,作为供电电源的发电机和变压器,其中性点有四种运行方式:中性点不接地、中性点经消弧线圈接地、中性点直接接地和中性点经电阻接地。前两种接地方式电网称为小电流接地系统,中性点直接接地电网称为大电流接地系统。

电源中性点的运行方式对电力系统的运行,特别是发生单相接地时有明显的影响,而且影响电力系统的保护装置及测量系统的选择和运行。

一、电源中性点不接地的电力系统

图 1-5 是电源中性点不接地的电力系统在正常运行时的电路图和相量图。

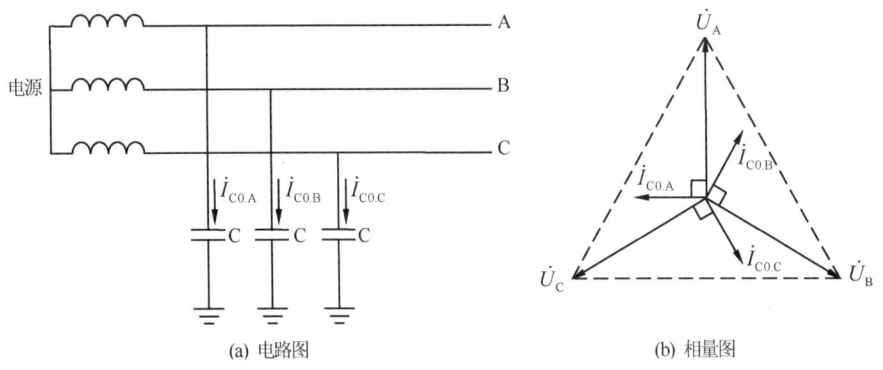

(a) 电路图   (b) 相量图

图 1-5 电源中性点不接地的电力系统在正常运行时的电路图和相量图

两个导体隔以绝缘介质形成电容。在电力系统中,输电导线是很长的导体,大地也是导体,两者之间以空气绝缘形成电容,三相线路中的相与相之间也存在着电容。分布电容用集中参数电容 C 来表示(相间电容对所讨论的问题无影响,故略去)。

系统正常运行时,三相相电压 $\dot{U}_A$、$\dot{U}_B$、$\dot{U}_C$ 对称,三相对地电容电流 $\dot{I}_{C0}$ 也对称。因此,三相电容电流的相量和为零,没有电流在大地中流动,每相对地电压就等于相电压。

各相对地电容电流为

$$I_{C0} = I_{C0 \cdot A} = I_{C0 \cdot B} = I_{C0 \cdot C} = U_A/X_C = U_B/X_C = U_C/X_C \tag{1-4}$$

系统发生单相接地时,例如 C 相接地,如图 1-6 所示。这时 C 相对地电压为零,A 相对地

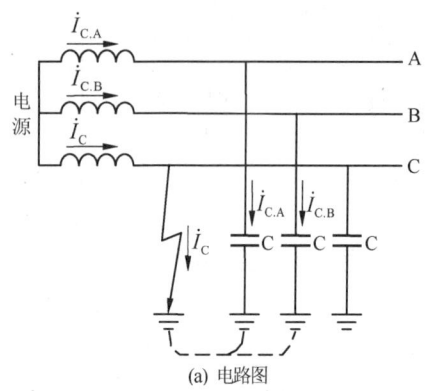 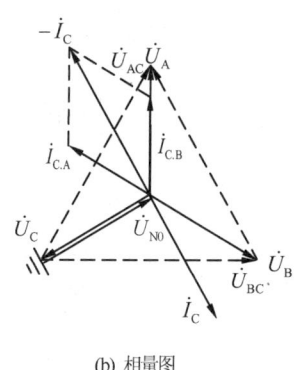

图 1-6 电源中性点不接地的电力系统在单相接地时的电路图和相量图

电压为 $\dot{U}'_A = \dot{U}_A - \dot{U}_C = \dot{U}_{AC} = -\dot{U}_{CA}$，B 相对地电压 $\dot{U}'_B = \dot{U}_B - \dot{U}_C = \dot{U}_{BC}$，如图 1-6(b) 的相量图所示，即 A、B 两相对地电压都由相电压升高为线电压。

C 相接地时，系统的接地电流 $\dot{I}_C$ 应为 A、B 两相对地电容电流之和的相反数：

$$\dot{I}_C = -(\dot{I}_{C \cdot A} + \dot{I}_{C \cdot B})$$

由图 1-6（b）的相量图可见，$\dot{I}_C$ 超前 $\dot{U}_C$ 90°，$I_C = \sqrt{3} I_{C \cdot A}$，而 $I_{C \cdot A} = U'_A / X_C = \sqrt{3} U_A / X_C$，因此

$$I_C = 3 I_{C0} = 3 U_A / X_C \tag{1-5}$$

即单相接地时故障相的电容电流为正常运行时每相对地电容电流的 3 倍。

线路对地电容 C 一般不容易确定，因此 I_{C0}、I_C 也不便计算，可采用经验公式计算单相接地电容电流（A）：

$$I_C = U_N (l_{oh} + 35 l_{cab}) / 350 \tag{1-6}$$

式中：l_{oh} 为同一电压等级的具有电的联系的架空线路总长度（km）；l_{cab} 为同一电压等级的具有电的联系的电缆线路总长度（km）；U_N 为系统标称电压（kV）。

电源中性点不接地的电力系统发生单相接地时，线电压均未变化，三相用电设备仍可正常运行，但不允许长期这样运行，因为非故障相对地电压升高为线电压，长期运行可能在绝缘薄弱处发生绝缘破坏，导致另一相也发生接地故障，就形成两相接地短路，这将损坏线路和设备。因此，在电源中性点不接地的系统中，应装设专门的单相接地保护或绝缘监视装置，在发生单相接地时，给予报警信号，以提醒值班人员注意，并及时处理。

电源中性点不接地的电力系统发生单相接地故障时，传统做法是允许继续运行 2 h，若在 2 h 内未予修复，就应将负荷转移到备用线路上或切除此故障线路。我国新版国家电网公司企业标准 Q/GDW 10370—2016《配电网技术导则》，改进了小电流接地系统单相接地故障处理技术原则，修改为在躲过瞬时接地故障后，快速就近隔离故障原则，即由"2 h 运行+接地选线"改为"选段跳闸"。

电源中性点不接地的电力系统，有一种情况比较危险。若单相接地时，接地电流不稳定且较大，将出现断续电弧，引起弧光接地过电压，使非故障相出现高达 2.5～3 倍相电压的过电压，导致线路上绝缘薄弱点的击穿。为防止断续电弧的出现，我国电力行业推荐标准 DL/T 620—1997《交流电气装置的过电压保护和绝缘配合》规定：3 kV~10 kV 不直接连接发电机的系统和 35 kV、66 kV 系统，当单相接地故障电容电流不超过下列数值时，应采用不接地方式；

当超过下列数值又需在接地故障条件下运行时,应采用消弧线圈接地方式:

(1)3~10 kV 钢筋混凝土或金属杆塔的架空线路构成的系统和所有 35 kV、66 kV 系统,10 A。

(2)3~10 kV 非钢筋混凝土或非金属杆塔的架空线路构成的系统,当电压为 3 kV 和 6 kV 时,30 A;当电压为 10 kV 时,20 A。

(3)3~10 kV 电缆线路构成的系统,30 A。

6 kV 和 10 kV 配电系统以及发电厂厂用电系统,单相接地故障电容电流较小时,为防止谐振、间歇性电弧接地过电压等对设备的损害,可采用高电阻接地方式。6~35 kV 主要由电缆线路构成的送、配电系统,单相接地故障电容电流较大时,可采用低电阻接地方式。

Q/GDW 10370—2016《配电网技术导则》把不同电压等级中性点不接地方式的单相接地故障电容电流限值统一定为 10 A。

二、电源中性点经消弧线圈接地的电力系统

图 1-7 是电源中性点经消弧线圈接地的电力系统在单相接地时的电路图和相量图。

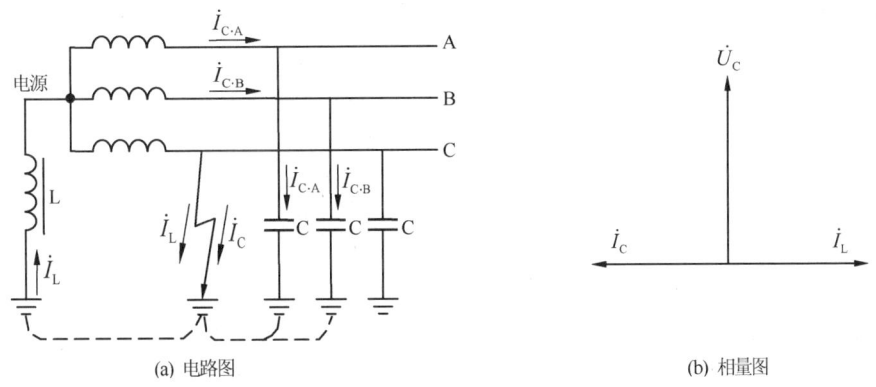

图 1-7 电源中性点经消弧线圈接地的电力系统在单相接地时的电路图和相量图

消弧线圈为一个铁芯线圈,近似为纯电感元件。当 C 相接地时,流过接地点的电流是接地电容电流 $\dot{I}_C$ 与流过消弧线圈的电流 $\dot{I}_L$ 之和。$\dot{I}_C$ 超前 $\dot{U}_C$ 90°,$\dot{I}_L$ 滞后 $\dot{U}_C$ 90°,所以 $\dot{I}_C$ 与 $\dot{I}_L$ 互相抵消。当 $\dot{I}_C$ 与 $\dot{I}_L$ 合成电流值小于发生电弧的最小电流——最小生弧电流时,电弧就不会产生,也就不会出现弧光接地过电压。

根据对电容电流补偿程度的不同,消弧线圈对电容电流的补偿可以分为完全补偿、欠补偿和过补偿三种补偿方式。

(1)完全补偿就是使 $I_L = I_C$,补偿后接地点的电流为 0,从消除故障点的电弧、避免出现弧光接地过电压的角度看,这种补偿方式最好,但正常运行会发生谐振,其原理图如图 1-8 所示。

图 1-8(a)所示的中性点经消弧线圈接地系统,把虚框部分进行戴维南等效,得到图 1-8 (b)所示等效电路,其等效电压和等效电容为

$$\dot{U}_0 = \frac{\dot{U}_A(j\omega C_A) + \dot{U}_B(j\omega C_B) + \dot{U}_C(j\omega C_C)}{j\omega C_A + j\omega C_B + j\omega C_C} = \frac{\dot{U}_A C_A + \dot{U}_B C_B + \dot{U}_C C_C}{C_A + C_B + C_C} \tag{1-7}$$

$$C_{eq} = C_A + C_B + C_C \approx 3C \tag{1-8}$$

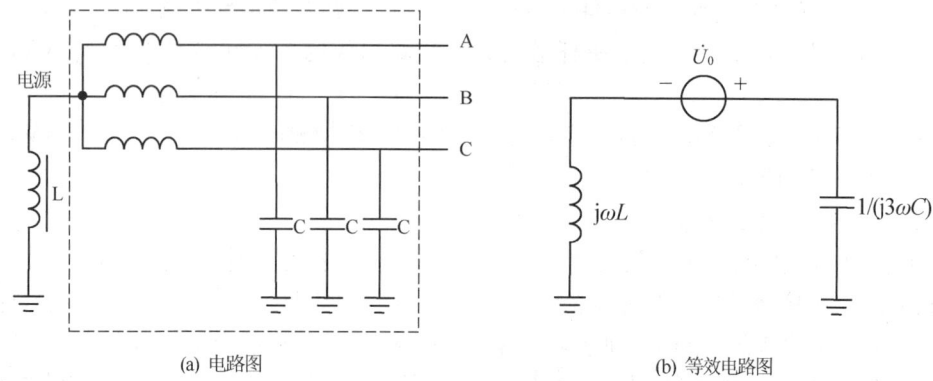

(a) 电路图　　　　　　　　　　　　(b) 等效电路图

图 1-8　电源中性点经消弧线圈接地的电力系统产生串联谐振的原理图

由式(1-7)可见,如果架空线路三相对地电容不完全相等,等效电压就不为 0。又因为完全补偿时,$I_L=I_C$,可得 $\omega L=1/(3\omega C)$,恰好满足串联谐振的条件,系统正常运行时会发生串联谐振,在消弧线圈的电感上产生很大的电压,使得电源中性点对地电压大幅度升高。

在断路器合闸时,由于合闸瞬间三相触头不同时闭合,式(1-7)的等效电压会更大,电源中性点对地电压升高更大。

(2) 欠补偿就是使 $I_L<I_C$,补偿后接地点的电流仍然是容性的。当系统运行方式变化时,有线路退出运行,容性电流就将减少,还可能出现 $I_L=I_C$ 的情况,发生谐振。

(3) 过补偿就是使 $I_L>I_C$,补偿后接地点的电流是感性的。采用这种方法不可能发生谐振引起的过电压问题,因此在实际中得到了广泛的应用。过补偿的程度用过补偿度表示,为

$$P = \frac{I_L - I_C}{I_C} \tag{1-9}$$

一般选择过补偿度为 5%~10%。

和中性点不接地的系统一样,单相接地时,非故障相对地电压升高为线电压。单相接地故障的处理原则也与中性点不接地系统相同。

三、电源中性点直接接地的电力系统

图 1-9 为电源中性点直接接地的电力系统 C 相接地时的情形。

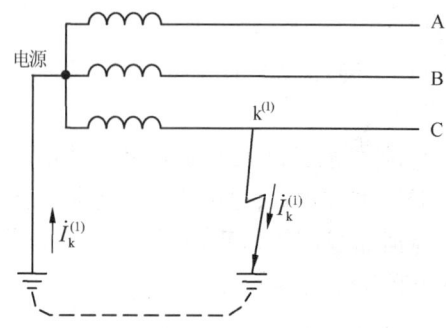

图 1-9　电源中性点直接接地的电力系统

当单相接地时即形成单相短路,短路电流将使线路熔断器熔断或使继电保护动作于断路

器跳闸,把故障点从网络上切除,因而故障线路的设备停止运行。

电源中性点直接接地的系统在单相接地时,其他两相对地电压不会升高为线电压。这有两方面的意义:一是它的经济性。对于 110 kV 及以上的高压系统,高压电器特别是超(特)高压电器的绝缘问题是其设计和制造的关键问题。由于线路对地电压始终为相电压,因此也就降低了对电器绝缘的要求,降低了电器的造价,同时也改善了高压电器的性能。二是它的安全性。对于直接连接设备的 220/380 V 低压配电系统,采用这种中性点运行方式,可减轻对人身安全的威胁。因此,110 kV 及以上高压系统和 220/380 V 低压配电系统一般采用电源中性点直接接地的运行方式。而对于 3~66 kV 高压系统,大多采用电源中性点不接地、中性点经低电阻或经消弧线圈接地的运行方式。

四、电源中性点经电阻接地的电力系统

电源中性点经电阻接地在国外一些地区的配电网应用已经有较长的时间,它是一种成熟的技术,近几年在我国某些城市电网和工矿企业的配电网也开始应用。中性点经电阻接地,按接地电流大小可分为经高电阻接地和经低电阻接地两种方式。

1. 电源中性点经高电阻接地的电力系统

高电阻接地方式以限制单相接地电流为目的,电阻值为几百至几千欧姆。中性点经高电阻接地可以有效消除谐振过电压,对单相间歇性弧光接地过电压也有一定的限制作用。该方式主要用于采用发电机-变压器单元接线的 200 MW 及以上的发电机。另外以架空线路为主的较小城市的配电网也可以采用高电阻接地方式,单相接地时不跳闸,可以继续运行较长时间,保证供电可靠性。

2. 电源中性点经低电阻接地的电力系统

我国 6~35 kV 配电网系统,自 20 世纪 50 年代以来一直采用中性点不接地或经消弧线圈接地方式,该方式下,单相接地时,三相线电压仍然保持对称,流过故障点的电流仅为电网对地的电容电流或经消弧线圈补偿后的残流,一般控制在 10 A 以内,不影响对用户继续供电,因此允许带接地故障运行 2 h,以便查找故障点,而一些瞬间接地故障能够自行消失,对提高供电可靠性、减少停电事故非常有效。

近年来随着城市化发展,城区配电网中架空线路逐渐被电缆线路取代,电容电流迅速增长。城市 6~35 kV 配电网主要由电缆线路构成,其单相接地故障电流较大,可达 100~1 000 A,若采用中性点经消弧线圈接地方式,无法完全消除接地故障点的电弧和抑制谐振过电压,间歇性弧光接地过电压概率增大;同时,电缆线路发生瞬时性故障的概率很小,如果带单相接地故障运行时间过长,很容易使故障发展而形成相间短路。为了快速切除单相接地故障同时又要限制接地故障电流,可以采用电源中性点经低电阻接地方式。电阻值的选择以把接地电流限制在 600~1 000 A 范围内为宜。

五、配电网电源中性点接地方式的选择

配电网电源中性点接地方式的选择与许多因素有关。Q/GDW 10370—2016《配电网技术导则》中规定:中性点接地方式选择应根据配电网电容电流,统筹考虑负荷特点、设备绝缘水平以及电缆化率、地理环境、线路故障特性等因素,并充分考虑电网发展,避免或减少未来改造

工程量。35 kV、10 kV 配电网中性点可根据需要采取不接地、经消弧线圈接地或经低电阻接地;220 V/380 V 配电网中性点采取直接接地方式。按单相接地故障电容电流考虑,35 kV 和 10 kV 配电网的单相接地故障电容电流在 10 A 及以下时,宜采用中性点不接地方式;35 kV 配电网的单相接地故障电容电流在 10~100 A 时,宜采用中性点经消弧线圈接地方式,单相接地故障电容电流达到 100 A 以上,或以电缆网为主时,应采用中性点经低电阻接地方式,单相接地故障电流应控制 1 000 A 以下;10 kV 配电网的单相接地故障电容电流超过 10 A 且小于 100 A 时,宜采用中性点经消弧线圈接地方式,单相接地故障电容电流达到 100~150 A 以上,或以电缆网为主时,应采用中性点经低电阻接地方式。

思考题与习题

1-1 统一规定电网的标称电压和各种电气设备的额定电压有什么意义?

1-2 发电机、变压器、用电设备的额定电压是如何规定的?

1-3 电能的质量指标有哪些?电压波动与电压偏差有什么区别?

1-4 电力系统的中性点运行方式有哪几种?各适用于什么电压等级?中性点不接地系统和中性点直接接地系统发生单相接地时各有什么特点?

1-5 试确定图 1-10 所示供电系统中变压器 T_1 的一、二次绕组的额定电压,线路 WL_1、WL_2 的额定电压。

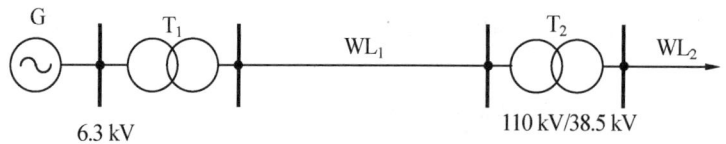

图 1-10 习题 1-5 系统图

1-6 试确定图 1-11 所示供电系统中发电机和所有变压器的额定电压。

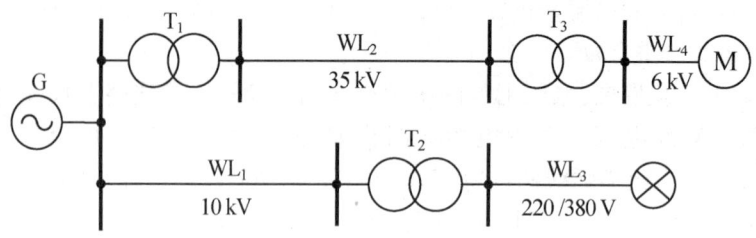

图 1-11 习题 1-6 系统图

1-7 某 10 kV 中性点不接地电网,架空线路总长度 25 km,电缆线路总长度 6 km。试计算此电网发生单相接地时的接地电容电流。

第二章 港口电力负荷计算

第一节 电力负荷和负荷曲线

供电应做到技术指标和经济指标合理,即在保证供电质量和可靠的前提下,使供电系统的投资和运行费用最小。因此,我们必须了解各种负荷对供电的要求、负荷的工作特点以及负荷的变化规律,从而合理选择供电方式和供电设备。

一、电力负荷的分级

根据其重要性和对供电可靠性的要求,电力负荷通常划分为三个等级:

1. 一级负荷

凡是中断供电将造成人身伤亡、重大设备损坏且难以修复,产生重大政治影响,造成对国民经济有影响的经济损失,以及对公共秩序造成严重混乱者,均属于一级负荷。

一级负荷是不允许中断供电的,它要求由两个独立电源供电,甚至是两个独立电源点供电。

独立电源是指供电的连续性不受其他电源运行状态影响的电源,如两段母线的电源来自两台发电机。

独立电源点是指不同地点的独立电源,如不同的发电厂、电力系统中两个地区变电所,或用户的自备发电机等。

2. 二级负荷

二级负荷供电中断,将造成主要设备损坏、生产过程被打乱,需较长时间才能恢复,造成大量废品和减产。这类负荷在工业生产中所占比例最大,允许短时间停电。

二级负荷要求由双回线路供电(两回线路尽可能引自不同的变压器),当采用双回线路有困难时,可采用单回专用线路供电。

3. 三级负荷

三级负荷为一般电力负荷,即非重要负荷,对供电电源无特殊要求,允许较长时间停电,可用单回线路供电。

二、用电设备的工作制

负荷的特点、负荷容量的大小、功率因数的高低、在负荷计算时如何确定需要系数等,都与用电设备的工作制有关。

用电设备的工作制有三类:

1. 长期连续工作制

长期连续工作制的设备长期连续运行,负荷比较均匀、稳定,三相对称,功率因数较高且稳定,如水泵、空气压缩机和通风机等。专用粮、煤和油码头的自动装卸机械,负荷变化较大,但多数也是连续运行的。

2. 短时工作制

短时工作制的设备工作时间短,停歇时间长,如机床上某些辅助电动机。这类负荷在负荷计算中所占比例小,需要系数小。

3. 反复短时工作制

反复短时工作制设备时而工作,时而停歇,如此反复运行,工作周期一般不超过 10 min,如电焊机和吊车等。可用"暂载率"(又称工作持续率)来表示反复短时工作制设备的工作性质。

暂载率为一个工作周期内工作时间与工作周期的百分比值,用 ε 表示:

$$\varepsilon = \frac{t_w}{T} \times 100\% = \frac{t_w}{t_w + t_0} \times 100\% \tag{2-1}$$

式中,t_w 为工作周期内的工作时间;t_0 为工作周期内的停歇时间;T 为工作周期。

反复短时工作制设备的容量都是对应于某一暂载率的。在不同暂载率下,同一设备的输出功率是不同的。因此,在做负荷计算时,不仅要考虑暂载率,而且要按标准暂载率进行设备容量换算。

三、负荷曲线

无论是一台用电设备,还是一组用电设备,其用电负荷不可能保持不变,而是随时变化的。描述实际电力负荷随时间变化规律的曲线称为负荷曲线。横坐标为时间,纵坐标为负荷值。

负荷曲线按负荷对象分,有企业的、车间的或某类设备的负荷曲线;按负荷性质分,有有功负荷曲线和无功负荷曲线;按时间分,有日负荷曲线、月负荷曲线和年负荷曲线,也有工作班负荷曲线。

图 2-1 是某企业日有功负荷曲线。图 2-1(a) 为瞬时负荷曲线,是负荷随时间连续变化的曲线。图 2-1(b) 为平均负荷曲线,它是用电设备每 0.5 h 有功功率平均值随时间变化的曲线,曲线呈梯形,横坐标一般以 0.5 h 分格。

年负荷曲线分为年运行负荷曲线和年持续负荷曲线。

图 2-2 为年运行负荷曲线,是按全年每日的最大负荷(一般取为每日最大负荷的 0.5 h 平

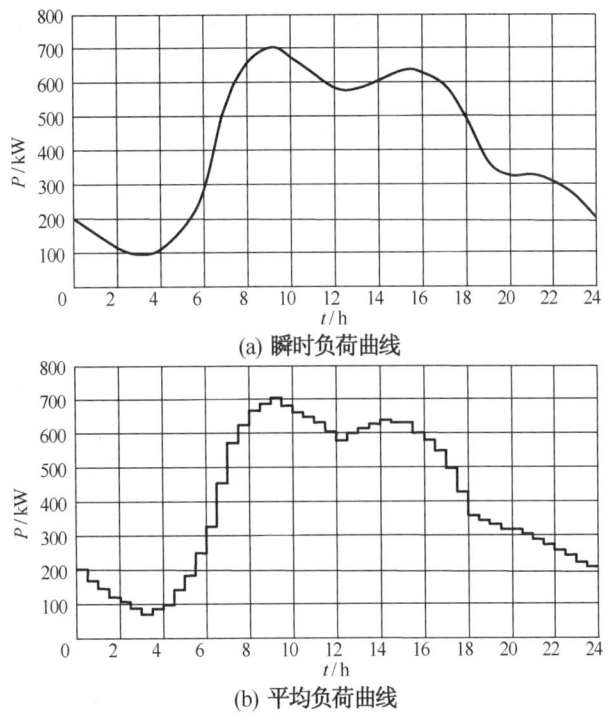

(a) 瞬时负荷曲线

(b) 平均负荷曲线

图 2-1 日有功负荷曲线

均值)绘制的,横坐标依次为全年 12 个月份。这种年运行负荷曲线,可用来确定变电所在一年内不同时期宜于投入几台变压器运行,即所谓经济运行方式,以降低电能损耗,提高供电系统的经济效益。

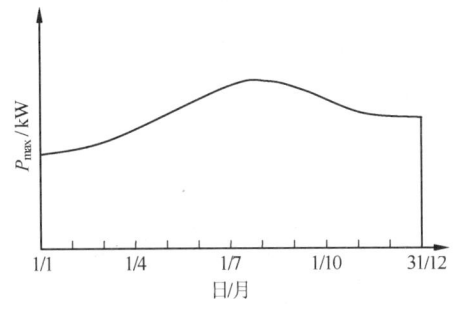

图 2-2 年运行负荷曲线

年持续负荷曲线是把企业在一年(8 760 h)内的用电负荷按数值大小排队,最大负荷排在左侧,向右负荷依次减小,并按照各负荷持续时间绘出的梯形曲线(如图 2-3 所示)。从这种年负荷曲线能明显看出一个企业在一年内不同负荷值所持续的时间,但不能看出相应负荷出现在什么时间。年持续负荷曲线根据一年中有代表性的夏季日负荷曲线和冬季日负荷曲线绘制。其中,夏季和冬季天数根据地理位置和气温情况确定。图 2-3 为某北方企业的年持续负荷曲线。年持续负荷曲线的持续时间 T 为

$$T = k_1 t_1 + k_2 t_2 \tag{2-2}$$

式中,t_1、t_2 分别为某一功率在夏季日负荷曲线和冬季日负荷曲线上对应的时间;k_1、k_2 分别为

一年中夏季天数和冬季天数,南方夏季天数和冬季天数分别为 200 天和 165 天;北方夏季天数和冬季天数分别为 165 天和 200 天。

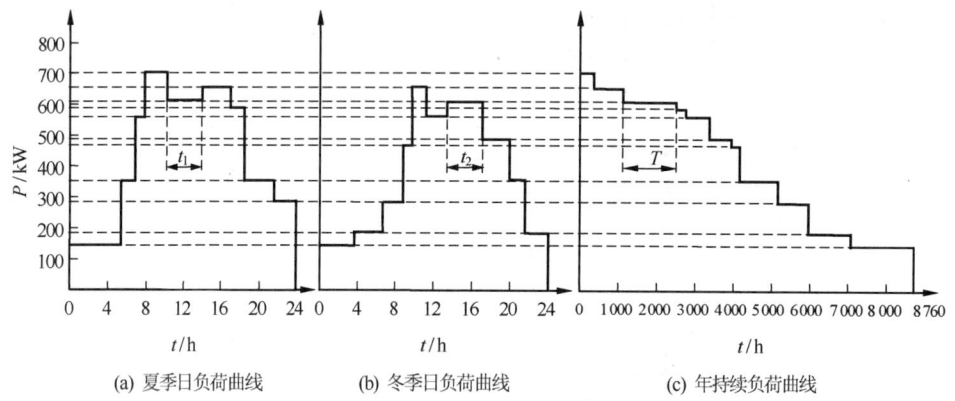

(a) 夏季日负荷曲线　　(b) 冬季日负荷曲线　　(c) 年持续负荷曲线

图 2-3　年持续负荷曲线及其绘制方法示意图

这里有几个与负荷曲线有关的物理量。

(1) 年最大负荷 P_{max}

全年中负荷最大的工作班内(这一工作班的最大负荷并非是偶然出现的,在全年至少出现过 2~3 次)消耗电能最大的半小时平均负荷,称为年最大负荷,又称半小时最大负荷 P_{30}。

(2) 年最大负荷利用小时 T_{max}

电力负荷按年最大负荷 P_{max} 持续运行,消耗全年实际消耗的电能所需要的时间称为年最大负荷利用小时 T_{max}。如图 2-4 所示,年最大负荷 P_{max} 延伸到 T_{max} 的横线与两坐标轴所包围的矩形面积等于年负荷曲线与两坐标轴所包围的面积,即全年实际消耗的电能 W_a:

$$T_{max} = W_a / P_{max} \tag{2-3}$$

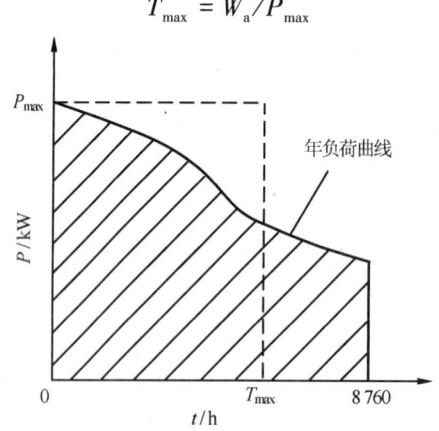

图 2-4　年最大负荷和年最大负荷利用小时

年最大负荷利用小时与用户的性质和生产班制有关。一班制用户,T_{max} = 1 800~3 000 h;两班制用户,T_{max} = 3 500~4 800 h;三班制用户,T_{max} = 5 000~7 000 h;居民用户,T_{max} = 1 200~2 800 h。

(3) 平均负荷 P_{av}

电力负荷在一定时间内平均消耗的功率,即平均负荷 P_{av},也就是电力负荷在一段时间 t

内消耗的电能 W_t 与时间 t 的比值：

$$P_{av} = W_t/t \tag{2-4}$$

对于年平均负荷，$t = 8\ 760\ h$。如图 2-5 所示，年平均负荷的横线与两坐标轴所包围的矩形面积，等于年负荷曲线与两坐标轴所包围的面积，即全年实际消耗的电能。

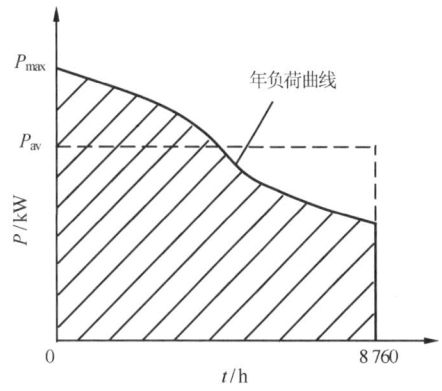

图 2-5　年平均负荷

（4）负荷系数 K_L

平均负荷与最大负荷（对单台设备而言为额定容量）之比称为负荷系数，又称负荷率。

$$K_L = P_{av}/P_{max} = P_{av}/P_{30} \tag{2-5}$$

有时可用 α 表示有功负荷系数，β 表示无功负荷系数：

$$\alpha = P_{av}/P_{30} \tag{2-6}$$

$$\beta = Q_{av}/Q_{30} \tag{2-7}$$

第二节　三相用电设备组的计算负荷

工业企业需要的电能都是由电力系统供给的，经企业各级变电所变换电压后，配送到各用电设备。因此，工业企业可靠供电的重要前提是正确选择各级变电所的变压器容量和其他电气设备。进行工业企业电力负荷计算的目的就是为正确选择企业各级变电所的变压器容量，各种电气设备的型号、规格，供电网络所用导线的型号和截面等提供依据。

选择电气设备，除了应考虑满足工作电压的要求外，最重要的就是要满足负荷电流的要求，即电气设备、导线以计算负荷连续运行时，其发热温度不会超过允许值。

如果一条干线连接多台设备，那么干线上的负荷有多大？这是一个较复杂的问题，因为通过干线的负荷与很多因素有关。一般用经验统计办法来计算干线上的负荷，即通过长期观察和分析各用电设备组的负荷曲线，在根据半小时平均负荷绘制的负荷曲线中查得最大值 P_{30}、Q_{30}、S_{30} 来代表该干线的实际负荷，这些负荷称为"计算负荷" P_c、Q_c、S_c。其物理意义是指由这个计算负荷所产生的恒定温升等于实际变化负荷通过电气设备时所产生的最大温升。

为什么用"半小时平均负荷的最大值"作为计算负荷呢？因为截面积 16 mm² 以上的导线，其发热时间常数 τ 在 10 min 以上。短暂的尖峰负荷通过电气设备，温度还未升到最高，尖峰负荷就已经消失了。导线达到稳定温升的时间为 $3\tau = 3 \times 10 = 30$ min。因此，持续时间在

30 min 以上的负荷,才可能产生导线的最大稳定的温升。

负荷计算就是用理论分析的方法确定计算负荷。计算负荷应接近实际,如果计算值过大,将增加供电设备的容量,浪费有色金属和增加初投资;计算值过小则可能使电气元件过热,加速绝缘老化,增大电能损耗,影响供电系统的正常运行,还会给工业企业扩建带来很大困难。工业企业是主要的电力用户,以不合理的计算负荷为基础的国家电力系统建设,必将给国民经济带来很大的浪费和危害。例如由于计算结果的偏大,有的工业企业投产后 3~5 年内,已达到其正常产量,而变压器的负荷率仍不足 50%。这意味着变压器安装容量被积压了 50%~60%,而且有色金属消耗量增加 75%~100%。这样的企业多了,就会浪费大量开关设备、电缆和导线,积压物资和资金,也使电力系统的建设和运行质量受到影响,给国民经济带来很大损失。

目前我国经常采用的电力负荷计算方法有:需要系数法、二项式系数法和利用系数法。其中需要系数法应用最广泛,计算简便,对于任何性质的企业均适用,计算结果基本符合实际。二项式系数法适合机械加工企业的电力负荷计算。利用系数法以平均负荷作为计算依据,利用概率论分析最大负荷与平均负荷的关系,这种方法计算烦琐,计算精度未必比前两种方法好,所以现在已基本不使用此法,在此不再赘述。

一、需要系数法

1. 需要系数 K_d

以用电设备组为例(如图 2-6 所示)来分析需要系数 K_d 的意义。该组设备共有 n 台电动机,第 i 台电动机的额定功率为 P_{Ni},该组设备的设备容量(不包括备用设备)P_e 为

$$P_e = \sum_{i=1}^{n} P_{Ni} \tag{2-8}$$

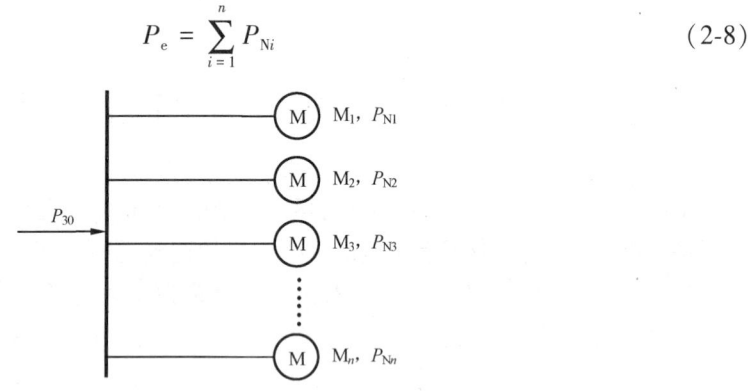

图 2-6　用电设备组

用电设备组的计算负荷并不等于设备容量,这是因为:用电设备组内的所有用电设备不一定同时运行,需要引进一个同时系数 K_Σ;正在运行的用电设备不一定满负荷运行,需要引进一个负荷系数 K_L;用电设备的设备容量是指输出容量,它与输入容量之间还有一个效率 η;配电线路有功率损耗,需要引进一个线路平均效率 η_{WL}。从而得到用电设备组的计算负荷与设备容量的关系为

$$P_{30} = \frac{K_L K_\Sigma}{\eta_{WL} \eta} P_e = K_d P_e \tag{2-9}$$

式中,K_d 为需要系数。

用电设备组的需要系数 K_d,就是用电设备组在最大负荷时需要的有功功率与其设备容量的比值。这是一个综合系数,其大小不仅与用电设备组的工作性质、设备台数、设备效率和线路损耗等因素有关,还与操作工人的技术熟练程度以及生产组织等多种因素有关,因此,应尽可能通过实测分析确定,使之尽量接近实际,一般 $K_d < 1$。

附录表1列出了各种用电设备组的需要系数值。表中的需要系数值是按车间范围内设备台数较多的情况来确定的,所以其值一般较低。例如冷加工机床组的需要系数值平均只有0.2左右,因此,需要系数法较适用于确定车间范围内的计算负荷。如果用需要系数法计算干线或分支线上用电设备组的计算负荷,则表中的需要系数值往往偏小,宜适当取大。另外,需要系数值与用电设备组的类别和工作状态有极大的关系,因此在计算时,首先要判明用电设备组的类别和工作状态,否则将造成错误。例如机修车间的金属切削机床电动机,应该属于小批量生产的冷加工机床电动机,因为金属切削就是冷加工,而机修不可能是大批量生产。又如压塑机、拉丝机和锻锤机等,应该属于热加工机床。再如起重机、行车或电葫芦等,实际上都属于吊车类。

2. 设备容量 P_e

设备容量 P_e 不包括备用设备的容量。设备容量的确定与用电设备的工作制有关。

(1)对于长期连续工作制和短时工作制的用电设备,设备组的设备容量为各用电设备铭牌额定容量之和。

(2)对于反复短时工作制的用电设备,设备组的设备容量为所有设备在不同负荷暂载率下的铭牌额定容量统一换算到一个规定的负荷暂载率下的功率之和。这种换算应该是等效换算,即按同一周期内相同发热条件进行换算。由于电流 I 通过设备(电阻为 R)在 t 时间内产生的热量为 I^2Rt。在设备电阻 R 不变、产生相同热量的条件下,I^2 与 t 成反比,或 $I \propto 1/\sqrt{t}$。在同一电压下,设备容量 $P \propto I$。由式(2-1)知,同一周期的负荷暂载率 $\varepsilon \propto t_w$。因此,$P \propto 1/\sqrt{\varepsilon}$,即设备容量与负荷暂载率的平方根值成反比。若设备在 ε_N 下的额定容量为 P_N,则换算到 ε 下的设备容量 P_e 为

$$P_e = P_N \sqrt{\varepsilon_N/\varepsilon} \tag{2-10}$$

通常的做法是:不同种类的负荷按不同的规定负荷暂载率 ε 换算,分为两大类。

① 电焊机组

电焊机的铭牌负荷暂载率 ε 一般为50%、60%、75%和100%等4种。$\varepsilon=100\%$ 时,$\sqrt{\varepsilon}=1$,将其他 ε_N 下的容量换算到 $\varepsilon=100\%$ 最为简便。因此,要求电焊机统一换算到 $\varepsilon=100\%$,设备容量为

$$P_e = P_N \sqrt{\varepsilon_N/\varepsilon_{100}} = P_N\sqrt{\varepsilon_N} = S_N \cos\varphi_N \sqrt{\varepsilon_N} \tag{2-11}$$

式中,P_N、S_N 为电焊机的铭牌额定容量;ε_N 为与铭牌额定容量对应的负荷暂载率;ε_{100} 为100%的负荷暂载率;$\cos\varphi_N$ 为铭牌规定的额定功率因数,与 P_N、S_N 相对应。

② 吊车电动机组

吊车的铭牌负荷暂载率 ε 一般有15%、25%、40%和60%等4种。其中 $\varepsilon=25\%$ 时,$\sqrt{\varepsilon}=1/2$,将其他 ε_N 下的容量换算到 $\varepsilon=25\%$ 最为简便。因此,要求统一换算到 $\varepsilon=25\%$,设备容量为

$$P_e = P_N \sqrt{\varepsilon_N / \varepsilon_{25}} = 2 P_N \sqrt{\varepsilon_N} \tag{2-12}$$

式中,P_N 为吊车电动机铭牌额定容量;ε_{25} 为 25% 的负荷暂载率。

吊车电动机组按 $\varepsilon = 25\%$ 换算,只是为了计算的方便。从便于理解和统一的角度,所有类型的反复短时工作制的负荷都按 $\varepsilon = 100\%$ 换算,即都等效为连续工作制负荷的容量则更为适宜。这样附录表 1 中的系数也需要进行相应的调整。

3. 按需要系数法确定计算负荷

(1) 单台设备的计算负荷

由于只是一台设备,故 $K_\Sigma = 1$;此设备总会有满载运行的时候,即 $K_L = 1$;给设备供电的线路一般不长,网络效率 $\eta_{WL} = 1$。因此有

$$\begin{cases} P_{30} = \dfrac{K_L K_\Sigma}{\eta_{WL} \eta} P_N = P_N / \eta \\ Q_{30} = P_{30} \tan \varphi_N \end{cases} \tag{2-13}$$

(2) 两台设备的计算负荷

仅有两台设备时,按下式计算

$$\begin{cases} P_{30} = P_{N1}/\eta_1 + P_{N2}/\eta_2 \\ Q_{30} = P_{N1} \tan \varphi_{N1}/\eta_1 + P_{N2} \tan \varphi_{N2}/\eta_2 \end{cases} \tag{2-14}$$

(3) 用电设备组的计算负荷

工作性质相同的若干台设备组成一个设备组。用电设备组的计算负荷是按式(2-9)进行计算的:

$$\begin{cases} P_{30} = K_d P_e \\ Q_{30} = P_{30} \tan \varphi \end{cases} \tag{2-15}$$

$$\begin{cases} S_{30} = \sqrt{P_{30}^2 + Q_{30}^2} \\ I_{30} = S_{30}/(\sqrt{3} U_N) \end{cases} \tag{2-16}$$

式中,P_e 为该用电设备组的设备容量;K_d 为用电设备组的需要系数,由附录表 1 查得;$\tan \varphi$ 为用电设备组的平均功率因数角的正切值,也由附录表 1 查得;U_N 为用电设备组的额定电压。

例 2-1 小批量生产的冷加工机床组,电动机容量为 7 kW 3 台,4.5 kW 8 台,2.8 kW 17 台,1.7 kW 10 台,额定电压为 380 V。求计算负荷。

解:机床组总容量:$P_e = 7 \times 3 + 4.5 \times 8 + 2.8 \times 17 + 1.7 \times 10 = 121.6 \text{(kW)}$

查附录表 1　$K_d = 0.16 \sim 0.2, \cos \varphi = 0.5, \tan \varphi = 1.73$　取 $K_d = 0.2$

$$P_{30} = K_d P_e = 0.2 \times 121.6 = 24.32 \text{(kW)}$$
$$Q_{30} = P_{30} \tan \varphi = 24.32 \times 1.73 = 42.07 \text{(kvar)}$$
$$S_{30} = \sqrt{P_{30}^2 + Q_{30}^2} = \sqrt{24.32^2 + 42.07^2} = 48.59 \text{(kVA)}$$
$$I_{30} = S_{30}/(\sqrt{3} U_N) = 48.59/(\sqrt{3} \times 0.38) = 73.82 \text{(A)}$$

(4) 多组用电设备的计算负荷

在确定有多组用电设备的干线上或车间变电所低压母线上的计算负荷时,由于各组用电设备最大负荷不可能同时出现,因此可结合具体情况对有功负荷和无功负荷分别计入一个同时系数(又称参差系数或综合系数)$K_{\Sigma P}, K_{\Sigma Q}$:

$$\begin{cases} P_{30} = K_{\Sigma P} \sum_{i=1}^{n} P_{30i} \\ Q_{30} = K_{\Sigma Q} \sum_{i=1}^{n} Q_{30i} \end{cases} \qquad (2\text{-}17)$$

式(2-17)中的 P_{30i} 和 Q_{30i} 分别为第 i 个设备组的有功和无功计算负荷。

由于各组设备的功率因数一般不相同,所以总的视在计算负荷和计算电流仍按式(2-16)计算,而不能用各组的视在计算负荷或计算电流之和来计算,总的视在计算负荷也不能按 $S_{30} = P_{30}/\cos\varphi$ 计算。

同时系数一般在 0.7~1.0 范围内(如表 2-1 所示)。通常,在确定多组用电设备的计算负荷时,设备组越多,各组最大负荷同时出现的可能性越低,同时系数可取小些;反之,当设备组较少时,同时系数可取大些。

表 2-1 同时系数 $K_{\Sigma P}$

应用范围	$K_{\Sigma P}$
1. 确定车间变电所低压母线的最大负荷时,所采用的有功负荷同时系数: (1) 冷加工车间 (2) 热加工车间 (3) 动力站(包括冶金工业各种车间的电磁站)	0.7~0.8 0.7~0.9 0.8~1.0
2. 确定企业配电所母线或总降压变电所低压母线的最大负荷时,所采用的有功负荷同时系数: (1) 计算负荷小于 5 000 kW (2) 计算负荷为 5 000~10 000 kW (3) 计算负荷超过 10 000 kW	0.9~1.0 0.85 0.8

例 2-2 机修车间,线路电压 380 V,有冷加工机床电动机 20 台,共 50 kW,其中 7 kW 1 台,4.5 kW 2 台,2.8 kW 电动机若干台;通风机 2 台,各 5.6 kW;电阻炉 1 台,2 kW。求此干线上的计算负荷。

解:(1) 冷加工机床组

查附录表 1　$K_{d1} = 0.16 \sim 0.2, \cos\varphi_1 = 0.5, \tan\varphi_1 = 1.73$　取 $K_{d1} = 0.2$

$$P_{30.1} = K_{d1} P_{e1} = 0.2 \times 50 = 10 (\text{kW})$$
$$Q_{30.1} = P_{30.1} \tan\varphi_1 = 10 \times 1.73 = 17.3 (\text{kvar})$$

(2) 通风机组

查附录表 1　$K_{d2} = 0.7 \sim 0.8, \cos\varphi_2 = 0.8, \tan\varphi_2 = 0.75$　因仅 2 台设备,取 $K_{d2} = 1.0$

$$P_{30.2} = K_{d2} P_{e2} = 1.0 \times (5.6 + 5.6) = 11.2 (\text{kW})$$
$$Q_{30.2} = P_{30.2} \tan\varphi_2 = 11.2 \times 0.75 = 8.4 (\text{kvar})$$

(3) 电阻炉组

因仅 1 台设备,则

$$P_{30.3} = P_{e3} = 2 (\text{kW})$$
$$Q_{30.3} = 0 (\text{kvar})$$

(4) 总的计算负荷,取 $K_{\Sigma P} = K_{\Sigma Q} = 0.95$

$$P_{30} = K_{\Sigma P} \sum_{i=1}^{3} P_{30i} = 0.95 \times (10 + 11.2 + 2) = 22.04(\text{kW})$$

$$Q_{30} = K_{\Sigma Q} \sum_{i=1}^{3} Q_{30i} = 0.95 \times (17.3 + 8.4 + 0.0) = 24.42(\text{kvar})$$

$$S_{30} = \sqrt{P_{30}^2 + Q_{30}^2} = \sqrt{22.04^2 + 24.42^2} = 32.90(\text{kVA})$$

$$I_{30} = S_{30}/(\sqrt{3} U_N) = 32.90/(\sqrt{3} \times 0.38) = 49.99(\text{A})$$

应用需要系数法进行负荷计算,由于整个计算只是基于一个公式 $P_{30} = K_d P_e$,该公式简单,而且经过几十年统计和积累,不同的情况需要系数比较完整和合理,为供电系统设计创造了很好的条件,使设计计算易于顺利进行。因此,对绝大部分工业企业来说,需要系数法是简便而实用的电力负荷计算方法。这种方法在世界各国得到普遍应用。

但是,需要系数法没有考虑大容量电动机对计算负荷 P_{30}、Q_{30} 的特殊影响。当总用电设备台数较少时,其影响较大,使计算准确度变差。

二、二项式系数法

1. 二项式系数

由图 2-7 日有功负荷曲线可以看出,最大有功负荷 P_{30} 可表示为

$$P_{30} = P_{av} + \Delta P$$

式中,P_{av}、ΔP 分别为平均负荷和尖峰负荷。

若令 b 为平均负荷系数 $b = P_{av}/P_e$,则

$$P_{av} = bP_e$$

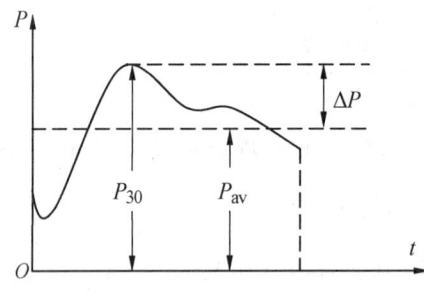

图 2-7 日有功负荷曲线

由大量的调查统计而知,生产过程中产生"尖峰负荷"的主要原因是由于几台最大容量的电动机在一段时间内几乎都处于高负荷(满载或频繁起动)运行状态的结果。若 x 台大容量电动机的容量总和为 P_x,c 为产生尖峰负荷的综合影响系数,其大小与台数 x 及所拖动的机械设备的性质有关:

$$c = \Delta P/P_x$$

则
$$\Delta P = cP_x$$

这样计算负荷可表示为

$$P_{30} = bP_e + cP_x \tag{2-18}$$

这就是二项式系数法的计算式。系数 b、c 及 x 可查阅附录表 1,x 为大容量设备的台数,计算 P_x 时,应从容量最大的电动机开始挑选,选满 x 台后,将这 x 台最大容量的电动机的额定容

量相加,即得出 P_x。若实际运行的设备台数为 n,而 $n < 2x$,那么在选取最大容量设备台数时,对表中查得的 x 值也应相应减小,建议取 $x = n/2$,且按"四舍五入"修约规则取整数。例如某机床电动机组的电动机有 7 台,最大容量设备台数应取 $x = 7/2 \approx 4$,而查附录表 1,$x = 5$。

如果用电设备组只有 1~2 台设备,仍按式(2-13)和式(2-14)计算。在设备台数较少时,$\cos\varphi$ 也应适当取大。

2. 用二项式系数法进行电力负荷计算

(1) 用电设备组的计算负荷

按式(2-18)计算 P_{30},而 Q_{30}、S_{30}、I_{30} 仍按需要系数法中的式(2-15)和式(2-16)计算。

同样的情况,用需要系数法和二项式系数法两种方法分别计算,计算结果不同,按二项式系数法计算的结果偏大,特别是在设备台数较少的情况下。

(2) 多组用电设备的计算负荷

采用二项式系数法计算多组用电设备的干线上或母线上的计算负荷时,因为各组用电设备的最大负荷不会同时出现,因此取其中一组最大的尖峰负荷 cP_x,再加上所有用电设备组的平均负荷 bP_e。

$$\begin{cases} P_{30} = \sum_{i=1}^{n} (bP_e)_i + (cP_x)_{\max} \\ Q_{30} = \sum_{i=1}^{n} (bP_e \tan\varphi)_i + (cP_x)_{\max} \tan\varphi_{\max} \end{cases} \quad (2\text{-}19)$$

式中,$\varphi_{\max}$ 为最大的尖峰负荷所在的设备组的平均功率因数角。

总的视在计算负荷和计算电流按式(2-16)计算。

例 2-3 试用二项式法确定例 2-2 的计算负荷。

解:(1) 冷加工机床组

查附录表 1 $b = 0.14, c = 0.4, x = 5, \cos\varphi = 0.5, \tan\varphi = 1.73$

$(bP_e)_1 = 0.14 \times 50 = 7(\text{kW})$

$(bP_e \tan\varphi)_1 = 0.14 \times 50 \times 1.73 = 12.11(\text{kvar})$

$P_x = 7 \times 1 + 4.5 \times 2 + 2.8 \times 2 = 21.60(\text{kW})$

$c(P_x)_1 = 0.4 \times 21.6 = 8.64(\text{kW})$

$(cP_x \tan\varphi)_1 = 0.4 \times 21.6 \times 1.73 = 14.95(\text{kvar})$

(2) 通风机组

因仅 2 台设备,计算负荷为设备容量,即 $b = 1.0$,查附录表 1 得 $\tan\varphi = 0.75$

$(bP_e)_2 = 1.0 \times (5.6 + 5.6) = 11.2(\text{kW})$

$(bP_e \tan\varphi)_2 = 11.2 \times 0.75 = 8.4(\text{kvar})$

(3) 电阻炉组

因仅 1 台设备,计算负荷为设备容量,则

$(bP_e)_3 = 1.0 \times 2 = 2(\text{kW})$

$(bP_e \tan\varphi)_3 = 2.0 \times 0 = 0(\text{kvar})$

(4) 总的计算负荷

仅第 1 组有尖峰负荷。

$$P_{30} = \sum_{i=1}^{3}(bP_e)_i + (cP_x)_{max} = (7+11.2+2)+8.64 = 28.84(\text{kW})$$

$$Q_{30} = \sum_{i=1}^{3}(bP_e\tan\varphi)_i + (cP_x)_{max}\tan\varphi_{max}$$

$$= (12.11+8.4+0.0)+14.95$$

$$= 35.46(\text{kvar})$$

$$S_{30} = \sqrt{P_{30}^2+Q_{30}^2} = \sqrt{28.84^2+35.46^2} = 45.71(\text{kVA})$$

$$I_{30} = S_{30}/(\sqrt{3}U_N) = 45.71/(\sqrt{3}\times 0.38) = 69.45(\text{A})$$

比较例 2-2 和例 2-3 的计算结果可知,不同的计算负荷方法,结果差别很大,这与以前学过的理论计算的情况不同,如电路问题采用不同的方法求解,得到的结果完全相同。需要系数法的计算结果偏小,二项式系数法可以考虑大电机的影响,计算结果比较合理。

一般说来,二项式系数法适用于机械加工车间、机修装配车间以及热处理车间的负荷计算。这类车间的电动机数量多,电动机容量相差很大。计算时考虑了大电机的影响是这种算法的优点,弥补了需要系数法在这方面的不足。但是,x 值的选取缺乏足够的理论根据,没有考虑 x 值应随电动机总台数的变化而变化,x、b、c 多是经验统计数据。另外,除机械加工等少数工业外,对于其他行业,x、b、c 的数据目前较少,因而二项式系数法的应用受到了限制。

第三节 单相用电设备组的计算负荷

工业企业中,电力负荷除了有三相用电设备外,还有单相用电设备,如电焊机、电炉和电灯等。接线时,应将各单相设备均匀地接在三相线路中,使运行中的三相负荷尽可能平衡。确定计算负荷时,应将单相负荷等效换算为三相负荷,再与其他三相负荷相加。等效换算的原则是换算前后线路电流相等。因为计算负荷的目的主要是选择线路上的设备和导线,当有计算电流通过时,不致因过热而损坏。

单相设备等效换算为三相负荷分为以下几种情况:

1. 单相用电设备的设备容量较小时的负荷计算

当单相用电设备的设备容量小于计算范围内三相负荷设备总功率的 15% 时,不论单相设备在三相中是如何分配的,均可按三相平衡负荷计算,而不必进行换算。

2. 单相设备接于相电压时的负荷计算

将最大负荷相所接的单相设备容量 $P_{e\cdot max}$ 乘以 3 作为等效的三相设备容量 P_e:

$$P_e = 3P_{e\cdot max} \tag{2-20}$$

然后按式(2-15)和式(2-16)分别计算等效三相计算负荷 P_{30}、Q_{30}、S_{30} 和 I_{30}。

3. 单相设备接于同一线电压时的负荷计算

容量为 $P_{e\cdot\varphi}$ 的单相设备接在线电压上产生电流

$$I = P_{e\cdot\varphi}/(U\cos\varphi)$$

将 $P_{e\cdot\varphi}$ 等效换算为三相设备容量 P_e,在线路上产生电流

$$I' = P_e/(\sqrt{3}U\cos\varphi)$$

因为 $I = I'$

所以
$$P_e = \sqrt{3}P_{e\cdot\varphi} \tag{2-21}$$

然后按式(2-15)和式(2-16)分别计算等效三相计算负荷 P_{30}、Q_{30}、S_{30} 和 I_{30}。

4. 单相设备分别接于线电压和相电压时的负荷计算

先将接于线电压的单相设备容量换算为接于相电压的设备容量,即将相间负荷换算为相负荷,然后各相负荷分别相加,算出各相的设备容量和计算负荷。确定出最大相负荷后,以该相计算负荷 $P_{30\cdot\varphi\cdot\max}$、$Q_{30\cdot\varphi\cdot\max}$ 的3倍作为等效三相计算负荷:

$$\begin{cases} P_{30} = 3P_{30\cdot\varphi\cdot\max} \\ Q_{30} = 3Q_{30\cdot\varphi\cdot\max} \end{cases} \tag{2-22}$$

按式(2-16)计算等效三相计算负荷 S_{30} 和 I_{30}。

相间负荷按下面的公式换算为相负荷:

$$\begin{cases} P_A = p_{AB-A}P_{AB} + p_{CA-A}P_{CA} \\ Q_A = q_{AB-A}P_{AB} + q_{CA-A}P_{CA} \\ P_B = p_{BC-B}P_{BC} + p_{AB-B}P_{AB} \\ Q_B = q_{BC-B}P_{BC} + q_{AB-B}P_{AB} \\ P_C = p_{CA-C}P_{CA} + p_{BC-C}P_{BC} \\ Q_C = q_{CA-C}P_{CA} + q_{BC-C}P_{BC} \end{cases} \tag{2-23}$$

式中,P_{AB}、P_{BC}、P_{CA} 为接于 AB、BC、CA 相间的有功负荷;P_A、P_B、P_C 为接于 A、B、C 相的有功负荷;Q_A、Q_B、Q_C 为接于 A、B、C 相的无功负荷;p_{AB-A}、q_{AB-A} 为接于 A、B 相间负荷换算为 A 相负荷的有功及无功换算系数,如表2-2所示。

表2-2 A、B相间负荷换算为A相负荷的有功及无功换算系数

功率换算系数	负荷功率因数								
	0.35	0.40	0.50	0.60	0.65	0.70	0.80	0.90	1.00
p_{AB-A}、p_{BC-B}、p_{CA-C}	1.27	1.17	1.00	0.89	0.84	0.80	0.72	0.64	0.50
p_{AB-B}、p_{BC-C}、p_{CA-A}	-0.27	-0.17	0.00	0.11	0.16	0.20	0.28	0.36	0.50
q_{AB-A}、q_{BC-B}、q_{CA-C}	1.05	0.86	0.58	0.38	0.30	0.22	0.09	-0.05	-0.29
q_{AB-B}、q_{BC-C}、q_{CA-A}	1.63	1.44	1.16	0.96	0.88	0.80	0.67	0.53	0.29

换算系数推导如下:

设接于线电压的单相用电设备的有功功率为 P_{AB}、P_{CA},它们在 A 相上的有功电流分量由图2-8 相量图知

$$I_{Ap} = I_{AB}\cos[-(30°-\varphi_{AB})] - I_{CA}\cos[-(150°-\varphi_{CA})]$$
$$= I_{AB}\cos(30°-\varphi_{AB}) + I_{CA}\cos(30°+\varphi_{CA})$$

将两角和的余弦函数展开

$$I_{Ap} = I_{AB}\cos\varphi_{AB}\left(\frac{\sqrt{3}}{2} + \frac{1}{2}\tan\varphi_{AB}\right) + I_{CA}\cos\varphi_{CA}\left(\frac{\sqrt{3}}{2} - \frac{1}{2}\tan\varphi_{CA}\right)$$

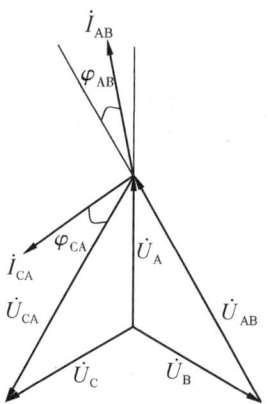

图 2-8 线间负荷换算为相负荷的相量图

$$P_A = U_A I_{Ap}$$

$$= U_A I_{AB}\cos\varphi_{AB}\left(\frac{\sqrt{3}}{2} + \frac{1}{2}\tan\varphi_{AB}\right) + U_A I_{CA}\cos\varphi_{CA}\left(\frac{\sqrt{3}}{2} - \frac{1}{2}\tan\varphi_{CA}\right)$$

$$= U_{AB} I_{AB}\cos\varphi_{AB}\frac{1}{\sqrt{3}}\left(\frac{\sqrt{3}}{2} + \frac{1}{2}\tan\varphi_{AB}\right) + U_{CA} I_{CA}\cos\varphi_{CA}\frac{1}{\sqrt{3}}\left(\frac{\sqrt{3}}{2} - \frac{1}{2}\tan\varphi_{CA}\right)$$

$$= P_{AB}\left(\frac{1}{2} + \frac{1}{2\sqrt{3}}\tan\varphi_{AB}\right) + P_{CA}\left(\frac{1}{2} - \frac{1}{2\sqrt{3}}\tan\varphi_{CA}\right)$$

$$= P_{AB}p_{AB-A} + P_{CA}p_{CA-A}$$

式中，$p_{AB-A} = \frac{1}{2} + \frac{1}{2\sqrt{3}}\tan\varphi_{AB}$；$p_{CA-A} = \frac{1}{2} - \frac{1}{2\sqrt{3}}\tan\varphi_{CA}$。

同理，可推导得出

$$p_{BC-B} = \frac{1}{2} + \frac{1}{2\sqrt{3}}\tan\varphi_{BC}; \qquad p_{AB-B} = \frac{1}{2} - \frac{1}{2\sqrt{3}}\tan\varphi_{AB};$$

$$p_{CA-C} = \frac{1}{2} + \frac{1}{2\sqrt{3}}\tan\varphi_{CA}; \qquad p_{BC-C} = \frac{1}{2} - \frac{1}{2\sqrt{3}}\tan\varphi_{BC}$$

根据

$$I_{Aq} = I_{AB}\sin[-(30° - \varphi_{AB})] - I_{CA}\sin[-(150° - \varphi_{CA})]$$
$$= -I_{AB}\sin(30° - \varphi_{AB}) + I_{CA}\sin(30° + \varphi_{CA})$$

和

$$Q_A = U_A I_{Aq}$$

可推导得出

$$q_{AB-A} = \frac{1}{2}\tan\varphi_{AB} - \frac{1}{2\sqrt{3}}; \qquad q_{CA-A} = \frac{1}{2}\tan\varphi_{CA} + \frac{1}{2\sqrt{3}}$$

同理，可推导得出

$$q_{BC-B} = \frac{1}{2}\tan\varphi_{BC} - \frac{1}{2\sqrt{3}}; \qquad q_{AB-B} = \frac{1}{2}\tan\varphi_{AB} + \frac{1}{2\sqrt{3}};$$

$$q_{\mathrm{CA-C}} = \frac{1}{2}\tan\varphi_{\mathrm{CA}} - \frac{1}{2\sqrt{3}}; \qquad q_{\mathrm{BC-C}} = \frac{1}{2}\tan\varphi_{\mathrm{BC}} + \frac{1}{2\sqrt{3}}$$

第四节　港口供电系统的功率损耗和电能损耗

一、港口供电系统的功率损耗

电流通过线路和变压器时,要产生有功功率和无功功率的损耗。这些功率损耗也是电力系统供给的。因此,在计算企业的电力负荷时,必须计入这部分功率损耗。

1. 电力线路的功率损耗

(1) 有功功率损耗 ΔP_{WL}

电流通过线路的电阻就产生有功功率损耗:

$$\Delta P_{\mathrm{WL}} = 3I_{30}^2 R \tag{2-24}$$

式中,I_{30} 为线路的计算电流;R 为线路的每相电阻。

$$R = R_0 l \tag{2-25}$$

式中,R_0 为线路单位长度的电阻值(Ω/km);l 为线路长度(km),附录表5列出 LJ 型铝绞线的主要技术数据,可查得不同截面导线的 R_0 值。

(2) 无功功率损耗 ΔQ_{WL}

电流通过线路的电抗就产生无功功率损耗:

$$\Delta Q_{\mathrm{WL}} = 3I_{30}^2 X \tag{2-26}$$

式中,X 为线路的每相电抗。

$$X = X_0 l \tag{2-27}$$

式中,X_0 为线路单位长度的电抗值(Ω/km)。附录表5中也可查得相应的 X_0 值。

查得 X_0 的根据是导线截面积和三相导线的线间几何均距 a_{av},a_{av} 为三相线路各相导线之间距离的几何平均值。

$$a_{\mathrm{av}} = \sqrt[3]{a_1 a_2 a_3} \tag{2-28}$$

式中,a_1、a_2、a_3 依次为三相导线之间的距离。

若导线为等边三角形排列,$a_1 = a_2 = a_3 = a$,则 $a_{\mathrm{av}} = a$;若导线为水平(垂直)等距排列,$a_1 = a_2 = a$,$a_3 = 2a$,则 $a_{\mathrm{av}} = 1.26a$。

2. 变压器的功率损耗

变压器的功率损耗包括铁损和铜损,这两部分损耗又分别包含有功功率损耗和无功功率损耗。变压器的功率损耗一般通过变压器试验数据得出,也可从有关数据资料查得。

(1) 变压器的空载试验

变压器的空载试验就是将变压器的副边开路,原边加额定电压 $U_{1\mathrm{N}}$,测得空载损耗 ΔP_0 和空载电流百分值 $I_0\%$。

空载试验测得空载损耗就是铁损。铁芯中的损耗(铁损)由铁芯的磁滞损耗和涡流损耗组成。铁损的大小与频率和磁通密度 B 有关,B 则取决于电源电压。因此,当频率和电压不变时,空载损耗 ΔP_0 不变,与变压器的负载大小无关。

图 2-9 所示变压器 Γ 形等值电路中,由于 $R_m \ll X_m$,R_m 可以忽略,则空载无功损耗 ΔQ_0 即为励磁电抗上损耗,为

$$\Delta Q_0 = \sqrt{3} U_{1N} I_0 = \frac{I_0\%}{100} S_N \qquad (2\text{-}29)$$

式中,U_{1N} 为原边额定线电压;S_N 为变压器额定容量;$I_0\%$ 为变压器空载电流百分值,$I_0\% = \dfrac{I_0}{I_{1N}} \times 100$。

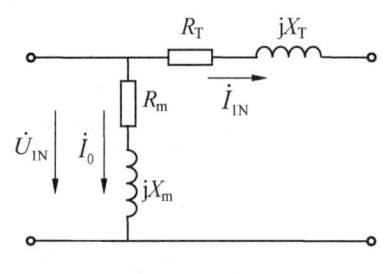

图 2-9 变压器 Γ 形等值电路

(2)变压器的短路试验

变压器的短路试验就是将变压器的副边短路,原边加电压 U_1,直到原边电流达到额定电流 I_{1N} 为止,测得短路损耗 ΔP_k 和短路电压 $U_k\%$。

在短路试验中,一般 $U_k \le 10\% U_{1N}$,所以励磁电流 I'_0 很小[空载电流 $I_0 = (2\% \sim 10\%) I_{1N}$,此时 $I'_0 \ll I_0$],励磁回路可以忽略。因此变压器短路损耗 ΔP_k 就是绕组电阻的损耗,称为铜损,ΔP_k 为

$$\Delta P_k = 3 R_T I_{1N}^2 \qquad (2\text{-}30)$$

由(2-30),得

$$R_T = \frac{\Delta P_k}{3 I_{1N}^2} = \Delta P_k \frac{U_{1N}^2}{S_N^2} \qquad (2\text{-}31)$$

图 2-9 中,由于 $R_T \ll X_T$,R_T 可以忽略,则短路电压 $U_k\%$ 为

$$U_k\% = \frac{U_k}{U_{1N}} \times 100 = \frac{\sqrt{3} X_T I_{1N}}{U_{1N}} \times 100 \qquad (2\text{-}32)$$

由式(2-32)得

$$X_T = \frac{U_k\%}{100} \frac{U_{1N}}{\sqrt{3} I_{1N}} = \frac{U_k\%}{100} \frac{U_{1N}^2}{S_N} \qquad (2\text{-}33)$$

短路无功功率损耗 ΔQ_k 即为漏抗损耗,为

$$\Delta Q_k = \sqrt{3} U_k I_{1N} = \frac{U_k\%}{100} S_N \qquad (2\text{-}34)$$

式(2-31)和式(2-33)计算的电阻和电抗是变压器副边电阻和电抗折算到原边后总的电阻和电抗;式(2-31)和式(2-33)还可以使用 U_{2N} 进行计算,这时的变压器的电阻和电抗则为原边电阻和电抗折算到副边后总的电阻和电抗。

变压器的试验数据 ΔP_K、$U_k\%$、ΔP_0 和 $I_0\%$ 可由变压器铭牌或有关资料查得。附录表 6 和附录表 7 给出了部分变压器的试验数据。

(3)有功功率损耗

变压器的有功功率损耗由空载有功功率损耗和负载有功功率损耗两部分组成,即

$$\Delta P_T = \Delta P_0 + \beta^2 \Delta P_k \qquad (2\text{-}35)$$

式中,β 为变压器的负荷率,$\beta = S_{30} / S_N$。

铁损近似为常数,是不变的损耗。铜损是可变的损耗,随负荷大小而变。

（4）无功功率损耗

变压器的无功功率损耗由空载无功功率损耗和负载无功功率损耗两部分组成,其中空载无功功率损耗不变,负载无功功率损耗则与负荷率有关。

$$\Delta Q_T = \Delta Q_0 + \beta^2 \Delta Q_k = \left(\frac{I_0\%}{100} + \beta^2 \frac{U_k\%}{100}\right) S_N \tag{2-36}$$

只要变压器原边承受额定电压,流过励磁电抗的电流基本上就是空载电流 I_0,与变压器的负载大小无关,励磁电抗损耗是不变的损耗,漏抗损耗是随负载大小而变化的损耗。

（5）变压器功率损耗的近似计算

在负荷计算时,因变压器尚未选出,低损耗变压器的功率损耗可按下式近似计算。

$$\begin{cases}\Delta P_T \approx 0.015 S_{30} \\ \Delta Q_T \approx 0.06 S_{30}\end{cases} \tag{2-37}$$

例 2-4 S11-M1000/10,10/0.4 kV 型变压器的技术数据为:$\Delta P_0 = 1.15$ kW,$\Delta P_k = 10.3$ kW,$U_k\% = 4.5$,$I_0\% = 0.5$。已知变压器的计算负荷为 $P_{30} = 596$ kW,$Q_{30} = 530$ kvar,$S_{30} = 800$ kVA。试计算其有功、无功损耗。

解：$\beta = S_{30}/S_N = 800/1\,000 = 0.8$

有功损耗 $\Delta P_T = \Delta P_0 + \beta^2 \Delta P_k = 1.15 + 0.8^2 \times 10.3 = 7.74 (\text{kW})$

无功损耗 $\Delta Q_T = \Delta Q_0 + \beta^2 \Delta Q_k = S_N \left(\frac{I_0\%}{100} + \beta^2 \frac{U_k\%}{100}\right)$

$$= 1\,000 \times \left(\frac{0.5}{100} + 0.8^2 \times \frac{4.5}{100}\right) = 33.80\,(\text{kvar})$$

二、港口供电系统的电能损耗

企业一年内所耗用的有功电能 W_a,一部分用于生产,另一部分使设备的铁芯和导体发热,不能做有用功,而是被损耗掉了。节能最主要的目的就是减少这种被损耗的电能。

1. 供电线路的电能损耗 ΔW_{WL}

$$\Delta W_{WL} = \Delta P_{WL} \tau \tag{2-38}$$

式中,ΔP_{WL} 为线路中有功功率损耗,由式(2-24)计算;τ 为年最大负荷损耗小时数。

年最大负荷损耗小时数 τ 也是一个假想时间。在此时间内,线路上通过最大负荷电流 I_{30} 所产生的电能损耗,恰好等于实际负荷电流全年在线路上产生的电能损耗。

τ 值可由图 2-10 所示的 τ-T_{max} 关系曲线查得,它与功率因数有关。

当 $\cos\varphi = 1$,且线路电压不变时,有

$$\tau = \frac{T_{max}^2}{8\,760} \tag{2-39}$$

2. 变压器的电能损耗 ΔW_T

变压器的有功电能损耗包括两部分。一部分是变压器铁芯损耗 ΔP_{Fe} 引起的电能损耗。只要变压器的外加电压和频率不变,它就是固定不变的。因此,这部分一年的电能损耗为

$$\Delta W_{T1} = \Delta P_{Fe} T \approx \Delta P_0 \times 8\,760$$

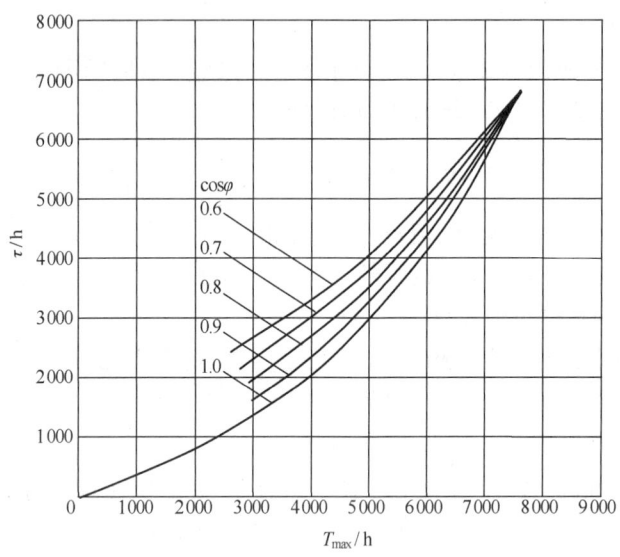

图 2-10　τ-T_{max} 关系曲线

式中，T 为变压器全年运行时间，一般取 8 760 h。

另一部分是变压器铜损 ΔP_{Cu} 引起的电能损耗。这部分损耗与变压器负荷率 β 有关：

$$\Delta W_{T2} = \Delta P_{Cu}\beta^2\tau \approx \Delta P_k\beta^2\tau$$

因此，变压器的年有功电能损耗为

$$\Delta W_T = \Delta W_{T1} + \Delta W_{T2} = \Delta P_0 \times 8\ 760 + \Delta P_k\beta^2\tau \tag{2-40}$$

第五节　港口供电系统计算负荷的确定

企业供电系统总的计算负荷可用以下方法进行计算。

一、逐级计算法

电网的电能从高压输电线进入企业总降压变电所，再经多级配电，才能传输到每个用电设备上。因此，要计算企业供电系统的用电负荷，可采用逐级计算法。

下面以图 2-11 所示的供电系统的有功功率计算为例说明计算顺序。

首先对用电设备组进行计算，得到支线计算负荷 P_{30-1}。各支线计算负荷相加，再乘以同时系数 $K_{\Sigma 1}$ 得到干线负荷 P_{30-2}。各干线负荷之和乘以同时系数 $K_{\Sigma 2}$ 得到低压母线负荷 P_{30-3}。考虑变压器 T_1 的功率损耗 ΔP_{T1}，变压器的输入计算负荷 $P_{30-4} = P_{30-3} + \Delta P_{T1}$（低压线路一般不长，线路损耗可忽略不计）。高压线路有损耗 ΔP_{WL}，高压线路首端计算负荷 $P_{30-5} = P_{30-4} + \Delta P_{WL}$。各高压线路负荷之和乘以同时系数 $K_{\Sigma 3}$，得到总降压变电所低压侧母线计算负荷 P_{30-6}。变压器 T_2 的功率损耗为 ΔP_{T2}，则企业总的计算负荷 $P_{30-7} = P_{30-6} + \Delta P_{T2}$。$K_{\Sigma 1} \sim K_{\Sigma 3}$ 的选取参见表 2-1。

这样就可以依据各级负荷（功率、电流）的大小，选择各级配电装置、导线的容量和规格。

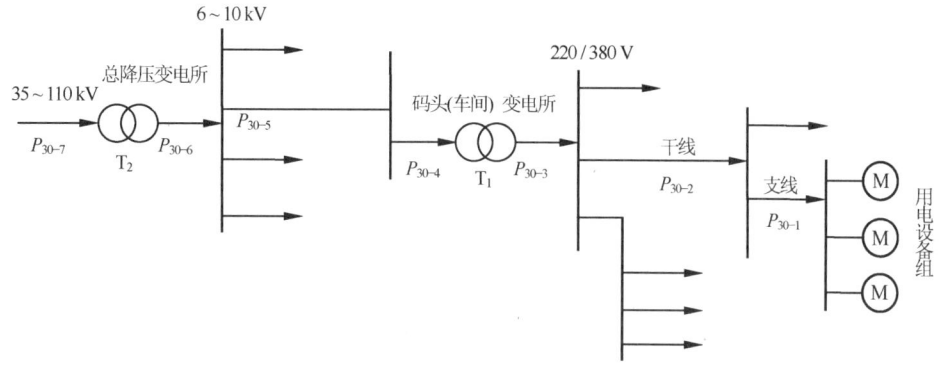

图 2-11 供电系统的有功功率计算顺序

二、需要系数法

将全企业用电设备的总容量 P_e(不含备用设备容量)乘以企业需要系数,就得到全企业的有功计算负荷 P_{30}。然后根据企业的功率因数,按式(2-15)和式(2-16)求出全企业的无功计算负荷 Q_{30}、视在计算负荷 S_{30} 和计算电流 I_{30}。部分企业的全企业需要系数和功率因数见附录表2。

三、估算工业企业的计算负荷

1. 按年产量估算

将工业企业年产量 A 乘以单位产品耗电量 a,就得到企业全年耗电量

$$W_a = Aa \tag{2-41}$$

单位产品耗电量 a,可根据实测统计资料确定,也可查有关设计手册取得。

然后查得企业的年最大有功负荷利用小时 T_{max},可计算出企业的有功计算负荷:

$$P_{30} = W_a/T_{max} \tag{2-42}$$

其他计算负荷 Q_{30}、S_{30}、I_{30} 的计算,与需要系数法的计算相同。

2. 按年产值估算

将工业企业年产值 B 乘以单位产值的耗电量 b,得到企业全年耗电量

$$W_a = Bb \tag{2-43}$$

b 值可根据实测统计资料确定,或查有关设计手册取得。按式(2-42)算出 P_{30},而 Q_{30}、S_{30}、I_{30} 的计算方法与需要系数法的计算方法相同。

第六节　港口供电系统无功功率补偿

一、提高港口供电系统功率因数的意义

在港口供电系统中,绝大多数用电设备都是感性负载,具有感性特性(如感应电动机、电

力变压器和起重机等)。这些设备除了从供电系统吸收有功功率,还要吸收相当数量的无功功率(滞后),以产生这些设备正常工作所必需的交变磁场。特别是有的设备在生产过程中还经常出现无功冲击负荷,这种冲击负荷比正常设备取用的无功功率可能高5~6倍。从电路理论可知,无功功率的增大使供电系统的功率因数降低。在供电系统输送有功功率一定的情况下,功率因数的降低将引起供电系统输送的总电流增加,使得供电系统中的电气设备,如电力变压器、导线等容量增大,从而增加了供电系统的初投资;同时,功率因数的降低,使设备及供电线路的有功功率损耗增大,降低了供电设备的供电能力;供电系统电压损失正比于系统中流过的电流,总电流的增加使得供电系统电压损失增加;对电力系统的发电设备而言,无功电流的增大使发电机转子的去磁效应增加,端电压降低,从而使发电机达不到额定功率。

另外,发电厂发电能力在额定值的条件下,总成本费基本是固定的。如果功率因数低,线路和变压器中的有功功率损耗增大,提供给用户的有功电能就相对减少,均摊到生产用电必然使每度电的成本升高。

从上面的分析得知,工业企业耗用的无功功率越大,功率因数就越低,引起的后果越严重。不论是从节约电能、提高供电质量还是从提高供电设备的供电能力出发,都必须考虑改善功率因数(补偿无功功率)。

功率因数是衡量港口供电系统电能利用程度以及电气设备使用状态的重要指标。国家为了奖励企业提高功率因数,一般实行按功率因数收取电费的办法(超过规定值奖励,不达规定值惩罚)。因此,提高功率因数对港口供电系统意义重大。

二、功率因数计算方法

港口用电负荷的功率因数一般是随着负荷性质的变化及电压的波动而变动的,在讨论改善功率因数措施之前,首先对几种功率因数的计算方法做简要说明。

1. 瞬时功率因数

瞬时功率因数是指任何瞬间有功功率与视在功率之比,可由功率因数表(相位计)直接读出,或者根据电流表、电压表及有功功率表在同一瞬时的指示数进行计算求得,即

$$\cos\varphi = \frac{P}{\sqrt{3}UI}$$

式中,P 为有功功率表指示数;U 为电压表指示数;I 为电流表指示数。

分析瞬时功率的变化情况可以帮助港口企业了解在生产过程中无功功率的变化规律,以便采取相应的补偿措施。

2. 平均功率因数

平均功率因数是指某一段时间(如按月计算)内功率因数的平均值,即

$$\cos\varphi_{av} = \frac{P_{av}}{\sqrt{P_{av}^2 + Q_{av}^2}} = \frac{W_p}{\sqrt{W_p^2 + W_q^2}}$$

式中,W_p 为有功电度表的月积累数(kW·h);W_q 为无功电度表的月积累数(kvar·h)。

月平均功率因数是供电企业每月收取用电企业电费时作为调整收费标准的依据。功率因数调整电费办法按国家规定执行,表2-3是以0.9为标准值的功率因数调整电费表,以0.85、0.8为标准值的功率因数调整电费表见附录表4。

表 2-3 以 0.9 为标准值的功率因数调整电费表

$\cos\varphi$	0.90	0.91	0.92	0.93	0.94	0.95~1.00							
电费减/%	0.00	0.15	0.30	0.45	0.60	0.75							
$\cos\varphi$	0.89	0.88	0.87	0.86	0.85	0.84	0.83	0.82	0.81	0.80	0.79	0.78	0.77	0.76
电费加/%	0.50	1.00	1.50	2.00	2.50	3.00	3.50	4.00	4.50	5.00	5.50	6.00	6.50	7.00
$\cos\varphi$	0.75	0.74	0.73	0.72	0.71	0.70	0.69	0.68	0.67	0.66	0.65	≤ 0.64		
电费加/%	7.5	8.0	8.5	9.0	9.5	10.0	11.0	12.0	13.0	14.0	15.0	每降低 0.01,加 2.0%		

3. 最大负荷时的功率因数

最大负荷时的功率因数是指年最大负荷(计算负荷)时的功率因数,为

$$\cos\varphi = \frac{P_{30}}{S_{30}}$$

4. 自然功率因数

凡未装设任何补偿装置时的功率因数称为自然功率因数。自然功率因数分瞬时功率因数和平均功率因数两种。

5. 总功率因数

港口企业装设人工补偿装置后的功率因数称为总功率因数。同样,它也分为瞬时功率因数和平均功率因数两种。

电力部门对用户的功率因数指标有明确要求,《供电营业规则》第 41 条规定:无功电力应就地平衡。用户应在提高用电自然功率因数的基础上,按有关标准设计和安装无功补偿设备,并做到随其负荷和电压变动及时投入或切除,防止无功电力倒送。除电网有特殊要求的用户外,用户在当地供电企业规定的电网高峰负荷时的功率因数,应达到下列规定:

(1) 100 kVA 及以上高压供电的用户功率因数为 0.90 以上。

(2) 其他电力用户和大、中型电力排灌站、趸购转售电企业功率因数为 0.85 以上。

(3) 农业用电功率因数为 0.80 以上。

凡功率因数不能达到上述规定的新用户,供电企业可拒绝接电。对已送电的用户,供电企业应督促和帮助用户采取措施,提高功率因数。对在规定期限内仍未采取措施达到上述要求的用户,供电企业可中止或限制供电。

上述规定提到的功率因数应视为最大负荷时的功率因数。

三、提高港口供电系统自然功率因数的方法

提高港口供电系统功率因数的方法很多,主要分为提高自然功率因数法和功率因数人工补偿法。

未装设任何补偿装置,采取各种措施,减小供电系统用电设备本身所需的无功功率,从而提高供电系统功率因数,称为提高自然功率因数方法。该方法主要是从合理地选择和使用电气设备,改善它们的运行方式,提高对它们的检修质量等方面着手。它不需要增加投资,是提

高功率因数积极有效的办法。

据统计,工业企业取自电力系统的全部无功功率中,感应电动机一般占60%~70%,电力变压器(包括整流变压器、电炉变压器等)约占20%,其他(包括电抗器、整流设备、架空电力线路、感应型电器及仪表等)约占10%。由此可见,工业企业的无功功率主要消耗在感应电动机和电力变压器上,为了降低无功功率损耗以提高功率因数,通常提高自然功率因数可采取的方法和途径是:

1. 合理选择和使用感应电动机

(1)合理选择感应电动机的额定功率;

(2)以小容量电动机代替负荷不足的大容量电动机;

(3)降低轻载感应电动机的定子绕组电压;

(4)消除或限制感应电动机空载运行;

(5)大功率电动机(200 kW及以上)采用高压电动机。

2. 合理选择和使用电力变压器

(1)合理选择电力变压器

电力变压器所消耗的无功功率约占全部无功功率的20%,而其中变压器空载无功功率又约占电力变压器全部无功功率的80%。事实上,往往由于电力变压器的容量和台数选择不当,以及电力变压器的运行方式不合理,导致港口企业功率因数的降低。因此,应合理选择电力变压器的容量和台数,综合分析、考虑电力变压器经济运行及港口企业功率因数两项指标,使其都趋于优化。

如果选用两台以上变压器,则应随着港口企业负荷的变化,按多台并联变压器经济运行规律,变更运行变压器的台数,既要保证经济运行,也应考虑尽可能少地从系统取用无功功率。对于平均负荷率小于30%的变压器,应予以更换;或者通过变压器二次侧联络线调整负荷,将部分负载过轻的变压器退出系统。

(2)电力变压器的经济运行

一般港口变电所装设两台或两台以上变压器,随着变电所负荷的变化,经常需要投入或切除变压器。在满足生产用电的前提下,就会有变压器经济运行问题。所谓变压器的经济运行方式,是指变压器在功率损耗最小情况下的运行方式。

3. 同步电动机代替感应电动机运行

在工艺条件允许的情况下,采用同等容量的同步电动机代替感应电动机是提高港口企业功率因数的经济方法。同步电动机较感应(异步)电动机具有以下突出的优点:①调节同步电动机的励磁电流,可使其在超前功率因数的方式下运行,输出无功功率来补偿企业所需要的无功功率,提高企业的功率因数;②可采用低转速电动机直接与生产机械耦合,省去减速箱;③当电网频率不变时,电动机的转速是恒定的,与负荷性质无关,更适合恒速的机械负荷;④电动机转矩受电压波动的影响较小(同步电动机的转矩与电网电压成正比,而异步电动机转矩与电压的平方成正比);⑤电动机的外形尺寸主要由视在功率决定,在相同的有功功率条件下,由于同步电动机的功率因数高,所以同步电动机的外形尺寸较感应电动机小;⑥同步电动机的功率损耗较同容量的感应电动机小,这是因为感应电动机铁芯的损耗高,效率较同步电动机低;⑦同步电动机的气隙比感应电动机大,便于制造和维修;⑧同步电动机采用强行励磁,可以提高供电系统的稳定性。

由于同步电动机具有以上优点,所以港口企业的大型通风机、空压机、水泵等运行速度恒定的生产机械应尽量采用同步电动机拖动。对于负载率不大于 0.7 及尖峰负荷不大于 0.9 的绕线式感应电动机,必要时采取措施令其同步化运行,使它产生超前电流,减少港口企业从系统吸取的无功功率以改善港口企业的功率因数。这种办法一般适用于负荷比较稳定而且不经常起动的由绕线式感应电动机拖动的设备。虽然同步电动机价格贵一些,控制设备复杂一些,维护麻烦一些,但经济效益十分显著。

4. **电磁开关无电压运行**

港口变配电所低压系统使用大量的各种类型的电磁开关作为控制电动机(或其他用电设备)之用。这种开关的控制线圈(接 380 V 或 220 V 电压)属于感性。当开关合闸给电时,控制线圈一直接通电源,既消耗电能,又产生滞后的无功电流,影响港口企业功率因数的改善。对这种开关进行改造,在开关上加装机械锁住机构,当电磁开关合闸后,靠电气联锁接点的作用,立即将控制线圈断电,使电磁开关的线圈处于无电压运行状态。这样,既可改善功率因数又能节电,效果很好。

四、电力变压器的经济运行

1. **经济运行基本概念**

一般港口变电所装设有多台变压器时,随着变电所负荷的变化,经常需要投入或切除变压器。在满足生产用电的前提下,就会有变压器经济运行问题。所谓变压器的经济运行方式,是指变压器在功率损耗最小情况下的运行方式。

电力系统的有功损耗,不仅与设备的有功损耗有关,而且与设备的无功损耗有关,因为设备消耗的无功功率,也是由电力系统供给的。由于无功功率的存在,就使得系统中的电流增大,从而使电力系统的有功损耗增加。

为了计算设备的无功损耗在电力系统中引起的有功损耗增加量,引入一个换算系数——无功功率经济当量。

无功功率经济当量,是表示电力系统多发送 1 kvar 的无功功率时,将在电力系统中增加的有功功率损耗数,其符号为 K_q,单位为 kW/kvar。这个 K_q 值与电力系统的容量、结构及计算点的具体位置等多种因素有关。

对于港口变配电所,无功功率经济当量可取 $K_q = 0.02 \sim 0.1$。

对经两级变压的港口,无功功率经济当量可取 $K_q = 0.05 \sim 0.07$;

对经三级及以上变压的港口,无功功率经济当量可取 $K_q = 0.08 \sim 0.1$。

2. **一台变压器运行的经济负荷计算**

变压器既有有功损耗,又有无功损耗,而且这些损耗都要引起电力系统有功损耗的增加。但是由于变压器的有功损耗远比无功损耗小,因此在考虑由于变压器的损耗而引起电力系统增加的有功损耗时,可略去变压器有功损耗对系统的影响,只计及变压器无功损耗对系统的影响。在考虑变压器运行的经济性时,将变压器本身的有功损耗再加上变压器无功损耗在电力系统中(包括变压器本身)引起的有功损耗,统称为变压器有功损耗换算值。

因此,一台变压器在负荷为 S 时的有功损耗换算值为

$$\Delta P \approx \Delta P_T + K_q \Delta Q_T$$
$$\approx \Delta P_0 + \Delta P_k (S/S_N)^2 + K_q \Delta Q_0 + K_q \Delta Q_N (S/S_N)^2 \quad (2\text{-}44)$$
$$\approx \Delta P_0 + K_q \Delta Q_0 + (\Delta P_k + K_q \Delta Q_N)(S/S_N)^2$$

式中，ΔP_T 为变压器的有功损耗；ΔQ_T 为变压器的无功损耗；ΔP_0 为变压器的空载损耗；ΔP_k 为变压器的短路损耗；ΔQ_0 为变压器空载时的无功损耗；ΔQ_N 为变压器额定负荷时的负载无功损耗；S_N 为变压器的额定容量。

要使变压器运行在经济负荷 S_{ec} 下，就必须满足变压器单位容量的有功损耗换算值 $\Delta P/S$ 为最小值的条件。因此令 $d(\Delta P/S)/dS = 0$ 可得变压器的经济负荷为

$$S_{ec} = S_N \sqrt{\frac{\Delta P_0 + K_q \Delta Q_0}{\Delta P_k + K_q \Delta Q_N}} = K_{ec} S_N \quad (2\text{-}45)$$

式中，K_{ec} 为变压器的经济负荷系数或最佳负荷系数。

3. 多台变压器经济运行的计算

假设变电所有 n 台同型号同容量(S_N)的变压器，变电所的总负荷为 S。n 台变压器并列运行时，每台承担负荷 S/n，因此由式(2-44)可求得 n 台的有功损耗换算值为

$$\Delta P_n \approx n(\Delta P_0 + K_q \Delta Q_0) + n(\Delta P_k + K_q \Delta Q_N)\left(\frac{S}{nS_N}\right)^2 \quad (2\text{-}46)$$

先考虑两台变压器经济运行情况，其有功损耗换算值与总负荷 S 的关系，如图 2-12 所示，图中的两条曲线分别为单台变压器运行和两台变压器并列运行的有功损耗曲线，式(2-46)中 n 分别取 1 和 2，即可得到这两条曲线。两条曲线交于 a 点，它所对应的变压器负荷，称为变压器经济运行的经济运行点(临界负荷)，用 S_{cr} 表示。

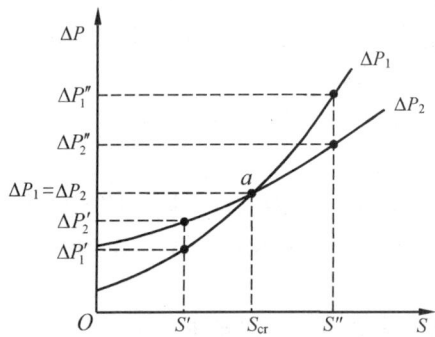

图 2-12 两台变压器经济运行的临界负荷

当 $S = S' < S_{cr}$ 时，则因 $\Delta P_1' < \Delta P_2'$，故宜于一台运行；

当 $S = S'' > S_{cr}$ 时，则因 $\Delta P_2'' < \Delta P_1''$，故宜于两台运行。

当 $S = S_{cr}$ 时，$\Delta P_1 = \Delta P_2$，即

$$\Delta P_0 + K_q \Delta Q_0 + (\Delta P_k + K_q \Delta Q_N)\left(\frac{S}{S_N}\right)^2 = 2(\Delta P_0 + K_q \Delta Q_0) + 2(\Delta P_k + K_q \Delta Q_N)\left(\frac{S}{2S_N}\right)^2$$

由此可求得两台变压器经济运行的经济负荷为

$$S_{cr} = S_N \sqrt{\frac{2(\Delta P_0 + K_q \Delta Q_0)}{\Delta P_k + K_q \Delta Q_N}}$$

如果变电所中装设 n 台容量相同的变压器,当总负荷减小到某一数值时,就应退出一台变压器,而当总负荷增加到某一数值时,又应及时投入一台变压器。

设变电所总负荷为 S,根据前面介绍,在经济运行点处,投入 n 台变压器时的总有功损耗与投入 $n-1$ 台变压器时的总有功损耗相等,则有下面等式成立:

$$(n-1)(\Delta P_0 + K_q \Delta Q_0) + (n-1)(\Delta P_k + K_q \Delta Q_N)\left[\frac{S}{(n-1)S_N}\right]^2$$

$$= n(\Delta P_0 + K_q \Delta Q_0) + n(\Delta P_k + K_q \Delta Q_N)\left(\frac{S}{nS_N}\right)^2$$

解此等式,即可求出变电所的经济负荷 S_{cr}

$$S_{cr} = S_N \sqrt{\frac{(n-1)n(\Delta P_0 + K_q \Delta Q_0)}{\Delta P_k + K_q \Delta Q_N}} \tag{2-47}$$

式(2-47)表明,若变电所有 n 台相同容量变压器参与经济运行,则当总负荷 S 小于 S_{cr} 时,应由 $n-1$ 台变压器并列运行;当总负荷 S 大于 S_{cr} 时,应由 n 台变压器并列运行。

五、人工补偿提高功率因数的方法

提高港口供电系统自然功率因数的方法是一项积极有效措施,因此,首先应尽可能采取各种措施提高企业的自然功率因数,但仅仅采取提高自然功率因数的措施一般可能达不到功率因数规定值 0.85~0.90。因此,港口供电系统必须采取人工补偿法把企业功率因数提高到期望值。人工补偿是指采用附加的补偿设备以补偿企业所需要的无功功率,从而提高企业的功率因数。采用人工补偿法除需要增加设备和投资外,还要增加维护和管理的工作量。

作为提高功率因数的无功补偿装置主要有同步补偿器、并联电容器、静止无功补偿器、静止无功发生器。

1. 同步补偿器

同步电动机如果空载运行,专门用作补偿无功功率,则此种同步电动机称为同步补偿器,又称同步调相机。采用同步调相机可以无级地调节无功功率的数值,平滑地调节电网的电压水平,它实质上是可以在过励、欠励情况下工作的无功功率发电机。通过调节其励磁电流,起到补偿电网无功功率、改善功率因数的作用。但同步调相机的容量越小,其单位千伏安的造价越高,即使容量很大的同步调相机,也远较并联电容器昂贵,且它发出 1 kvar 的无功功率,较之并联电容器的功率损失高 6~9 倍。另外,同步调相机是一种旋转电机,安装条件要求高,容量组成不灵活,在运行期间还需要有专门人员进行管理,因而使用不普及。同步调相机适应在大电网中枢调压变电所或总降压变电所中应用。

2. 并联电容器

目前国内外在港口企业广泛采用的补偿装置是并联电容器。因为并联电容器与同步调相机相比,因无旋转部分,且具有安装简单、运行维护方便及有功损耗小等优点,所以并联电容器在一般港口企业供电系统中广泛应用。并联电容器的缺点是只能有级调节而不能随负荷无功功率需求的变化进行连续平滑的调节。

3. 静止无功补偿器

现代化港口企业中,有一些功率较大负荷(例如港口大型集装箱装卸桥驱动电动机功率可达数兆瓦)在生产过程中,负载经常急剧变化,对电网产生重复性的无功冲击,引起电网电压严重波动和功率因数的恶化。对于这种急剧变化而幅值很大的冲击性无功功率,采用静态的并联电容器和响应时间较慢(200~500 ms)的同步调相机来进行补偿,在技术上已不符合要求。从技术角度讲,对这种急剧变化的冲击无功功率的补偿,要求既能够做到快速响应(响应时间最好不大于 10 ms)又能进行实时动态补偿,以消除对电力系统的影响。

目前采取的方法有：

①采用晶闸管投切的静止无功补偿器(SVC),SVC 为无源、快速动态补偿装置,在配电网应用较多。

②采用静止无功发生器(SVG),SVG 为有源、快速动态补偿装置,在国外应用较广泛,国内也开始应用。

静止无功补偿器(Static Var Compensator,SVC)简称静止补偿器,由电容器与电抗器并联组成。电容器可发出无功功率,电抗器可吸收无功功率,两者结合起来,再配以适当的调节装置,就成为能够平滑地改变输出(或吸收)无功功率的静止补偿器。

参与组成静止补偿器的部件主要有饱和电抗器(SR)、固定电容器、晶闸管控制电抗器(TCR)和晶闸管投切电容器(TSC)。实际上应用的静止补偿器大多是由上述部件组成的混合型静止补偿器。图 2-13(a)为 TCR 型静止补偿器原理图,图 2-13(b)是它的伏安特性。

TCR 型静止补偿器由 TCR 和若干组不可控电容器组成。与电容器 C 串联的电感器 L 则与其构成串联谐振回路,兼作高次谐波的滤波器,滤去由 TCR 产生的 5、7、11、…等次谐波电流。仅有 TCR 时,补偿器的基波电流如图 2-13(b)中点划线所示,其值取决于晶闸管的触发角,而后者又取决于设定的控制规律和系统的运行状况等。仅有电容器 C 时,补偿器的电流如图虚线所示,即随其端电压的增大而增大。TCR 与电容器同时投入时,补偿器的电流如图中实线所示,这是补偿器的正常运行方式。因此,这种类型补偿器的运行范围就在图中 $I_{C\max}$ 与 $I_{L\max}$ 之间。

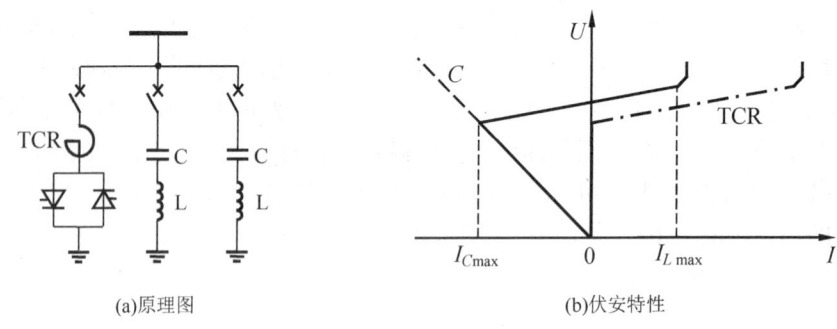

(a)原理图   (b)伏安特性

图 2-13 TCR 型静止补偿器

4. 静止无功发生器

20 世纪 80 年代以来出现了一种更为先进的静止型无功补偿装置,这就是静止无功发生器(Static Var Generator,SVG)。它的主体部分是一个电压源型逆变器,逆变器中 6 个可关断晶闸管(GTO)分别与 6 个二极管反向并联,适当控制 GTO 的通断,可以把电容 C 上的直流电压转换成与电力系统电压同步的三相交流电压,逆变器的交流侧通过电抗器或变压器并联接入系统。适当控制逆变器的输出电压,就可以灵活地改变 SVG 的运行工况,使其处于容性负荷、感性负荷或零负荷状态。静止无功发生器也称为静止同步补偿器(STATCOM)或静止调相机(STATCON)。

与静止无功补偿器相比,静止无功发生器的优点是响应速度更快,运行范围更宽,谐波电流含量更少,尤其重要的是,电压较低时仍可向系统注入较大的无功电流,它的储能元件(如电容器)的容量远比它所提供的无功容量要小。

六、并联电容器补偿

1. 并联电容器的型号

并联电容器的型号由文字和数字两部分组成,型号各部分表示意义如下:

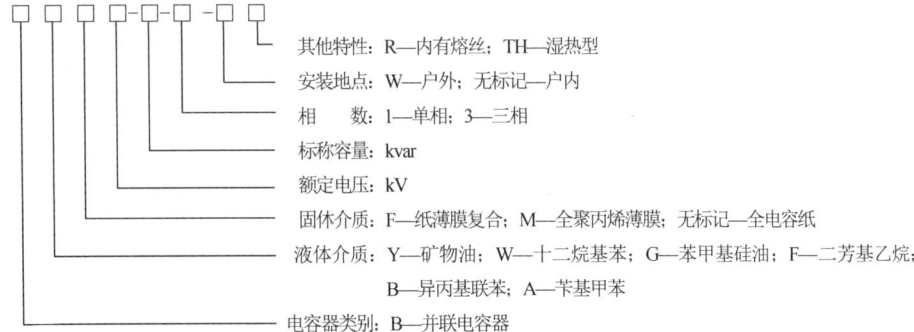

例如,BFM11-50-1W 型电容器为单相户外型液体介质为二芳基乙烷,固体介质为全聚丙烯薄膜的并联电容器,额定电压为 11 kV、容量为 50 kvar。

2. 补偿电容器的容量计算

将平均功率因数由 $\cos\varphi_1$ 提高到 $\cos\varphi_2$,则需装设补偿无功功率的电容器补偿容量为

$$Q_c = Q_{av1} - Q_{av2} = P_{av1}\tan\varphi_1 - P_{av1}\tan\varphi_2 = P_{av1}(\tan\varphi_1 - \tan\varphi_2) = \alpha P_{30}(\tan\varphi_1 - \tan\varphi_2)$$
(2-48)

式中,α 为负荷系数。

确定电容器的容量后,根据产品目录选择电容器的型号,并确定电容器的数量为

$$n = Q_c / Q_{N.C}$$
(2-49)

式中,$Q_{N.C}$ 为单个电容器的额定容量。

对于由上式计算所得的电容器个数,计算结果向上取整。如果是单相电容器,还应取为 3 的倍数,以保证三相功率平衡。

例 2-5 某小型机械厂,$P_{30} = 650$ kW,$Q_{30} = 800$ kvar,两班制生产,要求平均功率因数提高到 $\cos\varphi' = 0.9$(在 10 kV 侧采用 BWF10.5-30-1 型电容器补偿),求需要装设电容器的个数,补偿前后的功率因数和视在功率。

解:两班制生产,取 $\alpha = 0.60, \beta = 0.65$,则补偿前平均功率因数为

$$\cos\varphi = \frac{\alpha P_{30}}{\sqrt{(\alpha P_{30})^2 + (\beta Q_{30})^2}} = \frac{0.60 \times 650}{\sqrt{(0.60 \times 650)^2 + (0.65 \times 800)^2}} = 0.60, \tan\varphi = 1.333$$

补偿后 $\tan\varphi' = 0.484$

补偿容量 $Q_c = \alpha P_{30}(\tan\varphi - \tan\varphi') = 0.60 \times 650 \times (1.333 - 0.484) = 331.11(\text{kvar})$

需要的电容器个数为

$$n = Q_c/Q_{N.C} = 331.11/30 = 11.04$$

考虑三相功率平衡,应装设 12 个电容器,每相 4 个,实际补偿容量为 30×12 = 360(kvar)。

补偿前视在功率 $S_{30} = \sqrt{P_{30}^2 + Q_{30}^2} = \sqrt{650^2 + 800^2} = 1\,030.78(\text{kVA})$

补偿后视在功率 $S'_{30} = \sqrt{P_{30}^2 + (Q_{30} - Q'_c)^2} = \sqrt{650^2 + (800-360)^2} = 784.92(\text{kVA})$

补偿后平均功率因数

$$\cos\varphi' = \frac{\alpha P_{30}}{\sqrt{(\alpha P_{30})^2 + (\beta Q_{30} - Q'_c)^2}} = \frac{0.60 \times 650}{\sqrt{(0.60 \times 650)^2 + (0.65 \times 800 - 360)^2}} = 0.93$$

3. 并联电容器的补偿方式及装设位置

并联电容器的补偿方式分为三种:高压集中补偿、低压成组补偿和低压分散补偿,如图 2-14 所示。

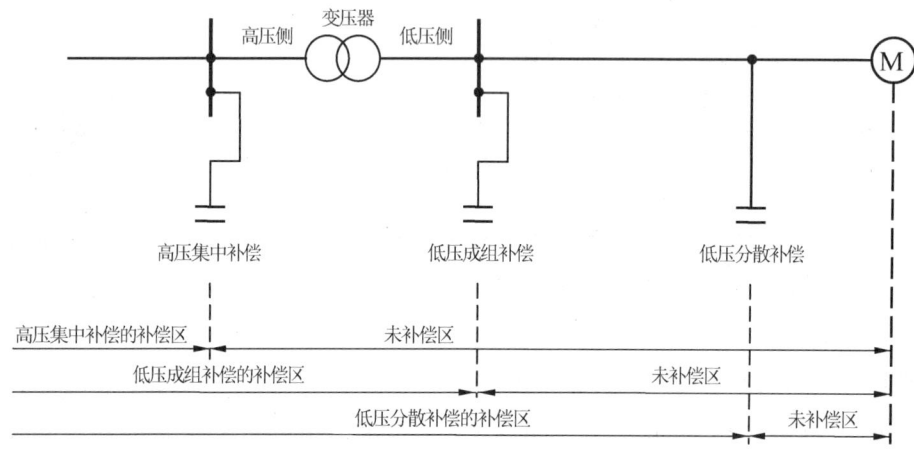

图 2-14　并联电容器在供电系统中的装设位置和补偿效果图

(1) 高压集中补偿

高压集中补偿是将高压并联电容器集中装设在港口企业变电所的 6~10 kV 母线上,如图 2-14 所示。这种补偿方式只能补偿 6~10 kV 母线前(电源方向)所有线路上的无功功率,母线后的港内线路没有得到无功补偿,所以这种补偿方式的经济效果较后两种补偿方式差。但是由于这种补偿装置的初投资较小,便于运行维护,且可按实际负荷情况调节补偿容量,从而合理地提高功率因数,所以这种补偿方式在一些较大的港口企业应用很广。

(2) 低压成组补偿

低压成组补偿是将并联电容器组装设在码头变电所的低压母线上,如图 2-14 所示。这种补偿方式能补偿码头变电所低压母线前的码头变电所主变压器和港内高压配电线及前面电力系统的无功功率,其补偿范围比高压集中补偿大,而比低压分散补偿小。由于这种补偿能使变压器的视在功率减小从而使变压器容量选得小一些,比较经济,而且它安装在变电所低压配电室内,运行维护方便,因此它在中小型港口企业中应用比较普遍。

(3) 低压分散补偿

低压分散补偿又称个别补偿,是将并联电容器分散地装设在各个码头或用电设备的附近,如图 2-14 所示。这种补偿方式能补偿安装部位前的所有高低压线路和变电所主变压器的无功功率,因此它的补偿范围最大,效果也较好。但是这种补偿方式总的设备投资较大,且电容器在用电设备停止工作时,它也一并被切除,所以利用率不高。这种补偿可用在补偿容量小但用电设备多而分散(如荧光灯的补偿)及个别补偿容量相当大(如大型感应电动机等的补偿)的场合。总的补偿容量较大的港口企业,多采用高压集中补偿和低压分散补偿相结合的方式,这样可互相取长补短,提高补偿效果。

4. 并联电容器的接线方式及保护装置

(1) 并联电容器的接线方式

并联电容器通常采用三角形接线。大多数低压并联电容器,本身就是三相的,内部已接成三角形。相同电容值的 3 个单相电容器,采用三角形接线的容量(Q_c)为采用星形接线的容量的 3 倍。同时,电容器采用三角形接法时,任一电容器断线,三相线路仍能得到无功补偿,而采用星形接法时,一相电容器断线,将使该相失去补偿,造成三相负荷不平衡。

但是,当电容器采用三角形接线时,任一电容器击穿短路将造成两相短路,短路电流很大,可能引起电容器爆炸,这对高压电容器非常危险。电容器采用星形接线时,如发生一相电容器击穿短路,其短路电流仅为正常工作电流的 3 倍,运行相对安全,所以国标 GB 50053—2013《20 kV 及以下变电所设计规范》规定:高压电容器组应采用中性点不接地的星形接线;低压电容器组可采用三角形接线或星形接线。

(2) 并联电容器保护的一般要求

并联电容器最主要的故障形式是短路故障,它可造成电网相间短路。对于低压电容器和容量不超过 400 kvar 的高压电容器,可装设熔断器作为电容器的相间短路保护。对于容量较大的高压电容器,则需采用高压断路器控制,装设瞬时或短延时的过电流继电保护作为相间短路保护。凡安装在大型整流设备等附近的电容器组,如果没有限制高次谐波的措施,可能使电容器过负荷,此时,应装设动作于信号的过负荷保护。

电容器对加在它两端的电压是相当敏感的,一般规定电网电压不得超过其额定电压 10%。因此凡电容器装设处的电压可能经常超过其额定电压 10%时,宜装设过电压保护,以免长期过电压运行引起电容器使用寿命缩短或介质击穿而损坏。过电压保护装置可作用于信号,或带 3~5 min 时限动作于跳闸。

如电网单相接地电流大于 20 A 时,高压(3~10 kV)电容器组应装设动作于跳闸的单相接地保护装置,但安装在绝缘支架上的电容器组可不装设。

5. 并联电容器的控制方式

并联电容器在供电系统正常运行时是否投切,主要看供电系统的功率因数或电压是否符合要求而定。如果功率因数过低或者电压过低时,则应投入并联电容器;如果变电所母线电压偏高(如超过电容器额定电压的 1.1 倍)时,则应将电容器切除。电容器投切控制主要有以下几种:

(1) 按固定时间投切控制;

(2) 按功率因数进行控制;

(3) 按无功功率进行控制;

(4) 按电压原则控制。

第七节 尖峰电流的计算

尖峰电流是持续 1~2 s 的短时最大负荷电流。它用来计算电压波动,选择熔断器和低压断路器(自动开关),整定继电保护装置及检验电动机自起动条件等。

一、单台用电设备尖峰电流的计算

单台用电设备的尖峰电流 I_{pk} 就是其起动电流

$$I_{pk} = K_{st}I_N = I_{st} \tag{2-50}$$

式中,I_N 为用电设备的额定电流;I_{st} 为用电设备的起动电流;K_{st} 为用电设备的起动电流倍数,鼠笼式电动机的 K_{st} 为 5~7,绕线式电动机 K_{st} 为 2~3,直流电动机的 K_{st} 为 1.5~2,电焊变压器的 K_{st} 为 3。

二、多台用电设备尖峰电流的计算

在多台用电设备的供电线路上,尖峰电流 I_{pk} 可按下式计算:

$$I_{pk} = I_{30} + (I_{st} - I_N)_{max} \tag{2-51}$$

式中,I_{30} 为全部设备投入运行时线路的计算电流;$(I_{st}-I_N)_{max}$ 为用电设备中起动电流与额定电流之差的最大值。

思考题与习题

2-1 按供电可靠性要求电力负荷分为几类?这几类负荷对供电有什么要求?
2-2 什么是负荷曲线?主要有哪几种?与负荷曲线有关的物理量有哪些?
2-3 为什么负荷计算通常采用 30 min 最大负荷?
2-4 各工作制设备的设备容量如何确定?
2-5 计算设备组的计算负荷时,是否可以把视在功率或计算电流直接相加?
2-6 需要系数的含义是什么?
2-7 什么是平均功率因数和最大负荷时的功率因数?如何计算?各有何用途?
2-8 什么是尖峰电流?计算尖峰电流的用途?
2-9 有一机修车间,拥有冷加工机床 52 台,共 200 kW;行车 1 台,5.1 kW(ε_N=15%);通风机 4 台,共 5 kW;点焊机 3 台,共 10.5 kW(ε_N=65%)。车间采用 220/380 V 三相四线制供电。试确定车间的计算负荷 P_{30}、Q_{30}、S_{30} 和 I_{30}。
2-10 有一条 380 V 线路,供电给 35 台小批量生产的冷加工机床电动机,总容量为 85 kW,其中较大容量的电动机有:7 kW 1 台,4.5 kW 3 台,2.8 kW 12 台。试分别用需要系数法和二项式系数法确定其计算负荷 P_{30}、Q_{30}、S_{30} 和 I_{30}。
2-11 某企业变电所装有一台 630 kVA、10/0.4 kV 的 S11-M630 型变压器,其二次侧有功计算负荷为 420 kW,无功计算负荷为 320 kvar。试求此变电所一次侧的计算负荷。(ΔP_0 = 0.81 kW,ΔP_k = 6.2 kW,$U_k\%$ = 4.5,$I_0\%$ = 0.6)

2-12 某电器开关制造厂用电设备容量共有 843 kW。试估算该厂的视在计算负荷。

2-13 某三班制企业的有功计算负荷为 2 400 kW,平均功率因数为 0.65。现拟在企业变电所 10 kV 母线上装设并联电容器,使平均功率因数提高到 0.95。试计算所需电容器的总容量。如采用 BFM11-50-1W 型电容器,问需装设多少个电容器? 装设以后该企业的视在功率为多少? 比未装设时的视在功率减少了多少?(负荷系数 α 取 0.8,β 取 0.82)

2-14 某车间有一条 380 V 线路供电给 5 台交流电动机,其负荷资料如表 2-4 所示。试计算该线路的计算电流和尖峰电流。(提示:计算 I_{30} 时,$K_\Sigma = 0.9$)

表 2-4 习题 2-14 电动机额定电流和起动电流

参数	电动机				
	M_1	M_2	M_3	M_4	M_5
额定电流/A	10.2	32.4	30.0	6.1	20.0
起动电流/A	66.3	227.0	165.0	34.0	140.0

2-15 某机修车间 380 V 线路上,接有冷加工机床电动机 20 台,共 50 kW(其中容量较大的电动机有 7 kW 1 台,4.5 kW 2 台,2.8 kW 7 台),点焊机 3 台,共 10.5 kW($\varepsilon_N = 65\%$),电阻炉 1 台,2 kW。试用二项式系数法确定此线路的计算负荷 P_{30}、Q_{30}、S_{30} 和 I_{30}。($K_\Sigma = 0.95$)

第三章 短路电流计算

第一节 概　述

短路是指一切不正常的相与相之间或相与地之间(中性点接地系统)的短接。短路是供电系统最严重的故障。

一、短路的原因

1. 元件绝缘损坏

元件长期运行,绝缘自然老化或挖沟不慎破坏了地下电缆绝缘等机械损伤造成短路。

2. 气象条件影响

雷击产生过电压,造成闪络或避雷器动作。大风或导线覆冰引起架空线电杆倒塌。大风使弧垂过大的架空线两线接触。电缆头绝缘老化后遭雨水或飘雪覆盖。影响最严重的是大雾天气。

2001年2月22日凌晨起,受大雾影响,辽沈地区发生大面积停电事故,尤以沈阳最为严重。沈阳全市12个220 kV变电所,只剩2个在部分供电,其余均已停电。停电面积超过市区面积的70%。电力部门曾3次启动电网,均遭失败。事故是由大雾天气产生的雾闪造成的,这是半个世纪以来辽宁电网遭遇的最严重的自然灾害。

3. 误操作

隔离开关的操作:带负荷拉开隔离开关,可造成弧光短路。检修线路或设备后的操作:未拆保护用接地线就送电。

带电作业:工具使用不当造成短路。

4. 设计或安装不当

选用设备不合格,绝缘强度不够,承受正常电压时被击穿。设备绝缘正常,但遭过电压

（包括雷电过电压）击穿。

5. 其他

鸟兽侵害：鸟兽跨越在裸露的相线之间或相线与接地物体之间；老鼠咬坏导线、电缆的绝缘。

粉尘污染：导电的矿粉飘落在瓷瓶上，潮湿的积垢使瓷瓶（绝缘子）表面在正常工作电压下放电。

二、短路的后果

短路后，由于供电回路阻抗减小以及短路时的暂态过程，使短路电流大大增加，可超过线路额定电流许多倍。短路点距电源越近，短路电流越大。在发电机端短路，短路电流最大瞬时值可达发电机额定电流的 10~15 倍。在大容量的系统中，短路电流可达几万安培甚至几十万安培。这样大的电流对供电系统会造成很大的危害。

1. 短路电流的热效应

通电导体产生的热量 $Q = RI^2t$，由于短路电流很大，即使短路电流持续时间很短，也将使设备、导线急剧发热，甚至损坏设备，或引起火灾。

2. 短路电流的电动力效应

平行导体通过大电流时，导体间产生的电动力冲击很大，可使导体变形，甚至损坏，使事故范围扩大。

3. 短路时系统电压大幅度下降

由于流过发电机和输电线路的短路电流很大，而且几乎是纯感性电流，因此发电机内的电抗压降增加，发电机端电压下降很多；同时短路电流在输电线路上的压降增加，从而使变电所母线电压大幅度下降，致使用电设备不能正常工作。如异步电动机的转矩与电压的平方成正比，电压下降使电动机电磁转矩显著减小，转速随之下降，甚至停转，造成产品报废和设备损坏等严重后果。

4. 短路造成停电事故

短路引起保护装置动作，造成停电事故。越靠近电源处短路，停电范围越大，经济损失也越大，这是短路故障最严重的后果。

5. 短路破坏电力系统的稳定性

若短路点靠近电源，短路持续时间又较长，则可能导致电力系统中的同步发电机失步和解列，破坏电力系统的稳定性。

6. 电磁干扰

发生不对称短路时，不平衡电流产生的磁通可以使邻近电路感应出很大的电动势，这将对电力线路附近的通信线路、铁道信号系统产生严重影响。

三、短路的形式

在三相电力系统中可能发生的短路形式有：三相短路、两相短路、两相接地短路和单相短路,相应用符号 $k^{(3)}$、$k^{(2)}$、$k^{(1,1)}$、$k^{(1)}$ 表示,如图 3-1 所示。两相接地短路是指中性点不接地的系统中,不同两相的单相接地形成的相间短路,也指中性点接地系统中两相短路又接地,如图 3-1(e)、图 3-1(f)所示。

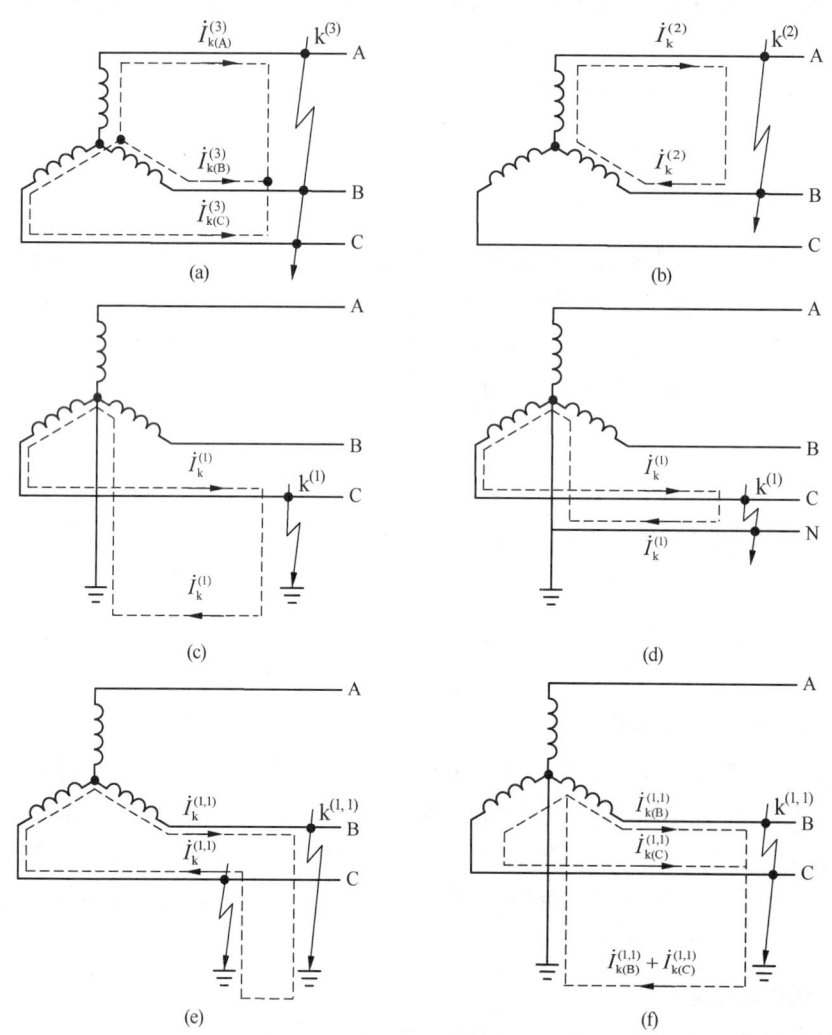

图 3-1　短路的形式(虚线为短路电流的路径)

电力系统运行资料的统计表明:70%以上的短路故障是单相短路,三相短路的概率仅为 5%。然而,短路分析是以三相短路为重点的。因为一般三相短路电流值最大,在选择、校验电气设备时,应以最严重的故障的计算为依据。再者,三相短路为对称短路,其他形式的短路为不对称短路。分析不对称短路要用对称分量法,又都归结为对称短路的分析,对称的三相短路分析是研究不对称短路的基础。

四、短路电流计算的目的

1. 正确选择和校验电气设备

对于断路器、互感器、绝缘子、母线和电缆等电气设备的电动力稳定性和热稳定性等的要求,必须以短路电流的计算为依据。如计算短路冲击电流,以校验设备的电动力稳定性;计算短路电流的稳态有效值,以校验设备的热稳定性;计算指定时刻(如 $T/2$)短路电流有效值,以校验断路器的额定断流能力等。

2. 对继电保护装置进行整定计算

对电力网的各种短路进行计算和分析,据此整定各级保护装置的动作值,并校验保护装置的动作灵敏度。

此外,在分析电力系统的暂态稳定性时,也包含短路计算的内容;在设计、选择发电厂和电力系统电气主接线时,要确定是否需要采取限制短路电流的措施,也要以短路电流的计算为依据,分析输电线路对通信的干扰,对已发生的故障做分析时,也必须做短路电流计算。

第二节 三相交流电网短路的过渡过程

一个企业所安装的用电设备的容量远比电力系统的容量小得多。为简化分析,可以认为向企业供电的电力系统是无限大容量的电源,即电源端母线上的电压恒定、频率恒定和电源内阻抗为零。

一、突然短路的过渡过程

图 3-2 为无限大容量电源供电系统的三相短路图,u_A、u_B、u_C 分别为电源的三个相电压。

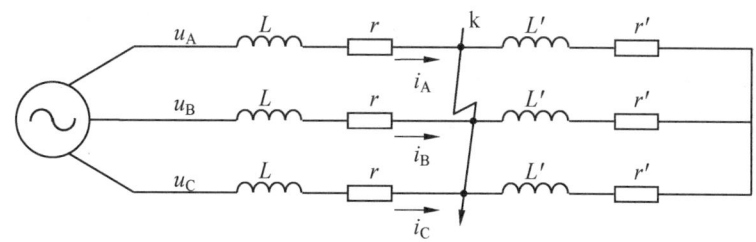

图 3-2 无限大容量电源供电系统的三相短路图

设电源容量为无限大,则三相电压幅值 $U_m = C$,为常数。

短路前电路处于稳态,每相总阻抗为 $(r + r') + j\omega(L + L')$。由于电路对称,只写出一相(A 相)的电压和电流关系式:

$$\begin{cases} u_A = U_m \sin(\omega t + \alpha) \\ i_A = I_m \sin(\omega t + \alpha - \varphi') \end{cases} \tag{3-1}$$

式中,$I_m = U_m / \sqrt{(r + r')^2 + \omega^2(L + L')^2}$;$\varphi' = \arctan \dfrac{\omega(L + L')}{r + r'}$。

当 k 点发生三相短路时,此电路被分成两个独立的部分,左边电路仍与电源连接,右边电路变为无源的短接电路。这时,右边电路中的电流将从短路瞬间的初始值衰减至零,即把电路中所储存的磁场能量全部转化为电阻上的热能消耗掉了。左边电路的阻抗变为 $r + j\omega L$,其电流由短路瞬间的初始值变化为由阻抗 $r + j\omega L$ 决定的新的稳态值。短路电流计算就是针对这一电路进行的。

设 $t=0$ 时发生三相短路。左边电路仍为对称电路,可只分析一相。此时 A 相的微分方程为

$$ri_A + L\frac{di_A}{dt} = U_m\sin(\omega t + \alpha) \tag{3-2}$$

式(3-2)的解就是短路全电流 i_k,它由两部分组成:

第一部分为式(3-2)的特解——短路电流的周期分量 i_p,它是电源电压 u_A 强制作用的结果,与 u_A 的变化规律相同,是幅值恒定的正弦交流量

$$i_p = I_{pm}\sin(\omega t + \alpha - \varphi) \tag{3-3}$$

式中,$I_{pm} = U_m/\sqrt{r^2 + (\omega L)^2}$ 为短路电流周期分量的幅值;$\varphi = \arctan(\omega L/r)$ 为电路阻抗角;α 为电源电压初始相角,即 $t=0$ 时的相位角,亦称合闸角。

第二部分为式(3-2)对应的齐次方程

$$ri_A + L\frac{di_A}{dt} = 0$$

的通解,它是与电源无关的自由分量,是按指数规律衰减的直流,亦称非周期电流 i_{ap}。

$$i_{ap} = Ce^{pt} = Ce^{-t/T_a} \tag{3-4}$$

式中,$p = -r/L$ 为特征方程 $r + pL = 0$ 的根;$T_a = -1/p = L/r$ 为时间常数,决定自由分量衰减的快慢;C 为积分常数,即非周期电流的起始值 $i_{ap(0)}$。

因此,短路全电流

$$i_k = i_p + i_{ap} = I_{pm}\sin(\omega t + \alpha - \varphi) + Ce^{-t/T_a} \tag{3-5}$$

由于电感中的电流不能突变,短路发生前瞬间的电流 i_{0-} 应等于短路发生后瞬间的电流 i_{0+}。将 $t=0$ 分别代入式(3-1)和式(3-5),有

$$I_m\sin(\alpha - \varphi') = I_{pm}\sin(\alpha - \varphi) + C$$
$$C = i_{ap(0)} = I_m\sin(\alpha - \varphi') - I_{pm}\sin(\alpha - \varphi)$$

将上式代入式(3-5)

$$i_k = I_{pm}\sin(\omega t + \alpha - \varphi) + [I_m\sin(\alpha - \varphi') - I_{pm}\sin(\alpha - \varphi)]e^{-t/T_a} \tag{3-6}$$

式(3-6)就是 A 相短路电流的计算式。只要考虑三相对称关系,B、C 相短路电流表达式可立即写出。

式(3-6)描述了无限大容量系统供电的短路电流的变化规律。短路电流由周期分量 i_p 和非周期分量 i_{ap} 组成。在无限大容量供电系统中,电源电压的幅值是常数,所以 i_p 的幅值 I_{pm} 也是常数。i_{ap} 是随时间衰减的指数函数,在阻抗主要是电抗的高压线路中,T_a 的平均值约为 0.05 s。i_{ap} 一般经 $4T_a$(即 0.2 s)后已基本衰减完毕。在电阻较大的电路中,i_{ap} 衰减得更快。i_{ap} 衰减为零后,过渡过程结束,进入短路后的稳定状态。此时的短路电流称为稳态短路电流,其有效值用 I_∞ 表示。在无限大容量电源的供电系统中,显然

$$I_p = I'' = I_t = I_\infty \tag{3-7}$$

式中,I'' 为起始次暂态电流;I_t 为 t 时刻短路电流周期分量。

用相量图表示短路电流各分量之间的关系如图 3-3 所示。图中旋转相量 $\dot{U}_m$、$\dot{I}_m$、$\dot{I}_{pm}$ 在虚轴 j 上的投影分别代表电源电压、短路前电流和短路后周期电流的瞬时值。该图为 $t=0$ 时刻

的情况,此时,短路前电流相量 $\dot{I}_m$ 在 j 轴上的投影为 $I_m\sin(\alpha-\varphi')=i_{(0)}$;短路后的周期电流相量 $\dot{I}_{pm}$ 的投影为 $I_{pm}\sin(\alpha-\varphi)=i_{p(0)}$。一般情况下 $i_{p(0)}\neq i_{(0)}$,要保持电感中的电流在短路瞬间不变,电路中必然会有一个非周期自由电流,它的初值应为 $i_{(0)}$ 与 $i_{p(0)}$ 之差,即相量差 $\dot{I}_m-\dot{I}_{pm}$ 在 j 轴上的投影 $i_{ap(0)}$。若 $\dot{I}_m-\dot{I}_{pm}$ 与 j 轴平行,则 $i_{ap(0)}$ 最大。当 $\dot{I}_m-\dot{I}_{pm}$ 与 j 轴垂直时, $i_{ap(0)}=0$,即不存在自由分量,在短路瞬间, $i_{0-}=i_{p(0+)}$,电路从一种稳态直接进入另一种稳态,而不经历过渡过程。由此可见, $i_{ap(0)}$ 的大小与短路发生的时刻有关,即与电源电压的合闸角 α 有关。以上分析是对 A 相而言,B、C 相的周期分量电流相量分别滞后 A 相 120°和 240°。各相瞬时电流不等,因而各相短路电流的非周期分量不等,非周期分量有最大初值或零值的情况只能在一相出现。

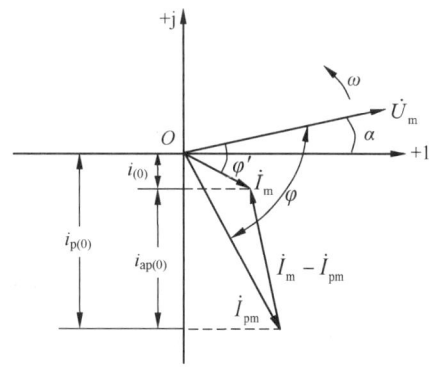

图 3-3 三相电路短路时的相量图

二、短路冲击电流

短路电流最大可能的瞬时值称为短路冲击电流,以 i_{sh} 表示。

下面分析短路电流最大可能的瞬时值的产生条件。

通常发生三相短路时,负载阻抗总是被短接掉,整个短路回路只剩下短路点以前(电源侧)的线路阻抗和变压器阻抗。输电线路的感抗 x 一般远大于电阻 r,尤其是 10 kV 以上的高压线路更为明显。对于变压器,其电阻也远小于电抗。这样,可近似认为短路后的电路是纯感性的,即阻抗角 $\varphi\approx 90°$。

短路电流 i_k 包含周期分量 i_p 和非周期分量 i_{ap} 两部分,当 i_p、i_{ap} 都大时, i_k 才有可能达到最大。$I_{pm}=U_m/z$,其大小与短路点到电源之间的阻抗 z 有关,故短路点距电源越近, I_{pm} 越大。i_{ap} 的大小取决于其初始值 $i_{ap(0)}$。由图 3-3 可知, $i_{ap(0)}$ 的大小等于 $\dot{I}_m-\dot{I}_{pm}$ 在 j 轴上的投影,这又包含两个因素:一是 $|\dot{I}_m-\dot{I}_{pm}|$ 的大小,一般总有 $I_{pm}>I_m$,因此,只有 $I_m=0$ 时, $|\dot{I}_m-\dot{I}_{pm}|$ 最大;二是 $\dot{I}_m-\dot{I}_{pm}$ 与 j 轴的夹角,只有当 $\dot{I}_m-\dot{I}_{pm}$ 与 j 轴平行时, $\dot{I}_m-\dot{I}_{pm}$ 在 j 轴上的投影才是最大的,与 $|\dot{I}_m-\dot{I}_{pm}|$ 相同。在 $\varphi=90°$、$I_m=0$ 的条件下要使 $\dot{I}_m-\dot{I}_{pm}$ 与 j 轴平行,即要求 $\dot{I}_{pm}$ 与 j 轴重合,则 $\alpha=0°$。

由此得出结论,产生最大短路电流的条件为:

(1)短路电路近似为纯感性电路, $\varphi=90°$;

(2)短路发生前电路为空载, $I_m=0$;

(3) 发生短路的瞬间($t=0$),电压瞬时值为零,或该相的合闸角 $\alpha = 0°$。

将 $\varphi = 90°$, $I_m = 0$, $\alpha = 0°$ 代入式(3-6)

$$i_k = -I_{pm}\cos\omega t + I_{pm}e^{-t/T_a} \tag{3-8}$$

电流的波形如图 3-4 所示。

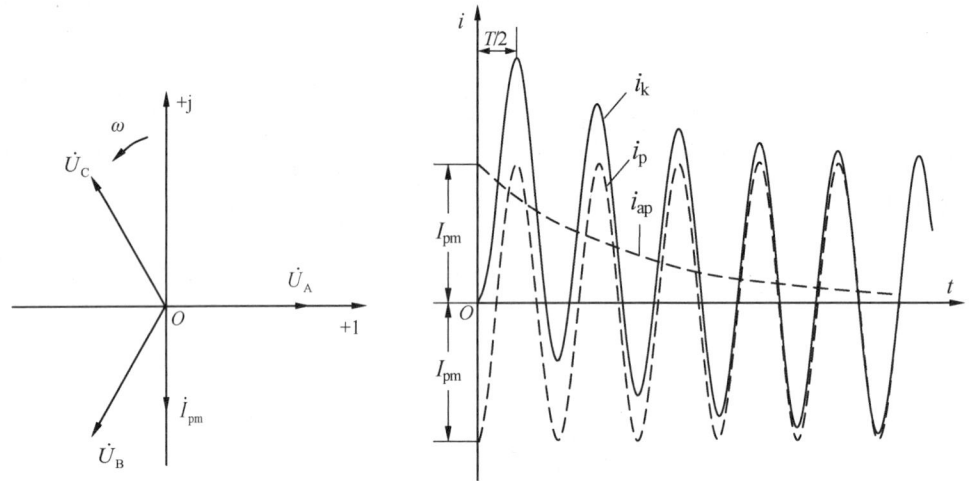

图 3-4　A 相短路电流非周期分量最大时的相量图及波形图

由图 3-4 可见,短路电流的最大瞬时值在短路发生后约半个周期的时刻出现。若 $f=50\text{ Hz}$,则 $T/2 = 1/(2f) = 0.01\text{ s}$,将 $t = 0.01\text{ s}$ 代入式(3-8),可得冲击电流表达式:

$$\begin{aligned}i_{sh} &= -I_{pm}\cos\left(2\pi f\frac{1}{2f}\right) + I_{pm}e^{-0.01/T_a}\\ &= I_{pm}(1 + e^{-0.01/T_a})\\ &= K_{sh}I_{pm}\end{aligned} \tag{3-9}$$

式中,$K_{sh} = 1 + e^{-0.01/T_a}$,称为冲击系数。

冲击系数与网络参数有关。因为 T_a 是短路电流非周期分量衰减的时间常数,$T_a = L/r = x/(\omega r)$,故 K_{sh} 与短路网络的 r、x 的大小有关,也就是说与短路发生的地点有关。

$$K_{sh} = 1 + e^{-0.01\omega r/x} \tag{3-10}$$

若短路点以前的网络为纯感性($r=0$),则 $K_{sh} = 2$;若短路发生在纯阻性网络($x=0$),$K_{sh} = 1$;这样 K_{sh} 的变化范围为 $1 \leqslant K_{sh} \leqslant 2$。

在实用计算中,K_{sh} 的取值:在高压电网短路时,$K_{sh} = 1.8$;在 1 000 kVA 及以下的变压器二次侧和低压电网中发生短路时,$K_{sh} = 1.3$。

三、有限容量电源供电系统三相短路电流周期分量的计算

在无限大容量电源供电系统中,短路电流周期分量的有效值是不变的,其稳态值 I_∞ 和初始值 I'' 相同,计算也比较简单。在有限容量电源供电系统中,短路电流周期分量的有效值则是变化的,要经历一个衰减的过渡过程,精确计算短路各个时刻的短路电流周期分量是比较困难的。

1. 稳态值 I_∞

计算短路电流稳态值时,使用发电机的空载电势 $E_{q(0)}$ 和纵轴同步电抗 x_d。

2. 初始值 I''

短路电流周期分量的初始值也称为起始次暂态电流。对于有限容量电源的供电系统,短路电流周期分量初始值的精确计算比较复杂。实用计算时做了一些近似,各发电机等值电路均用纵轴次暂态电抗 x''_d 作为其等值电抗,即认为纵轴和横轴次暂态电抗相等,均为 x''_d,用次暂态电势 $E''_{(0)}$ 作为等值电势。同步调相机和同步电动机也是采用 $E''_{(0)}$ 和 x''_d 计算短路电流;异步电动机采用 $E''_{(0)}$ 和 x'' 计算短路电流。同步调相机、同步电动机和异步电动机只有短路后端电压小于 $E''_{(0)}$ 时,才能提供短路电流。

四、短路电流有效值

在短路过程中,任一时刻 t 的短路电流有效值 $I_{k(t)}$,是指以时刻 t 为中心的一个周期内瞬时电流的均方根值,即

$$I_{k(t)} = \sqrt{\frac{1}{T}\int_{t-\frac{T}{2}}^{t+\frac{T}{2}} i_{k(t)}^2 \mathrm{d}t} = \sqrt{\frac{1}{T}\int_{t-\frac{T}{2}}^{t+\frac{T}{2}} [i_{p(t)} + i_{ap(t)}]^2 \mathrm{d}t} \qquad (3\text{-}11)$$

式中,$i_{k(t)}$、$i_{p(t)}$、$i_{ap(t)}$ 分别为 t 时刻短路电流及其周期分量和非周期分量瞬时值。

在电力系统中,非周期分量是衰减的;短路电流周期分量的幅值,只有在无限大容量电源供电时才是恒定的,而在一般情况下也是衰减的,因此,用式(3-11)进行计算相当复杂。为简化计算,通常假定:非周期电流在以时间 t 为中心的一个周期内恒定不变,因而它在时间 t 时的有效值就等于它的瞬时值,即

$$I_{ap(t)} = i_{ap(t)} \qquad (3\text{-}12)$$

对于周期电流,也认为它在所计算的周期内幅值是恒定的,其数值等于由周期电流包络线所确定的 t 时刻的幅值。因此,t 时刻的周期电流有效值为

$$I_{p(t)} = I_{pm(t)}/\sqrt{2} \qquad (3\text{-}13)$$

于是,式(3-11)便简化为

$$I_{k(t)} = \sqrt{I_{p(t)}^2 + I_{ap(t)}^2} \qquad (3\text{-}14)$$

五、冲击电流有效值

短路电流的最大有效值 I_k 发生在短路后的第一个周期,称为冲击电流有效值 I_{sh}。在最大短路电流条件下,$i_{ap(0)} = I_{pm}$,而第一个周期的中心为 $t = 0.01\text{s}$ 处,这时非周期分量的有效值为

$$I_{ap} = i_{ap} = I_{pm}\mathrm{e}^{-0.01/T_a} = (K_{sh} - 1)I_{pm} = \sqrt{2}(K_{sh} - 1)I_p$$

将上式代入式(3-14),得到短路电流最大的有效值

$$I_{sh} = \sqrt{I_p^2 + [(K_{sh} - 1)\sqrt{2}I_p]^2} = I_p\sqrt{1 + 2(K_{sh} - 1)^2} \qquad (3\text{-}15)$$

若 $K_{sh} = 1.8$,则

$$i_{sh} = K_{sh}I_{pm} = 1.8 \times \sqrt{2}I_p = 2.55I_p \qquad (3\text{-}16)$$

$$I_{sh} = 1.51I_p \qquad (3\text{-}17)$$

若 $K_{sh} = 1.3$,则

$$i_{sh} = 1.84 I_p \qquad (3\text{-}18)$$
$$I_{sh} = 1.09 I_p \qquad (3\text{-}19)$$

六、短路容量

短路容量 S_k 等于短路电流有效值与短路处的平均额定电压的乘积,即

$$S_k = \sqrt{3} U_{av} I_{k(t)} \qquad (3\text{-}20)$$

式中,U_{av} 为短路点的平均额定电压。

由于网络线路上有电压降,所以同一电压等级的网络中各处的电压不同。为简化计算,在工程计算中习惯采用平均额定电压 U_{av} 代表该级电压,从而认为在同一电压等级的电网中各元件的额定电压也具有同一数值。U_{av} 比同级电网标称电压高 5%。电网标称电压与平均额定电压的对照值如表 3-1 所示。

表 3-1 电网标称电压与平均额定电压的对照值

标称电压 U_N/kV	0.22	0.38	6	10	35	66	110	220	330	500	1 000
平均额定电压 U_{av}/kV	0.23	0.4	6.3	10.5	37	69	115	230	345	525	1 050

短路容量主要用来校验开关的开断能力。因为在短路时,开关一方面要开断短路电流,另一方面,其触头应能经受住工作电压的作用。在短路实用计算中,常用周期分量电流的初始有效值来计算短路容量。

$$S_k = \sqrt{3} U_{av} I'' \qquad (3\text{-}21)$$

由以上分析可见,为了确定冲击电流、短路电流非周期分量、短路电流有效值和短路容量等,都必须计算短路电流的周期分量。实际上,大多数短路计算的工作也仅是计算短路电流的周期分量。在给定电源电压后,短路电流周期分量的计算只是一个求解稳态正弦交流电路的问题。

为了表明短路的种类,凡是三相短路电流,可在相应的电流符号加上标(3),如三相短路电流有效值 $I_k^{(3)}$。同样,两相或单相短路电流,在相应的电流符号加上标(2)或(1),两相接地短路电流则加上标(1,1)。为简便起见,对三相短路电流各量可不加上标(3)。

第三节 无限大容量电源供电系统短路电流计算

电力系统发生短路时,网络阻抗发生变化,因而在计算短路电流时,应先计算各电气元件的参数(主要是元件的电阻及电抗值),然后才能求出短路电流的数值。

各元件的阻抗可以用有名单位制法(Ω,A,V)计算,也可以用标幺制法计算。有名单位制法又称欧姆法,通常用于 1 kV 以下低压电力系统的短路电流计算,标幺制法多用于高压电力系统的短路电流计算。对于三相电力系统,计算三相对称的短路电流时可按一相进行,各部分阻抗也按一相确定。当短路电路中的总电阻 R_Σ 不大于总电抗 X_Σ 的 1/3 时,可忽略电阻的影响。一般 1 kV 以上的高压元件电抗比电阻大得多,其电阻可忽略不计。1 kV 以下的低压元件,不但要考虑元件的电抗,而且必须计及电阻值。

计算短路电流的步骤如下：

(1) 画出电气接线图

如图 3-5(a) 所示,用单相电气接线图表示三相供电网络,并注明各元件的额定参数,将各元件依次编号。电路中每一电压等级都用平均额定电压表示,但电抗器例外,应标明其额定电压值。

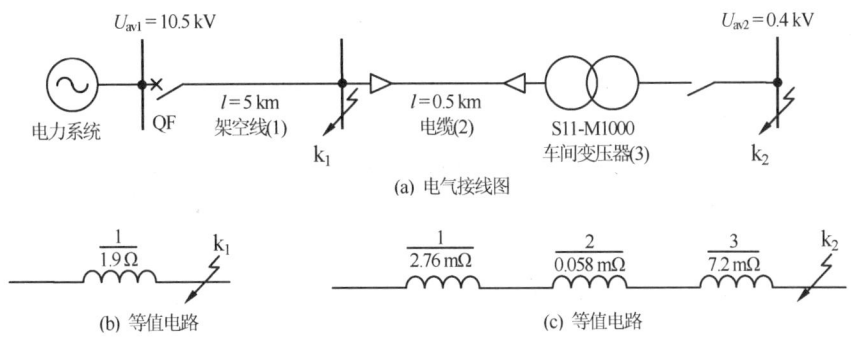

图 3-5 短路计算电路图

(2) 短路计算点和系统运行方式的确定

在电气图中标出短路计算点。短路计算点选在何处以及选几处,要根据选择电气设备和整定继电保护装置的需要而定。原则上,凡是在供电系统中连接电气设备的高低压母线,以及用电设备的接线端子处均应选作短路计算点。

系统运行方式分为最大运行方式和最小运行方式两种。前者是将供电系统中的双回路电力线路和并联的变压器均按并列运行处理,从而得到由短路点至系统电源的合成总阻抗最小,系统电源应按最大容量同时供电处理。后者是按实际可能的单列系统供电处理,即由短路点至系统电源的合成总阻抗最大。当设计一个企业的供电系统时,电力系统的运行方式由设计者确定。最大运行方式用以计算可能出现的最大短路电流,作为选择电气设备和确定继电保护整定值的依据;最小运行方式用以计算可能出现的最小短路电流,作为校验继电保护装置动作性能的依据。

(3) 画出计算短路电流的等值电路

当系统运行方式和短路计算点确定之后,可画出对应的计算短路电流用的等值电路,如图 3-5(b) 和图 3-5(c) 所示。图中只需画出短路电流所通过的元件的阻抗,应当标明元件编号和阻抗值(分数的分子为编号,分母为阻抗值)。

(4) 由等值电路计算短路电路总阻抗和短路电流。

一、欧姆法

在无限大容量系统中发生三相短路时,其短路电流周期分量有效值可按下式计算:

$$I_\mathrm{p}^{(3)} = U_\mathrm{av}/(\sqrt{3} Z_\Sigma) = U_\mathrm{av}/(\sqrt{3} \cdot \sqrt{R_\Sigma^2 + X_\Sigma^2}) \tag{3-22}$$

式中,Z_Σ、R_Σ、X_Σ 分别为短路电路总阻抗、总电阻和总电抗。若电路中 $R_\Sigma < X_\Sigma/3$,则可略去 R_Σ:

$$I_\mathrm{p}^{(3)} = U_\mathrm{av}/(\sqrt{3} X_\Sigma) \tag{3-23}$$

三相短路容量

$$S_k^{(3)} = \sqrt{3}\,U_{av}I_p^{(3)} \tag{3-24}$$

下面介绍供电系统中各主要元件阻抗的计算。

1. 电力变压器的阻抗

变压器电阻和电抗分别按式(2-31)和(2-33)计算,考虑近似计算时 $U_{1N} \approx U_{av}$,得

$$R_T = \Delta P_k (U_{av}/S_N)^2 \tag{3-25}$$

$$X_T = \frac{U_k\%}{100}\frac{U_{av}^2}{S_N} \tag{3-26}$$

式中,S_N 为变压器的额定容量。

变压器的有关参数 $U_k\%$、ΔP_k 等可由变压器铭牌或附录表6和附录表7查得。

式(3-25)和式(3-26)的电阻和电抗为折算到一次侧的值。式(3-25)和式(3-26)也可以用二次侧的电压进行计算,计算结果则是折算到二次侧的值。显然变压器电阻和电抗折算到一次侧还是折算到二次侧,这两者数值是不相等的。短路电流计算时,变压器的电阻和电抗应该折算到短路点所在的电压等级。

2. 串联电抗器的电抗

串联电抗器的主要作用是限制短路电流,其电抗值在电力线路总电抗中占有较大比重。

串联电抗器铭牌给出了额定电抗百分数 $X_{LN}\%$,为电抗器的电抗值 X_L 与其额定电抗 X_{LN} 之比的百分数,这里 $X_{LN} = U_{LN}/(\sqrt{3}I_{LN})$。因为有些电抗器额定电压与它安装处的平均电压相差很大,例如额定电压为 10 kV 的电抗器,用在 6.3 kV 的线路上。因此,不可认为电抗器的额定电压等于线路的平均额定电压,否则在计算中会产生较大的误差。这样,串联电抗器的实际电抗值 X_L 为

$$X_L = \frac{X_{LN}\%}{100}\frac{U_{LN}}{\sqrt{3}I_{LN}} \tag{3-27}$$

式中,U_{LN}、I_{LN} 分别为电抗器的额定电压和额定电流。

目前电力系统中普遍使用 NKL 型铝电缆水泥支座电抗器,其技术数据可从有关设计手册中查得。

3. 电力线路的阻抗

电力线路的电阻 R_{WL},可由给定截面积的导线或电缆单位长度电阻值 R_0 求得

$$R_{WL} = R_0 l \tag{3-28}$$

式中,R_0 为导线单位长度的电阻值(Ω/km),可查附录表5,或由公式 $R_0 = 1/(\gamma S)$ 计算;l 为线路长度。

电力线路的电抗 X_{WL} 可由给定截面和线距的导线或给定截面和电压的电缆单位长度电抗值 X_0 求得

$$X_{WL} = X_0 l \tag{3-29}$$

式中,X_0 为导线或电缆单位长度的电抗值,如果线路的结构数据未知,可按表3-2取其电抗平

均值,因为同类线路的电抗值一般变动范围不大①。

TJ 型裸铜绞线、LJ 型裸铝绞线、LG 型钢芯铝绞线的 R_0、X_0 值可从附录表 5 及有关设计手册中查得。

4. 电力系统的阻抗

电力系统的电阻值一般很小,可略去不计,电力系统的电抗按以下情况考虑:

(1)不予考虑,把电力系统看作无穷大容量电源系统。

(2)若供电部门提供电力系统电抗参数,则使用提供的系统电抗值 X_S。

(3)若供电部门提供电力系统出口处短路容量参数 S_k,则可使用系统短路容量参数 S_k 计算系统电抗

$$X_S = U_{av}^2/S_k \tag{3-30}$$

(4)若系统电抗值 X_S 和系统出口处短路容量参数 S_k 均未知,可由供电系统变电所高压馈电线出口断路器(参看图 3-5 中 QF)的断流容量 S_{oc} 来代替电力系统的短路容量 S_k。

供电系统中的母线、线圈型电流互感器的一次线圈、自动开关的过流脱扣线圈及开关的触头等的阻抗,在一般短路计算中均可忽略不计。

得到各元件的阻抗后,就可化简短路电路(一般只需采用阻抗的串联、并联化简法),求出电路总阻抗,然后按式(3-22)、式(3-23)计算短路电流周期分量 $I_p^{(3)}$,其他短路电流量的计算见本章第二节。

表 3-2　电力线路每相单位长度电抗平均值

线路类别	线路电压	
	6~10 kV	220/380 V
架空线路/(Ω/km)	0.38	0.32
电缆线路/(Ω/km)	0.08	0.066

值得注意的是,如果短路电路中含有变压器,则电路中各元件的阻抗都应该统一换算到短路计算点的平均额定电压一侧。根据电路原理可知,阻抗换算公式为

$$R' = R(U'_{av}/U_{av})^2 \tag{3-31}$$

$$X' = X(U'_{av}/U_{av})^2 \tag{3-32}$$

式中,R、X、U_{av} 分别为换算前元件电阻、电抗及其所在处的平均额定电压;R'、X'、U'_{av} 分别为换算后元件的电阻、电抗和短路计算点的平均额定电压。

对于电力变压器的阻抗,由于其计算公式中含有 U_{av},因此计算时 U_{av} 代以短路计算点的平均额定电压,就相当于已经将阻抗换算到短路计算点一侧了。

例 3-1　某供电系统如图 3-6 所示。求企业配电所 k_1 点和车间变电所 k_2 点短路时的三相短路电流和短路容量。

解:(1)k_1 点短路

---

① 导线和电缆单位长度电抗(Ω/km)的计算公式:

$$X_0 = 0.145 \lg \frac{a_{av}}{r} + 0.016\mu$$

式中,a_{av} 为线间几何均距;r 为导线半径;μ 为导线的相对磁导率,铜导线、铝导线取 $\mu=1$。

由上式可见,即使与线路结构有关的 a_{av}/r 变动很大,由于它是取对数关系,因此,X_0 值的变化不会大。

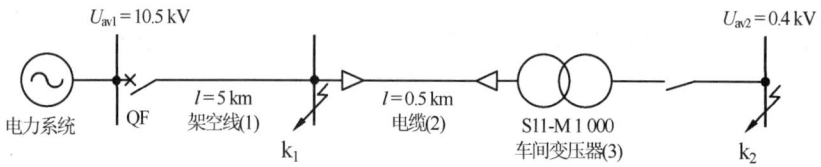

图 3-6　例 3-1 供电系统图

① 计算各元件电抗

架空线电抗　　取 $X_0 = 0.38\ \Omega/\text{km}$

$$X_1 = X_0 l_1 = 0.38 \times 5 = 1.9(\Omega)$$

② 画出短路电流计算的等值电路图，如图 3-7 所示

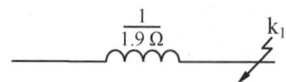

图 3-7　k_1 点短路时等值电路图

③ 计算短路电流

周期分量　　$I_{k1} = \dfrac{U_{\text{av}1}}{\sqrt{3} X_{\Sigma 1}} = \dfrac{10.5}{\sqrt{3} \times 1.9} = 3.19(\text{kA})$

稳态短路电流　　$I_\infty = I_{k1} = 3.19(\text{kA})$

冲击电流　　$i_{\text{sh}1} = 1.8 \times \sqrt{2} \times I_{k1} = 1.8 \times \sqrt{2} \times 3.19 = 8.12(\text{kA})$

冲击电流有效值　　$I_{\text{sh}1} = 1.51 I_{k1} = 1.51 \times 3.19 = 4.82(\text{kA})$

短路容量　　$S_{k1} = \sqrt{3} U_{\text{av}1} I_{k1} = \sqrt{3} \times 10.5 \times 3.19 = 58.02(\text{MVA})$

（2）k_2 点短路

① 计算各元件电抗

$$X'_1 = X_1 (U_{\text{av}2}/U_{\text{av}1})^2 = 1.9 \times (0.4/10.5)^2 = 2.76(\text{m}\Omega)$$

电缆电抗　　取 $X_0 = 0.08\ \Omega/\text{km}$

$$X'_2 = X_0 l_2 (U_{\text{av}2}/U_{\text{av}1})^2 = 0.08 \times 0.5 \times (0.4/10.5)^2 = 0.058(\text{m}\Omega)$$

变压器电抗　　查附录表 6　$U_k\% = 4.5$

$$X_3 = \dfrac{U_k\%}{100} \dfrac{U_{\text{av}2}^2}{S_N} = \dfrac{4.5}{100} \times \dfrac{0.4^2}{1} = 7.2(\text{m}\Omega)$$

② 画出短路电流计算的等值电路图，如图 3-8 所示

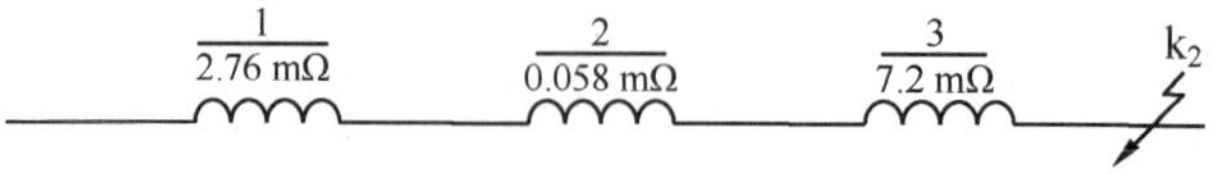

图 3-8　k_2 点短路时等值电路图

③ 计算短路电流

总电抗　　$X_{\Sigma 2} = X'_1 + X'_2 + X_3 = 2.76 + 0.058 + 7.2 = 10.018(\text{m}\Omega)$

周期分量　　$I_{k2} = \dfrac{U_{\text{av}2}}{\sqrt{3} X_{\Sigma 2}} = \dfrac{0.4}{\sqrt{3} \times 0.01} = 23.09(\text{kA})$

稳态短路电流 $I_\infty = I_{k2} = 23.09(kA)$

冲击电流 $i_{sh2} = 1.3 \times \sqrt{2} \times I_{k2} = 1.3 \times \sqrt{2} \times 23.09 = 42.45(kA)$

冲击电流有效值 $I_{sh2} = 1.09 I_{k2} = 1.09 \times 23.09 = 25.17(kA)$

短路容量 $S_{k2} = \sqrt{3} U_{av2} I_{k2} = \sqrt{3} \times 0.4 \times 23.09 = 16.00(MVA)$

二、标幺制法

1. 标幺制

标幺制是一种相对单位制。在标幺制中,各物理量都用标幺值表示。标幺值的公式为

$$标幺值 = \frac{实际有名值(任意单位)}{基准值(与实际值同单位)} \tag{3-33}$$

标幺值是没有量纲的数值。对于同一个实际有名值,基准值选得不同,其标幺值也就不同。因此,说一个量的标幺值时,必须同时说明它的基准值,否则,标幺值的意义是不明确的。

当电压、电流、功率和阻抗的基准值分别选定为 U_B、I_B、S_B、Z_B 时,相应的标幺值为

$$U_* = U/U_B \tag{3-34}$$

$$I_* = I/I_B \tag{3-35}$$

$$\tilde{S}_* = \frac{\tilde{S}}{S_B} = \frac{P + jQ}{S_B} = P_* + jQ_* \tag{3-36}$$

$$Z_* = \frac{Z}{Z_B} = \frac{R + jX}{Z_B} = R_* + jX_* \tag{3-37}$$

采用标幺值的目的是简化计算,便于对计算结果做出分析评价。因此,基准值的选择,除了要求基准值与有名值同单位外,应考虑尽量能实现这些目的。

在单相电路中,电压 U_φ、电流 I、功率 S_φ 和阻抗 Z 这 4 个物理量之间存在以下关系:

$$U_\varphi = ZI, S_\varphi = U_\varphi I$$

这 4 个物理量的基准值也应满足欧姆定律和功率方程

$$\begin{cases} U_{\varphi B} = Z_B I_B \\ S_{\varphi B} = U_{\varphi B} I_B \end{cases} \tag{3-38}$$

即与有名值各量间的关系具有完全相同的方程式,这样在标幺值中便可得到

$$\begin{cases} U_{\varphi *} = Z_* I_* \\ S_{\varphi *} = U_* I_* \end{cases} \tag{3-39}$$

上式说明,只要基准值的选择满足式(3-38),则标幺值中各物理量之间的关系就与有名单位制完全相同,因而有名单位制中的有关公式就可直接应用到标幺制中。

一般选定 $S_{\varphi B}$ 和 $U_{\varphi B}$,电流和阻抗的基准值由式(3-38)求出。

在电力系统分析中,主要涉及对称三相电路的计算。习惯上多采用线电压 U、线电流(即相电流)I、三相功率 S 和一相等值阻抗 Z。各量存在下列关系:

$$\begin{cases} U = \sqrt{3} ZI = \sqrt{3} U_\varphi \\ S = \sqrt{3} UI = 3 S_\varphi \end{cases} \tag{3-40}$$

同样,应使各量基准值之间的关系与其有名值之间的关系具有相同的方程式,即

$$\begin{cases} U_B = \sqrt{3} Z_B I_B = \sqrt{3} U_{\varphi B} \\ S_B = \sqrt{3} U_B I_B = 3 U_{\varphi B} I_B = 3 S_{\varphi B} \end{cases} \quad (3\text{-}41)$$

这样,在标幺制中便有

$$\begin{cases} U_* = Z_* I_* = U_{\varphi *} \\ S_* = U_* I_* = S_{\varphi *} \end{cases} \quad (3\text{-}42)$$

由此可见,在标幺制中,三相电路的计算公式与单相电路的计算公式完全相同,线电压和相电压的标幺值相等,三相功率和单相功率的标幺值相等。这就简化了公式,给计算带来了方便。习惯上,基准值也只选定 U_B 和 S_B,由此,得

$$I_B = S_B / (\sqrt{3} U_B)$$

$$Z_B = U_B / (\sqrt{3} I_B) = U_B^2 / S_B$$

在电力系统的工程计算中,对于直接电气联系的网络,各元件的参数必须按统一的基准值进行归算,并规定各个电压等级都以其平均额定电压 U_{av}(见表 3-1)作为基准电压,容量基准值常用 10 的倍数,如 100 MVA 等。在工程实际短路计算或其他近似计算中,为简化计算,通常用平均额定电压 U_{av} 代替该电压等级的额定电压。

此外,用标幺值进行计算时,变压器的变比也应该用标幺值表示。设变压器原副边额定电压分别为 U_{1N} 和 U_{2N},基准电压分别为 U_{B1} 和 U_{B2},则变压器变比的标幺值为

$$k_* = \frac{k}{k_B} = \frac{U_{1N}/U_{2N}}{U_{B1}/U_{B2}} \quad (3\text{-}43)$$

如果式(3-43)中用平均额定电压 U_{av} 作为各个电压等级基准电压,短路电流计算时又用平均额定电压 U_{av} 代替该电压等级的额定电压进行近似计算,则变压器的标幺值变比 $k_* = 1$。

2. 短路电路中各元件电抗标幺值的计算

(1)变压器的电抗标幺值的计算

在计算变压器电抗时,变压器的电抗必须折算到某一侧。由第二章可知变压器电抗折算到高压侧还是折算到低压侧,这两者数值是不相等的。那么,在用标幺值进行计算时,变压器的电抗折算到哪一侧?电压基准值又如何选呢?

设变压器电抗折算到原边,考虑到短路计算时,$U_{1N} = U_{B1} = U_{av1}$,则有

$$X_{T*} = \frac{X_T}{Z_B} = \frac{U_k \% U_{1N}^2}{100 S_N} \Big/ \frac{S_B}{U_{B1}^2} = \frac{U_k \%}{100} \frac{S_B}{S_N} \quad (3\text{-}44)$$

式中,S_N 为变压器额定容量。

由式(3-44)可见,在变压器耦合的电路中,当用平均额定电压代替该电压等级的额定电压,并作为基准值时,变压器电抗折算到高压侧还是折算到低压侧,标幺值电抗是相等的。并且变压器的变比 $k_* = 1$,从而使计算十分简单。

(2)串联电抗器的电抗标幺值的计算

$$X_{L*} = \frac{X_{LN}}{Z_B} = \frac{X_{LN} \%}{100} \frac{U_{LN}}{\sqrt{3} I_{LN}} \frac{S_B}{U_{av}^2} \quad (3\text{-}45)$$

式中,I_{LN} 为电抗器额定电流;U_{LN} 为电抗器额定电压;U_{av} 为电抗器所在的那一级电网的平均额定电压。

(3) 电力线路的电阻和电抗标幺值的计算

$$R_{WL*} = \frac{R_{WL}}{Z_B} = R_0 l \frac{S_B}{U_{av}^2} \quad (3-46)$$

$$X_{WL*} = \frac{X_{WL}}{Z_B} = X_0 l \frac{S_B}{U_{av}^2} \quad (3-47)$$

(4) 电力系统的电抗标幺值的计算

已知系统电抗值 X_S 时计算比较简单,已知系统短路容量 S_k 时的系统电抗标幺值为

$$X_{S*} = \frac{X_S}{Z_B} = \frac{U_{av}^2}{S_k} \bigg/ \frac{U_{av}^2}{S_B} = \frac{S_B}{S_k} \quad (3-48)$$

3. 三相短路周期分量电流的计算

周期分量的大小决定于母线上的电压和短路回路的总阻抗。无限大容量系统供电的电路发生短路时,由于假定电源电压的幅值不变,故短路电流周期分量的幅值或周期分量有效值也是不变的。

根据式(3-42),并考虑电源电压为 U_{av},且 $U_B = U_{av}$,得

$$I_{p*}^{(3)} = \frac{U_{av*}}{X_{\Sigma*}} = \frac{1}{X_{\Sigma*}} \quad (3-49)$$

$$S_{k*}^{(3)} = U_{av*} I_{p*}^{(3)} = \frac{1}{X_{\Sigma*}} \quad (3-50)$$

例 3-2 试用标幺值法计算例 3-1,并计算 k_2 点短路时流过架空线路的短路电流的周期分量有名值。

解:(1) 设 $S_B = 100$ MVA,$U_B = U_{av}$,$U_{B1} = 10.5$ kV,$U_{B2} = 0.4$ kV

(2) 计算各元件电抗标幺值

架空线电抗　　取 $X_0 = 0.38$ Ω/km

$$X_{1*} = X_0 l_1 \frac{S_B}{U_{B1}^2} = 0.38 \times 5 \times \frac{100}{10.5^2} = 1.72$$

电缆电抗　　取 $X_0 = 0.08$ Ω/km

$$X_{2*} = X_0 l_2 \frac{S_B}{U_{B1}^2} = 0.08 \times 0.5 \times \frac{100}{10.5^2} = 0.036$$

变压器电抗　　查附录表 6 取 $U_k\% = 4.5$

$$X_{3*} = \frac{U_k\%}{100} \frac{S_B}{S_N} = \frac{4.5}{100} \times \frac{100}{1} = 4.5$$

(3) 画出短路电流计算的等值电路图,如图 3-9 所示

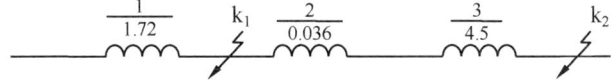

图 3-9　系统短路时等值电路图

(4) 计算短路电流周期分量标幺值

k_1 点短路总电抗　　$X_{\Sigma 1*} = X_{1*} = 1.72$

k_2 点短路总电抗　　$X_{\Sigma 2*} = X_{1*} + X_{2*} + X_{3*} = 1.72 + 0.036 + 4.5 = 6.256$

$$I_{k1*} = \frac{1}{X_{\Sigma 1*}} = \frac{1}{1.72} = 0.58$$

$$I_{k2*} = \frac{1}{X_{\Sigma 2*}} = \frac{1}{6.256} = 0.16$$

(5) 计算 k_1 点短路的短路电流有名值

电流基准值　　$I_{B1} = \dfrac{S_B}{\sqrt{3}\,U_{B1}} = \dfrac{100}{\sqrt{3} \times 10.5} = 5.50(\text{kA})$

短路电流周期分量　　$I_{k1} = I_{k1*} I_{B1} = 0.58 \times 5.50 = 3.19(\text{kA})$

稳态短路电流　　$I_\infty = I_{k1} = 3.19(\text{kA})$

冲击电流　　$i_{sh1} = 1.8 \times \sqrt{2} \times I_{k1} = 1.8 \times \sqrt{2} \times 3.19 = 8.12(\text{kA})$

冲击电流有效值　　$I_{sh1} = 1.51 I_{k1} = 1.51 \times 3.19 = 4.82(\text{kA})$

短路容量　　$S_{k1} = \sqrt{3}\,U_{av1} I_{k1} = \sqrt{3} \times 10.5 \times 3.19 = 58.02(\text{MVA})$

(6) 计算 k_2 点短路的短路电流有名值

电流基准值　　$I_{B2} = \dfrac{S_B}{\sqrt{3}\,U_{B2}} = \dfrac{100}{\sqrt{3} \times 0.4} = 144.34(\text{kA})$

短路电流周期分量　　$I_{k2} = I_{k2*} I_{B2} = 0.16 \times 144.34 = 23.09(\text{kA})$

稳态短路电流　　$I_\infty = I_{k2} = 23.09(\text{kA})$

冲击电流　　$i_{sh2} = 1.3 \times \sqrt{2} \times I_{k2} = 1.3 \times \sqrt{2} \times 23.09 = 42.45(\text{kA})$

冲击电流有效值　　$I_{sh2} = 1.09 I_{k2} = 1.09 \times 23.09 = 25.17(\text{kA})$

短路容量　　$S_{k2} = \sqrt{3}\,U_{av2} I_{k2} = \sqrt{3} \times 0.4 \times 23.09 = 16.00(\text{MVA})$

(7) 计算 k_2 点短路时流过架空线路的短路电流周期分量有名值

由图 3-9 所示的系统短路时的等值电路,可知 k_2 点短路时流过架空线路的短路电流周期分量标幺值 $I_{k2*}=0.16$,架空线路的电压等级为 10 kV,其电流基准值为 I_{B1},因此,流过架空线路的短路电流周期分量有名值为

$$I_{k2.WL1} = I_{k2*} I_{B1} = 0.16 \times 5.50 = 0.88(\text{kA})$$

由例 3-2 计算结果可见,k_2 点短路时短路电流周期分量标幺值要比 k_1 点短路时小,但两个短路点的所在电压等级的电流基准值不同,k_2 点短路时短路电流周期分量有名值还是要比 k_1 点短路时大。k_2 点短路时,串联支路上各元件流过的短路电流周期分量标幺值都相等,但有名值可能相差很大。

三、电动机对短路电流的影响

如果高压电动机的单机容量或总容量大于 1 000 kW,低压电动机的单机容量或总容量大于 100 kW,在靠近电动机处电网发生三相短路时(见图 3-10),短路点的电压为零,电动机端口的残压较低。由于电动机有较大的惯性,转速不能立即降到零,因此其反电势大于电动机端

口的残压。此时,电动机相当于一台发电机,向短路点输送反馈电流。因为接在短路处的电动机在短路时供给的反馈电流衰减很快,因此在计算 $t > 0.01$ s 的短路电流时可不考虑,但在计算短路电流冲击值时要考虑电动机反馈电流的影响。

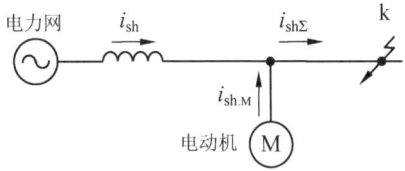

图 3-10 电动机对短路冲击电流的影响

电动机的反馈冲击电流可按下式计算:

$$i_{\text{sh.M}} = \sqrt{2} \frac{E''_{\text{M}*}}{x''_{\text{M}*}} K_{\text{sh.M}} I_{\text{N.M}} \tag{3-51}$$

式中,$E''_{\text{M}*}$ 为电动机次暂态电势标幺值,一般取 0.9;$x''_{\text{M}*}$ 为电动机次暂态电抗标幺值,一般取 0.17;$I_{\text{N.M}}$ 为电动机额定电流;$K_{\text{sh.M}}$ 为电动机的短路电流冲击系数,对高压电动机取 1.4~1.6,对低压电动机取 1,准确数据由图 3-11 中曲线查得。

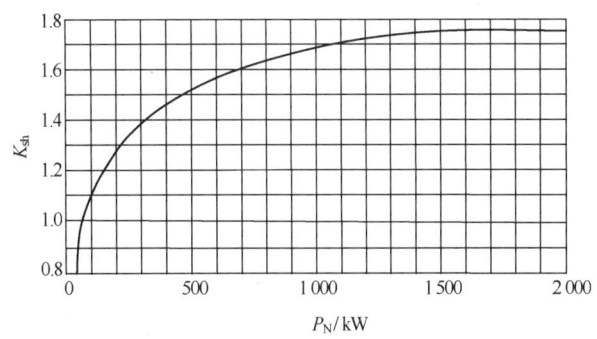

图 3-11 电动机的额定容量 P_{N} 与冲击系数 K_{sh} 的关系曲线

$E''_{\text{M}*}$ 和 $x''_{\text{M}*}$ 的有关参数见表 3-3。

表 3-3 电动机次暂态电势和次暂态电抗标幺值

电动机种类	同步电动机	异步电动机	调相机	综合负荷
$E''_{\text{M}*}$	1.1	0.9	1.2	0.8
$x''_{\text{M}*}$	0.2	0.2	0.16	0.35

计及电动机的反馈电流后,短路电流冲击值为

$$i_{\text{sh}\Sigma} = i_{\text{sh}} + i_{\text{sh.M}} \tag{3-52}$$

四、1 kV 以下电网短路电流的计算

工业企业中 1 kV 以下电网一般是指车间变电所低压侧的配电网络,如 $U_{\text{av}} = 400$ V 的网络。车间变电所变压器容量远小于电力系统容量。当车间变电所变压器容量不超过供电电源容量的 5% 时,可按无穷大容量电源供电分析。

计算低压网络的短路电流时,短路回路应计入以下阻抗:10 m 以上的电缆线、母线、架空线的阻抗;多匝电流互感器一次线圈(300/5 以下)的阻抗,其阻抗值见表3-4;低压断路器过电流线圈的阻抗,其阻抗值见表3-5;刀开关以及低压断路器触头的接触电阻,其接触电阻值见表3-6。进行低压网络短路电流计算时应该用阻抗 Z,而不能只考虑电抗 X。只有当 $R_\Sigma \leqslant X_\Sigma/3$ 时,才可不计电阻 R 的影响。

表3-4　电流互感器一次线圈阻抗(二次线圈开路)　　　　　　　　单位:mΩ

型号	变流比	5/5	7.5/5	10/5	15/5	20/5	30/5	40/5	50/5	75/5	100/5	150/5	200/5	300/5	400/5	500/5	600/5	750/5
LQG-0.5	电阻	600	266	150	66.7	37.5	16.6	9.4	6	2.66	1.5	0.667	0.575	0.166	0.125	—	0.04	0.04
	电抗	4 300	2 130	1 200	532	300	133	75	48	21.3	12	5.32	3	1.33	1.03		0.3	0.3
0-49Y	电阻	480	213	120	53.2	30	13.3	7.5	4.8	2.13	1.2	0.532	0.3	0.133	0.075	—	0.03	0.03
	电抗	3 200	1 420	800	355	200	88.8	50	32	14.2	8	3.55	2	0.888	0.73		0.22	0.2
LQC-1	电阻	—	300	170	75	42	20	11	7	3	1.7	0.75	0.42	0.2	0.11	0.05	—	—
	电抗	—	480	270	120	67	30	17	11	4.8	2.7	1.2	0.67	0.3	0.17	0.07		
LQC-3	电阻	—	130	75	33	19	8.2	4.8	3	1.3	0.75	0.33	0.19	0.08	0.05	0.02	—	—
	电抗	—	120	70	30	17	8	4.2	2.8	1.2	0.7	0.3	0.17	0.08	0.04	0.02		

表3-5　低压断路器过电流线圈的阻抗

线圈额定电流/A	50	70	100	140	200	400	600
电阻(65 ℃时)/mΩ	5.3	2.35	1.3	0.74	0.36	0.15	0.12
电抗/mΩ	2.7	1.3	0.86	0.55	0.28	0.1	0.094

表3-6　刀开关以及低压断路器触头的接触电阻值

额定电流/A	50	70	100	140	200	400	600	1 000	2 000	3 000
低压断路器/mΩ	1.3	1	0.75	0.65	0.6	0.4	0.25	—	—	—
刀开关/mΩ	—	—	0.5	—	0.4	0.3	0.15	0.08	—	—
隔离开关/mΩ	—	—	—	—	—	0.2	0.15	0.08	0.03	0.02

低压变压器电阻仍然按式(3-25)计算,但由于低压变压器的 R_T/X_T 较大,考虑变压器的压降时,不能忽略 R_T 的影响,因此按式(3-26)计算出的应是变压器绕组的阻抗,电抗由下式计算

$$X_T = \sqrt{Z_T^2 - R_T^2} \tag{3-53}$$

五、两相和单相短路电流的计算

港口供电系统,为了继电保护的灵敏度检验,需要计算不对称短路电流。复杂电路的不对称短路电流计算一般要采用对称分量法。由于供电系统电路较为简单,可以按无限大容量电源系统计算两相短路电流或单相短路电流。

1. 两相短路电流的计算

图3-12 所示的为无限大容量电源系统,发生两相短路时,其短路电流为

$$I_k^{(2)} = \frac{U_N}{2|Z_k|} \approx \frac{U_{av}}{2\sqrt{R_k^2 + X_k^2}} \tag{3-54}$$

式中,U_N 为系统的线电压;U_{av} 为系统的平均额定电压;Z_k 为电源至短路点的每相的等值阻抗。

由式(3-22)三相短路电流计算公式和式(3-54)可知两相短路电流和三相短路电流关系为:

$$I_k^{(2)} = \frac{\sqrt{3}}{2} I_k^{(3)} \tag{3-55}$$

因此无限大容量电源系统,两相短路电流比三相短路电流小。

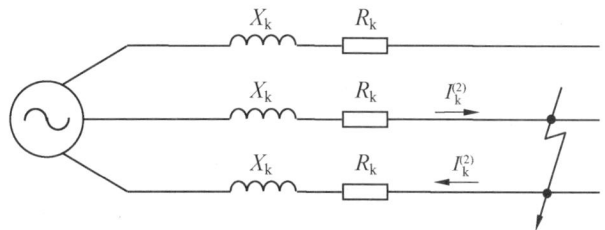

图 3-12 无限大容量电源系统两相短路

2. 单相短路电流的计算

中性点接地的无限大容量电源系统发生单相短路时,其短路电流为

$$I_k^{(1)} = \frac{U_N}{\sqrt{3}|Z_k|} \approx \frac{U_{av}}{\sqrt{3}\sqrt{R_k^2 + X_k^2}} \tag{3-56}$$

式中,U_N 为系统的线电压;U_{av} 为系统的平均额定电压;Z_k 为单相短路回路阻抗,包括电源至短路点的单相的等值阻抗和中性线(或大地)的阻抗之和。

无限大容量电源系统中,单相短路电流也比三相短路电流小。

第四节 短路电流的效应

电力系统发生短路时,短路电流非常大。短路电流通过导体或电气设备,会产生很大的电动力和很高的温度,称为短路电流的电动力效应和热效应。电气设备及导体应能承受这两种效应的作用,满足动稳定和热稳定的要求。

一、短路电流的电动力效应

导体通过电流时相互间电磁作用产生的力,称为电动力。正常工作时电流不大,电动力很小。短路时,特别是短路冲击电流流过瞬间,产生的电动力很大,可能造成机械损伤。

1. 两平行载流导体间的电动力

两个平行敷设的导体,当通过的电流各为 i_1 及 i_2 时,它们之间的作用力 F 为

$$F = 2k_f i_1 i_2 \frac{l}{a} 10^{-7} \tag{3-57}$$

式中,l 为平行敷设的导体长度;a 为两导体轴线间的距离;k_f 为与导体形状及其相对应位置有关的系数,称为形状系数,圆形及管形导体 $k_f = 1$,矩形导体根据 $\dfrac{a-b}{b+h}$ 和 $m = \dfrac{b}{h}$ 由图 3-13 所示的矩形导体的形状系数曲线查得(b 和 h 分别为矩形导体的宽和高)。

由图 3-13 可见,形状系数 k_f 在 0~1.4 之间。当矩形导体平放时,$m > 1$,$k_f > 1$;当矩形导体竖放时,$m < 1$,$k_f < 1$;正方形导体 $m = 1$,$k_f \approx 1$。当 $\dfrac{a-b}{b+h} > 2$ 时,即两个矩形导体间距大于导体周长时,$k_f \approx 1$。

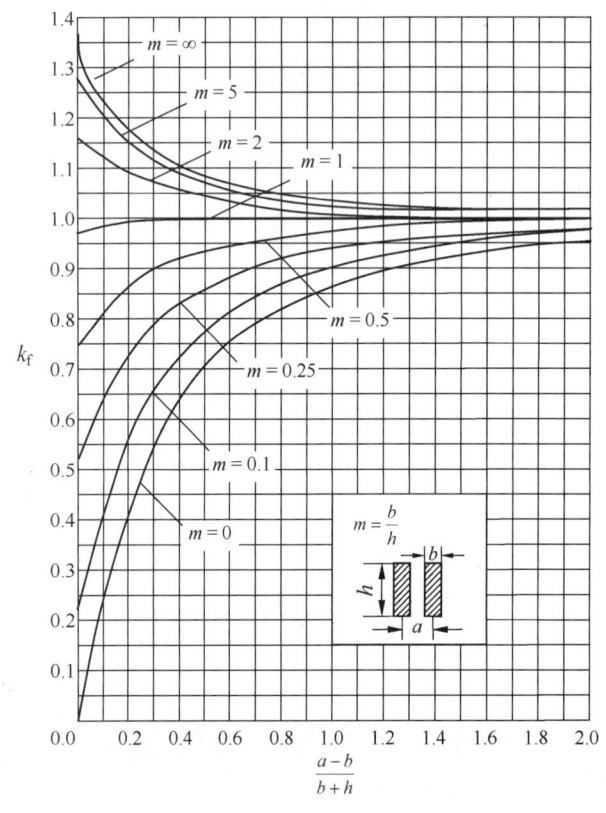

图 3-13 矩形导体的形状系数曲线

作用力本来是均匀分布的,在实际工程计算中,可以认为它集中于导体的中部(见图 3-14),电流方向相同时相吸,相异时相斥。

2. 三相平行载流导体间的电动力

三相短路时,可以证明中间相所受的力最大,其计算式为

$$F^{(3)} = \sqrt{3} k_f [i_{sh}^{(3)}]^2 \dfrac{l}{a} \times 10^{-7} \tag{3-58}$$

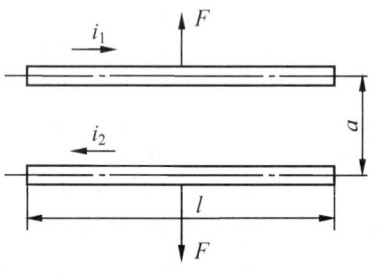

图 3-14 短路电流的电动力效应

式中,$i_{sh}^{(3)}$ 为三相短路的冲击电流。

二、短路电流的热效应

1. 短路发热的特点

导体通过电流,产生电能损耗,转换成热能,使导体温度上升。正常运行时,导体通过负荷电流,产生的热能使导体温度升高,同时向导体周围介质散失热量。当导体内产生的热量等于向介质散失的热量时,导体的温度维持不变。

短路时由于继电保护装置动作切除故障,短路电流的持续时间很短,可近似认为很大的短路电流在很短时间内产生的很大热量全部用来使导体温度升高,不向周围介质散热,即短路发热是一个绝热过程。由于导体温度上升得很快,因而导体的电阻和比热容不是常数,而是随温度的变化而变化的。

如图 3-15 所示反映了短路时导体温度随时间的变化情况。短路前导体正常运行时的温度为 θ_L,当在 t_0 时刻发生短路,导体温度迅速上升;在 t_1 时刻保护装置动作,切除短路故障,导体温度达到了 θ_k。短路切除后,导体不再产生热量,只向周围介质散热,导体温度不断下降,最终导体温度等于周围介质温度 θ_0。

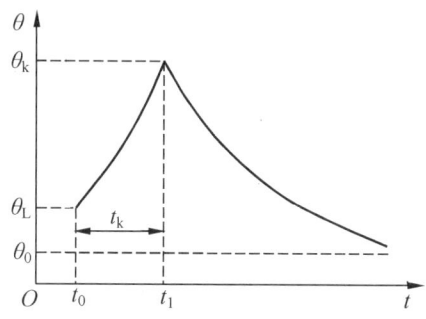

图 3-15 短路时导体温度随时间的变化曲线

短路时电气设备和导体的发热温度不超过短路最高允许温度,则满足短路热稳定要求。导体在短路时的最高允许温度如表 3-7 所示。

表 3-7 导体在短路时的最高允许温度

导体种类	短路时最高允许温度(℃)	
	铜	铝
母线	300	200
交联聚乙烯绝缘电缆	250	200
聚氯乙烯绝缘导线和电缆	160	160
橡胶绝缘导线和电缆	150	150
油浸纸绝缘电缆	≤10 kV, 250 35 kV, 125	≤10 kV, 200 35 kV, 125

2. 短路热平衡方程

短路过程的热平衡方程为

$$\int_{t_0}^{t_1} I_k^2 R \mathrm{d}t = \int_{\theta_L}^{\theta_k} cm\mathrm{d}\theta \tag{3-59}$$

将 $R = \rho_0(1+\alpha\theta)l/S$，$c = c_0(1+\beta\theta)$，$m = \gamma lS$ 代入上式，得

$$\int_{t_0}^{t_1} I_k^2 \rho_0(1+\alpha\theta)\frac{l}{S}\mathrm{d}t = \int_{\theta_L}^{\theta_k} c_0(1+\beta\theta)\gamma lS\mathrm{d}\theta \tag{3-60}$$

式中，ρ_0 为导体 0 ℃时的电阻率；α 为 ρ_0 的温度系数；c_0 为导体 0 ℃时的比热容；β 为 c_0 的温度系数；γ 为导体材料的密度；S 为导体的截面积；l 为导体的长度。

式(3-60)整理，得

$$\frac{1}{S^2}\int_{t_0}^{t_1} I_k^2 \mathrm{d}t = \frac{c_0\gamma}{\rho_0}\int_{\theta_L}^{\theta_k} \frac{(1+\beta\theta)}{(1+\alpha\theta)}\mathrm{d}\theta \tag{3-61}$$

对式(3-61)右端的积分运算后，得

$$\frac{1}{S^2}\int_{t_0}^{t_1} I_k^2 \mathrm{d}t = \frac{c_0\gamma}{\rho_0}\left[\frac{\alpha-\beta}{\alpha^2}\ln(1+\alpha\theta)+\frac{\beta}{\alpha}\theta\right]\bigg|_{\theta_L}^{\theta_k} = A_k - A_L \tag{3-62}$$

式中，A_k 和 A_L 分别为导体短路和正常运行时的发热系数（$A^2 \cdot s/mm^2$），为温度的函数。

3. 短路产生的热量

短路电流的有效值在整个短路过程中并不是常数，特别是发电机端短路，其变化比较复杂，难以计算。为便于计算，工程上采用等效时间法，以短路电流的稳态值 I_∞ 代替 I_k 来计算短路产生的热量，对应的计算时间为一个假想时间 t_{ima}。短路电流的稳态值 I_∞ 在 t_{ima} 时间段内产生的热量等于短路电流 I_k 在短路持续时间 t_k 内产生的热量，如图 3-16 所示，短路电流产生的热量可按下式计算：

$$\int_0^{t_k} I_k^2 R \mathrm{d}t = I_\infty^2 R t_{ima} \tag{3-63}$$

短路发热假想时间可按下式计算

$$t_{ima} = t_k + 0.05\left(\frac{I''}{I_\infty}\right)^2 \tag{3-64}$$

式中，t_k 为短路持续时间（s），它等于继电保护动作时间 t_{op} 和断路器断路时间 t_{oc} 之和，即

$$t_k = t_{op} + t_{oc} \tag{3-65}$$

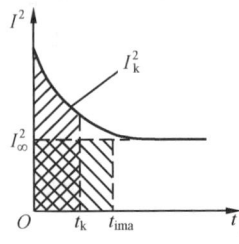

图 3-16 短路发热假想时间

断路器的断路时间可查阅有关产品手册，一般对慢速断路器取 0.2 s，快速和中速断路器取 0.1 s。

在无穷大容量电源供电的供电系统中，由于 $I'' = I_\infty$，式(3-64)变为

$$t_{ima} = t_k + 0.05 \tag{3-66}$$

当 $t_k > 1$ s 时,可以近似认为 $t_{ima} = t_k$。

4. 导体短路发热温度

工程上一般利用导体发热系数 A 与导体温度 θ 的关系曲线(见图 3-17)来确定短路发热温度 θ_k。参见图 3-18,导体短路发热温度计算的步骤如下:

(1)由导体正常运行时的温度 θ_L 从 $A \sim \theta$ 曲线上查出导体正常发热系数 A_L;

(2)计算导体短路发热系数 A_k

$$A_k = A_L + \frac{I_\infty^2}{S^2} t_{ima} \tag{3-67}$$

式中,S 为导体的截面(mm^2);I_∞ 为稳态短路电流(A)。

(3)由 A_k 从 $A \sim \theta$ 曲线上查出导体短路发热温度 θ_k。

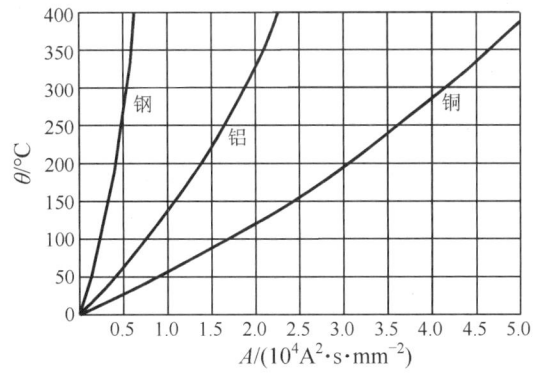

图 3-17 导体发热系数 A 与导体温度 θ 的关系曲线

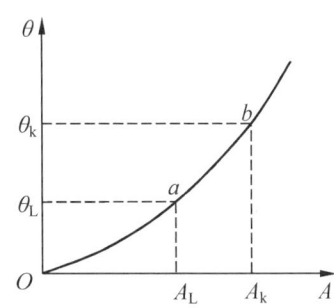

图 3-18 由 θ_L 查 θ_k 的步骤

5. 导体的短路热稳定最小截面积

导体短路发热温度达到发热允许温度时的截面积,称为导体的短路热稳定最小截面积 $S_{th.min}$。

根据导体短路发热允许温度 $\theta_{k.al}$,由 $A \sim \theta$ 曲线计算导体短路热稳定的最小截面积的方法如下:

(1)由 θ_L 和 $\theta_{k.al}$ 从 $A \sim \theta$ 曲线上查出 A_L 和 $A_{k.al}$。

(2)由下式计算导体短路热稳定最小截面积 $S_{th.min}$

$$S_{\text{th.min}} = I_\infty \sqrt{\frac{t_{\text{ima}}}{A_{\text{k.al}} - A_{\text{L}}}} \tag{3-68}$$

思考题与习题

3-1 什么是短路？短路有哪几种形式？分析发生短路的原因和危害。

3-2 无限大容量电源系统的特征是什么？

3-3 什么是三相短路的短路电流周期分量、非周期分量、稳态短路电流、冲击电流、短路电流有效值？

3-4 什么是标幺值？其基准值如何选取？

3-5 无限大容量电源系统中，两相短路电流和三相短路电流的关系如何？

3-6 电动机对短路电流有何影响？

3-7 短路电流会产生什么效应？其危害是什么？

3-8 有一地区变电所通过一条长 3 km 的 6 kV 电缆线路供电给某企业一个装有两台并列运行的 S11-M500/6 型变压器的变电所。地区变电所出口断路器的断流容量为 200 MVA。试用欧姆法计算该企业变电所 6 kV 高压侧和 380 V 低压侧的短路电流 $I_k^{(3)}$、$I_\infty^{(3)}$、$i_{\text{sh}}^{(3)}$、$I_{\text{sh}}^{(3)}$ 及短路容量 $S_k^{(3)}$。（变压器 $U_k\% = 4.0$）

3-9 试用标幺制法计算习题 3-8。

第四章 港口变电所及其一次系统

第一节 港口变电所

一、供配电变电所类型

供配电变电所按其在供电系统中的地位和作用,分为总降压变电所、10 kV 变电所、车间变电所、建筑物及高层建筑变电所、杆上变电所、箱式变电所。

1. 总降压变电所

大中型企业,由于负荷较大,往往采用 35~110 kV 电源进线,降压至 10 kV 或 6 kV,再向各车间变电所和高压用电设备配电。这种降压变电所称为总降压变电所。用户是否要设置总降压变电所,是由地区供电电源的电压等级和用户负荷的大小及分布情况而定的。一般来讲,企业规模不太大,车间或生产厂房布局比较集中,一般设一个总降压变电所,这样既节省投资,又便于运行和维护。但如果企业规模较大,且有两个或两个以上的集中大负荷用电车间群,而彼此之间相距又较远时,可以考虑设立两个或两个以上的总降压变电所。

2. 10 kV 变电所

10 kV 变电所是指设在中小用户的 10 kV 独立变电所,或者设在与车间或建筑物有一定距离的单独的 10(20)/0.4 kV 变电所,向用户负荷供电,或者向周围几个车间或建筑物供电,通常是户内式变电所,如图 4-1 所示。设置 10 kV 变电所主要是因为用户负荷不太大,建立一个用户 10 kV 变电所,向各车间或建筑物供电;或者相邻几个车间负荷大,将变电所建到某一车间不适宜;或者由于车间环境的限制,如制药车间、化工车间之间由于管道较多或有腐蚀性气体、易燃易爆气体等环境限制,必须建立独立的 10 kV 变电所。

3. 车间变电所

车间变电所是指设在车间的 10/0.4 kV 变电所。车间负荷较大(大于 320 kVA)时,一般应设车间变电所,还可向邻近负荷较小的车间供电。

车间变电所主要有以下两种类型。

(1)车间附设变电所

车间附设变电所利用车间的一面或两面墙壁,而其变压器室的大门朝外开,如图4-2所示。车间附设变电所又分内附式(见图4-2中1)和外附式(见图4-2中2)。

内附式变电所要占用一定的车间面积,但其在车间内部,故对车间外观没有影响。外附式变电所在车间的外部,不占用车间面积,便于车间设备的布置,而且安全性也比内附式变电所要高一些。外附式变电所通常与车间辅助用房(办公室、材料室、工具室等)统一考虑设置。

(2)车间内变电所

变压器室位于车间内的单独房间内(见图4-2中3),变压器一般采用干式变压器。虽然这种车间内变电所占用了车间内的面积,但它处于负荷的中心,因而可以减少线路的电能损耗和有色金属消耗量。由于设在车间内,其安全性要差一些,故适用于负荷较大的多跨大型厂房内,在大型冶金企业中比较多见。

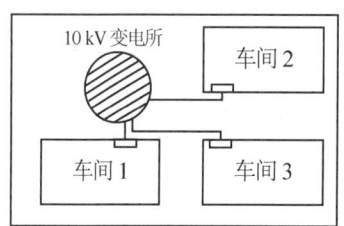

图4-1　10 kV变电所与车间的位置关系

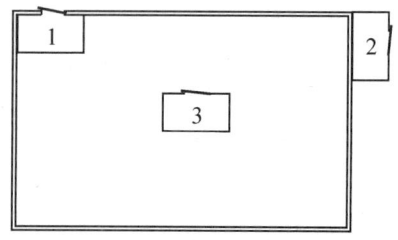

图4-2　车间变电所类型

4. 建筑物及高层建筑变电所

这是民用建筑中经常采用的变电所形式,高层建筑变电所的变压器一律采用干式变压器,高压开关可采用真空断路器,也可采用SF_6断路器,但通风条件要好,从防火安全角度考虑,不采用少油断路器。高层建筑变电所为楼内变电所,置于高层建筑的地下室或中间某层、地下室或高层、地下室、中间某层或高层。

5. 杆上变电所

变压器安装在室外电杆上,适用于315 kVA及以下变压器,常用于居民区、用电负荷小的企业。

6. 箱式变电所

箱式变电所是工厂制造的10 kV变电所,由高压室、变压器室和低压室构成,并置于金属外壳内。该变电所安装、维护方便,一般用于居民小区或城市供电。

二、港口变电所位置和数量的确定原则

港口变电所按其在供电系统中的地位和作用,分为总降压变电所、车间(码头)变(配)电所。

正确选择总降压变电所和码头变电所的位置和数量,对港口供电系统的合理布局及供电质量影响极大。因此,必须根据港口负荷的类型、负荷大小和分布特点,以及环境特征等因素进行全面考虑。

变电所的位置应按下列原则确定：

(1)变电所应尽可能选在负荷中心。这样可以减少配电线路的长度与导线截面积，从而降低有色金属消耗量和年电能损耗费用。

(2)线路进出方便。

(3)运输条件好，便于变压器及其他电气设备的搬运。

(4)应远离产生剧烈振动的大型设备或车间(如锻造车间)，以保证变电所安全运行。

(5)应选在地下水水位较低的场所，以防止电缆沟内出现积水。

(6)应选在各种污染源(如化工厂、烟囱、烧结厂等)的上风侧，以防止因污浊的空气引起电气设备的绝缘水平降低。

(7)应与其他工业建筑物保持足够的防火间距。

(8)应有扩建和发展的余地。

如果大型企业的车间和生产厂房布局比较集中，应尽量设立一个总降压变电所，既节约投资，又便于运行维护。如果企业规模较大，而且存在两个或两个以上的集中大负荷用电部门，彼此之间相距又较远时，可考虑设立两个或两个以上的总降压变电所，这对减少网络电能损耗，保证对一级负荷的可靠供电均有利。

对新建中的大型企业，经过方案比较，可以设立多个总降压变电所，但应结合工程的分期建设，分期建立总降压变电所。

如果只设立一个总降压变电所，则必须从电源系统及变电所的主接线方案等方面考虑保证对一级负荷供电的备用电源问题。

车间变电所的数量应根据车间负荷的大小、负荷级别及相邻车间的距离等因素加以全面考虑。对具有一级负荷且用电量较大的车间，可单独设立一个或两个车间变电所。如果只设立一个变电所，则必须与相邻的车间变电所有联络线路或考虑双电源供电。负荷不大且相距较近的几个车间可以设立一个公共车间变电所，但需对其一、二级负荷采取保证供电可靠性的技术措施。

分析和确定企业总降压变电所或车间变电所的布局(位置和数量)是否合理，必须进行技术经济比较判断。首先应参考上述几项原则，初步确定变电所可能的几种布局方案；然后进行必要的电气计算，找出满足供电技术要求的几个方案；最后进行经济比较，确定出在初投资和年运行费用两方面均符合经济要求的最佳方案。

第二节　开关电器中的电弧及触头

一、概述

电弧是电气设备在运行中经常遇到的一种物理现象，其特点是光亮很强和温度很高。从实质上说，电弧是由于强烈的电游离所产生的。

电弧的产生对电气设备的安全运行有着极大的影响：①电弧延长了电路开断的时间。在开关分断短路电流时，开关触头上的电弧就延长了短路电流通过电路的时间，使短路电流危害的时间延长,这可能对电气设备造成更大的损坏。②电弧的高温可能烧损开关的触头,烧毁电气设备及导线电缆,还可能引起电路的弧光短路,甚至引起火灾和爆炸事故。③强烈的弧光可能损害人的视力,严重的可使人眼致盲。因此,开关设备在结构设计上要保证操作时电弧能迅速地熄灭。为此,在讲述各种开关设备之前,有必要了解电弧产生和熄灭的原理和灭弧的一些基本方法,并进一步了解对电气触头的基本要求。

二、电弧的产生

1. 产生电弧的原因

开关触头在分断电流时之所以会产生电弧,根本的原因在于触头本身及触头周围的介质中含有大量可被游离的电子。这样,在分断的触头间存在着足够大的外施电压的条件下,而且电路电流也达到最小生弧电流时,就会强烈游离而形成电弧。

2. 发生电弧的游离方式

(1) 热电子发射

当开关触头分断电流时,阴极表面由于大电流逐渐收缩集中而出现炽热的光斑,温度很高,因而使触头表面的电子吸收足够的热能而发射到触头间隙中去,形成自由电子。

(2) 高电场发射

开关触头分断之初,电场强度很大。在这种高电场的作用下,触头表面的电子可能被强拉出来,使之进入触头间隙中去,也形成自由电子。

(3) 碰撞游离

当触头间存在着足够大的电场强度时,自由电子以相当的动能向阳极移动,在移动中碰撞到中性质点,就可能使中性质点中的电子游离出来,从而使中性质点变成为带电质点——正离子和自由电子。这些游离出来的带电质点在电场力的作用下,继续参加碰撞游离,结果使触头间介质中的离子数越来越多,形成"雪崩"现象。当离子浓度足够大时,介质击穿而发生电弧。

(4) 热游离

电弧的温度很高,表面温度达 3 000~4 000 ℃,弧心温度可高达 10 000 ℃。在这样的温度下,电弧中的中性质点可游离为正离子和自由电子(据研究,一般气体在 9 000~10 000 ℃时发生热游离,而金属蒸气在 4 000 ℃左右即发生热游离),从而进一步加剧了电弧中的游离。触头越分开,电弧越大,则热游离也越显著。

由于上述几种游离方式的综合作用,使得电弧得以发生和维持。

三、电弧的熄灭

1. 熄灭电弧的条件

要使电弧熄灭,必须使触头电弧中的去游离率大于游离率,即其中离子消失的速率大于离子产生的速率。

2. 熄灭电弧的去游离方式

(1) 正负带电质点的"复合"

复合就是带电质点重新结合为中性质点。这与电弧中的电场强度、温度及截面积等有关。电弧中的电场强度越弱,电弧温度越低,电弧截面积越小,则带电质点的复合越强。此外,复合与电弧接触的介质性质也有关。如电弧接触表面为固体介质,则由于较活泼的电子先使表面带一负电位,这负电位的表面就吸引正离子而造成强烈的复合。

(2)正负带电质点的"扩散"

扩散就是带电质点向周围介质扩散开去。扩散的原因,一是由于温度差,二是由于离子浓度差。扩散也与电弧截面积有关,截面积越小,离子扩散也越强。

上述带电质点的复合和扩散,都使电弧中的离子数减少,即去游离增强。

3. 交流电弧熄灭的特点

工厂供电系统主要是交流系统,所以电气设备中的电弧也主要是交流电弧。由于交流电流每半个周期经过零值一次,而电流过零时,电弧要暂时熄灭,所以交流电弧每一周期要暂时熄灭两次。电弧熄灭的瞬间,弧隙温度骤降,热游离中止,而去游离(特别是复合)要大大增强。这时弧隙虽然仍处于游离状态,但阴极附近空间差不多立刻获得很高的绝缘强度。因此,大多数交流开关电器的灭弧方法中,都利用了交流电流过零时电弧暂时熄灭的这一特性。低压开关电器的交流电弧,显然是比较容易熄灭的。具有较完善的灭弧结构的高压断路器,交流电弧的熄灭一般也只需几个周期;真空断路器的灭弧只需半个周期,即电流第一次过零时就能使电弧熄灭。

4. 开关电器中常用的灭弧方法

(1)速拉灭弧法

迅速拉长电弧,可使弧隙的电场强度骤降,离子的复合迅速增强,从而加速电弧的熄灭。这种灭弧方法是开关电器中普遍采用的最基本的一种灭弧法。高压开关中装有强力的断路弹簧,目的就在于加快触头的分断速度,迅速拉长电弧。

(2)冷却灭弧法

降低电弧的温度,可使电弧中的热游离减弱,正负离子的复合增强,有助于电弧迅速熄灭。这种灭弧方法在高低压开关电器中应用也较普遍,也是一种基本的灭弧法。

(3)吹弧灭弧法

利用外力(如气流、油流或电磁力)来吹动电弧,使电弧加强冷却,同时拉长电弧,降低电弧中的电场强度,使离子的复合和扩散增强,从而加速电弧的熄灭。吹弧按方向来分,有横吹和纵吹两种,分别如图4-3(a)和4-3(b)所示。吹弧按外力的性质来分,有气吹、油吹、电动力吹和磁吹等方式。低压刀开关迅速拉开刀闸时,不仅迅速拉长了电弧,而且其本身回路电流产生的电动力作用于电弧,也吹动电弧使之拉长,如图4-4所示。

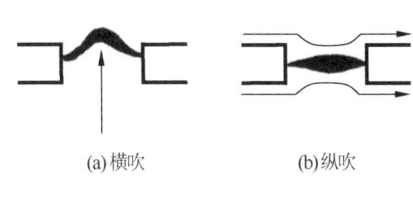

图4-3 吹弧方式

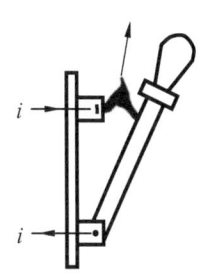

图4-4 电动力吹弧

有的开关采用专门的磁吹线圈来吹动电弧,如图 4-5 所示。有的开关利用铁磁物质(钢片等)来吸动电弧,如图 4-6 所示,这相当于反向吹弧。

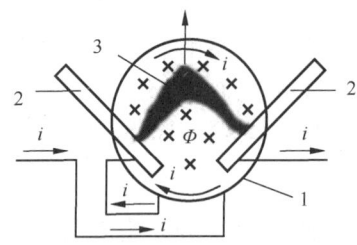 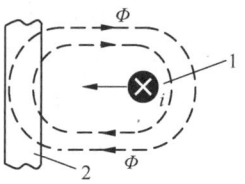

图 4-5　磁力吹弧　　　　　　　　　图 4-6　铁磁吸弧
1—磁吹线圈;2—灭弧触头;3—电弧　　　　1—电弧;2—钢片

(4) 长弧切短灭弧法

将长电弧切成若干短电弧,也有利于电弧的熄灭。由于电弧的电压降主要降落在阴极和阳极上(阴极压降又比阳极压降大得多),所以弧柱的电压降是很小的。如果利用金属片将长弧切成若干短弧,则电弧上的压降将近似地增大若干倍。当外施电压小于电弧上的压降时,则电弧就不能维持而迅速熄灭。图 4-7 为钢灭弧栅(又称去离子栅)将长弧切成若干短弧的情形。电弧进入钢片,一是利用了图 4-4 所示的电动力吹弧,另一是利用了图 4-6 所示的铁磁吸弧。钢片对电弧还有冷却降温的作用。

(5) 粗弧分细灭弧法

将粗大的电弧分成若干平行的细小的电弧,使电弧与周围介质的接触面增大,改善电弧的散热条件,降低电弧的温度,从而使电弧中离子的复合和扩散均得到增强,使电弧迅速熄灭。

(6) 狭沟灭弧法

电弧在固体介质所形成的狭沟中燃烧,可改善电弧的冷却条件,从而使电弧的去游离增强,同时介质表面带电质点的复合也比较强烈,有利于电弧加速熄灭。有的熔断器在熔管中填充石英砂,就是利用这种狭沟灭弧原理。有一种用耐弧的绝缘材料(如陶瓷类)制成的灭弧栅,也同样利用了这种狭沟灭弧原理,如图 4-8 所示。

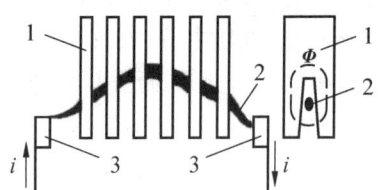 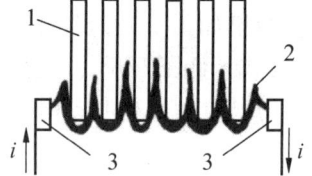

图 4-7　钢灭弧栅对电弧的作用　　　　图 4-8　绝缘灭弧栅对电弧的作用
1—钢栅片;2—电弧;3—触头　　　　　1—绝缘栅片;2—电弧;3—触头

(7) 真空灭弧法

真空具有较高的绝缘强度。如果将开关触头装设在真空容器内,则在电流过零时就能立即熄灭电弧而不致复燃。后面将要介绍的真空断路器就是利用了真空灭弧法。

在现代的电气开关设备中,常常依据具体情况综合地利用上述某几种灭弧法来达到迅速灭弧的目的。

四、对电气触头的基本要求

电气触头是开关电器的极其重要的组成部分。开关电器工作的可靠程度,与触头的结构和状况有着密切的关系。为了更好地理解高低压开关电器的结构原理,这里先介绍一下对电气触头的基本要求:

(1)满足正常负荷的发热要求

正常负荷电流包括过负荷电流长期通过触头时,触头的发热温度不应超过允许值。为此,触头必须接触紧密良好,尽量减小或消除触头表面的氧化层,尽量降低接触电阻。

(2)具有足够的机械强度

电气触头能经受规定的通断次数而不致发生机械故障或损坏。

(3)具有足够的动稳定度和热稳定度

即在可能最大的短路冲击电流通过时,触头不致因电动力作用而损坏;并在可能最长的时间内通过短路电流时所产生的热量,不致使触头过度烧损或熔焊。

(4)具有足够的断流能力

即在通断所规定的最大电流(负荷电流或短路电流)值时,触头不应被电弧过度烧损,更不应发生熔焊现象。为了保证触头在闭合时尽量减小触头电阻,而在通断时又使触头经受得起电弧高温的作用,因此有些开关的触头分为工作触头和灭弧触头两部分,工作触头采用导电性好的铜(或镀银)触头,灭弧触头采用耐高温的铜钨等合金触头。通路时,电流主要由工作触头通过;通断过程中,电弧基本上在灭弧触头间产生,不致使工作触头烧损。

第三节 高压开关电器及配电装置

高压开关电器是发电厂和变(配)电所1 kV以上高压供配电系统中,用来接通或断开高压电路的电器。高压开关电器主要包括高压断路器、高压隔离开关、高压负荷开关和高压熔断器等。

一、高压断路器

高压断路器是一种专用于断开或接通电路的开关设备,有完善的灭弧装置,因此,它不仅能在正常时通断负荷电流,还能在出现短路故障时在保护装置作用下切断短路电流。

高压断路器按其采用的灭弧介质来划分,主要有SF_6断路器、真空断路器、油断路器等。油断路器正逐渐被淘汰,真空断路器和SF_6断路器目前在供电系统中得到了广泛应用。

高压断路器的主要技术参数如下:

(1)额定电压U_N,保证长期工作的最高线电压。其最高工作电压可超过额定电压的15%。

(2)额定电流I_N,容许持续工作的电流。

(3)额定动稳定电流(额定峰值耐受电流),能承受电动力效应而不致损坏的最大短路冲击电流。

(4)额定热稳定电流(额定短时耐受电流),规定时间内,所能承受的不致因热效应而使各部分超过最高允许温度的最大短路电流。额定热稳定电流的持续时间通常由制造厂规定,如 2 s 或 4 s,即在 2 s 或 4 s 内通过额定热稳定电流时,断路器各部件的发热温度不会超过允许温升。

(5) 额定开断电流 I_{oc},额定电压下能正常开断的最大电流。

(6) 分闸时间,从断路器操作机构分闸线圈通电到触头分开、电弧熄灭为止的时间段,约为 0.06 s。

(7) 合闸时间,从断路器操作机构合闸回路通电到触头完全接触的时间段,约为 0.2 s。

高压断路器型号表示和含义如下:

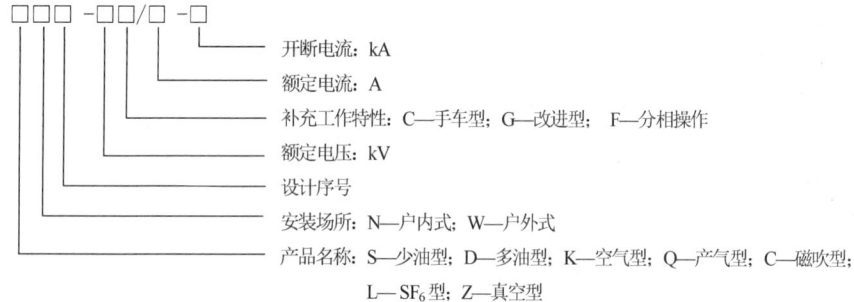

例如:SN10-10/1000 表示的是少油断路器、户内式、设计序号 10、额定电压为 10 kV、额定电流为 1 000 A 的断路器。ZN28-12/630 表示的是真空断路器、户内式、设计序号 28、额定电压为 12 kV、额定电流为 630 A 的断路器。

1. SF_6 断路器

SF_6 断路器是利用 SF_6 气体作为绝缘介质和灭弧介质的断路器。SF_6 是一种无色、无味、无毒且不易燃烧的惰性气体,150 ℃ 以下时,其化学性能相当稳定。SF_6 具有很高的介电强度和良好的灭弧性能。

由于氟原子有很强的吸附电子的能力,这就使得 SF_6 气体具有很强的捕捉电子的能力;此外,由于 SF_6 的分子直径较大,使得电子的自由行程减小,不易引起碰撞游离,因此 SF_6 气体具有很高的绝缘能力,在一个大气压下,绝缘能力是空气的 2~3 倍,在 3 个大气压下,就已超过变压器油的绝缘强度。在电流过零时,电弧暂时熄灭后,SF_6 能够迅速恢复绝缘强度,从而使电弧难以复燃而很快熄灭。

SF_6 不可燃,但在电弧高温作用下会分解成具有较强的吸附电子能力的氟和低氟化物,在分解过程中又吸收大量的热量,对弧柱起冷却作用;而 SF_6 的分子量是空气的 5.1 倍,生成的负离子行动迟缓,这些都有利于去游离。SF_6 的灭弧能力比空气强 100 倍。

SF_6 不含碳元素,这对于灭弧和绝缘介质来说,是极为优越的特性。SF_6 又不含氧元素,因此它也不存在使金属触头表面氧化的问题。但是,电弧高温会使 SF_6 分解出强腐蚀、有毒的氟,且氟可与触头金属蒸汽化合成粉状绝缘的氟化物,故此类断路器触头均设计成具有自动净化的功能。它一般采用弹簧、液压操作机构。

SF_6 断路器的优点为断流能力强、断口耐压高、灭弧速度快、不易燃、寿命长、可频繁操作、可靠性高和免维护周期长等。缺点为要求制造加工精度高和对密封性能要求更严,因此价格比较昂贵。它主要用于频繁操作且易燃易爆危险的场合,特别广泛应用于封闭式组合电器。

它可以在 6~500 kV 系统使用，目前主要用在 35 kV 及以上的电力系统中。

SF_6 断路器按灭弧结构不同分为压气式、自能灭弧式（旋弧式、热膨胀式）和混合灭弧式。我国生产的 LN1、LN2 型 SF_6 断路器为压气式灭弧结构，LW3 型 SF_6 断路器采用旋弧式灭弧结构。

2. 真空断路器

真空断路器是利用真空作为绝缘和灭弧介质的断路器，其触头装在真空灭弧室内。由于真空中不存在气体游离问题，所以这种断路器的触头断开时电弧很难产生。但是在实际的感性负荷电路中，灭弧速度过快，瞬间切断电流，将使截流陡度极大，从而使电路出现极高的过电压，这对电力系统是十分不利的。因此，实际的"真空"采用 10^{-4}~10^{-10} Pa 的低气压，以使灭弧速度适当。在触头断开时因高电场发射和热电发射产生真空电弧，且能在电流第一次过零时熄灭。这样，燃弧时间既短（至多半个周期），又不致产生很高的过电压。

真空断路器的真空灭弧室由动静触头、屏蔽罩、波纹管、陶瓷或玻璃制中间封接式外壳组成。触头采用铜铬材料，结构采用杯状纵磁场。同时，其弹簧操作机构和真空灭弧室前后布置成统一整体，减少中间传动环节，使其操作性能与电气性能高度配合，从而降低能耗和噪声。其主要特点为灭弧能力强、触头电侵蚀小、触头开距小（12 kV 真空断路器为 10 mm，40.5 kV 真空断路器为 25 mm）、操作功耗小、噪声低、不爆炸、无污染、机械寿命长、动作次数多、可靠性高、体积小、质量轻、价格低、结构简单、维修量小等。

真空断路器按安装场所不同分为户内式和户外式，代表性产品为 ZN28 系列。真空断路器是变电所实现无油化改造的理想设备，目前主要用于 35 kV 及以下供电系统中，在 6~10 kV 电压等级中处于主导地位。

3. 油断路器

油断路器按其油量多少和油的功能，分为多油和少油两大类。多油断路器中的油起着绝缘与灭弧两种作用，少油断路器的油只作为灭弧介质。多油断路器的油量多，按照变配电少油化方针已将其淘汰。少油断路器具有结构简单、重量轻、体积小、节约油和钢材、价格低的优点。但因不宜频繁操作，检修复杂，有渗油等缺点，目前除老用户仍使用外，新建变电所已不再采用。新建变电所一般选用 SF_6 断路器和真空断路器。

二、高压隔离开关

隔离开关是高压开关电器中使用最多的一种电器，它没有灭弧装置，其工作原理和结构虽比较简单，但它对电站和变电所的设计和建设、投资和占地面积、安全运行的影响都很大。

隔离开关的作用：①隔离电源，用隔离开关将待检修的线路或电气设备与有电的电网可靠地隔离，以确保检修工作的安全进行；②倒换母线，在双母线制的电路中，利用隔离开关将设备或供电线路从一组母线切换到另一组母线上，亦称倒闸操作；③通断一定的小电流，如励磁电流不超过 2 A 的空载变压器、电容电流不超过 5 A 的空载线路以及电压互感器和避雷器电路等。

隔离开关没有专门的灭弧装置，几乎没有断流能力，因此不允许带负荷操作。与断路器配合使用时，必须保证隔离开关的"先通后断"，即送电时应先合隔离开关，后合断路器；停电时应先断开断路器，后断开隔离开关。在隔离开关与断路器之间应设置闭锁机构，以防止误操作。

有一类特殊隔离开关的一侧触头固定接地,故称为接地开关(或接地刀闸)。接地开关的作用是使不带电设备或线路可靠接地,以防止误操作给设备或线路送电带来的电击事故。设备或线路开始检修之前,应首先用断路器分断电路,再断开隔离开关形成明显断开点,最后闭合接地开关使其接地;设备或线路检修结束之后,需先开断接地开关以取消接地,然后合隔离开关以消除明显断开点,再用断路器闭合电路。

高压隔离开关按安装场所分为户内式和户外式两大类;按有无接地可分为不接地、单接地、双接地三类。

高压隔离开关型号表示和含义如下:

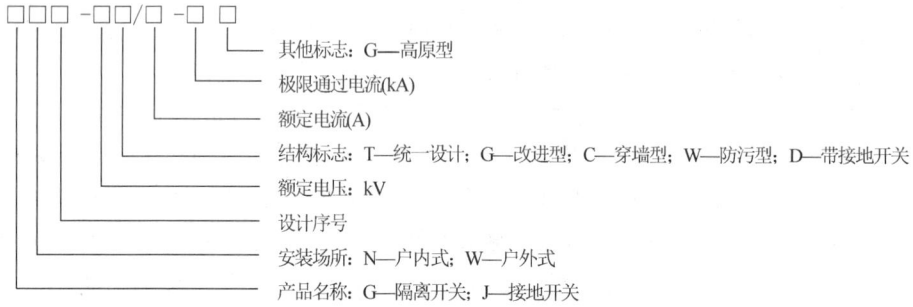

高压隔离开关的型号较多,常用的有 GN8-10,GN19-12,GN30-12,GN27-40.5,GW4-40.5等系列,图 4-9 为一般配电用 GN8-10/600 型户内式高压隔离开关。当短路电流沿着平行的两片闸刀通过时,由于闸刀一端装有导磁铁片,加强了闸刀片对静触头的接触压力,防止隔离开关在电动力作用下自动打开。这种触头结构称为磁锁装置。

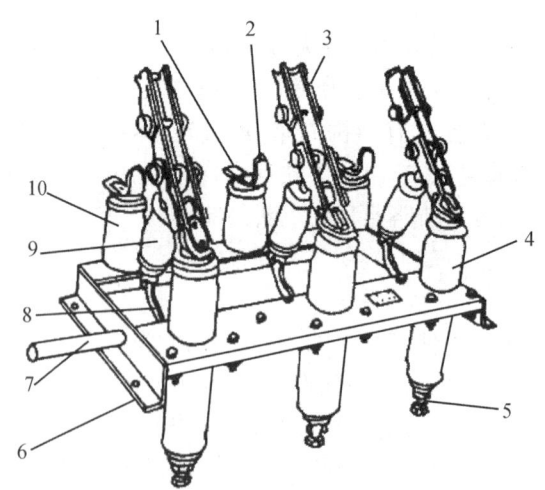

图 4-9　GN8-10/600 型户内式高压隔离开关

1—上接线端;2—静触头;3—刀闸;4—套管绝缘子;5—下接线端;6—框架;7—转轴;8—拐臂;9—升降绝缘子;10—支柱绝缘子

三、高压负荷开关

高压负荷开关有简单的灭弧装置和明显的断开点,可通断负荷电流和过负荷电流,有隔离开关的作用,但不能断开短路电流。

负荷开关常与熔断器一起配合使用,构成负荷开关—熔断器组合电器,借助熔断器来切除故障电流,可代替造价较高的断路器,广泛应用于城市电网和农村电网改造。

高压负荷开关主要有产气式、压气式、真空式和SF_6式等结构类型,按安装地点分为户内式和户外式两类。主要用于6~10 kV电网。

高压负荷开关型号的表示和含义如下:

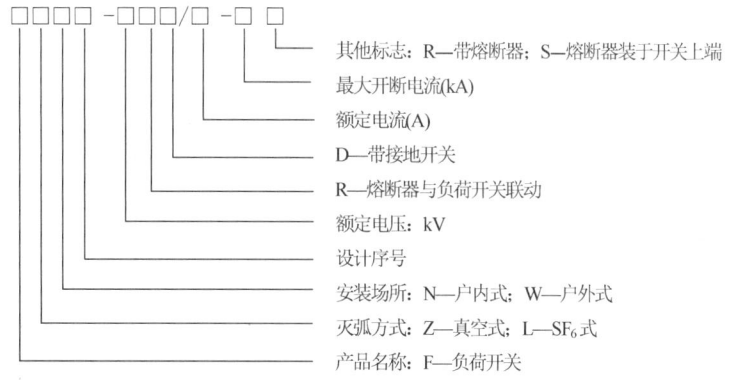

四、高压熔断器

6~10 kV 高压熔断器中,户内广泛采用 RN1、RN2 型管式熔断器,户外则广泛采用 RW4 型跌落式熔断器。

高压熔断器型号的表示和含义如下:

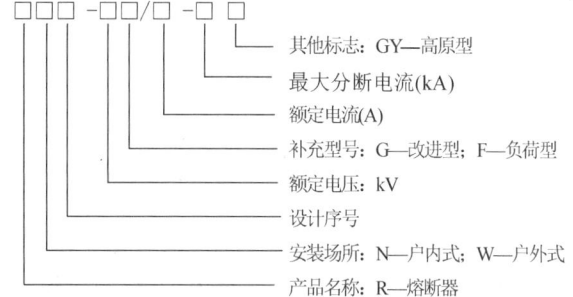

(1)RN1、RN2 型高压熔断器

RN1 和 RN2 的结构基本相同,都是充有石英砂填料的密闭管式熔断器,RN2 的尺寸较小。RN1 主要用作 3~35 kV 电力线路和电气设备的短路保护。RN2 用作 3~35 kV 的电压互感器的短路保护。图 4-10 是 RN1、RN2 型高压熔断器的外形图。

图 4-11 是 RN1、RN2 型高压熔断器的熔管剖面示意图。由图可知,工作熔体(铜熔丝)上焊有小锡球。锡是低熔点金属,过负荷时锡球受热首先熔化,包围铜熔丝,铜锡互相渗透形成熔点较低的铜锡合金,使铜丝能在较低的温度下熔断,这就是所谓"冶金效应"。它使得熔断器能在较小的故障电流或负荷电流时动作。又由图可知,这种熔断器采用几根熔丝并联的方式,以便它们熔断时能产生几根并行的电弧,也就是利用粗弧分细灭弧法来加速电弧的熄灭。

当短路电流或过负荷电流通过熔体时,首先工作熔体上的小锡球熔化,其冶金效应引起工

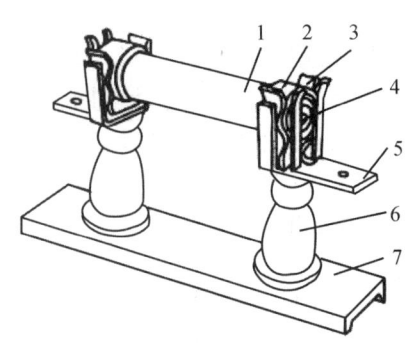

图 4-10　RN1、RN2 型高压熔断器的外形图
1—瓷熔管；2—金属管帽；3—弹性触座；4—熔断指示器；5—接线端子；6—瓷绝缘子；7—底座

作熔体熔断。接着指示熔体熔断，红色的熔断指示器弹出，如图 4-11 中虚线所示。

RN1、RN2 型高压熔断器的灭弧能力很强，能在短路电流未达冲击值之前就可完全熄灭电弧，所以这种熔断器属于具有"限流"作用的熔断器。

（2）RW4 型高压跌落式熔断器

这种跌落式熔断器适用于周围空间没有导电尘埃和腐蚀性气体、没有易燃易爆危险及剧烈振动的户外场所，既可作 6～10 kV 线路和变压器的短路保护，又可在一定条件下，直接用高压绝缘钩棒（俗称令克棒）来操作熔管的分合，以断开或接通小容量的空载变压器、空载线路和小负荷电流。

图 4-12 是 RW4-10 型跌落式熔断器的基本结构。

这种跌落式熔断器在正常工作时是串联在线路上的。熔管上部动触头借熔丝张力拉紧后，推入上静触头内锁紧，同时下动触头与下静触头也相互压紧，从而使电路接通。

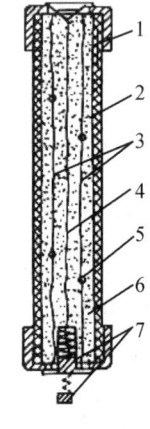

图 4-11　RN1、RN2 型高压熔断器的熔管剖面示意图
1—管帽；2—瓷熔管；3—工作熔体；4—指示熔体；5—锡球；6—石英砂填料；7—熔断指示器（虚线表示指示器在熔体熔断时弹出）

当线路上发生故障时，故障电流使熔丝迅速熔断，形成电弧。消弧管（采用钢纸管）因电弧的灼热作用，而分解出大量气体使管内形成很大的压力，并沿管道形成强烈的纵向吹弧，使电弧迅速拉长而熄灭。熔丝熔断后，熔管上动触头因失去张力而下翻，使锁紧机构释放熔管，在触头弹力及熔管自重作用下，回转跌落，造成明显可见的断开间隙。

这种跌落式熔断器采用了"逐级排气"新结构。由图 4-12 可以看出，其熔管上端在正常运行时是封闭的，可防止雨水浸入。在分断小的故障电流时，由于上端封闭形成单端排气，使管内保持足够大的压力，这样有利于熄灭小故障电流产生的电弧。而在分断大的故障电流时，由于产生的气压大，使上端冲开而形成两端排气，这样就有助于防止分断大故障电流造成熔管机械破坏，有效地解决了自产气电器分断大小电流的矛盾。但它灭弧速度不高，因此没有"限流"作用。

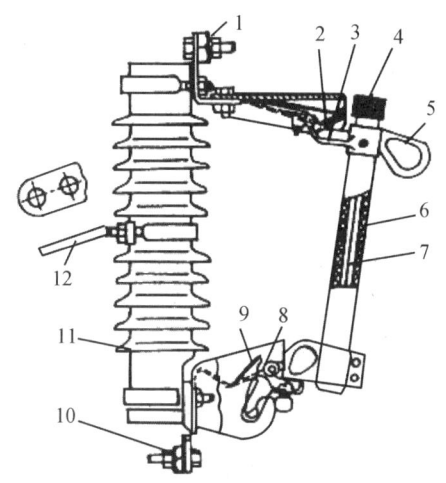

图 4-12　RW4-10 型跌落式熔断器的基本结构
1—上接线端；2—上静触头；3—上动触头；4—管帽；5—操作环；6—熔管
（外层为酚醛纸管或环氧玻璃布管，内套消弧管）；7—熔丝；8—下动触头；
9—下静触头；10—下接线端；11—绝缘瓷瓶；12—固定安装板

五、操作机构

高压断路器有分闸和合闸两种操作，并使合闸后保持在合闸状态。它一般有合闸机构、分闸机构和保持合闸机构三部分组成，其辅助开关还可实现联锁。其操作机构有如下三种。

（1）弹簧操作机构

弹簧操作机构是以弹簧作为储能元件的机械式操作机构。弹簧借助于电动机，通过减速装置实现储能，并通过锁扣装置保持在储能状态。合闸时，在合闸弹簧释放能量的过程中将断路器合闸。储能弹簧有压缩、盘曲、卷曲和扭曲四种。它对操作电源要求低，可交流亦可直流，故被广泛应用。

（2）电磁操作机构

电磁操作机构是以合闸线圈产生电磁力实现合闸的直接作用机构。结构简单，运行可靠，但合闸线圈需要电流大（几十至几百安培），功耗显著。它能手动操作或远程操作，便于实现自动化，但需要大容量直流操作电源。

（3）永磁操作机构

永磁操作机构将电磁铁和永久磁铁结合，永久磁铁代替传统锁扣机构，实现极限位置的保持，分合闸线圈仅提供操作所需能量。零部件总数大为减少，机构整体可靠性显著提高。需直流操作电源，由于其功耗很小，对操作电源要求不高。

六、高压成套配电装置

成套配电装置是在制造厂成套制造并供应给用户的配电装置，它按照电气主接线的配置和用户的具体要求，将一个回路的开关电器、测量仪表、保护电器和一些辅助设备等都装配在一个整体柜内，有开敞式、半封闭式和全封闭式之分。成套配电装置有低压配电屏、高压开关柜、成套变电站和气体绝缘封闭式组合电器等类型。35 kV 及以下成套配电装置的各种电器带电部分间用空气作绝缘,称为高压开关柜(1 kV 以下的称为低压配电屏);66 kV 及以上成套配电装置用 SF_6 气体作绝缘和灭弧介质,并将整套电器密封在一起,称为气体绝缘封闭式组合电器。成套配电装置整体性强,制造水平高,可靠性高,现场安装工作量小,故被广泛采用。

1. 高压开关柜

高压开关柜是由制造厂按一定的接线方案将有关一、二次设备(包括开关电器、母线、互感器、计量表计、保护电器及操作机构等)组装在一个金属柜中,形成一套完整的配电装置,成套供应用户。从而可以节约空间、方便安装、可靠供电和美化环境。在港口企业 6～35 kV 供电系统中,得到了广泛应用。

高压开关柜有固定式和手车式(移开式)两大类型。固定式开关柜主要有 KGN、XGN 系列。手车式开关柜主要有 JYN、KYN 系列。固定式开关柜具有结构简单、价格低廉和检修麻烦等特点。手车式开关柜中的高压断路器等主要电气设备是装在可以拉出和推入开关柜的手车上的。断路器等设备需检修时,可随时将其手车拉出,然后推入同类备用手车,即可恢复供电。因此,手车式开关柜较之固定式开关柜,具有检修安全、供电可靠性高等优点,但其价格较贵。

高压开关柜在结构设计上具有"五防"功能。所谓"五防"功能,即:①防止误分误合断路器;②防止带负荷误拉误合隔离开关;③防止带电误挂接地线;④防止带接地线误合隔离开关;⑤防止人员误入带电间隔。

(1) XGN2-10 型开关柜

XGN2-10 型箱型固定式金属封闭开关柜是一种新型产品,采用 ZN28A-10 型断路器和 GN30-10 型旋转式隔离开关,技术性能高,设计新颖。柜内仪表室、母线室、断路器室、电缆室分隔封闭,使之结构合理、安全、可靠性能高,运行操作及检修维护方便。在柜与柜之间加装了母线隔离套管,避免了一柜故障而波及邻柜。

为了适应不同接线的要求,高压开关柜的一次回路由隔离开关、负荷开关、断路器、熔断器、电流互感器、电压互感器、避雷器和电容器等组成多种一次接线方案。各高压开关柜的二次回路则根据计量、保护、控制、自动装置与操作机构等各方面的不同要求组成多种二次接线方案。为了选用方便,一、二次接线方案均有其固定的编号。

(2) KYN 系列高压开关柜

KYN-12(7.2)系列高压开关柜在额定电压 3～12 kV,额定电流 630～3 150 A 供配电系统中,作为接受和分配电能的装置,并能对电路实现控制及保护。开关柜低压室及面板上可安装各种类型的微机综合继电保护装置,并可实现系统的智能化控制。该系列高压开关柜可配用 ZN63、ZN22、VD4、3AH 等真空断路器及其他元件。该系列高压柜电缆室空间充裕,维护简单,电缆安装方便。

因为有"五防"功能,故只有当断路器处于分闸位置时,手车才能抽出或插入。手车在工作位置时,一次、二次回路都联通;手车在试验位置时,一次回路断开,二次回路仍然接通;手车在断开位置时,一次、二次回路都断开。断路器与接地开关有机械联锁,只有断路器在跳闸位置时,手车抽出,接地开关才能合闸;当接地开关在合闸位置时,手车只能到试验位置,有效防止带接地线合闸。

KYN-12(7.2)系列高压开关柜由柜体、功能隔室、联锁与安全装置等构成。其柜体结构如图 4-13 所示。

①柜体

柜体用敷铝锌钢板由数控机床加工弯折之后拴接而成,因此装配好的开关柜能保持尺寸上的统一性。开关柜具有很强的抗腐蚀与氧化性及较高的机械强度。

②功能隔室

高压隔室:母线从一个开关柜引至另一个开关柜,通过分支母线和静触头盒连接固定。扁平的分支母线通过螺栓连接于静触头盒和主母线,不需要任何其他的线夹或绝缘子支撑。当用户和工程特殊需要时,母线排上的连接螺栓可用绝缘和端帽封装。在母线穿越开关柜隔板时,用母线套管固定。如果出现内部故障电弧,其能限制事故蔓延到邻柜,并能保障母线的机械强度。

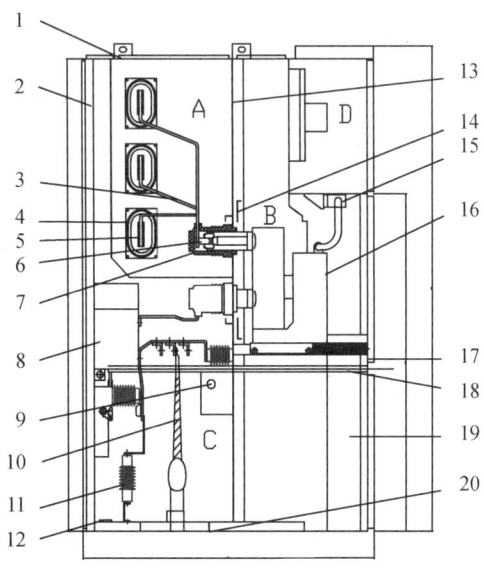

图 4-13　KYN-12(7.2)系列高压开关柜的柜体结构

A—高压隔室;B—断路器隔室;C—电缆隔室;D—低压隔室;1—卸压装置;2—外壳;3—分支母线;4—母线套管;5—主母线;6—静触头;7—静触头盒;8—电流互感器;9—接地开关机构;10—电缆;11—避雷器;12—接地母线;13—隔板;14—静触头挡板;15—二次插头;16—断路器;17—接地开关操作机构;18—可抽出式隔板;19—二次电缆室;20—底板

断路器(手车)隔室:在断路器隔室内安装特定的导轨,可供断路器手车在内滑行与工作。手车能在工作位置、试验位置之间移动。静触头挡板由金属板制成,安装在手车室的后壁上。手车从试验位置移动至工作位置过程中,活门自动打开,反方向移动手车则完全闭合,从而保障了操作人员不触及带电体。手车能在柜门关闭情况下操作,通过观察窗可以看到手车在柜内所处的位置。同时也能看到断路器手车的合、分闸状态及机构储能状态指示。

电缆隔室:电缆隔室的后壁可安装电流互感器、接地开关和避雷器。当手车和水平隔板移开后,施工人员就能从正面进入开关柜内安装电缆。在电缆隔室内设有特定的电缆连接导体,同时在其下部还配制可卸金属封板,以确保现场施工的方便。

低压隔室:低压隔室内可装继电保护元件、仪表、带电监视指示器或带通信接口的微机综合保护继电器。控制线路敷设在有足够空间的线槽内,左侧线槽是为控制线的引进和引出预留的,开关柜自身内部的小母线敷设在右侧。在低压隔室的侧板上留有小母线穿越孔位,以便施工。

③联锁与安全装置

压力释放装置:在手车室、母线室和电缆室的上方均设有压力释放装置,当断路器、高压电缆或母线发生内部故障产生电弧时,随着电弧的出现,开关柜内部气压升高,装设在门上的特殊密封圈将柜前面密封起来,顶部安装的压力释放金属板将被电弧自动打开,释放压力和排泄气体,以确保操作人员和开关柜安全。

二次插头与手车的位置联锁装置:开关柜上的二次线与手车的二次线的联络是通过手车二次插头来实现的。二次插头的动触头通过一个尼龙波纹伸缩管与手车相连,二次静触头座装在开关柜手车隔室的右上方。手车只有在试验位置时,才能插入和解除二次插头;手车处于工作位置时由于机构联锁作用,二次插头被锁定,不能解除。

接地装置:在电缆室内单独设立有 8 mm×40 mm 的接地铜排,此铜排能贯穿相邻各柜,并与柜体良好接触,此接地排供直接接地的元器件使用,同时由于整个柜体用敷铝锌板相拼联,这样使整个柜体都处在良好接地状态之中,确保操作人员触及柜体时的安全。

高压开关柜型号含义如下:

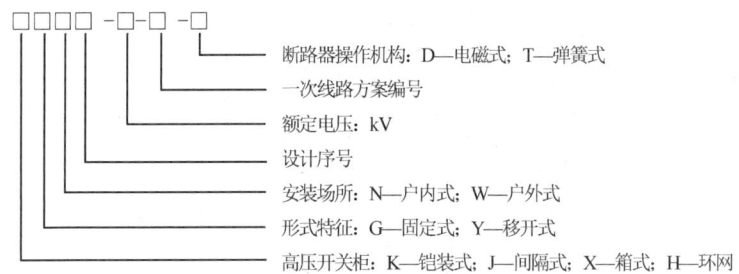

2. 成套变电站

成套变电站是组合式、箱式和可移动式变电站的统称,又称预装式变电站。它用来从高压系统向低压系统供电,可作为城市建筑、生活小区、中小型企业、市政设施、矿山以及临时用电场所的变配电设备。

成套变电站是由高压开关设备、电力变压器和低压开关设备三部分组合构成的配电装置。它的顶部有隔热层,变压器室安装有手动、自动排风扇,以强化空气循环,变压器还设有温度监测、超温报警与跳闸装置,产品设有机械和电气联锁,满足"五防"要求。

成套变电站具有成套性强、结构紧凑、体积小、占地少、造价低、施工周期短、可靠性高、操作维护方便、美观、适用等优点,近年来得到广泛应用。

3. 全封闭组合电器

(1) GIS

GIS(Gas Insulated Switchgear,气体绝缘封闭式组合电器)是以 SF_6 气体作为绝缘和灭弧介质的新型高压成套配电装置。它将母线、断路器、隔离开关、电流互感器、避雷器和出线套管等全部电气元件按照电气主接线的连接顺序相互连接组装成为一个整体,并全部封装在接地的金属外壳里,内部充满有一定压力的 SF_6 气体。

在气体绝缘封闭式组合电器中,SF_6 气体起着灭弧、绝缘、导热等多种作用,其工作压力根据不同组件的功能确定。GIS 由于应用了 SF_6 气体作绝缘和灭弧介质,使它具有以下特点:绝缘性能高、开断能力强、触头烧蚀轻微、故障率低;没有绝缘油,防火性能好;占地面积小、占有空间也少;维护工作量小,检修周期长,运行的可靠性高;密闭在金属外壳内,受外界环境影响小,没有静电感应和电晕干扰,对通信、无线电没有干扰;运行中噪声小,抗震能力强;适应性强。

GIS 可用于 66~500 kV 各电压级配电装置,特别适用于工业稠密区和大城市的中心,地势险峻的山区变电所,洞内或地下式水力发电厂,空气严重污浊、海边、高海拔地区的发电厂与变电所。

(2) H-GIS

H-GIS(Hybrid Gas Insulated Switchgear,复合式 GIS)是一种介于常规空气绝缘开关设备(AIS)和气体绝缘开关设备(GIS)之间的新型户外封闭式组合电器。H-GIS 只将一相断路器、隔离/接地开关、电流互感器等集成为一组模块,整体封闭于充有绝缘气体的容器内,而对发生事故概率极低的母线,则采用常规敞开式布置,是一种不带充气母线的相间空气绝缘的单相GIS。因而,使得现场结构清晰、简洁、紧凑、安装和维护方便、运行可靠性高。

(3) PASS

PASS(Plug and Switch System,插接式开关电器)和 H-GIS 一样也是一种介于 AIS 和 GIS 之间的新型户外封闭式组合电器。它将一个开关间隔所有必要的功能,如断路器、隔离开关、接地开关、电流互感器集成在同一个 SF_6 气体绝缘金属封闭外壳内,并可根据变电所的接线要求,装上 2 只或 3 只套管,通过绝缘套管与变电所母线和进出线相连接,每相为独立支架。与H-GIS 相比,其结构更加简单和紧凑,可以满足整个组合电气的整体包装和运输,到达现场后的安装没有气室对接的工作,减少现场模块对接过程中带入异物的风险。同时 PASS 产品在现场安装固定好以后,直接充气即可进行交接试验而不用处理气室,从而减少了电站现场的工作量。

第四节 变电所的电气主接线

一、一次系统

供电系统中承担输送和分配电能任务的电路,称为一次系统或一次回路。由于输送和分配电能为供电系统的主要功能,故又称其为主电路,即主回路。

用来控制、指示、监测和保护一次设备运行的电路,称为二次系统或二次回路,亦称副电路。二次电路通常接在互感器的二次侧。

一次系统中所有的电气设备,称为一次设备。常见的一次设备有高压熔断器、高压隔离开关、高压负荷开关、高压断路器及高压开关柜等。

二次电路中的所有设备,称为二次设备。常见的二次设备有计量和测量仪表、控制及信号装置、继电保护装置、自动装置和远动装置等。

一次设备按工作电压可分为低压设备和高压设备。

(1) 低压设备为工作电压在 1 kV 及以下的电气设备。

(2) 高压设备为工作电压高于 1 kV 的电气设备。其中,高于 1 kV 至 220 kV 的电气设备称为高压设备,330 kV 至 750 kV 的电气设备为超高压设备,高于 750 kV 的电气设备为特高压设备。

一次设备按功能可分为控制设备、保护设备、变换设备、补偿设备和成套设备。

(1)控制设备是控制一次回路通断的开关设备,包括隔离开关、负荷开关、熔断器及断路器等。

(2)保护设备是对系统和设备在可能受到的过电压、过电流及可能产生的漏电流时进行保护的设备。如熔断器、避雷器、防浪涌电压器件及剩余电流保护装置等。

(3)变换设备是改变电压或电流以满足供电系统工作要求的设备,如实现能量输送的变压器、变流器,实现电压或电流采样和检测的电压互感器、电流互感器等。

(4)补偿设备是补偿电力系统的无功功率,以提高系统的功率因数的电气设备,如电力电容器等。

(5)成套设备是根据一次电路接线方案的要求,将相关的上述一次设备及二次设备组合为变、配、控一体化的电气组合体。如高压开关柜、低压配电屏、动力配电箱、照明配电箱及控制配电箱等。

变电所一次设备文字符号和图形符号见表 4-1。

表 4-1 变电所一次设备文字符号和图形符号

序号	名称	文字符号	图形符号	序号	名称	文字符号	图形符号
1	断路器	QF		6	避雷器	F	
2	隔离开关	QS		7	变压器	T	
3	高压负荷开关	QL		8	电流互感器	TA	
4	低压刀开关	QS		9	电压互感器	TV	
5	熔断器	FU		10	移出式断路器	QF	

二、电气主接线

一次系统的连接即为一次接线,它是表示电力系统中电能输送和分配路线的电气图,一次系统又称主回路,故一次接线又称主接线。将一次接线以规定的设备文字符号和图形符号绘制的接线图称为主接线图。考虑三相对称,为了分析清晰、方便,通常以单线代替三线,为单线图。仅在必要时,局部才以三线图表达。主接线只表达电气设备间的连接关系,与其具体安装地点无关,主接线的实施场所是变电所或配电所。供电系统主接线中通过操作开关电器投切系统中的设备和线路。

变电所的主接线是由电力变压器、高压断路器、隔离开关、母线、电流互感器及电压互感器等主要电气设备以及连接导线所组成的电路,用以接受和分配电能。由于系统电压和负荷等级的不同,变电所的主接线有多种形式。变电所主接线形式对变电所电气设备选择、变电所配电装置布置以及变电所运行的可靠性、灵活性、安全性与经济性均有密切关系。确定变电所主接线形式是企业供电设计中的重要内容之一。

对主接线有以下基本要求:

①安全,主接线的设计应符合国家标准和有关技术规范的要求,充分保障人身和设备的安全。

②可靠,应满足用电单位对供电可靠性的要求;主接线应力求简单,配电装置布置清晰明了,操作次数要尽量少,以避免运行人员误操作。

③灵活,能适应各种不同的运行方式,操作检修方便。

④扩展方便,设计主接线方案时留有余地,以便未来能根据企业的发展及负荷增长的情况,方便地进行扩展和改造。

⑤在保证供电安全可靠的前提下,主接线设计应简单,投资少,运行管理费用低,节约用地和减少有色金属消耗量。

三、电气主接线的类型

电力系统的电气主接线主要分为有母线主接线和无母线主接线两大类。

1. 有母线的主接线

母线是主接线电路中接受和分配电能的一个电气连接点从形式上延展成的一条线。母线分为软母线和硬母线两种。母线的作用是便于多个进出线回路的连接,故又称汇流排。供配电系统常用矩形截面的铜、铝等导体来做母线,故又称母排。

1) 单母线接线

这种接线形式中只有一条母线,是中、低压供配电系统中常用的一种主接线形式。

(1) 单母线不分段接线。其主接线形式如图 4-14 所示,图中 WB 为母线,母线上侧为电源进线回路,下侧为负荷的配出线回路。

图 4-14(a)所示为单进线回路,只有一种运行方式。结构简单、清晰,使用设备少;但可靠性差,一旦电源或进线故障,则造成所有出线回路中断供电。因此,此方式只能向三级负荷供电。

图 4-14(b)所示为双进线回路,是有两个电源的双进线接线方式,可提高供电可靠性。若母线故障,仍然会使所有负荷停电。但由于母线的故障率很低,所以这种主接线形式可以用于向一、二级负荷供电。

单母线不分段接线的优点是接线简单清晰、操作方便、设备少、投资少,隔离开关仅用于检修,不作为操作电器,不容易发生误操作;缺点是断路器检修时,该回路将停电,母线和母线隔离开关检修时,全部回路停电。由于这种接线的可靠性和灵活性较差,所以它主要用于小容量的发电厂和变电所中。采用成套配电装置,可提高工作可靠性,如有备用电源,也可以向重要用户供电。

(2) 单母线分段接线。为了提高供电可靠性和灵活性,采用隔离开关或断路器将母线分为两段或多段,通常用于有两回或多回进线线路的情况,如图 4-15 所示。这样不仅便于分段检修母线和母线隔离开关,也可减小母线故障的影响范围,重要用户可从不同分段引接。当一

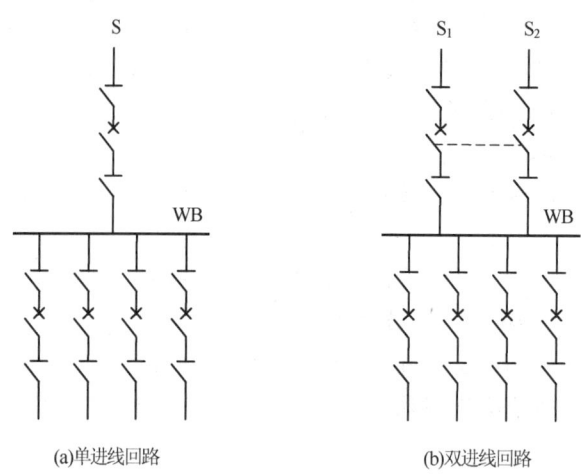

(a) 单进线回路　　　　　　(b) 双进线回路

图 4-14　单母线不分段接线

段母线发生故障时,自动装置将分段断路器 QF_3 跳开,保证正常段母线不间断供电。而两段母线同时故障的概率小,当一回电源故障时,若另一回电源有足够的容量,可保证所有负荷不中断供电。

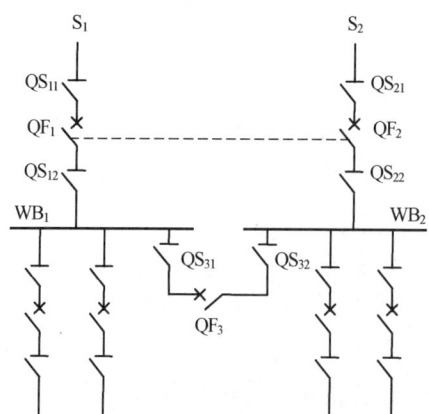

图 4-15　单母线分段接线

变配电工程中变电所内常将分段断路器 QF_3 及前后隔离开关 QS_{31}、QS_{32} 装于一个开关柜内,此柜即母线联络开关柜,简称母联柜。可靠性要求不高时,还可以用隔离开关代替断路器实行分段。故障时将其短时停电,拉开分段隔离开关后,正常段母线即可恢复供电。分段的数目取决于电源数量和容量,段数分得越多,停电范围越小,但所用断路器等设备将增多,运行也复杂,通常分 2~3 段为宜。为减少母线故障的影响范围,尽可能使一段母线上的受电功率和与供电功率总量相等。

单母线分段接线通常有三种运行方式。

①第一种是双电源并列运行,母线分段开关闭合,此备用方式也叫暗备用或热备用。母线分段开关为断路器时,一段母线(如 WB_1)故障时,由电源进线回路断路器 QF_1 和分段断路器 QF_3 断开故障母线,其上所带负荷停电,非故障母线段(此时为 WB_2)继续运行;一回电源(如 S_1)故障时,由电源进线回路断路器 QF_1 断开故障电源,因 QF_3 闭合,S_2 向 WB_1 及 WB_2 供电,

所有负荷不停电。

母线分段开关为隔离开关时,一段母线(如 WB_1)故障,隔离开关 QS 不能直接断开故障电流,须先将两个电源回路的进线断路器 QF_1、QF_2 都断开,使母线上没有电流流过,再断开分段隔离开关 QS,然后闭合非故障母线段 WB_2 上的电源进线断路器 QF_2,这样故障母线段 WB_1 及非故障母线段 WB_2 上的负荷均需做短暂停电;一回电源(如 S_1)故障时,由电源进线回路断路器 QF_1 断开故障电源,负荷不停电。

②第二种是双电源分列运行,分段断路器断开,两电源分别向两段母线供电,两个电源互为备用。此备用方式也叫明备用或冷备用。母线分段开关为断路器时,一段母线(如 WB_1)故障时,由电源进线回路断路器 QF_1 断开故障母线,其上所带负荷停电,不影响非故障电源母线段(WB_2)运行;一回电源(如 S_1)故障时,由电源进线回路断路器 QF_1 断开故障电源,后闭合分段断路器 QF_3 使故障电源所带负荷经短时停电又恢复供电。

母线分段开关为隔离开关时,一段母线(如 WB_1)故障,同样由电源进线回路断路器(如 QF_1)断开故障母线,其上所带负荷停电,不影响非故障电源母线段(WB_2)运行;一回电源(如 S_1)故障时,由电源进线回路断路器 QF_1 断开故障电源,而要将故障电源所带负荷投入到正常电源,须先将正常电源进线断路器 QF_2 断开,再将分段隔离开关 QS 闭合,后闭合正常电源进线断路器 QF_2,造成所有负荷都出现短时停电。

③第三种是双电源一用一备运行,母线分段开关闭合。分段开关为断路器时,工作电源(如 S_1)所供电的母线段 WB_1 故障,由电源进线回路断路器 QF_1 和分段断路器 QF_3 断开故障母线 WB_1,所有负荷停电,闭合备用电源进线断路器 QF_2,WB_2 上所带负荷恢复供电;备用电源供电的母线段(WB_2)故障,由分段断路器 QF_3 断开故障母线,WB_2 上所带负荷停电,不影响非故障母线段(WB_1)运行;工作电源 S_1 故障时,由工作电源进线回路断路器 QF_1 断开故障电源,然后闭合备用电源进线断路器 QF_2,使得所有负荷经短时停电后又恢复供电。

母线分段开关为隔离开关 QS 时,工作电源(如 S_1)所供电的母线段 WB_1 故障,由电源进线回路断路器 QF_1 断开故障母线,再断开分段隔离开关 QS,所有负荷停电,然后闭合备用电源进线断路器 QF_2,工作母线段 WB_2 所带负荷恢复供电;备用电源 S_2 所供电的母线段(WB_2)故障时,须先断开工作电源进线断路器 QF_1,再由分段隔离开关 QS 断开故障母线(WB_2),所有负荷停电,后闭合工作电源进线断路器 QF_1,恢复对非故障母线段(WB_1)负荷供电;工作电源 S_1 故障时,由电源进线回路断路器 QF_1 断开故障电源,然后闭合备用电源进线断路器 QF_2,使得所有负荷经短时停电后又恢复供电。

单母线分段接线与单母线不分段接线比较,运行的可靠性和灵活性有较大的提高。但它仍存在断路器检修时,该回路将停电的缺点,这对高压断路器(35 kV 及以上)特别严重,因为高压断路器检修一次的时间长(从十几小时到几天),对重要用户,这是不允许的。且由上述分析可知,母线分段开关为隔离开关的供电可靠性和灵活性均不如使用断路器。

(3)带旁路母线的单母线接线。主接线中有两条母线,一条为主母线,另一条为旁路母线,如图 4-16 所示。利用旁路母线每次只能不停电检修一条出线回路。旁路母线 WB_2 与各出线回路由隔离开关相连,利用连接主母线 WB_1 和旁路母线的旁路断路器 QF_1 替代需检修的出线断路器,可不中断该回路供电。

正常运行时,旁路断路器 QF_1 及其隔离开关 QS_{11}、QS_{12} 均断开。当需检修某一出线回路如 WL_3 的断路器 QF_3 时,步骤如下:

①合上旁路断路器 QF_1 及其隔离开关 QS_{11}、QS_{12}，检查旁路母线 WB_2 是否完好。

②合上连接旁路母线和出线回路的隔离开关 QS_{33}。

③再断开出线回路断路器 QF_3 及其相应的隔离开关。这样出线回路断路器 QF_3 退出，送检修。由主母线 WB_1 经旁路断路器 QF_1 经旁路母线 WB_2 向出线回路 WL_3 供电。

2) 双母线接线

如图 4-17 所示，它具有两组母线，即工作母线 WB_1 和备用母线 WB_2。每回线路都经一组断路器和两组隔离开关分别与两组母线连接，母线之间通过母联断路器 BQF 连接，称为双母线接线。由于有了两组母线，运行的可靠性和灵活性大为提高。其特点如下：

①检修任一母线时，不停止对用户连续供电。如检修工作母线（WB_1），可将全部电源和线路倒换到备用母线（WB_2）。

②检修任一组隔离开关，只需断开此隔离开关所属回路和此隔离开关相连的该组母线，其他回路均可通过另一组母线继续运行。

③运行调度灵活，通过倒闸操作可以形成不同运行方式。如当母线断路器闭合，两组母线同时运行，进出线分别接在两组母线上，即相当母线分段运行；当母联断路器断开，一组母线运行，另一组母线备用，全部进出线接于运行母线上，即相当于单母线运行。

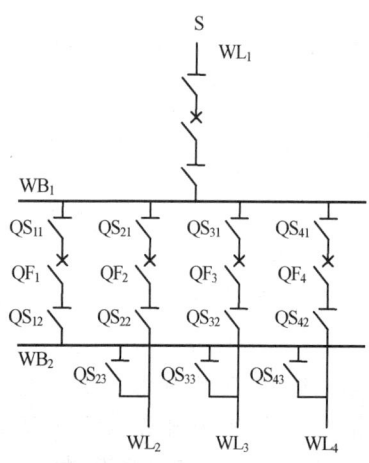

图 4-16　单母线带旁路接线

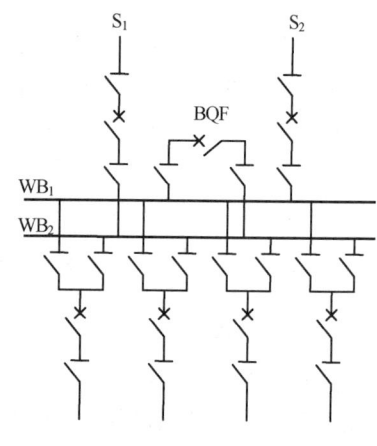

图 4-17　双母线接线

由于这些优点，目前，双母线接线在我国大容量的重要发电厂和变电所中广泛采用，双母线接线的主要缺点如下：

①在倒母线的操作过程中，隔离开关作为操作电器易发生误操作；

②检修任一回路的断路器或母线故障时，仍将短时停电；

③增加了母线隔离开关的数目和有色金属耗量，使配电装置结构复杂，故经济性差。

同单母线接线一样，双母线接线也可以分段或增设旁路母线。

倒闸操作的顺序如下：若运行母线 WB_1 需要检修，则应将各路出线倒闸到母线 WB_2 上。先合母联断路器，检查母线 WB_2 的绝缘是否良好，若绝缘不良发生故障，则在继电保护的作用下，母联断路器迅速跳闸，其他设备仍然正常运行。如果母线 WB_2 绝缘良好，母联断路器不跳闸。在两组母线接通的情况下，合上母线 WB_2 的各隔离开关，断开母线 WB_1 的各隔离开关。此时两组母线电位相同，拉、合闸隔离开关对操作人员的安全没有影响，最后，跳开母联断路器。从上述过程可以看出,采用双母线接线时,检修任一组母线不会造成变压器及供电线路的运行中断,就是当一组母线发生短路故障时,也只需短时的停电倒闸操作时间即可恢复正常供电。

在上述各种主接线中,为了限制变电所 6~10 kV 侧短路电流不致过大以尽量选用轻型断路器,除使变压器采用分列运行方式以增大短路阻抗外,最常采用的措施是在 6~10 kV 出线上装设电抗器。

3) 一个半断路器接线(3/2 接线)

如图 4-18 所示,两回路用三组断路器接往两组母线,形成一个半断路器接线。实际上是每一回路经一组断路器接至母线,两回路间设一联络断路器。两回路共用三个断路器,平均一回路用 3/2 个,故又称 3/2 接线。运行时,两组母线和全部断路器都投入运行形成多环供电,具有较高的供电可靠性和灵活性。任一母线故障或检修,均不致停电;任一断路器检修不影响正常供电;隔离开关仅作检修之用,不作为操作电器,误操作的可能性较少。在进线功率和出线功率大致相等的情况下,就是两组母线同时故障,功率仍可继续输送。缺点是使用设备较多,投资大,而且继电保护装置复杂,所以一般应用在 220 kV 以上的超高压系统中。

还有一种双母线双断路器的双母线接线,经济性差,综合技术性能不优于 3/2 接线,所以我国极少使用。

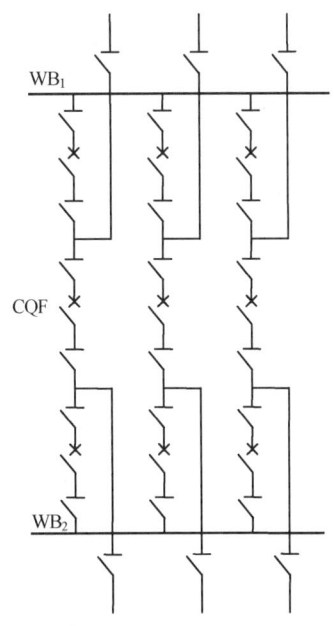

图 4-18　一个半断路器接线

2. 无母线的主接线

无母线的主接线中不存在母线,主要包括单元接线、桥式接线和多角形接线。

1) 单元接线

单元式接线包括发电机-变压器单元接线和变压器-线路单元接线。

(1) 发电机-变压器单元接线。发电机与变压器直接连接成一个单元,组成发电机-变压器组,称为单元连接。它具有接线简单、开关设备少、操作简便的特点。根据所采用的变压器不同,可分为两种单元接线。

图 4-19(a)所示为发电机-双绕组变压器单元接线,在发电机出口不装设断路器,但一般为调试发电机方便应装隔离开关。

图 4-19(b)所示为发电机-三绕组变压器单元接线,为了在发电机停止工作时,还能保持高压和中压电网之间的联系,发电机出口处应装断路器。

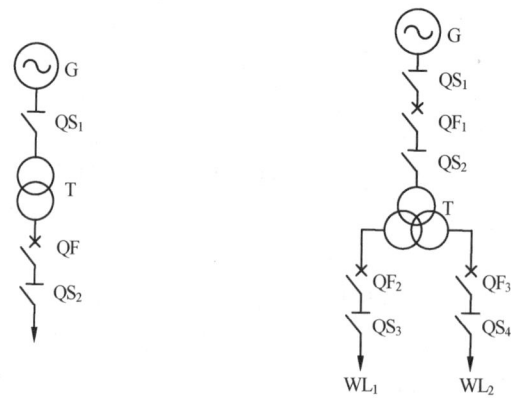

(a)发电机-双绕组变压器单元接线　　(b)发电机-三绕组变压器单元接线

图 4-19　发电机-变压器单元接线

(2)变压器-线路单元接线。此单元接线是用于只有一回进线和一回出线,向三级负荷供电的系统常用的主接线形式,如图 4-20 所示。其变压器的投切和保护由设在进线线路首端的开关电器完成,但进线线路必须很短。这种接线一般使用在小容量的终端变电所和小容量的农村变电所。进线开关组合共有三种形式:①隔离开关,如图 4-20(a)所示;②负荷开关-熔断器组合,如图 4-20(b)所示;③断路器,如图 4-20(c)所示。

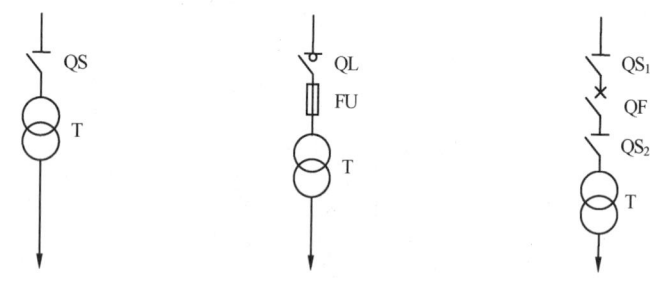

(a)进线开关为隔离开关　　(b)进线开关为负荷开关-熔断器组合　　(c)进线开关为断路器

图 4-20　变压器-线路单元接线

此开关组合可与线路始端共用保护,或由首端保护。若线路始端继电保护灵敏度不满足,应采取补救措施。

2)桥式接线

桥式接线用于有 n 回进线和 n 回出线的情况,通常是二进二出或三进三出。桥式接线实际是单母线分段接线中进出线回路数相同,调整进线或出线断路器时的特殊情况,并将此时的母联断路器称为桥断路器。它具有工作可靠、灵活、使用电器少、装置简单清晰和建设费用低等特点,且特别易发展为单母线分段或双母线接线。因此广泛使用在 220 kV 及以下的变电所中,具有二路电源的企业变电所也普遍采用,还可以作为建设初期的过渡接线,按照连接桥的位置可分为内桥式接线和外桥式接线两类。

(1)内桥式接线。如图 4-21(a)所示,连接桥设置在变压器侧,即桥断路器在进线断路器的内侧。内桥式主接线提高了线路运行的灵活性,增强了变电所供电的可靠性。例如当线路 WL_1 检修或故障时,断路器 QF_1 断开,这时变压器 T_1 可由线路 WL_2 经断路器 QF_2 和桥断路器 QF_3 继续供电,而不会使低压侧的重要负荷供电中断。同理,当线路 WL_2 检修或故障停电时,变压器 T_2 可由 WL_1 继续供电。特点是线路的投入和切除比较方便,变压器的投入和切除比较复杂,所以内桥接线适于较长的线路(故障与检修机会较多)和变电所负荷比较平稳(变压器不常切换)的场合。

(2)外桥式接线。如图 4-21(b)所示,连接桥设置在线路侧,即在进线断路器的外侧,特点与内桥相反,适用于线路较短和变压器需经常切换的场合。此外,当两条线路间有穿越功率时,也应采用外桥接线,因为这时的穿越功率仅通过桥断路器,如用内桥,则穿越功率不仅要通过桥断路器,还要通过二进线线路的断路器,其中任意一台断路器检修或故障时,都将影响穿越功率的传送。

桥式接线具有单母线分段接线类似的运行方式。

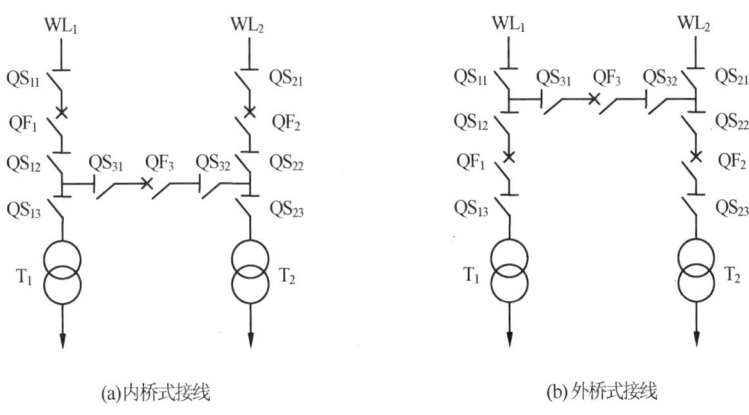

(a)内桥式接线　　　　　　　　　　(b)外桥式接线

图 4-21　桥式接线

3)多角形接线

多角形接线没有集中的母线,相当于将单母线用断路器按电源和引出线的数目分段,且连接成环形的接线。多角形接线分为三角形、四角形和六角形接线等。图 4-22 所示为四角形接线。将多角形接线的电源和馈线回路相互交错布置或按对角原则连接,将会提高供电可靠性,其优点如下:

(1)断路器使用数目少。比相同回路数的单母线分段,母线少用一组断路器,且每一回路接两组断路器,具有 3/2 接线的某些优点,故运行可靠性较高。

(2)任一断路器检修不致中断供电。

(3)隔离开关只用于检修,不作为操作电器,误操作可能性小。

缺点如下:

(1)开环情况下,线路和断路器故障将造成供电紊乱。

(2)开、闭环工作电流相差很大,造成回路中设备选型困难,继电保护整定复杂。

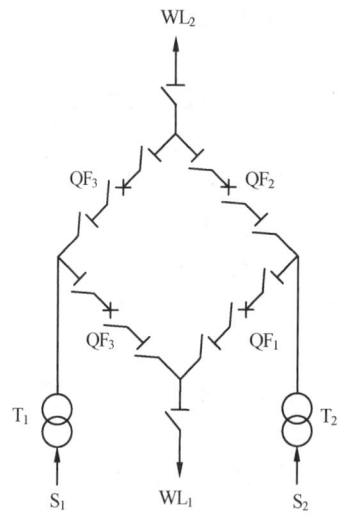

图 4-22 四角形接线

(3)扩建较困难。

因此,运行中回路数不宜太多,3~4 条为宜,最多不超过 6 条。

四、港口变电所主接线

1. 总降压变电所主接线

(1)单元接线

当供电电源只有一回线路、变电所只装设一台变压器时,宜用线路-变压器组单元接线方式,一般采用一次侧无母线、二次侧单母线的接线方式。总降压变电所一次侧通常采用高压断路器作为主开关。如果主变压器容量小,一次侧也可以采用高压跌落式熔断器或高压隔离开关-熔断器组合形式。总降压变电所二次侧主开关通常采用高压断路器。

这种接线方式的优点是接线简单,使用设备少,初投资省;缺点是供电可靠性差。当供电线路、变压器或低压母线上发生短路,或任一高压设备检修时,全部负荷均将停电,所以这种接线方式多用于只有三级负荷的变电所。如果能在变压器低压侧取得备用电源,也对小容量的二级负荷供电。

(2)桥式接线

为了保证对一、二级负荷的可靠供电,总降压变电所广泛采用由两回路电源线供电、装设两台变压器的桥式主接线。

内桥式主接线多用于线路较长(故障与检修机会较多),并且变电所负荷比较平稳(变压器不常切换)的总降压变电所。为了在检修线路断路器 QF_1 或 QF_2 时能使两回路供电线路同时供电,可在线路断路器的外侧增设两组带隔离开关的跨接回路。

外桥式接线适用于供电线路较短,故障与检修机会较少,而变电所的负荷变化较大,变压器需经常切换(或考虑经济运行需要经常切换)的总降压变电所。当供电系统采用环网供电,变电所的高压侧有穿越功率时,亦应选用外桥式主接线。此时穿越功率不通过线路断路器 QF_1 和 QF_2,直接由桥接断路器 QF_3 转送。这对减少线路断路器的故障以及对继电保护装置的整定都极为有利。

(3)单母线分段接线

变电所装设两台变压器,高压侧有多回进出线时,其中有两路电源进线,为提高供电的可靠性,采用单母线分段接线,两回电源进线与两台变压器分别接至不同的单母线上,两段单母线由分段断路器相连接。

单母线分段接线供电的可靠性与桥式主接线相近。当某回送电线路或变压器因故障或检修而停止运行时,通过母线分段断路器的联络作用可继续保证对两段母线上的重要负荷供电。所以这种接线多用在具有一、二级负荷,且进出线数量较多的总降压变电所。

变电所的低压侧多采用单母线分段接线方式。分段断路器可以合上使两台变压器并列运行,也可以断开使两台变压器分别运行,以便减小低压侧发生短路故障时流过低压开关设备的短路电流。

单母线分段接线的不足之处是其中任一段母线需要检修或发生故障时,则接于该段母线的全部进出线均将停止运行。为弥补这一不足,对重要负荷应当考虑由两段母线同时供电,以便互为备用。

(4)双母线接线

在大型企业,由于负荷较为重要、进出线回路也较多,因而要求总降压变电所的供电有较高的可靠性,为此可采用双母线接线。如果连接三个电压等级,则多采用三绕组变压器,高、中、低三级电压分别为 110 kV、35 kV 和 10 kV。

各级电压的母线均由两组母线组成。两组母线间用母联断路器连接。正常运行时,一组母线工作,另一组母线备用,母联断路器断开。变压器及各条线路通过一台断路器及两组隔离开关分别接至两组母线上,其中接于工作母线的隔离开关接通,而另一组断开。

双母线接线虽然运行灵活、可靠性高,但使用设备较多,使变电所的初投资增加,因此选用时应慎重考虑。

(5)总降压变电所主接线实例

由上面内容可知,不同主接线方式有不同的特点和可靠性。不同电压等级可采用不同主接线方式,不同负荷情况采用的主接线方式应有所区别。下面介绍一个港口总降压变电所主接线实例。

港口受电电源一般为电力系统中的地区或工业区变电所,受电电压视港口的负荷大小、性质及上级变电所的供电电压而定,一般为 6 kV、10 kV、35 kV 和 66 kV 不等。大型且具有一、二级负荷的企业常采用 35~66 kV 双电源受电,总降压变电所与高压配电线路按一定的接线方式连接,组成企业的 35~66/(6~10)kV 高压供电系统,为各码头及高压用电设备供电。各码头变电所与低压配电线路按一定的接线,组成企业的(6~10)/0.4 kV 低压供电系统。城市各单位及中小型一般企业,常采用 10 kV 单电源受电。图 4-23 为某港口总降压变电所主接线图。

该港口总降压变电所受电于两回 66 kV 架空线路,采用线路变压器组单元接线。正常运行时,一回电源工作,一回电源备用。如果工作电源因故障失电,备用电源通过备自投装置自动投入运行。进线高压开关选用 PASS 组合电器设备,把断路器、隔离开关、接地隔离开关和电流互感器集成在一起(图 4-23 中的虚框部分)。为了防止雷电入侵波的危害,两回进线均设置有避雷器(F_1、F_2)。

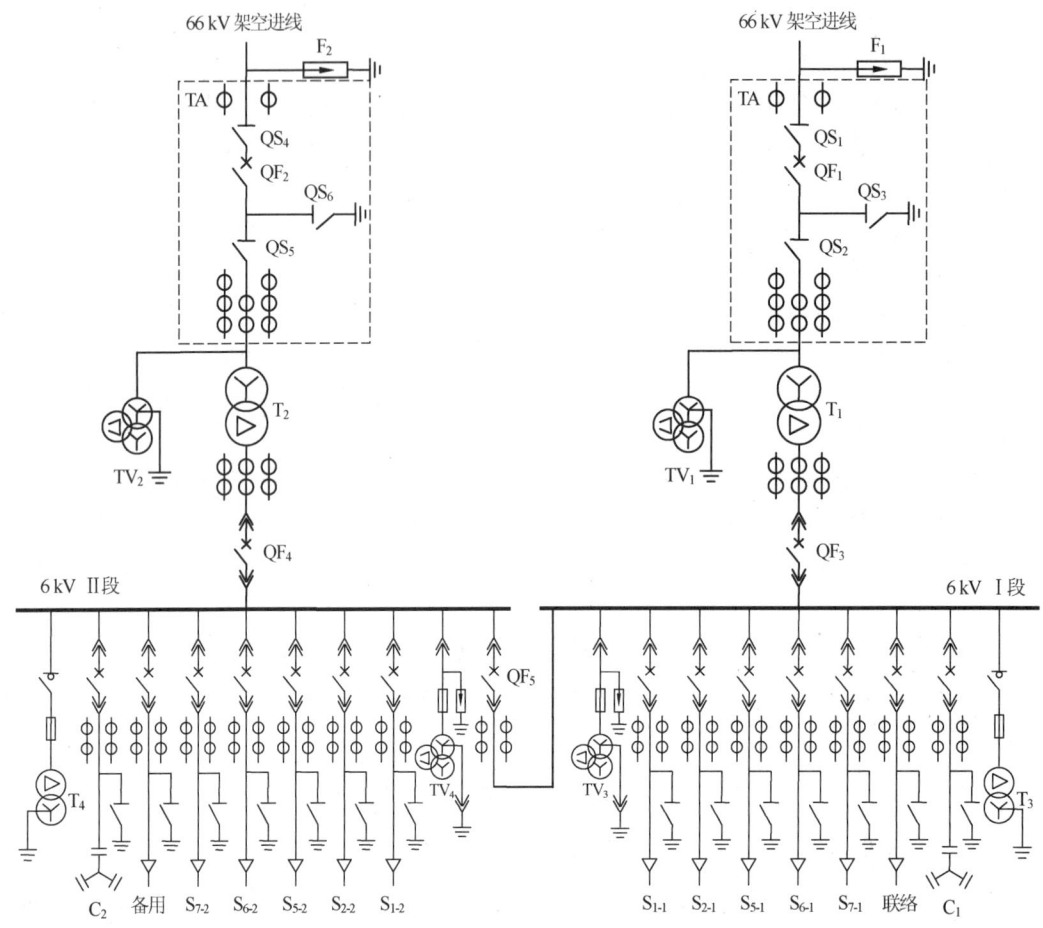

图 4-23　某港口总降压变电所主接线图

主变压器二次侧 6 kV 主接线采用单母线分段,用成套配电装置配电,其中分段用断路器 QF_5。各 6 kV 出线采用电缆线路向各码头及高压负荷点的变配所供电。企业的一、二级负荷,如图 4-23 中 1、2、5、6 和 7 号变电所等,均由接在不同段母线上的双回线路供电,以保证供电可靠性;另外还有一个备用配电柜和一个联络线配电柜。

每段 6 kV 母线各设置一台 6/0.4 kV 小容量所用变压器(T_3、T_4),供变电所直流操作电源等使用。所用变电器采用负荷开关作为正常工作的操作开关,采用熔断器作为短路保护之用。两段母线上各设一组三相五柱式电压互感器(TV_3、TV_4),其一组二次绕组供测量与保护用,另一组二次绕组各相串接成开口三角形,为监视与接地保护装置提供零序电压信号。

两段 6 kV 母线上集中设置电容补偿装置 C_1、C_2,以提高本企业电力负荷的功率因数。

(6)码头变电所主接线

码头(或小型港口企业)变电所是将高压(6～10 kV)降为一般用电设备所需低压(220/380 V)的终端变电所。从码头变电所高压侧的接线方案来看,其分为两种情况:

一种是有企业总降压变电所或高压配电所的码头变电所,其高压侧的开关电器、保护装置、测量仪表等,通常安装在高压配电线的首端,即总变(配)电所的高压配电室内,而码头变电所只设变压器室和低压配电室,其高压侧多数不装开关,或只装简单的隔离开关、熔断器和避雷器等,如图 4-24 所示。由图可见,凡是高压架空进线,无论变电所是室内型还是室外型,均需装设避雷器,以防雷电波沿架空线侵入变电所,击毁变压器及其他设备的绝缘;而高压电缆进线时,则避雷器需装设在电缆的首端,而且要连同电缆的金属外皮一起接地,变压器高压侧一般不再装设避雷器。但进线电缆仅为一段引入电缆时,则高压侧仍应装设避雷器。

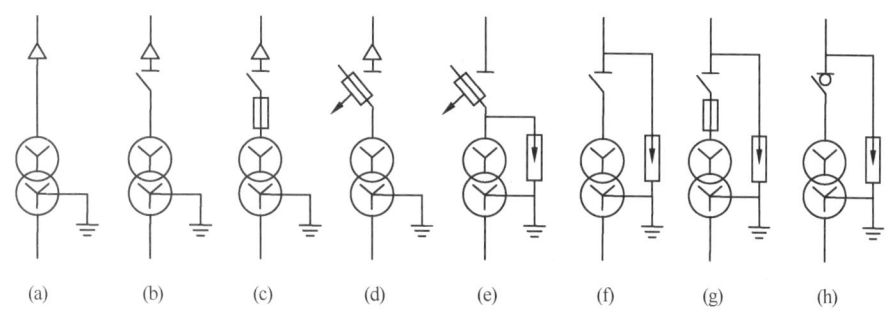

图 4-24 码头变电所高压侧接线方式

另一种是企业内无总变(配)电所时,其码头变电所就是降压变电所,其高压侧的开关电器、保护装置和测量仪表等都配备完全,所以一般要设高压配电室。在简化条件下,也可不设高压配电室,其高压熔断器、隔离开关、负荷开关或跌落式熔断器等就装在变压器的室内或室外,而在低压侧计量电能消耗量;或者其高压开关柜就装在低压配电室内,在高压侧计量电能。

码头变电所主接线一般采用线路-变压器组、单母线及单母线分段三种方式。

① 线路-变压器组主接线

此接线方式多用于仅为三级负荷供电且用电量较小的码头变电所。根据高压侧采用开关电器的不同,又有以下几种方案:

a. 高压侧采用隔离开关-熔断器或户外跌落式熔断器的变电所[见图 4-24(c)、(d)、(e)、(g)]

它们均采用熔断器保护变电所的短路故障。由于隔离开关和跌落式熔断器仅能切断容量较小的空载变压器,所以这种方案一般只用于 500 kVA 及以下容量的变电所内。这种接线简单经济,但可靠性不高。当变压器或高压侧检修或发生故障时,整个变电所都要停电。隔离开关和跌落式熔断器不能带负荷操作,使变电所停电和送电操作的程序比较麻烦,稍有疏忽,容易发生带负荷拉闸的严重事故。熔断器熔断后,更换熔体需一定时间,从而使排除故障后恢复供电的时间延长,又影响了供电的可靠性。

b. 高压侧采用负荷开关-熔断器的变电所(见图 4-25)

负荷开关能带负荷操作,使变电所停电、送电的操作比上述方案简便灵活得多,也不存在带负荷拉闸的危险。发生过负荷时,负荷开关有热脱扣器做保护,使开关跳闸;发生短路故障时,只能是熔断器熔断。因此,这种主接线仍然存在排除故障后恢复供电的时间较长的缺点。

c. 高压侧采用隔离开关-断路器的变电所(见图 4-26)

高压断路器使变电所的切换操作非常灵活方便;同时高压断路器配有继电保护装置,发生短路和过负荷时能自动跳闸,而在短路故障和过负荷情况消除后,又可直接立即合闸,从而使恢复供电的时间大为缩短。若采用自动重合闸装置,则供电可靠性更高。电源进线只有一路时,这种接线只能用于三级负荷。若变电所低压侧有联络线与其他变电所相接,则可用于二级负荷。

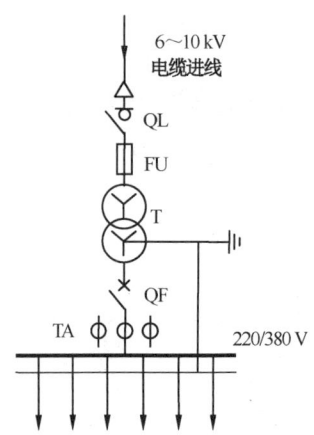

图 4-25　高压侧采用负荷开关-熔断器的变电所主接线

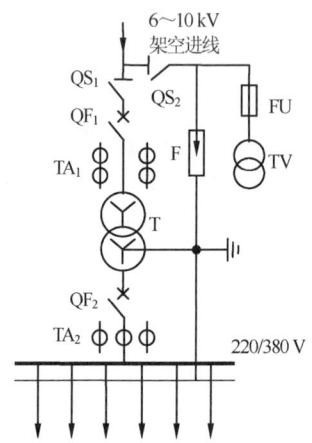

图 4-26　高压侧采用隔离开关-断路器的变电所主接线

d. 有两台主变压器的线路-变压器组主接线（见图 4-27）

这种主接线的供电可靠性较高。当任一主变压器或任一电源进线停电检修或发生故障时，可通过闭合低压母线分段开关迅速恢复对整个变电所的供电。若两台主变压器低压侧主开关都装有互为备用的电源自动投入装置，那么任一主变压器低压主开关因电源断电（失压）而跳闸时，另一主变压器低压侧的主开关和低压母线分段开关将自动合闸，使整个变电所不致停电。这种主接线可供一、二级负荷。

② 单母线主接线（见图 4-28）

这种接线中低压侧一般为单母线分段，适用于装有两台及以上主变压器或具有多路高压出线的变电所，如图 4-28 所示。它的供电可靠性较高，任一主变压器检修或发生故障时，通过切换操作，能很快恢复整个变电所的供电；但在高压母线或电源进线检修或发生故障时，变电所将停电。如有与其他变电所相连的低压或高压联络线时，则供电可靠性可大大提高。无联络线时，可供二、三级负荷；有联络线时，可供一、二级负荷。

③ 单母线分段主接线（见图 4-29）

正常运行时，两段高压母线可以接通，也可以分段。发生故障时，通过切换操作切除故障

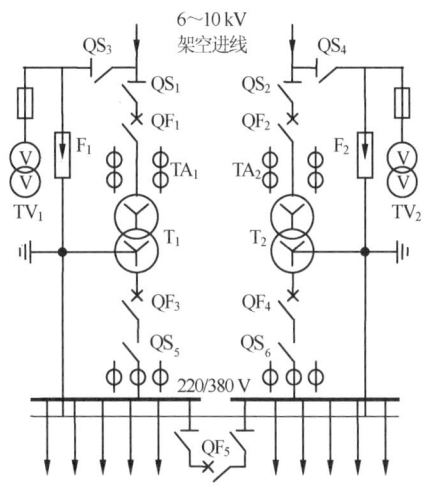

图 4-27 两变压器的线路 - 变压器组主接线

部分,恢复整个变电所的供电。因此供电可靠性高,可供一、二级负荷。

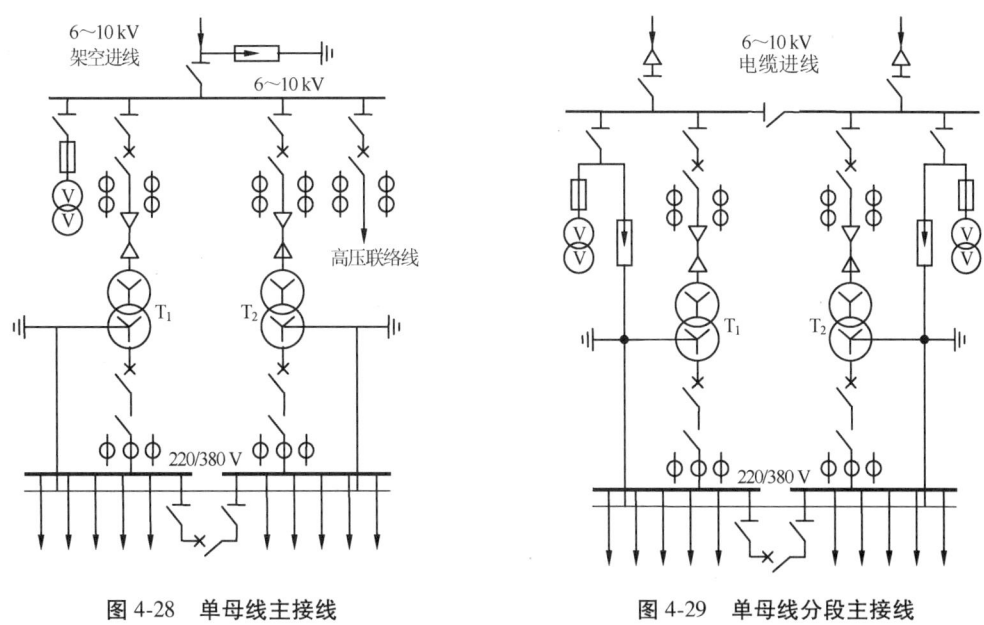

图 4-28 单母线主接线　　　　　图 4-29 单母线分段主接线

第五节　互感器

在电力系统中,因测量和继电保护的需要,必须使用互感器。互感器的主要作用是:

(1) 使仪表、继电器与主电路隔绝。这既可避免主电路的高压直接引入仪表、继电器,又可避免仪表、继电器的故障影响主电路,提高了两方面工作的安全性和可靠性。

(2) 扩大仪表、继电器的使用范围。例如一只 5 A 的电流表,通过电流互感器就可测量任意大的电流。

(3) 可使二次仪表、继电器的规格统一,有利于大规模生产。

互感器分为电压互感器和电流互感器两大类。目前大部分互感器是应用电磁感应原理工作的,称为电磁式互感器,其工作原理与等值电路(见图 4-30)和变压器完全一样,但在性能上和结构上与一般电力变压器有较大差别。

互感器类似一个小容量的变压器,它和变压器的主要差别是设计和使用上都要以能达到一定的精度为前提。在磁路方面,电压互感器应采用优质的冷轧硅钢片,设计时磁通密度要取得低些;在绕组方面,互感器所用的导线要比变压器粗,电流密度取得小些;在使用方面,互感器所接负载应根据所需测量精度来决定,而不能用到发热容许的最大容量。

一、电压互感器

1. 基本原理

电压互感器在工作时,匝数多的一次绕组并联在供电系统的一次电路中,匝数少的二次绕组并联仪表、继电器的电压线圈。这些线圈的阻抗很大,所以工作时,二次绕组接近于开路状态。二次绕组的额定电压一般为 100 V。

电压互感器的电压比 K_u 表示为

$$K_u = \frac{U_{1N}}{U_{2N}} \approx \frac{N_1}{N_2} \tag{4-1}$$

式中,U_{1N}、U_{2N} 分别为电压互感器一次绕组和二次绕组的额定电压;N_1、N_2 分别为电压互感器一次和二次绕组的匝数。K_u 表示成如 10/0.1 kV 的形式。

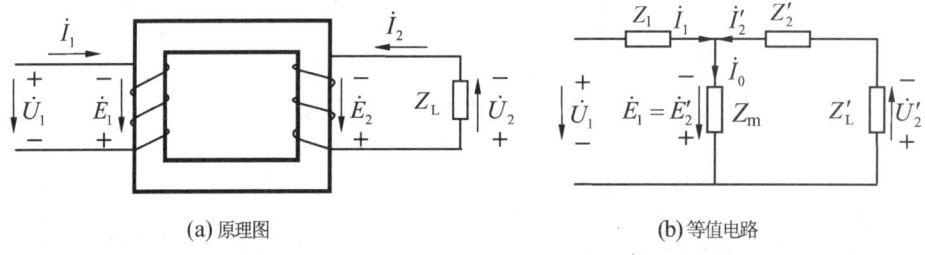

(a) 原理图　　　　　　　　　　　(b) 等值电路

图 4-30　互感器的等值电路

2. 接线方案

电压互感器在三相电路中有如图 4-31 所示的四种常见的接线方案:

(1) 一个单相电压互感器的接线[见图 4-31(a)]供仪表、继电器接于一个线电压。

(2) 两个单相电压互感器接成 V/V 形[见图 4-31(b)]供仪表、继电器接于三相三线制电路的各个线电压,它广泛地应用在企业变配电所的 6~10 kV 高压装置中。

(3) 三个单相电压互感器接成 Y_0/Y_0 形[见图 4-31(c)]供电给要求线电压或相电压的仪表、继电器。由于小电流接地系统在一次侧发生单相接地时,另两相对地电压要升高到线电压,所以不能接入按相电压选择的电压表,否则在发生单相接地时电压表可能被烧坏。

(4) 三个单相三绕组电压互感器或一个三相五芯柱式三绕组电压互感器接成 $Y_0/Y_0/\triangleright$(开口三角形)[见图 4-31(d)]。接成 Y_0 的二次绕组,供电给需要线电压的仪表、继电器。辅助二次绕组接成开口三角形,构成零序电压过滤器,供电给监视线路绝缘的电压继电器。三相电路正常工作时,开口三角形两端的电压接近于零。当某一相接地时,开口三角形两端将出现近 100 V 的零序电压,使电压继电器动作,给予信号。

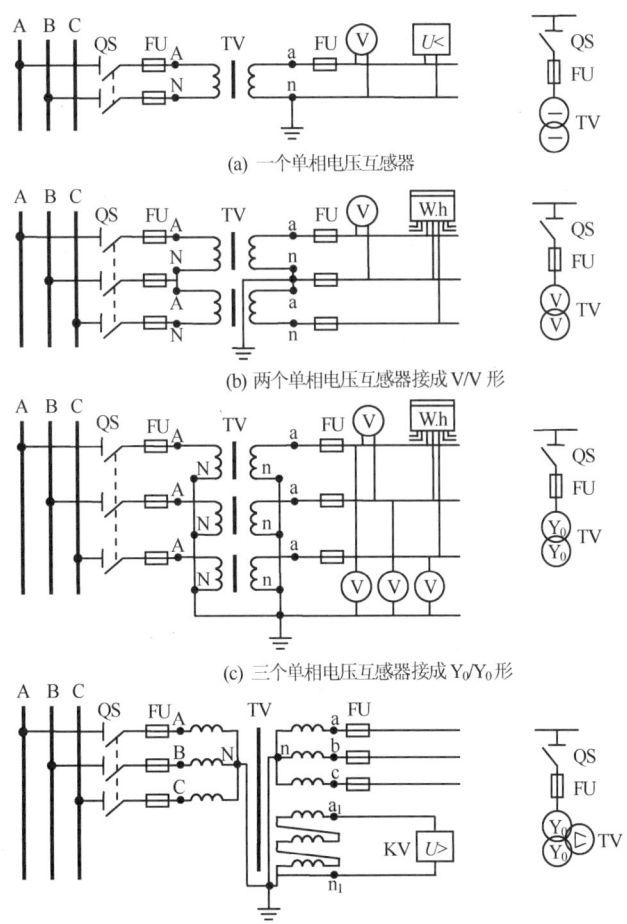

图 4-31 电压互感器的接线方案

3. 电压互感器的类型及其选择

电压互感器型号表示和含义如下:

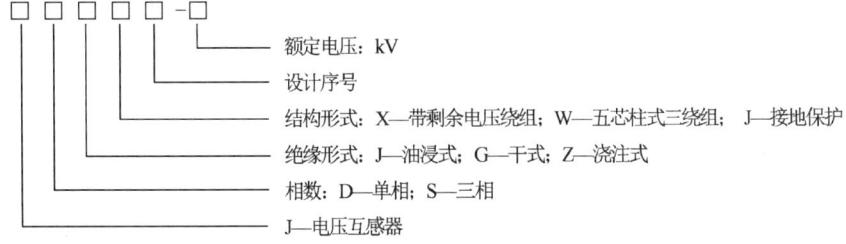

电压互感器的类型很多:按相数分,有单相和三相两类;按绕组分,有双绕组和三绕组之分;按用途分,有测量用和保护用两大类;按安装地点分,有户内式和户外式两类;按准确级分,有 0.1、0.2、0.5、1、3 等 5 个级别用于测量,3P 级和 6P 级用于保护;按绝缘介质分,有油浸式、干式和浇注式,图 4-32 是单相三绕组、环氧树脂浇注绝缘的户内用 JDZJ-10 型电压互感器的外形图。三个这种电压互感器接成如图 4-31(d)所示 $Y_0/Y_0/\triangle$ 的接线,供小电流接地的电力系统中作为电压、电能测量及单相接地保护(绝缘监视)之用。

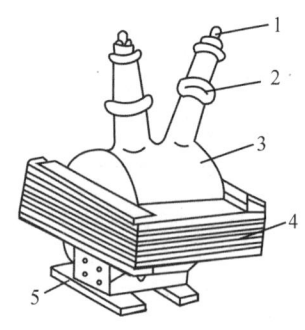

图 4-32 JDZJ-10 型电压互感器
1——次接线端;2—高压绝缘套管;3——、二次绕组,环氧树脂浇注;4—铁芯;5—二次接线端

电压互感器应依装置安装地点的条件及一次电压、二次电压(一般为 100 V)、准确度等级条件进行选择。对电压互感器不必校验其短路电流的效应。

电压互感器的准确度与其二次负荷容量有关,即应该满足额定二次负荷 $S_{2N} \geq S_2$。S_2 为二次回路中所有并联的仪表、继电器电压线圈所消耗的总的视在功率,即

$$S_2 = \sqrt{\left(\sum P_u\right)^2 + \left(\sum Q_u\right)^2} \tag{4-2}$$

式中,$\sum P_u$、$\sum Q_u$ 分别为仪表、继电器电压线圈消耗的总的有功功率和无功功率。

4. 使用注意事项

(1)电压互感器二次侧在工作时不得短路。短路时将产生很大的短路电流,可能烧毁互感器。为此,电压互感器的一、二次侧必须用熔断器进行短路保护。

(2)电压互感器的外壳和二次侧有一端必须接地。这是为了防止一、二次绕组绝缘击穿时,一次侧的高压窜入二次侧危及人身和设备的安全。

(3)电压互感器在连接时,要注意极性。我国规定单相电压互感器的一次绕组端子标以 A、N,二次绕组端子标以 a、n,A 与 a 为同极性端。三相电压互感器按照相序,一次绕组端子分别标以 A、B、C、N;二次绕组端子分别标以 a、b、c、n。这里 A 与 a、B 与 b、C 与 c 为对应的同极性端。

二、电流互感器

1. 基本原理

电流互感器的一次绕组匝数很少(有的直接穿过铁芯,只有一匝),导线相当粗;二次绕组匝数很多,导线很细。工作时,一次绕组串联在供电系统的一次电路中,二次绕组则与仪表、继

电器等的电流线圈串联起来形成一个闭合回路。由于这些电流线圈的阻抗很小,所以电流互感器工作时,二次回路接近于短路状态。二次绕组的额定电流一般为 5 A。

电流互感器的电流比 K_i 表示为

$$K_i = \frac{I_{1N}}{I_{2N}} \approx \frac{N_2}{N_1} \tag{4-3}$$

式中,I_{1N}、I_{2N} 分别为电流互感器一次绕组和二次绕组的额定电流;N_1、N_2 分别为电流互感器一次和二次绕组的匝数。K_i 表示成如 300/5 A 的形式。

2. 接线方式

电流互感器的接线方式有一相式接线、两相式接线、两相电流差接线、三相式接线四种,如图 4-33 所示。

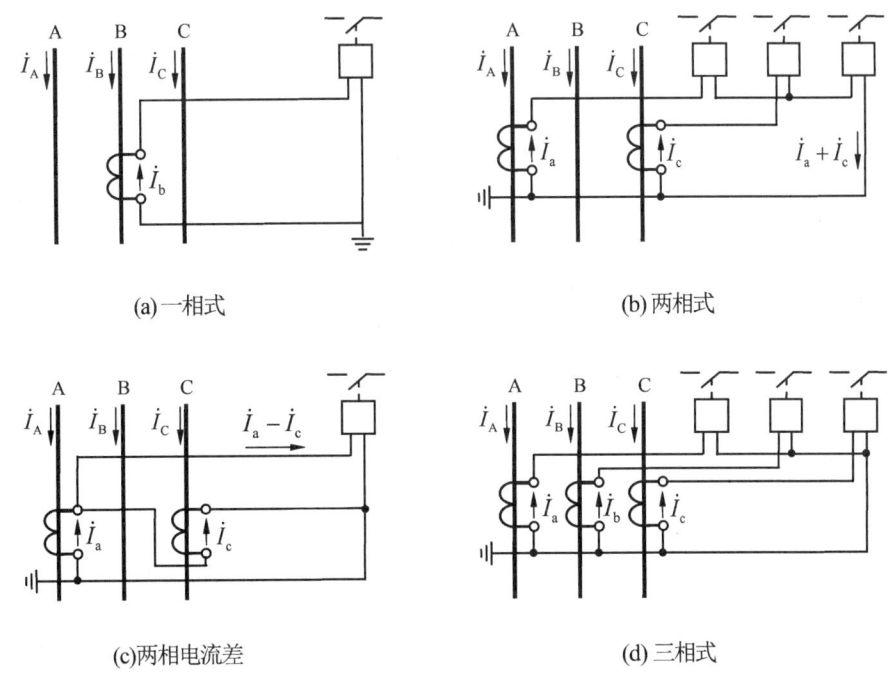

(a) 一相式　　(b) 两相式

(c) 两相电流差　　(d) 三相式

图 4-33　电流互感器接线方式

(1) 一相式接线。通常在 B 相装一个电流互感器,可以测一相电流,用于三相对称平衡系统,供测量电流或过负荷保护用,如图 4-33(a) 所示。

(2) 两相式接线。这种接线也称不完全星形接线,如图 4-33(b) 所示。它能测量三个相电流,公共线上的电流为 $\dot{I}_a + \dot{I}_c = -\dot{I}_b$,广泛用于中性点不接地系统,供测量三相电流、电能及过电流保护用。

(3) 两相电流差接线。这种接线也称两相一继电器接线,如图 4-33(c) 所示。流过电流继电器线圈的电流为两相电流之差 $\dot{I}_a - \dot{I}_c$,用于中性点不接地系统,供过电流保护用。

(4) 三相式接线。每相均装有互感器,广泛用于三相不平衡高压或低压系统中,供测量三相电流、电能及过电流保护用,如图 4-33(d) 所示。

3. 电流互感器类型和结构

电流互感器型号表示和含义如下：

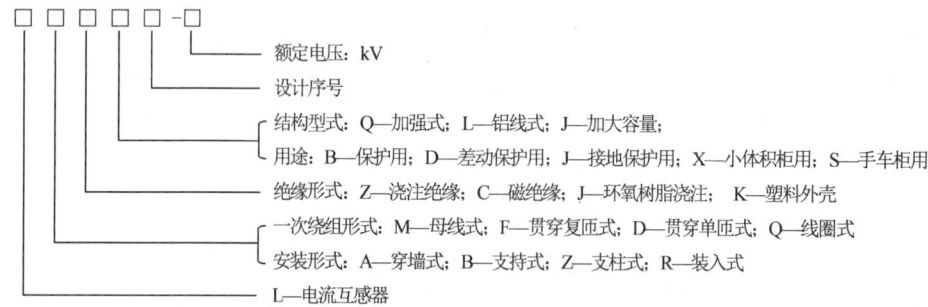

电流互感器的类型很多：按一次绕组的匝数分，有单匝式（包括母线式、芯柱式、套管式）和多匝式（包括线圈式、绕环式、串级式）；按一次电压高低分，有高压和低压两大类；按用途分，有测量用和保护用两大类；按安装地点分，有户内式和户外式两类；按绝缘介质分，有油浸式、干式、浇注式、SF_6 气体绝缘式；按准确度等级分，有 0.1、0.2、0.5、1、3、5 等 6 个级别用于测量，5P 级和 10P 级用于保护。

高压电流互感器多制成两个铁芯和两个副边绕组的形式，分别接仪表和继电器，以满足测量和继电保护的不同要求。电气测量对电流互感器的准确度要求较高，且要求在短路时仪表受的冲击小，因此测量用电流互感器铁芯在一次电路短路时应该容易饱和，以限制一次电流的增长倍数。而继电保护用电流互感器铁芯则在一次电路短路时不应饱和，使二次电流与一次电流成比例地增长，以适应保护灵敏度的要求。

4. 使用时注意事项

（1）电流互感器的二次侧在工作时不得开路

电流互感器在正常工作时，由于其二次负荷很小，因此接近于短路状态。根据磁势平衡方程式 $\dot{I}_1 W_1 + \dot{I}_2 W_2 = \dot{I}_0 W_1$ 可知，其一次电流 I_1 产生的磁动势 $I_1 W_1$ 绝大部分被二次电流 I_2 产生的磁动势 $I_2 W_2$ 抵消，所以总的磁动势 $I_0 W_1$ 很小，铁芯中的磁通或磁感应强度都不大，励磁电流 I_0 只有一次电流 I_1 的百分之几。但当其二次开路时，$I_2 = 0$，$I_2 W_2 = 0$，因此 $I_0 W_1 = I_1 W_1$，即 $I_0 = I_1$。由于一次电流 I_1 是不变的，它决定于一次电路的负荷，因此励磁电流 I_0 就要被迫增大到 I_1，突然增大几十倍，即励磁磁动势 $I_0 W_1$ 突然增大几十倍。这样就产生下列严重后果：① 铁芯由于磁通剧增而将过热，并产生剩磁，降低准确度；② 二次绕组可感应出危险的高电势，危及人身和设备的安全。所以，电流互感器二次侧在工作时绝对不允许开路；在安装时，二次接线一定要牢靠和接触良好，并且不允许串接熔断器或开关。

（2）电流互感器的外壳和二次侧有一端必须接地

这样做的目的是防止其一次、二次绕组绝缘击穿时，一次侧的高电压窜入二次侧，危及人身和设备的安全。

（3）电流互感器在连接时，要注意其一次、二次绕组接线端子上的极性。

三、互感器在电气一次接线中的配置

互感器在电气一次接线的配置与测量仪表、同期点的选择、保护和自动装置的要求以及电气一次接线的形式有关。图 4-34 为发电厂中互感器配置示例。

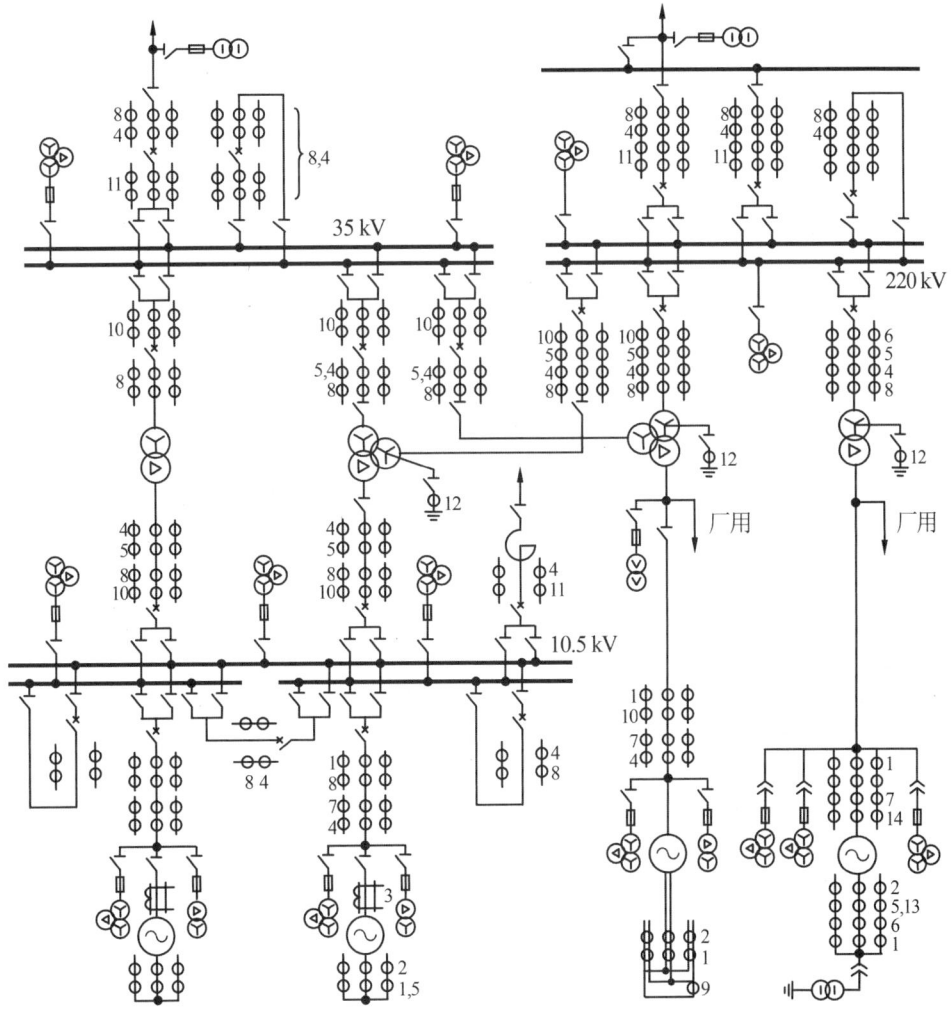

图 4-34 发电厂中互感器配置图

1—发电机差动保护；2—测量仪表（机房）；3—接地保护；4—测量仪表；5—过电流保护；6—发电机-变压器差动保护；7—自动调节励磁；8—母线保护；9—发电机横差保护；10—变压器差动保护；11—线路保护；12—零序保护；13—负序过电流保护；14—电度表

1. 电压互感器配置

（1）除旁路母线外，一般工作及备用母线都装有一组电压互感器，用于同期、测量仪表和保护装置。

（2）35 kV 及以上输电线路，当对端有电源时，为了监视线路有无电压、进行同期和设置重合闸，装有一台单相电压互感器。

（3）发电机一般装两组电压互感器。一组（△/Y 接线）用于自动调整励磁装置，另一组供测量仪表、同期和保护装置使用，该电压互感器采用三相五柱式或三个单相接地专用互感器，其开口三角形供发电机未并列之前检查接地之用。当互感器负荷太大时，可增设一组不完全星形连接的互感器，专供测量仪表使用。20 万 kW 及以上发电机中性点常接有单相电压互感器,用于100%定子接地保护。

(4)变压器低压侧有时为了满足同期或保护的要求,设有一组不完全星形连接的电压互感器。

2. 电流互感器配置

(1)为了满足测量和保护装置的需要,在发电机、变压器、出线、母线分段及母联断路器、旁路断路器等回路中均装设电流互感器。大电流接地系统,一般按三相配置;小电流接地系统,依具体要求按两相或三相配置。

(2)保护用电流互感器应尽量消除主保护装置的不保护区。例如,若有两组电流互感器,且位置允许时,应设在断路器两侧,使断路器处于交叉保护范围之中。

(3)为了减轻内部故障对发电机的损伤,用于自动调整励磁装置的电流互感器应布置在发电机定子绕组的出线侧。为便于分析和在发电机并入系统前发现内部故障,用于测量仪表的电流互感器宜装设在发电机中性点侧。

第六节 低压配电装置

低压配电装置主要是指车间变电所低压侧常用的低压熔断器、低压刀开关、低压断路器和低压成套配电装置等。

一、低压熔断器

供电系统中常用的低压熔断器有瓷插式(RC)、螺旋式(RL)、密闭管式(RM)和有填料管式(RT)等。这里主要介绍车间变电所中使用最多的后两种熔断器。考虑到新技术的发展,此处也将简要介绍国产自复式(RZ)熔断器。

1. 密闭管式熔断器

新型的密闭管式熔断器是 RM10 型。这种熔断器由纤维熔管、变截面锌熔片及触头底座

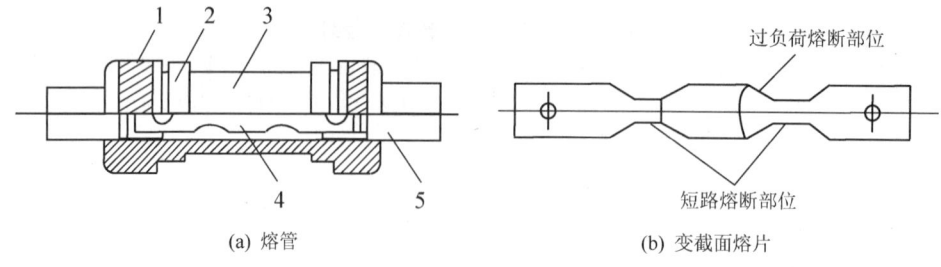

图 4-35 RM10 型熔断器的结构图

1—铜帽;2—管夹;3—纤维熔管;4—变截面锌熔片;5—接触闸刀

等组成。熔管的结构如图 4-35(a)所示。安装在熔管内的变截面熔片,如图 4-35(b)所示。将熔片冲制成宽窄不一的变截面,目的在于改善熔片的保护性能。短路时,短路电流首先使熔片的窄部(阻值较大)加热熔化,在熔管内形成几段(对应于窄部数)串联短弧,从而使短路电弧较易熄灭。过负荷电流通过时,由于窄部散热较好,因此往往不在窄部熔断,而在宽窄之间的

斜部熔断，如图4-35(b)所示。由熔断的部位可以大致判断发生熔断事故的原因。

熔片熔断时，纤维管的内壁将有极少部分纤维物质因电弧烧灼而分解，产生高压气体，压迫电弧，加强离子的复合，从而更加改善了灭弧性能，但是不能在短路电流达到冲击值之前使电弧完全熄灭，所以这类熔断器属"无限流"的熔断器。

这种熔断器由于它结构简单、价廉及更换熔体方便，所以目前仍广泛用在低压装置中。

2. 有填料管式熔断器

RT0型有填料管式熔断器，是一种有"限流"作用的低压熔断器，广泛应用在要求保护性能较好和断流能力较强的低压配电装置中。

图4-36是RT0型熔断器的结构图。它的熔体熔断后，红色的熔断指示器弹出，便于运行维护人员进行检视。

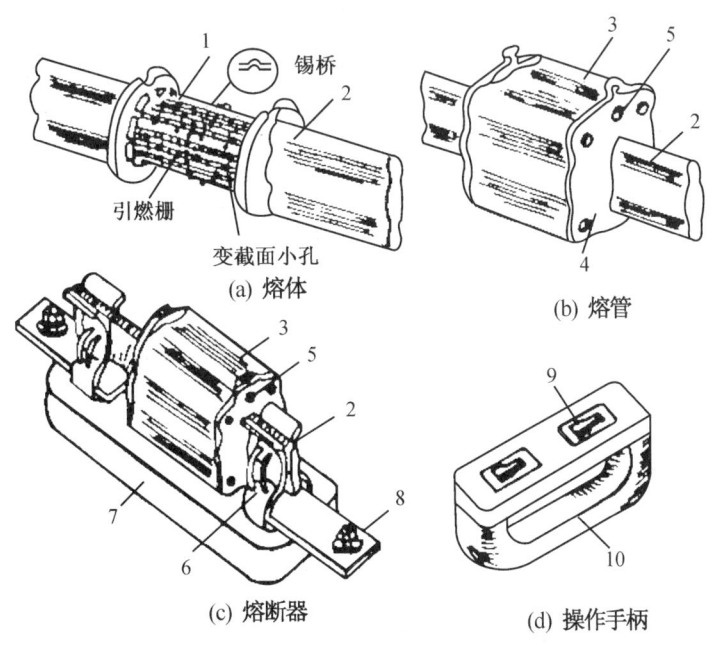

图4-36　RT0型熔断器的结构图
1—工作熔体(栅状)；2—触刀；3—瓷熔管；4—盖板；5—熔断指示器；6—弹性触座；
7—底座；8—接线端子；9—扣眼；10—绝缘操作手柄

RT0型熔断器具有相当高的断流能力，主要在于它采取了下列措施：(1)采用铜熔体，因在它熔化时产生的金属蒸气较少，故有利于灭弧。(2)熔体具有引燃栅，由于其等电位作用，可迫使熔体在短路电流通过时形成多根并联电弧，加速电弧的熄灭。(3)熔体具有变截面小孔，在短路电流通过时又将并联长弧分割为几段短弧，加速灭弧。(4)熔管内充有石英砂，电弧在其中燃烧，加速离子的复合，进一步加速电弧的熄灭，因此这种熔断器属于有"限流"作用的熔断器。(5)熔体具有锡桥，利用其"冶金效应"来达到过负荷保护的目的。

RT0型熔断器的断流能力大、保护性能好，但是它的熔体多为不可拆式(目前只有RT0-50型为可拆式)，因此在熔体熔断后整个熔管报废，不够经济。

3. 自复式熔断器

上述熔断器有一个主要缺点，就是在短路或严重过负荷时熔体要熔断，而更换熔体使恢复供电的时间延长,这对供电系统和用户都会造成一定的损失。

图 4-37 是我国自主设计的 RZ1 型自复式熔断器的结构图。它采用金属钠作熔体。在常温下,钠的电阻率很小,可以顺畅地通过负荷电流。但在短路时,钠迅速汽化,电阻率变得很高,从而可限制短路电流。通常这种熔断器与 DZ10 型塑料外壳式自动开关配合使用,这时就由自动开关来切断故障电路。在金属钠汽化限流动作的过程中,装在自复式熔断器一端的活塞将克服压缩氩气的压力而迅速地后退,从而降低钠汽化后的压力,以免氧化铍瓷管、云母玻璃和不锈钢外壳承受不了大应力而爆炸。在限流动作结束后,钠蒸气冷却,又恢复为金属钠。活塞在压缩氩气压力的作用下,迅速将金属钠推回原钠腔,从而又恢复到原来的工作状态。这就是自复式熔断器能自动复原、反复使用的原理。

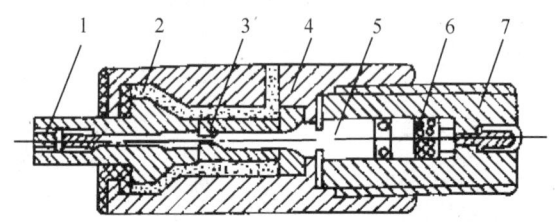

图 4-37 RZ1 型自复式熔断器的结构图
1—接线端;2—云母玻璃;3—氧化铍瓷管;4—不锈钢外壳;
5—钠熔体;6—氩气;7—接线端

自复式熔断器与塑料外壳式自动开关组合,不仅能大大提高自动开关的断流能力和限流能力,而且能大大改善保护性能,提高供电可靠性。只要电路故障消除,立即合上自动开关就可恢复正常供电,由于无须更换熔管或熔体,因而能大大缩短停电时间。

二、低压刀开关

低压刀开关的分类方式很多:按操作方式分,有单投和双投;按其极数分,有单极、双极和三极;按其灭弧结构分,有不带灭弧罩和带灭弧罩等。

装有灭弧罩的刀开关可以切断较小的负荷电流,不带灭弧罩的所有刀开关一般只能在无负荷下操作,作为隔离开关使用。

熔断器式开关,又称刀熔开关,是一种隔离开关与熔断器组合而成的开关电器。刀熔开关具有刀开关和熔断器的双重功能。采用这种组合型开关电器可以简化配电装置结构,经济实用,主要用于不频繁操作的场合,在低压配电屏上广泛使用。

三、低压断路器

低压断路器过去称自动开关,为了和 IEC 标准相一致,现在使用低压断路器这个名称比较确切。

低压断路器分塑料外壳式和框架式两大类。

1. 塑料外壳式低压断路器

塑料外壳式低压断路器也称装置式自动开关,其全部结构如操作机构、触头系统、灭弧系统及过电流脱扣器等都装在一个塑料外壳内,仅在壳盖中央露出操作手柄,供手动操作用。

2 框架式低压断路器

框架式低压断路器是将装置敞开地安装在框架上的断路器。其由于保护方案和操作方式较多,故又称万能式断路器。图 4-38 为 DW10-200 型框架式低压断路器外形结构图。

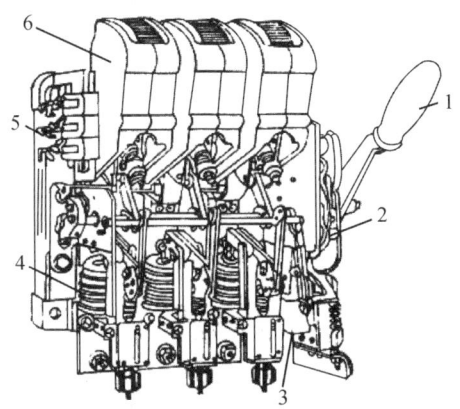

图 4-38　DW10-200 型框架式低压断路器外形结构图
1—操作手柄;2—自动脱扣机构;3—失压脱扣器;4—过流脱扣器;
5—辅助触点;6—灭弧罩

低压断路器既能带负荷通断电路,又能在短路、过载和失压时自动跳闸,其原理结构和接线图如图 4-39 所示。

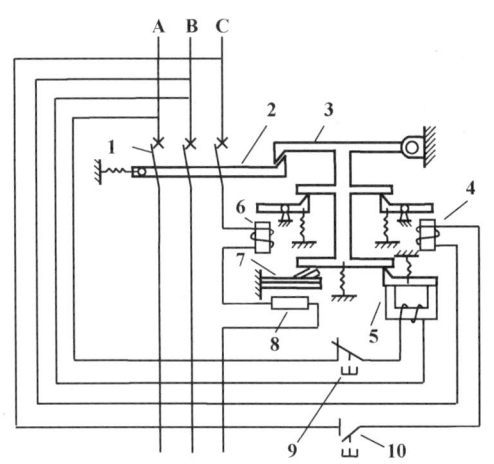

图 4-39　低压断路器原理结构和接线图
1—触头;2—跳钩;3—锁扣;4—分励脱扣器;5—失压脱扣器;6—过流脱
扣器;7—热脱扣器(双金属片);8—加热电阻丝;9、10—脱扣按钮

当线路上出现短路时,过流脱扣器动作,使开关跳闸。在线路上出现过负荷时,热脱扣器动作,使开关延时跳闸。当线路电压严重下降或电压消失时,失压脱扣器动作,同样会使开关跳闸。按钮 9 和 10 分别为脱扣按钮,都能使低压断路器跳闸。

四、低压成套配电装置

低压成套配电装置主要是指低压配电屏及并联电容器屏。

1. 结构

角钢或型钢构成框架,前面或全部覆以钢板组成立柜形式,前面开门,后面敞开,或前后开门,或前面可以抽出多层抽屉,柜内组装各类低压电气设备,如刀开关、低压断路器、熔断式刀开关以及互感器、仪表等其他附件。每屏的进出线可以有1~8回路,用于220/380 V配电。

2. 分类及选用原则

(1) 开启框架式低压配电屏

一般环境下,对要求不高的负荷,不需尽快更换故障电气设备的,可以选用这类配电屏。为了防尘的需要,配电屏也可做成封闭防尘式的。

(2) 封闭抽屉式低压配电屏

环境要求比较高,母线不外露,对发生故障回路上的电气设备需迅速更换以尽快恢复供电的,可采用抽屉式。一般馈电回路比较多,每回路的电流比较大时,用抽屉式低压配电屏维护管理较为方便,但价格较贵。

3. 选用步骤

(1) 制定变电所低压侧配电一次系统图,确定回路数及各进、出线回路的负荷大小,分段的选择,适当地备用发展容量。

(2) 研究产品型号及其内部规格、回路数,结合一次系统,分别组合,确定屏柜的数量。

(3) 根据屏柜的外形尺寸、安装时前后的净距、结合允许的建筑面积,进行单列或双列以及多列布置或设置在楼上等,制定最佳建筑布置方案。

第七节　电力变压器

一、电力变压器的类型

变压器是变电所中关键的一次设备,其主要功能是升高或降低电压,以利于电能的合理输送、分配和使用。

变压器的分类方法比较多:按功能分有升压变压器和降压变压器;按相数分有单相和三相变压器;按绕组导体的材质分有铜绕组和铝绕组变压器;按冷却方式和绕组绝缘分有油浸式、干式两大类,其中油浸式变压器又有油浸自冷式、油浸风冷式、油浸水冷式和强迫油循环冷却式等,而干式变压器又有浇注式、开启式、充气式(SF_6)等;按用途又可分为普通变压器和特种变压器;按调压方式分为无励磁调压变压器和有载调压变压器。安装在总降压变电所的变压器通常称为主变压器,6~10 kV变电所的变压器常被称为配电变压器。

变压器的型号表示及含义如下：

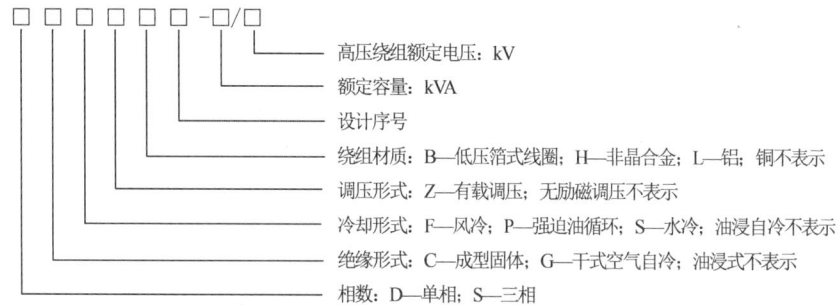

例如，S11-1000/10 表示三相铜绕组油浸式（自冷式）变压器，设计序号为11，容量为 1 000 kVA，高压绕组额定电压为 10 kV。

在选择变压器时，应选用 S10、S11、S11-M 或 S13、S13-M 系列低损耗节能型变压器，或者 SH15 系列非晶合金铁芯低损耗节能型变压器。高损耗变压器已被淘汰，不允许采用。

二、电力变压器的容量和过负荷能力

1. 电力变压器的额定容量和实际容量

电力变压器的额定容量（铭牌容量）是指它在规定的环境温度条件下，室外安装时，在规定的使用年限（20年）内所能连续输出的最大视在功率（kVA）。

变压器的使用年限主要取决于变压器绕组绝缘的老化速度，而绝缘的老化速度又取决于绕组最热点的温度。变压器的绕组导体和铁芯一般可以长期经受较高的温升而不致损坏。但绕组长期受热时，其绝缘的弹性和机械强度要逐渐减弱，这就是绝缘的老化现象。老化严重时，绝缘就会变脆，容易裂纹和剥落。试验表明：在规定的环境温度条件下，如果变压器绕组最热点的温度一直维持 95 ℃，则变压器可连续运行 20 年。如果绕组温度升高到 120 ℃时，则变压器只能运行 2.2 年。可见，绕组温度对变压器的使用寿命有极大影响。而绕组温度不仅与变压器负荷大小有关，而且受周围环境温度的影响。因此要根据环境温度变化调整变压器的实际容量。

如果变压器安装地点的年平均气温 $\theta_{0.av} \neq 20$ ℃，则每升高 1 ℃，变压器的容量应减少 1%。因此选择变压器时，其实际容量（出力）应计入温度校正系数 K_θ。

对室外变压器，其实际容量为

$$S_{NT} = K_\theta S_N = \left(1 - \frac{\theta_{0.av} - 20}{100}\right) S_N \tag{4-4}$$

式中，S_N 为变压器的额定容量。

对室内变压器，由于散热条件较差，使变压器室的出风口与进风口间有大约 15 ℃ 的温差，从而使处在室中间的变压器环境温度比室外的温度大约要高出 8 ℃，因此其容量还要减 8%。故室内变压器的实际容量为

$$S_{NT} = K_\theta S_N = \left(0.92 - \frac{\theta_{0.av} - 20}{100}\right) S_N \tag{4-5}$$

2. 变压器的正常过负荷

变压器在运行中，其负荷总是变化的、不均匀的。一昼夜中，很大一部分时间的负荷都低

于最大负荷,而变压器容量又是按最大负荷来选择的,因此,变压器实际上没有充分发挥其负荷能力。从维持变压器规定的使用年限(20年)来考虑,变压器在必要时完全可以过负荷运行。对于油浸式变压器,其允许过负荷包括以下两部分:

(1)由于昼夜负荷不均匀而考虑的变压器过负荷,可根据典型日负荷曲线的日负荷率 β 和最大负荷持续时间 t,查图4-40所示曲线,得到变压器允许过负荷系数 K_{ov1}。

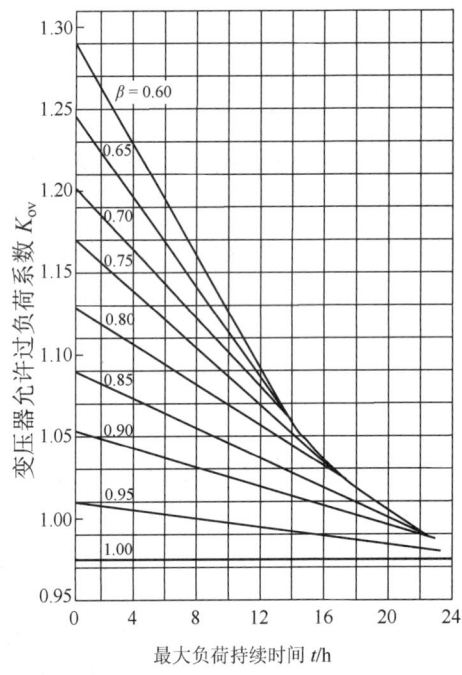

图4-40 变压器允许过负荷系数与日负荷率及最大负荷持续时间的关系曲线

(2)由于夏季欠负荷而在冬季考虑的变压器过负荷。如果夏季(6月、7月、8月)的平均日负荷曲线中的最大负荷 S_{max} 低于变压器的实际容量 S_{NT},则每低1%,可在冬季(1月、2月、3月)过负荷1%,但此项过负荷不得超过15%,即其允许过负荷系数为

$$K_{ov2} = 1 + \frac{S_{NT} - S_{max}}{S_{NT}} \leq 1.15 \tag{4-6}$$

以上两部分过负荷可以同时考虑,即变压器总的过负荷系数 $K_{ov} = K_{ov1} + K_{ov2} - 1$,但是对于室内变压器,过负荷不得超过20%,即 $K_{ov} \leq 1.2$;对于室外变压器,过负荷不得超过30%,即 $K_{ov} \leq 1.3$。

因此,变压器在冬季的正常过负荷能力(最大出力)为

$$S_{ov} = K_{ov} S_{NT} \leq (1.2 \sim 1.3) S_{NT} \tag{4-7}$$

式中,系数1.2适于室内变压器;系数1.3适于室外变压器。

例4-1 车间户内变压器为S11-M800型,800 kVA,$\beta = 0.8$,日最大负荷持续时间 $t = 8$ h,夏季日最大负荷650 kVA,$\theta_{0.max} = +45$ ℃,$\theta_{0.av} = +22$ ℃。求变压器的冬季负荷能力 S_{NT}。

解:(1)计算变压器实际容量

$$K_\theta = 0.92 - \frac{\theta_{0.av} - 20}{100} = 0.92 - \frac{22 - 20}{100} = 0.9$$

$$S_{NT} = K_\theta S_N = 0.9 \times 800 = 720 (\text{kVA})$$

(2) 日负荷不均的影响

由 $\beta = 0.8, t = 8$ h,查曲线, $K_{ov1} = 1.08$。

(3) 季节负荷不均的影响

夏季欠负荷为 $(720-650)/720 \approx 0.10$,所以冬季可过负荷10%。

(4) 变压器的冬季负荷能力 S_{NT}

冬季总的过负荷系数为 $K_{ov} = 8\% + 10\% = 18\%$,取 $K_{ov} = 1.18$。

$$S_{NT} = K_{ov} K_\theta S_N = 1.18 \times 0.9 \times 800 = 850 (\text{kVA})$$

3. 变压器的事故过负荷

变压器在事故情况下(例如由于故障而使并列运行的两台变压器切除一台时),允许短时间较大幅度地过负荷运行,而不论故障前负荷大小,但运行时间不得超过所规定的时间。表4-2 和表4-3 分别为油浸自冷式变压器和干式变压器过负荷允许时间。

表 4-2 油浸自冷式变压器过负荷允许时间

过负荷值	30%	45%	60%	75%	100%	200%
允许时间/min	120	80	45	20	10	1.5

表 4-3 干式变压器过负荷允许时间

过负荷值	10%	20%	30%	50%	60%
允许时间/min	75	60	45	16	5

三、变电所主变压器台数和容量的选择

1. 变电所主变压器台数的选择

选择主变压器台数应考虑以下原则:

(1) 应满足用电负荷对供电可靠性的要求。有大量一、二级负荷的变电所,宜采用两台变压器,以便当一台故障或检修时,另一台能对一、二级负荷继续供电。只有二级而无一级负荷的变电所,也可以只采用一台变压器,但在低压侧应敷设与其他变电所相连的联络线作为备用电源。

(2) 对季节负荷或昼夜负荷变动较大而宜于采用经济运行方式的变电所,也可考虑采用两台变压器。

(3) 除上述情况外,一般车间变电所宜采用一台变压器。但集中负荷较大者,虽为三级负荷,也可采用两台及以上变压器。

(4) 在确定变电所主变压器台数时,应适当考虑负荷的发展,留有一定的余地。

2. 变电所主变压器容量的选择

(1) 只装有一台主变压器的变电所

主变压器实际容量 S_{NT}(设计中,一般可概略地当作额定容量 S_N)应满足全部用电设备总计算负荷 S_{30} 的需要,即

$$S_{NT} \geqslant S_{30} \qquad (4-8)$$

(2) 装有两台主变压器的变电所

每台变压器的实际容量 S_{NT}（一般可概略地当作 S_N）应该同时满足以下两个条件：

① 任一台变压器单独运行时，宜满足总计算负荷 S_{30} 大约 70% 的需要，即

$$S_{NT} \approx 0.7 S_{30} \tag{4-9}$$

② 任一台变压器单独运行时，应满足全部一、二级负荷 $S_{30(I+II)}$ 的需要，即

$$S_{NT} \geq S_{30(I+II)} \tag{4-10}$$

(3) 车间变电所变压器的容量上限

车间变电所变压器的单台容量一般不宜大于 1 000 kVA。这是考虑一般车间的负荷密度在 0.05~0.15 kW/m²，选用 1 000 kVA 及以下容量的变压器，可以使变压器更接近负荷中心，减少低压配电系统的电能损耗。按此选择，低压侧开关设备的断流能力也比较易于满足要求。但是当车间用电设备容量较大、负荷集中，且运行合理时，选用较大容量的变压器也是可以的。近年来，化工、冶金纺织等部门陆续采用 1 250~2 000 kVA 的变压器，其优点是减少了变压器台数及高压开关柜和电缆的数量，因而是合理的。

对装设在二层楼以上的干式变压器，其容量不宜大于 630 kVA。

(4) 适当考虑负荷的发展

应适当考虑今后 5~10 年负荷的发展，留有一定的余地，但同时又要顾及变压器的正常过负荷能力。

变电所主变压器台数和容量的最后确定应结合变电所主接线方案的选择，对几个较合理方案进行技术、经济比较，择优而定。

四、电力变压器的并列运行

两台或多台变压器并列运行，必须满足下列三个条件：

(1) 所有并列变压器的额定一次电压和二次电压必须对应地相等。这也就是所有并列变压器的变比应该相同，允许差值不得超过 ±5%。如果并列变压器的变比不同，则并列变压器二次绕组的回路内将出现环流，即二次电压高的绕组将向二次电压低的绕组供给电流，引起电能损耗，可导致绕组过热或烧毁。

(2) 所有并列变压器的阻抗电压（即短路电压）必须相等。由于并列运行变压器的负荷是按其阻抗电压值成反比分配的，所以其阻抗电压必须相等，且允许差值不得超过 ±10%。如果阻抗电压差值过大，可能使阻抗电压小的变压器发生过负荷的现象。

(3) 所有并列变压器的连接组别必须相同。这也就是要求所有并列变压器的一次电压和二次电压的相序及相位都应分别对应地相同，否则不能并列运行。例如有两台变压器的变电所，若一台变压器为 Yyn0 连接，另一台变压器为 Dyn11 连接，当两台变压器并列运行时，其对应的二次侧电压将出现 30° 的相位差，从而在两变压器的二次绕组间产生电位差 ΔU_0。这一 ΔU_0 将在二次侧产生一个很大的环流，可能使变压器绕组烧毁。

此外，并列运行的变压器容量最好相同或相近。一般规定并列运行变压器的最大容量与最小容量之比不能超过 3:1。并列运行变压器的容量相差悬殊时，不仅运行很不方便，而且在变压器特性略有差异时，变压器间的环流往往相当显著，很容易造成容量小的变压器过负荷。

第八节　电气设备的选择与校验

电气设备在正常工作条件下应该能够可靠工作,在短路情况下不能损坏。因此选择电气设备时,应按正常工作条件选择,按短路情况校验。

一、按正常工作条件选择电气设备

按正常工作条件选择电气设备时要考虑的因素：

(1)环境。产品有户内和户外两种类型。户外配电装置的工作条件较户内差,选择时要注意。此外,电气设备的选择还应考虑防腐蚀、防爆、防尘和防火等要求。

(2)电压。在产品铭牌上所标明的电气设备的额定电压,一般可在高于其10%～15%的情况下安全运行。选择时应使装设地点电网的额定电压(U_N)小于或等于设备额定电压(U_{eN}),即

$$U_{eN} \geq U_N \tag{4-11}$$

(3)电流。电气设备铭牌上给出的额定电流是指周围空气温度为θ_0时,电气设备长期允许通过的电流。θ_0由生产厂规定。显然,所选择的电气设备和载流导体应保证满足以下条件：

$$I_{eN} \geq I_{R.max} \tag{4-12}$$

式中,I_{eN}为设备铭牌上标出或生产厂规定的额定电流；$I_{R.max}$为该设备或载流导体长期通过的最大工作电流。

如果电气设备或载流导体所处的周围环境温度高于θ_0时,电气设备上标示的额定电流需按下式进行修正：

$$I_e = I_{eN}\sqrt{\frac{\theta_{al} - \theta'_0}{\theta_{al} - \theta_0}} \tag{4-13}$$

式中,θ_{al}为电气设备或载流导体的最高允许温度；θ'_0为实际的环境温度。

二、按短路条件校验电气设备

对于一般设备应该按短路电流进行动稳定和热稳定的校验。

(1)短路情况下的动稳定是以制造厂的最大试验电流幅值与短路电流的冲击电流相比较,应满足

$$I_{elim} \geq i_{sh}^{(3)} \tag{4-14}$$

式中,I_{elim}为设备极限通过电流的幅值；$i_{sh}^{(3)}$为冲击电流。

某些电气设备(例如电流互感器)由制造厂提供动稳定倍数k_d,则

$$k_d \geq \frac{i_{sh}^{(3)}}{\sqrt{2}I_{N1 \cdot CT}} \tag{4-15}$$

式中,$I_{N1 \cdot CT}$为电流互感器一次侧的额定电流。

(2)短路情况下的热稳定是以制造厂所规定的试验电流在规定时间作用下所产生的热量与短路电流的稳态电流在假想时间内产生的热量相比较,应满足

$$I_t^2 t \geqslant [I_\infty^{(3)}]^2 t_{ima} \qquad (4\text{-}16)$$

式中，I_t 为制造厂规定的作用时间为 t 的电流；t 为电流 I_t 的作用时间(s)。

短路电流在导体上作用的时间 t_k，也就是保护装置动作时间 t_{op} 和断路器切断电路的实际动作时间 t_{oc} 之和。

t_{ima} 为

$$t_{ima} = t_k + 0.05 \qquad (4\text{-}17)$$

但当 $t_k > 1$ s，则 $t_{ima} = t_k$。

对电流互感器制造厂规定热稳定倍数 k_t，则

$$k_t \geqslant \frac{I_\infty}{I_{N1 \cdot CT}} \qquad (4\text{-}18)$$

(3)断路器和熔断器等电气设备承担着切断短路电流的任务，必须能够可靠和迅速地切除短路电流，因此，高压断路器和熔断器的额定开断电流 I_{oc} 必须适应在其后发生短路时的短路电流 $I_k^{(3)}$：

$$I_{oc} \geqslant I_k^{(3)} \qquad (4\text{-}19)$$

三、硬母线的选择

电力系统的母线可以分为软母线和硬母线，软母线选择方法与输电线路相同，硬母线还需要校验电动力稳定性。常用的硬母线材料是铜、铝和钢。铜导电能力强，但价格较贵，钢机械强度高，但导电能力差，且阻抗值和电流的关系是非线性的，不固定。目前变电所的母线除大电流用铜以外，一般尽量采用铝母线，而电流不大的支干线或低压供电系统的零线则有时用钢。

母线截面的形状有圆形、矩形及槽形，如图 4-41 所示，后者用于大电流以减轻重量及充分利用有色金属，圆母线多用在小电流，因为它的面积与矩形相同，其周界最小，即散热条件较差。选择矩形母线，在机械强度允许的条件下，应尽量选择较窄的母线。

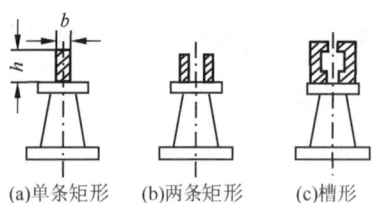

(a)单条矩形　　(b)两条矩形　　(c)槽形

图 4-41　母线在绝缘子上的布置

两根以上母线作为一相通过大电流时，由于集肤效应及邻近效应的影响，通过电流的数值并不等于一根母线通过电流的数倍。例如，3 根母线作为一相供电时，中间母线通过的电流较小，3 根母线电流比例分别为 40%、20% 和 40%。

母线的固定方式有横放及竖放两种，由于横放的散热条件较差，其允许通过的电流较手册所列数字小 5%~8%，但横放母线在短路情况下，能承受的机械应力较大。

母线截面积可按经济电流密度选择

$$S_{ec} = \frac{I_w}{j_{ec}} \qquad (4\text{-}20)$$

式中,S_{ec} 为经济截面积(mm^2);I_w 为工作电流(A);j_{ec} 为经济电流密度(A/mm^2)。

I_w 是指正常工作状况下,不计过载能力及故障修理的最大持续工作电流,选出标准截面积 S_{ec} 后,再以过载及故障修理时的最大可能电流进行校验。

选出的母线还应当进行短路情况下的动稳定及热稳定的校验。

当冲击电流通过母线时,产生的电动力使母线发生弯曲,故检查固定于支柱绝缘瓷瓶上的母线是否稳定,应就所受机械力进行计算,如图 4-42 所示,当三相短路时,中间相母线所受的力最大。由于配电装置中的母线只固定中间的一只绝缘子上,允许纵向移动,因此可将母线视作均匀承重的梁,弯曲转矩值可依材料力学中的公式求得。

如果支柱式绝缘子在 4 个及 4 个以上时,最大的弯曲转矩为

$$M = \frac{F^{(3)}l}{10} \tag{4-21}$$

式中,l 为同一相母线支持绝缘子之间的距离;$F^{(3)}$ 为三相短路时的作用力。

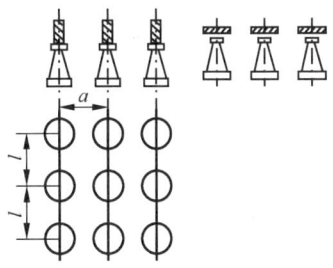

图 4-42 母线在绝缘子上的敷设

如果只有三个支柱式绝缘子时,则

$$M = \frac{F^{(3)}l}{8} \tag{4-22}$$

母线材料在弯曲时所产生的计算应力为

$$\sigma = \frac{M}{\omega} \tag{4-23}$$

式中,σ 为短路时母线中的应力(MPa);ω 为母线截面系数(m^3),矩形母线竖放时 $\omega = b^2h/6$,b 和 h 分别为母线的厚度和宽度,圆管母线 $\omega = \frac{\pi(D^4-d^4)}{32D}$,$D$ 和 d 分别为圆管母线的外径和内径。

求得的 σ 与材料的允许应力 σ_{al} 比较,一般要求

$$\sigma \leq \sigma_{al} \tag{4-24}$$

式中,σ_{al} 为母线的允许应力(MPa),铜为 140 MPa,铝为 50~70 MPa,钢为 100 MPa。

如不能符合式(4-24)的要求,就需要减少 σ 的值,其方法为:①限制短路电流的数值。②变更母线的放置方式。③增大母线的相间距离 a。④减小绝缘子间的跨距 l。⑤增大母线的截面积。

其中最经济有效的办法就是减小绝缘子之间的跨距。在设计时,常常根据母线机械强度的条件计算最大可能的跨距 l_{max}。

$$f^{(3)} = \sqrt{3}\frac{(i_{sh}^{(3)})^2}{a} \times 10^{-7} \quad (4\text{-}25)$$

式中，f 为单位长度上所受的电动力，因为

$$F^{(3)} = f^{(3)} l \quad \text{而} \quad M = \frac{Fl}{10}$$

所以

$$M_{max} = \frac{F^{(3)} l_{max}}{10} = \frac{f^{(3)} l_{max}^2}{10} \quad (4\text{-}26)$$

以 $\sigma_{al} = \dfrac{M_{max}}{\omega}$ 代入式(4-26)，得

$$l_{max} = \sqrt{\frac{10\sigma_{al}\omega}{f^{(3)}}} \quad (4\text{-}27)$$

若计算结果较大，为避免水平布置母线过分弯曲，选择跨距一般不超过 1.5~2 m，最好等于配电装置间隔宽度。

母线还需校验它在短路情况下的热稳定性。

四、各种高压电气设备选择和校验项目

各种高压电气设备的选择和校验项目见表4-4。

表4-4 高压电气设备的选择和校验项目

电气设备名称	额定电压/kV	额定电流/A	短路校验		
			动稳定	热稳定	断流能力/kA
高压断路器	√	√	√	√	√
高压隔离开关	√	√	√	√	×
高压负荷开关	√	√	√	√	×
高压熔断器	√	√	×	×	√
电流互感器	√	√	√	√	×
电压互感器	√	×	×	×	×
支柱绝缘子	√	×	√	×	×
套管绝缘子	√	√	√	√	×
硬母线	×	√	√	√	×
电缆	√	√	×	√	×

注：对于保护电压互感器用的高压熔断器，只需按额定电压和断流能力来选择。

第九节 岸电技术

我国港口众多，海运业务繁忙，靠港船舶数量和密度增幅显著。绝大部分在港口停靠的大型船舶需要不间断地运行燃油发电机以满足其生产和生活需求。使用轻质或重质柴油的发电机在发电的过程中，会排放包含氮氧化合物、硫氧化合物、挥发性有机化合物和颗粒污染物

(PM)在内的污染物,对港口空气及水域造成了很大的污染,同时辅机发电会产生较大的噪声,严重影响港口附近居民、码头工人及船员的工作和生活。国际海事组织(International Maritime Organization,IMO)提供的数据表明,全球以柴油为动力的船舶每年向大气排放1 000万t氮氧化物、850万t硫氧化物,并通过大气作用可以传播至1 000 km以外的地区。这些污染物对港口所在地空气和水域造成的污染日益严重,控制船舶停港期间的环境污染越来越受到全球港口国家的重视。靠港船舶使用岸上电源系统供电,减少柴油等燃料的使用,是满足当前环保需求的一项重要技术,国外一些港口早于国内开始了这方面的研究和实际应用。欧盟于2006年提出并通过了在欧盟范围内各个海港码头停泊的船舶要使用岸电供电的法案2006/339/EC,建议成员国提出对使用岸电的优惠政策,并一起制定岸电电站国际标准,相互之间应就海港岸电供电交流经验,大力推广使用岸电。国际电工委员会、国际标准化组织和电气与电子工程师协会于2012年联合发布了国际标准IEC/ISO/IEEE 80005-1,对船用岸电技术发展起到了积极促进作用。

随着我国岸电技术应用的蓬勃发展,交通运输部也组织制定了《码头船舶岸电设施建设技术规范》(JTS 155—2012)[该标准于2019年进行了修订,改为《码头岸电设施建设技术规范》(JTS 155—2019)]、《港口船舶岸基供电系统技术条件》(JS/T 814—2012)等相关的标准规范。交通运输部发布的《交通运输节能环保"十三五"发展规划》,明确提出"大力推进靠港船舶使用岸电、制定港口岸电布局建设方案,加快港口和船舶使用岸电设备设施建设"。

采用陆地电源对靠港船舶供电的技术称为岸电技术,是指船舶泊靠码头时,停止所有的船舶柴油机电站运转,将船用电改由岸电电站提供,以降低港区污染废气的排放量。港口岸电技术以其清洁、无污染、可再生、可持续的特点得到了国际社会的高度重视。近年来,港口岸电技术日益成熟,性能不断改善,岸电产业在全球能源产业中脱颖而出。

船舶岸电系统主要由岸基供电系统、岸船交互装置和船舶受电系统组成(如图4-43所示)。

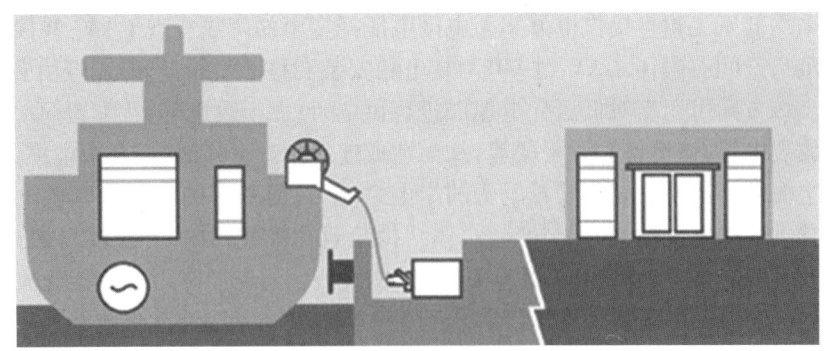

图4-43 岸电系统组成示意图

(1)岸基供电系统。岸基供电系统将电能转换为适当的电压等级与频率后供应到码头前沿的连接点。

(2)岸船交互装置,即连接码头前沿连接点和船舶受电装置的电缆和设备。

(3)船舶受电系统,即在船舶原有配电系统的基础上固定安装岸电受电系统。

世界上大多数国家的船舶(特种船除外)用电的制式为:三相交流6.6 kV/60 Hz、三相交流440 V/60 Hz和三相交流400 V/50 Hz。各大港口为船舶提供的岸电电压和频率不尽相同。

比较常见的岸电供电方式有:高压船舶/高压岸电供电方案、低压船舶/低压岸电供电方案、低压船舶/高压岸电供电方案。其中,低压岸电系统建设情况较好,而高压变频岸电设备设施由于投资较大,大型船舶使用岸电没有明显的经济效益,岸电整体工作推进缓慢。

(1) 高压船舶/高压岸电的供电方案。输入侧接 10 kV/50 Hz 电网电源,经岸基变电所变频调压,输出侧为 6.6 kV/60 Hz。将变频后的高压电送至码头前沿的高压岸电箱内,经电缆同船舶相连。它由三部分设备组成:

①岸电变电所内的变压变频稳压稳频装置;

②船上的船载变电站(包括高压电缆卷筒);

③在码头前沿的岸电箱。

该方案的优点是可做到不间断供电,且安装便捷简单,全过程数字化控制,实现实时监测、实时控制,自动调节电能输出,具有较高的可靠性,可满足大负荷用电的情况。缺点是投入较高,并网船舶需进行相应的改造。

(2) 低压船舶/高压岸电供电方案。瑞典哥德堡港滚装船码头采取低压船舶/高压岸电/50 Hz 直接供电方案。电网电压经变电所降至 6~20 kV,由码头岸电箱连接一条高压电缆上船,上船后通过船载变压器降压至船舶配电电压等级向船舶供电。国内连云港码头采用低压船舶/高压岸电/60 Hz 的供电方案,该岸电系统输入侧接 10 kV/50 Hz 电网电源,经岸上变频器变频,输出侧为 6.6 kV/60 Hz,将变频后的高压电送至码头前沿的高压岸电箱内,同时在船舶上安装配套的固定变压器。该供电方案的优点在于采用高压一条电缆上船,安装便捷,且可实现不间断供电,供电均由岸侧管理,运行方便;缺点是由于采用岸上并网方式,每台变频器对应单独的船舶,且船舶需相应改造,技术实现成本高,灵活性较差。比较两种低压船舶/高压岸电技术方案可见,该方案共有的优点是,高压供电,使用一根电缆快速连接;缺点是需要在船上安装变压器,船舶改造复杂。

(3) 低压船舶/低压岸电供电方案。常见的有低压工频和低压变频两种技术方案。美国洛杉矶港即采用低压工频直接供电方案。电网电压经变电站降压至 6.6 kV,并接到码头岸电接电箱。因港口空间有限,6.6 kV 到 440 V 变电箱安装在移动驳船上,船舶经由驳船上 9 根电缆连接岸电。该方案可用于对低压配电船舶进行供电,且无须改造码头,配置简单。但因低压船舶不易安放变电箱,该设备需置于驳船,从而造成连接困难;另外使用 9 根电缆供电,安装拆卸时间长。上海港外高桥二期集装箱码头的岸电系统,目前采用的也是变频供电方案。该方案采用的是移动式岸电站,变压与变频主体结构装载在集装箱内,方便港口搬运移动,且可放置于岸边或者驳船上。电网 10 kV/50 Hz 的三相交流电压先经降压变压器变压至变频器工作电压,然后经变频器调频,再由变压器降压到 440 V/60 Hz,最后将 9 根电缆连接到船上。该岸电方案使用较为灵活,且无须码头提供额外电气设施。缺点是连接困难。比较两种方案可见,低压船舶/低压岸电供电方案,由于 440 V 低压供电,使用 9 根电缆连接,存在着供电连接操作复杂,每次船舶到港后安装与拆卸时间长等共性缺点。

思考题与习题

4-1 开关触头间发生电弧的根本原因是什么?发生电弧有哪几种游离方式?

4-2 有哪几种灭弧方法?

4-3 断路器、隔离开关、负荷开关、熔断器各有什么特点？

4-4 油断路器、真空断路器、SF_6 断路器的灭弧介质各是什么？性能如何？

4-5 断路器和隔离开关如何配合？

4-6 电气设备选择的一般原则是什么？选择高压断路器、隔离开关、负荷开关、熔断器是否检验热稳定性和动稳定性？为什么？

4-7 高、低压断路器的功能差异是什么？

4-8 熔断器的作用是什么？如何与负荷开关配合？

4-9 为什么手车式开关柜内没有隔离开关，而固定式开关柜内有隔离开关？

4-10 成套配电装置有什么特点？有哪些类型？

4-11 内桥式和外桥式接线各有什么特点？各适用于什么场合？

4-12 港口供电系统常用的主接线有哪几种类型？各有什么特点？

4-13 主接线中母线在什么情况下分段？分段的目的是什么？

4-14 简述倒闸操作的步骤？

4-15 互感器的作用是什么？与变压器有何异同？

4-16 选择电压互感器和电流互感器是否检验热稳定和动稳定？为什么？

4-17 互感器使用时有哪些注意事项？

4-18 简述岸电供电系统的意义。

4-19 有哪几种常见的岸电供电方式？

4-20 某企业的有功计算负荷为 400 kW，功率因数经补偿后到达 0.92。该企业 6 kV 进线上拟安装一台真空断路器，其主保护动作时间为 0.9 s，断路器断路时间为 0.2 s。该企业高压配电所 6 kV 母线上的三相短路电流周期分量 $I_k^{(3)} = 20$ kA。试选择该断路器的型号和规格。

4-21 某变电所装有一台 S11-M500 型变压器。该车间的日平均负荷系数为 0.70，日最大负荷持续时间为 6 h。夏季日最大负荷为 480 kW，最大负荷时功率因数为 0.88，过负荷系数 $K_{ov} = 1.14$。夏季最高气温为 43 ℃，年平均气温为 21 ℃。试校验此户外安装的变压器在夏季最大负荷时是否超过正常允许的负荷能力？

第五章 港口电网

港口电网是港口供电系统的重要组成部分,担负着输送和分配电能的重要任务。港口内部电网按电压高低分为高压电网(1 kV以上的线路)和低压电网(1 kV及以下的线路)。高压电网的作用是从总降压变电所(或中央配电所)向各级码头变电所或高压用电设备供电。低压电网的作用是从码头变电所以220/380 V的电压向码头各用电设备供电。港口电网按结构形式可分为架空线路、电缆线路和户内配电线路等。港口电力线路的接线方式有放射式、树干式和环形三种常用的基本接线方式。

第一节 港口电网的接线方式

港口电网的接线方式(包括高低压电网)主要有放射式、树干式和环形三种基本接线方式,下面仅以高压电网的三种接线方式为例,简要介绍其特点。

一、放射式接线方式

放射式接线方式一般可分为单回路放射式线路(见图5-1)、双回路放射式线路(见图5-2)和有公共备用干线的放射式线路(见图5-3)三种。

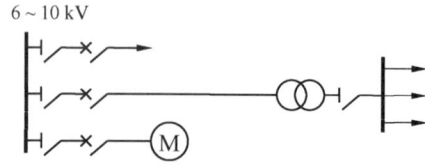

图5-1 6~10 kV单回路放射式线路

1. 单回路放射式接线方式

单回路放射式线路是由总降压变电所(或中央配电所)6~10 kV母线上引出的每一条回路直接向一个码头变电所(或用电中心)配电,沿线不接其他负荷,各码头变电所之间也无联系。这种接线方式的优点是:线路敷设简单,维护简便,保护装置简化,且便于实现自动化。其缺点是由于总降压变电所(或中央配电所)的配出线较多,采用的高压配电装置(开关柜)数量多,投资较大。另外,如采用架空出线,也将造成变电所出线困难。这种接线方式还有一个最大的缺点,当线路或开关设备发生故障时,这条线路上的全部负荷都会停电,因而供电可靠性较差。这种接线主要用以对三级负荷和一部分次要的二级负荷供电。

2. 双回路放射式接线方式

对重要的码头,为提高供电可靠性,可采用双回路放射式配电,如图5-2所示。从图中可见,当任一条线路发生故障或检修时,另一条线路可继续供电。图5-2(a)主要用于对容量较大(一般大于2 000 kVA)的二、三级负荷供电。图5-2(b)则主要用于对大容量(一般大于2 000 kVA)的一级负荷供电。在图5-2(b)中,由于母线用断路器分段,可以实现自动切换,所以这种线路的供电可靠性较高。

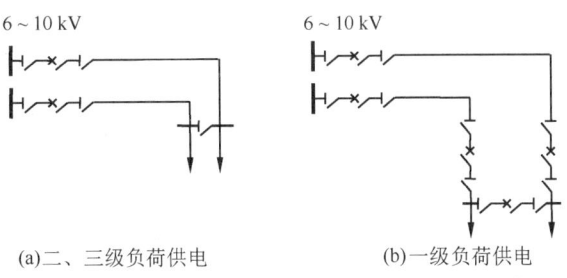

图 5-2　6~10 kV 双回路放射式线路

3. 有公共备用干线的放射式接线方式

当图5-3中任一回路发生故障时,可将其切换到备用干线(图中用虚线表示)上,由备用干线供电。因此,这种线路的供电可靠性也较高,可以对各类负荷供电。

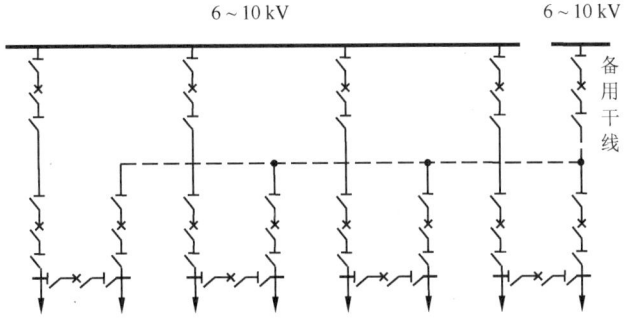

图 5-3　有公共备用干线的放射式线路

二、树干式接线方式

树干式接线方式又分为直接连线树干式[见图5-4(a)]和串联型树干式[见图5-4(b)]两种。

1. 直接连线树干式接线

直接连线树干式接线是由总降压变电所引出的每路高压配电干线,沿各码头厂房敷设,从

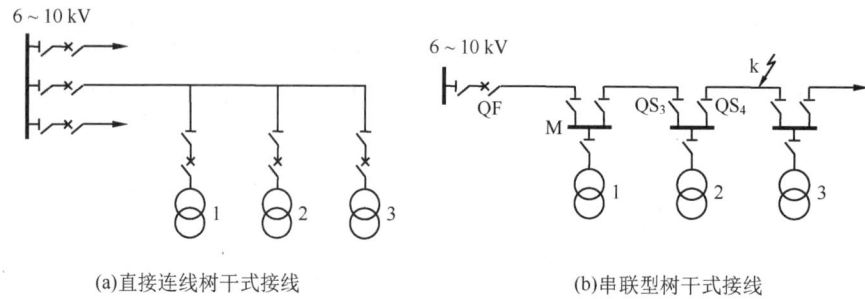

(a)直接连线树干式接线　　　　　　(b)串联型树干式接线

图 5-4　树干式线路

干线上直接接出分支线引入码头变电所。这种形式的优点是高压配电装置数量少,投资相应较少,出线简单,且干线的数目少,可大量节约有色金属。但突出的缺点是供电可靠性差,干线上的任何故障,如断路器或干线任何地方线路上发生故障,则接到这条干线上的所有码头变电所均将停电,影响生产的面很大,因此对于这种树干式接线,分支的数目不宜过多,一般限制在 5 个以内,每台变压器的容量不宜超过 315 kVA。

2. 串联型树干式接线

为了提高供电可靠性,可以采用串联型树干式线路,干线进入每个码头变电所,连于母线 M 上,然后再引出,干线的进出侧均安装隔离开关[见图 5-4(b)]。这样改进后可以缩小停电的范围,提高供电可靠性。例如当 3 号码头变电所附近的线路上(k 处)发生故障时,干线始端断路器 QF 跳闸。维修人员在找到故障点后,只要拉开隔离开关 QS_4,则 1 号和 2 号码头变电所仍可继续供电,从而缩小了停电范围。

三、环形接线方式

环形接线(如图 5-5 所示),实质上是两端供电的树干式接线。它的突出优点是运行灵活,供电可靠性高,可以开环运行,也可以闭环运行。闭环运行时,继电保护整定较复杂。为了避免环形线路上发生故障时影响整个电网,也为了便于实现线路保护的选择性,多数环形线路采取"开口"运行方式,即环形线路有一处开关是断开的。

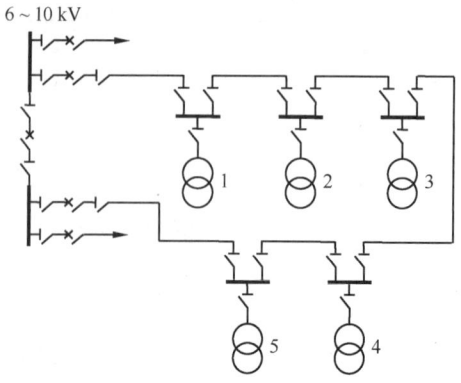

图 5-5　环形接线

总之,港口高压线路的接线应力求简单可靠。运行经验证明:供电系统如果接线复杂,层次过多,不仅浪费投资、维护不便,而且由于电路串联的元件过多,因误操作或元件故障而造成的事故也随之增多,且事故处理和恢复供电的操作也比较麻烦,从而延长了停电时间。同时由于变电所的级数多,继电保护装置相应复杂化,动作时间也相应延长,不利于供电系统的故障快速切除。

第二节　港口电网线路的结构和敷设

一、架空线路的结构和敷设

由于架空线路与电缆线路相比有较多优点,如成本低、投资少、安装容易、维护和检修方便、易于发现和排除故障,所以架空线路以前在一般港口中广泛采用。但架空线路直接受大气影响,易受雷击和污浊空气危害且架空线路要占用一定的地面和空间,有碍交通和观瞻,因此近年来大中城市和现代化企业配电网逐渐对架空线路进行电缆化改造。

架空线路由下列主要元件组成:导线、电杆、绝缘子和线路金具等。图5-6为架空线路的结构,图5-6(a)为低压线路,图5-6(b)为高压线路。为了防雷,有的架空线路上还架设有避雷线(架空地线)。为了加强电杆的稳固性,有的电杆还安装有拉线或扳桩。

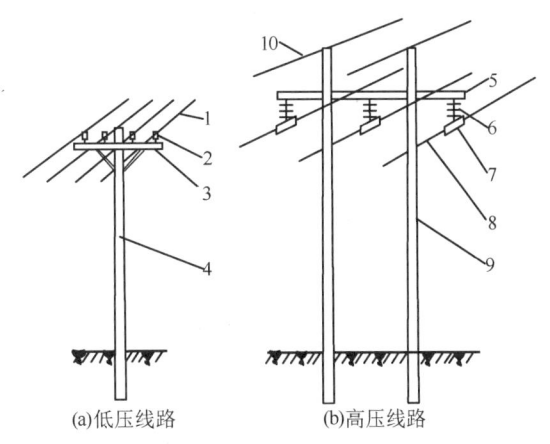

(a)低压线路　　(b)高压线路

图5-6　架空线路的结构

1—低压导线;2—针式绝缘子;3—横担;4—低压电杆;5—横担;
6—绝缘子串;7—线夹;8—高压导线;9—高压电杆;10—避雷线

导线是架空线路的主体,担负着输送电流的作用。它架设在电杆上面,要经常承受自身重量和各种外力的作用,并受着大气中各种有害物质的侵蚀。因此,要求导线具有良好的导电性,同时要具有一定的机械强度和耐腐蚀性,尽可能地质轻而价廉。

架空线路一般采用裸导线。裸导线按其结构分为单股线和多股绞线,港口中一般都用绞线。绞线又有铜绞线、铝绞线和钢芯铝绞线。港口里最常用的是铝绞线。在机械强度要求较高的和35 kV及以上的架空线路上,则多采用钢芯铝绞线。钢芯铝绞线简称钢芯铝线。这种导线的芯子是钢线,以增强导线的机械强度,弥补铝线机械强度较差的缺点;而其外围用铝线,使其导电性较好。由于交流电流通过导线时有集肤效应,所以交流电流实际上只从铝线通过,从而克服了钢线导电性差的缺点。钢芯铝绞线型号中表示的截面积就是其铝线部分的截面积,因为只有这部分铝线才是导电的,其截面积可用来进行电气计算。

根据机械强度的要求,一般规定架空裸导线最小允许截面积如附录表9所示。

三相四线制低压线路的导线,一般都采用水平排列。由于中性线的电位在三相对称时为零,而且其截面积也较小,机械强度较差,所以中性线一般架设在靠近电杆的位置。三相三线制线路的导线,可呈三角形排列,也可呈水平排列。

多回路导线同杆架设时,可呈三角、水平混合排列,也可呈垂直排列。电压不同的线路同杆架设时,电压较高的线路应架设在上面,电压较低的线路则架设在下面。

架空线路的档距(又叫跨距,见图5-7),是同一线路上相邻两根电杆之间的水平距离。

导线的弧垂(又叫弛垂,见图5-7)是架空线路导线最低点与档距两端电杆上的导线悬挂点间的垂直距离。导线的弧垂是由于导线存在着荷重所形成的。弧垂不宜过大,也不宜过小,过大则在导线摆动时容易引起相间短路,而且可能造成导线对地或对其他物体的安全距离不够;过小则使导线内应力过大,在天冷时可能被拉断。

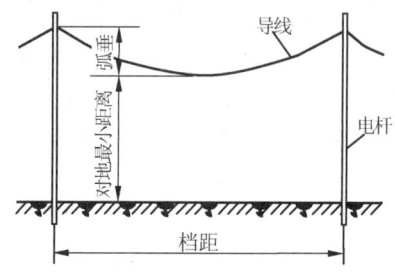

图5-7 架空线路的档距和弧垂

二、电缆线路的结构和敷设

电缆线路与架空线路相比,虽然具有成本高、投资大和维修不便等缺点,但是它具有运行可靠、不易受外界影响、不需架设电杆、不占地面和不碍观瞻等优点,特别是在有腐蚀性气体和易燃、易爆场所,不宜架设架空线路时,只能敷设电缆线路。近年来在大中城市和现代化企业配电网中,电缆线路得到了越来越广泛的应用,并逐渐对架空线路实施电缆化改造。

1. 电缆和电缆头

电缆是一种特殊的导线,它的几根(或单根)绝缘芯线的外面,统包有绝缘层和保护层。电缆的种类很多,供电系统中常用的电力电缆,按其采用的绝缘介质分油浸纸绝缘电缆和塑料绝缘电缆两大类。油浸纸绝缘电缆具有耐压强度高(最高工作电压可达66 kV)、耐热能力强(同一截面下允许载流量较大,短路时热稳定性较好)和使用年限长(一般可达30~40年)等优点,因此它的应用最为普遍。但是它工作时,其中的浸渍油会流动,因此它两端的高度差有一定的限制;否则电缆低的一端可能因油压很大使端头胀裂漏油,而高的一端则可能因油流失而使绝缘纸干枯,耐压降低,甚至击穿损坏。塑料绝缘电缆是后来发展起来的,它没有上述油浸纸绝缘电缆的缺点,而且具有抗酸碱、防腐蚀和重量轻等优点。它已逐步取代油浸纸绝缘电缆,特别适用于有化学腐蚀的及高度差较大的场所敷设,可以节约大量的铅(或铝)。目前生产的塑料绝缘电缆有两种:一种是聚氯乙烯绝缘及护套电缆,已生产至10 kV电压等级;另一种是交联聚乙烯绝缘聚氯乙烯护套电缆,其电气性能更优越,目前已生产至110 kV电压等级。

图 5-8 和图 5-9 分别是油浸纸绝缘电力电缆和交联聚乙烯绝缘电力电缆的结构图。

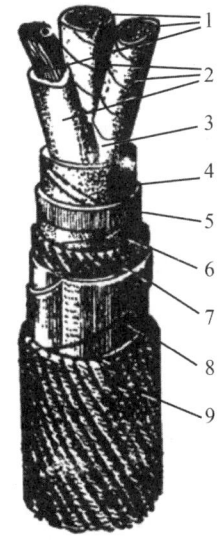

图 5-8 油浸纸绝缘电力电缆
1—铝芯(或铜芯);2—油浸纸绝缘层;3—麻筋(填料);4—油浸纸;5—铝包(或铅包);6—涂沥青的纸带(内护层);7—浸沥青的麻包(内护层);8—钢铠(外护层);9—麻包(外护层)

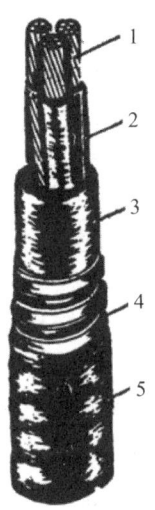

图 5-9 交联聚乙烯绝缘电力电缆
1—铝芯(或铜芯);2—交联聚乙烯绝缘层;3—聚氯乙烯护套(内护层);4—钢铠(或铝铠);5—聚氯乙烯外壳

电缆头包括连接两条电缆的中间接头和电缆终端的封端头。环氧树脂的电缆头具有工艺简便、绝缘和密封性能好、体积小、重量轻和成本低等优点,现广泛用在港口 10 kV 及以下的配电装置中。

运行经验表明,电缆头是电缆线路的薄弱环节,电缆线路中的绝大部分故障往往就发生在接头处。由于电缆头本身的缺陷或安装质量有问题而造成事故,破坏了电缆的正常运行。为了保证电缆的正常运行,电缆头应可靠地密封,其耐压强度不应低于电缆本身的耐压强度,要有足够的机械强度,且体积小、结构简单。

2. 电缆的敷设

(1)电缆的敷设方式。港口采用的电缆敷设方式有直接埋地、电缆沟敷设、沿墙敷设、电缆隧道敷设和电缆桥架敷设等几种方式。

(2)电缆敷设路径的选择。选择电缆敷设路径时,应考虑以下原则:①使电缆路径最短,尽量少拐弯;②使电缆尽量少受外界的因素,如机械的、化学的或地中电流等作用的损坏;③散热条件好;④尽量避免与其他管道交叉;⑤应避开规划中要挖土的地方。

第三节 导线和电缆截面积的选择计算

为了保证供电线路安全、可靠、优质和经济地运行,选择导线和电缆截面积时必须满足下列条件:

(1)发热条件。导线和电缆在通过正常最大负荷电流(即计算电流)时产生的发热温度,不应超过其正常运行时的最高允许温度。

(2) 电压损失条件。导线和电缆在通过正常最大负荷电流时产生的电压损失，不应超过正常运行时允许的电压损失。

(3) 经济电流密度。高压线路和特大电流的低压线路应按规定的经济电流密度选择导线和电缆的截面积，以使线路的年运行费用接近最小，节约电能和有色金属。

(4) 机械强度。导线(包括裸导线和绝缘导线)在正常工作条件下，必须有足够的机械强度，以防断线，保证安全可靠运行。其导线的截面积不应小于某一最小允许截面积。电缆由于有内外护套，机械强度高，不必校验机械强度。各种电压等级与不同种类的导线最小允许截面积如附录表9所列。

此外，对于绝缘导线和电缆，还应满足工作电压的要求。

根据设计经验，低压动力线路因负荷电流较大，所以一般先按发热条件来选择截面积，再校验其电压损失和机械强度。因低压照明线路对电压水平要求较高，所以一般先按允许电压损失条件来选择截面积，然后校验其发热条件和机械强度。而对高压架空线路，则往往先按经济电流密度来选择截面积，再校验其他条件。这样选择，通常容易满足要求，较少返工。

一、按发热条件选择导线和电缆的截面

1. 导线和电缆必须满足的发热条件

电流通过导线或电缆时，会产生电能损耗，使导线发热。绝缘导线和电缆的温度过高时，将使其绝缘损坏，甚至引起失火。裸导线的温度过高时，会使其接头处的氧化加剧，增大接头的接触电阻，使之进一步氧化，甚至发展到断线。因此，导线的发热温度不得超过允许值，如附录表10所列。

按发热条件选择导线截面时，应使其允许载流量(允许持续负荷电流)I_{al} 不小于通过导线的最大负荷电流(计算电流)I_{30}，即 $I_{al} \geq I_{30}$。

如果是选择降压变压器高压侧的导线和电缆截面，则上式中的 I_{30} 应取为变压器高压侧的额定电流。

如果是选择成组电容器的引入线截面，则应考虑电容充电时引起的过电流，I_{30} 一般取为电容器额定电流的1.3倍。

必须注意：导线的允许载流量与环境温度有关。因此当敷设地点的环境温度与导线允许载流量所对应的环境温度不同时，导线的允许载流量应乘以温度校正系数。

$$K = \sqrt{\frac{\theta_{al} - \theta'_0}{\theta_{al} - \theta_0}} \tag{5-1}$$

式中，θ_{al} 为导线正常工作时的最高允许温度；θ_0 为导线的允许载流量所对应的环境温度；θ'_0 为导线敷设地点实际的环境温度。

这里要说明，导线和电缆敷设地点的环境温度，按《工厂电力设计技术规程》(以下简称"规程")规定，应采用下列温度值：

对架空线——采用10年或以上的当地最热月每天最高气温月平均值的总平均值。

对电缆——当周围介质为空气时，采用1年中昼夜平均空气温度最高的3天中最低一个昼夜平均温度值的10年或以上的总平均值；当周围介质为土壤时，采用历年最热月土壤全月

平均温度的总平均值;在电缆沟内,按上述空气温度加 5 ℃ 来考虑。

对裸导线——与架空线的规定相同。

对绝缘导线——无论在空气中还是穿管敷设,均采用 10 年或以上最热月昼夜平均空气温度月平均值的总平均值。

附录表 5 列出了 LJ 型铝绞线的允许载流量及其温度校正系数。附录表 12 列出了绝缘导线(BLX 型、BBLX 型铝芯橡皮线和 BLV 型铝芯塑料线)在不同环境温度下明敷、穿钢管和穿塑料管时的允许载流量。关于其他导线和电缆的允许载流量,可查有关设计手册取得。对于铜线,其允许载流量为相应的铝线允许载流量的 1.3 倍。

2. 中性线截面的选择

(1)三相四线制线路中的中性线,由于正常情况下其中通过的电流仅为三相不平衡电流或零序电流,通常都比较小,因此规程规定,中性线截面积 S_0 一般不得小于相线截面积 S_φ 的 50%(通常取为相线截面积的 60% 左右),即 $S_0 \geq 0.5 S_\varphi$。

但是对于三次谐波电流非常大的三相四线制线路,由于各相的三次谐波电流均通过中性线,中性线中的电流可能接近相电流,这时中性线截面积可选为与相线截面积相同,即 $S_0 = S_\varphi$。

(2)三相四线制线路中分出的两相三线制线路的中性线和单相线路的中性线,由于其中通过的电流与相线电流相等,因此中性线截面积应选为与相线截面积相同,即 $S_0 = S_\varphi$。

例 5-1 有一条 220/380 V 的三相四线制线路,采用 BBLX-500 型玻璃丝编织铝芯橡皮线明敷,最大负荷 $I_{30} = 50$ A,环境温度 $\theta_0 = 30$ ℃,如何选该线截面。

解:查附录表 12:$\theta_0 = 30$ ℃,BBLX-500 型线明敷的线截面积为 10 mm^2 时,$I_{al} = 60$ A,满足 $I_{al} > I_{30}$,故选取导线截面积为 10 mm^2,中性线截面按相线截面积的 60% 选择,选取 6 mm^2。

例 5-2 若上例采用铝芯橡皮线穿硬塑料管埋地敷设,如何选橡皮线截面积及塑料管内径。

解:查附录表 12:$\theta_0 = 30$ ℃,铝芯橡皮线穿硬塑料管埋地敷设的导线截面积为 25 mm^2 时,$I_{al} = 56$ A,满足 $I_{al} > I_{30}$,故选取导线截面积为 25 mm^2,塑料管内径为 40 mm。

中性线截面按相线 60% 截面积选择,为 15 mm^2,选取导线截面积为 16 mm^2。

二、按经济电流密度选择导线和电缆的截面

导线的截面积越大,电能损耗就越小,但是线路投资、维修管理费用和有色金属消耗量则要增加。所以从经济方面考虑,导线应选择一个比较合理的截面积,既要电能损耗小,又不致过分增加线路投资、维修管理费用和有色金属消耗量。图 5-10 中的曲线 1 表示线路的年折旧费(即线路投资除以折旧年限)及线路的年维修管理费之和与导线截面积的关系曲线;曲线 2 表示线路的年电能损耗费与导线截面积的关系曲线;曲线 3 为曲线 1 和曲线 2 的叠加,表示线路的年运行费用(包括线路的年折旧费、维修费、管理费和电能损耗费)与导线截面积的关系曲线。由该曲线可知,与年运行费用最小值 Y_a(a 点)相对应的导线截面积 S_a 不一定是很经济合理的导线截面积。因为 a 点附近,曲线 3 比较平坦。如果将导线截面积再选小一些,例如选为 S_b(对应于曲线 3 的 b 点),年运行费用 Y_b 增加不多,而导线截面积即有色金属消耗量却显著地减少了。因此从全面的经济效益来考虑,导线截面积选为 S_b 比选 S_a 更为经济合理。这种从全面的经济效益考虑,即使线路的年运行费用趋于最小而又符合节约有色金属条件的导

线截面积,称为经济截面积,用符号 S_{ec} 表示。

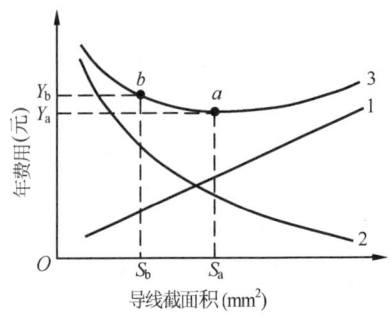

图 5-10 年费用与导线截面积的关系曲线

各国根据其具体国情特别是有色金属资源的情况,规定了导线和电缆的经济电流密度。我国规定的经济电流密度如附录表 11 所列。

经济截面积与经济电流密度的关系为

$$S_{ec} = I_{30}/j_{ec} \tag{5-2}$$

式中,I_{30} 为线路的计算电流;j_{ec} 为经济电流密度。

按经济电流密度选择导线的方法,一般用于高压线路和个别特大电流的低压线路,而 3~5 年内的临时性高压线路及母线、引接线和较短的电缆线路等,不按经济电流密度选择。按式(5-2)计算出 S_{ec} 后,应选最接近的标准截面积(可取稍小的标准截面积)。

例 5-3 10 kV 架空线路采用 LJ 绞线,$P_{30} = 1\,380$ kW,$\cos\varphi = 0.7$,$T_{max} = 4\,800$ h。求 S_{ec},并校验发热条件和机械强度。

解:(1) 选择 S_{ec}

$$I_{30} = \frac{P_{30}}{\sqrt{3}\,U_N \cos\varphi} = \frac{1\,380}{\sqrt{3} \times 10 \times 0.7} = 113.82(\text{A})$$

查附录表 11:$j_{ec} = 1.15$ A/mm^2,所以,$S_{ec} = I_{30}/j_{ec} = 113.82/1.15 = 98.97(\text{mm}^2)$。
选择导线截面积为 95 mm^2 LJ 型铝绞线。

(2) 校验

查附录表 5:LJ-95 型铝绞线在户外 25 ℃ 时的允许载流量 $I_{al} = 325$ A,$I_{al} > I_{30}$,满足发热条件。

查附录表 9:10 kV 架空铝绞线在居民区和非居民区架设的最小允许截面积 S_{min} 分别为 35 mm^2 和 25 mm^2,所选截面积均有 $S > S_{min}$,满足机械强度要求。

三、按允许电压损失选择导线和电缆的截面

1. 电压降落、电压损失和电压偏移

由于线路上有电阻和电抗,当有电流通过时,除产生电能损耗外,还产生电压损失,影响电压质量。

(1) 电压降落

电压降落是指电网始端电压 $\dot{U}_1$ 和终端电压 $\dot{U}_2$ 的相量差[见图 5-11(a)],如以 $\Delta\dot{U}$ 表示,则

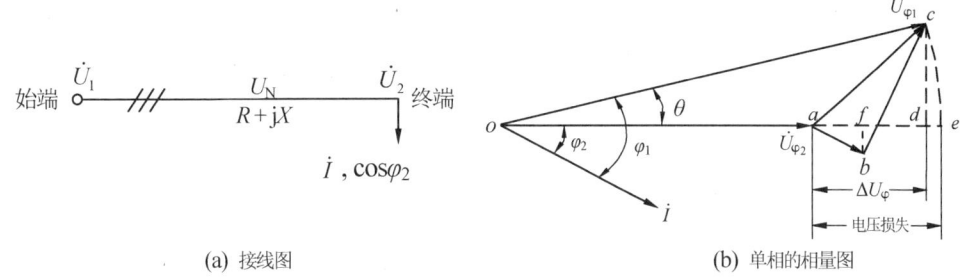

(a) 接线图　　　　　　　　　　　　(b) 单相的相量图

图 5-11　终端接有集中负荷的三相线路

$$\Delta \dot{U} = \dot{U}_1 - \dot{U}_2 \tag{5-3}$$

（2）电压损失

电压损失是指线路两端电压的代数差，如以 ΔU 表示，$\Delta U = U_1 - U_2$，如以百分数表示，则

$$\Delta U\% = [(U_1 - U_2)/U_N] \times 100 \tag{5-4}$$

（3）电压偏移

电压偏移是指电网中任意一点（一般指终端）的实际电压与电网额定电压的代数差，如以百分数表示时，则电压偏移的百分数为

$$\Delta U\% = [(U_2 - U_N)/U_N] \times 100 \tag{5-5}$$

电压偏移与电压损失是有密切关系的。当负荷变动时，电网中的电压损失亦随之变动。于是尽管线路的始端电压 U_1 保持不变，但终端电压 U_2 仍要随负荷而变化。因此，电网中的电压损失越大，用电设备端子上的电压偏移也越大。当电压偏移超过允许值时，将严重地影响用电设备的正常运行，所以为了确保电气设备的正常运行，其端子上的电压偏移不得超过规定的允许值。为了确保用电设备端子上的电压质量，要求电力网中的电压损失限制在一定范围之内。

2. 电力网中电压损失的计算

下面研究导线电压损失的计算。分两种情况来讨论，一是仅在线路终端接有一个集中负荷（即放射式线路），一是线路上接有许多分布式负荷（即树干式线路）。

（1）终端接一集中负荷的三相线路

在三相交流线路中，当各相负荷平衡时，各相导线中的电流值均相等，电流与电压间的相位差亦相同，故可计算其一相的电压损失，然后再按一般方法换算成线电压损失。

终端接有一集中负荷的三相线路如图 5-11（a）所示。设每相电流为 I，负荷的功率因数为 $\cos\varphi_2$，线路的电阻为 R，电抗为 X，线路始端和终端的相电压各为 $U_{\varphi1}$ 和 $U_{\varphi2}$。现取终端相电压 $U_{\varphi2}$ 为参考轴，做出一相的电压相量图，如图 5-11（b）所示。由图 5-11（b）可见，电压损失为 $\Delta U = U_{\varphi1} - U_{\varphi2} = ae$，$ae$ 的准确计算比较复杂，在工程计算中，往往以 ad 段来代替 ae 段，由此而引起的误差一般不超过实际电压损失的 5%，每相的电压损失为

$$\Delta U_\varphi = ad = af + fd = IR\cos\varphi_2 + IX\sin\varphi_2 \tag{5-6}$$

换算成线电压的损失为

$$\Delta U = \sqrt{3}\Delta U_\varphi = \sqrt{3}(IR\cos\varphi_2 + IX\sin\varphi_2) \tag{5-7}$$

如负荷以三相功率计算,线路终端线电压为 U_2,则 $P = \sqrt{3}\,U_2 I\cos\varphi_2$

$$I = \frac{P}{\sqrt{3}\,U_2\cos\varphi_2} \tag{5-8}$$

将式(5-8)代入式(5-7):

$$\Delta U = \sqrt{3}\,\frac{P}{\sqrt{3}\,U_2\cos\varphi_2}(R\cos\varphi_2 + X\sin\varphi_2) = \frac{PR + QX}{U_2} \tag{5-9}$$

实际计算时,常用线路的额定线电压 U_N 代替 U_2,误差极小,因此

$$\Delta U = \frac{PR + QX}{U_N} \tag{5-10}$$

式中,P、Q 分别为负荷的三相有功和无功功率;U_N 为线路额定线电压。

(2) 分布式负荷的树干式线路

树干式线路的特点是一条线路接有许多分布式负荷,如图 5-12 所示。图中 P_1、Q_1、P_2、Q_2、P_3、Q_3 分别为通过各段干线的有功功率和无功功率;p_1、q_1、p_2、q_2、p_3、q_3 分别为各支线的有功功率和无功功率;r_1、x_1、r_2、x_2、r_3、x_3 分别为各段干线的电阻和电抗;R_1、X_1、R_2、X_2、R_3、X_3 分别为电源到各支线负荷之间线路的电阻和电抗;l_1、l_2、l_3 分别为各段干线的长度;L_1、L_2、L_3 分别为电源到各支线负荷之间线路的长度。

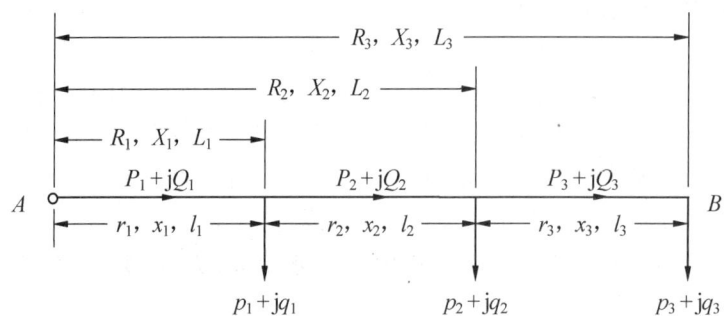

图 5-12 树干式线路的电压损失计算图

如果已知线路各段的负荷及阻抗,就可根据式(5-10)求出各段线路的电压损失,显然,从线路始端到末端总的电压损失就等于各段电压损失的算术和。

因为供电线路一般较短,线路上的功率损耗可忽略不计,则各段干线的负荷分别为

$$P_1 = p_1 + p_2 + p_3 \qquad Q_1 = q_1 + q_2 + q_3$$
$$P_2 = p_2 + p_3 \qquad Q_2 = q_2 + q_3$$
$$P_3 = p_3 \qquad Q_3 = q_3$$

由式(5-10)求得各段干线上的电压损失分别为

$$\Delta U_i = (P_i r_i + Q_i x_i)/U_N \quad (i = 1,2,3) \tag{5-11}$$

若有 n 段干线,则总的电压损失为

$$\Delta U = \sum_{i=1}^{n} \Delta U_i = \sum_{i=1}^{n} (P_i r_i + Q_i x_i)/U_N \tag{5-12}$$

若将各段干线负荷以各支线负荷表示,则 n 段干线总的电压损失

$$\Delta U = \sum_{i=1}^{n}(p_i R_i + q_i X_i)/U_N \tag{5-13}$$

电压损失若以百分数表示,且电压的单位为 kV、功率的单位为 kW,则

$$\Delta U\% = \frac{\Delta U}{U_N \times 1\,000} \times 100 = \frac{\sum_{i=1}^{n}(P_i r_i + Q_i x_i)}{10 U_N^2} = \frac{\sum_{i=1}^{n}(p_i R_i + q_i X_i)}{10 U_N^2} \tag{5-14}$$

在港口供电线路中,由于线路的总长度不长,通常各段干线的截面积和结构都相同,故

$$r_i = R_0 l_i; \quad x_i = X_0 l_i; \quad R_i = R_0 L_i; \quad X_i = X_0 L_i \tag{5-15}$$

式中,R_0、X_0 分别为每千米线路的电阻和电抗。

将式 (5-15) 代入式 (5-14),则

$$\Delta U\% = \frac{R_0 \sum_{i=1}^{n} P_i l_i + X_0 \sum_{i=1}^{n} Q_i l_i}{10 U_N^2} = \frac{R_0 \sum_{i=1}^{n} p_i L_i + X_0 \sum_{i=1}^{n} q_i L_i}{10 U_N^2} \tag{5-16}$$

(3) 按允许电压损失选择导线截面积

由式 (5-16),得

$$\Delta U\% = \frac{R_0 \sum_{i=1}^{n} P_i l_i}{10 U_N^2} + \frac{X_0 \sum_{i=1}^{n} Q_i l_i}{10 U_N^2} = \Delta U_a\% + \Delta U_r\% \tag{5-17}$$

由此可见,导线中的电压损失由两部分组成:有功负荷及电阻引起的电压损失 $\Delta U_a\%$ 以及无功负荷及电抗引起的电压损失 $\Delta U_r\%$。

例 5-4 验算例 5-3 所选 LJ-95 型铝绞线是否满足 $\Delta U_{al}\% = 5\%$ 的要求。导线排列为等边三角形,$a_{av} = 1$ m,$L = 3$ km,$P_{30} = 1\,380$ kW,$U_N = 10$ kV,$\cos\varphi = 0.7$。

解:由 $\cos\varphi = 0.7$,得 $\tan\varphi = 1.0$。

$Q_{30} = P_{30} \tan\varphi = 1\,380 (\text{kvar})$。

根据截面积 95 mm² 和几何均距 1 m;查附录表 5:$R_0 = 0.36\ \Omega/\text{km}$,$X_0 = 0.34\ \Omega/\text{km}$;线路电压损失:

$$\Delta U = \frac{P_{30} R + Q_{30} X}{U_N} = \frac{1\,380 \times 10^3 \times 0.36 \times 3 + 1\,380 \times 10^3 \times 0.34 \times 3}{10 \times 10^3} = 289.80(\text{V})$$

线路电压损失百分数:

$$\Delta U\% = \frac{\Delta U}{U_N} \times 100 = \frac{289.80}{10 \times 10^3} \times 100 = 2.90 < 5$$

满足电压损失要求。

电抗可略去不计或负荷功率因数接近 1 的线路,称为无感线路,全线的导体型号和规格一致的无感线路,则称为均一无感线路。

对于无感电路,由于 X_0 很小或 Q 值不大,$\Delta U_r\% \ll \Delta U_a\%$,故 $\Delta U_r\%$ 可略去不计,使计算大为简化;而在另一些条件下,$\Delta U_r\%$ 不可略去不计,两种情况计算如下:

(1) 不计 $\Delta U_r\%$ 时("均一无感"线路)

在满足下列任一条件时,可认为是均一无感线路,不计 $\Delta U_r\%$:

① $\cos\varphi = 0.8$,导线截面积 $S < 16$ mm²;或 $\cos\varphi = 0.9$,$S < 25$ mm² 的线路;

②$S \leqslant 50 \text{ mm}^2$ 的三芯电缆。

$$\Delta U\% = \Delta U_a\% = \frac{R_0 \sum_{i=1}^{n} P_i l_i}{10 U_N^2} = \frac{\sum_{i=1}^{n} Q_i l_i}{10 U_N^2 \gamma S} \tag{5-18}$$

式中,S 为导线截面积(mm^2);γ 为导线的电导率,$\gamma_{cu} = 0.053 \text{ km}/(\Omega \cdot \text{mm}^2)$,$\gamma_{Al} = 0.032 \text{ km}/(\Omega \cdot \text{mm}^2)$。

令 $\Delta U\% = \Delta U_{al}\%$($\Delta U_{al}\%$ 为允许电压损失)

由式(5-18),导线截面积

$$S = \frac{\sum_{i=1}^{n} P_i l_i}{10 \gamma U_N^2 \Delta U_{al}\%} \tag{5-19}$$

式中,U_N 为线路额定线电压(kV);P 的单位为 kW。

(2)计及 $\Delta U_r\%$

由于导线截面积还未选好,计及 $\Delta U_r\%$ 计算比较复杂,所以在工程计算上一般采用逐步尝试法:

①对于 6~10 kV 高压架空线,一般 $X_0 = 0.30 \sim 0.40 \ \Omega/\text{km}$,(指一般常用截面积及间距);对于电缆线路,$X_0 \approx 0.07 \ \Omega/\text{km}$。可以根据这些范围,先取一个 X_0 的平均值,按式(5-17)估计 $\Delta U_r\%$ 值。

②求 $\Delta U_a\%$,$\Delta U_a\% = \Delta U_{al}\% - \Delta U_r\%$。

③由式(5-19)求出导线的截面积 S,并据此选出一个标准截面积。

④由选出的标准截面积 S 以及几何均距,查表得到与其对应的 X_0 值,若它与原估计值相差不大,或据此截面的 R_0、X_0 值求得的电压损失不超过允许值,则可以认为满足要求;否则,需按上述步骤重新计算,直到所选的截面积满足电压损失的要求为止。

例 5-5 某 220/380 V 线路,用 BBLX 型 3×25+1×16 的四根导线明敷。在距线路首端 50 m 处接 7 kW 电阻性负荷,末端接 28 kW 的电阻性负荷,线路全长 75 m。求 $\Delta U\%$。

解:线路第 1 段,长度为 50 m,传输的功率为

$$P_1 = 7 + 28 = 35 (\text{kW})$$

线路第 2 段,长度为 25 m,传输的功率为 28 kW。

$$\Delta U\% = \frac{\sum_{i=1}^{n} P_i l_i}{10 U_N^2 \gamma_{Al} S} = \frac{35 \times 0.05 + 28 \times 0.025}{10 \times 0.38^2 \times 0.032 \times 25} = 2.12$$

例 5-6 一条 6 kV 的架空线路给一台变压器和一台电机供电,线路长度及变压器容量如图 5-13 所示,导线采用 LJ 型铝绞线,全线截面积一致。设全线允许电压损失 5%,当地最热月份的平均最高气温为 35 ℃。线路的三相导线做水平等距排列,线距 1 m。按电压损失选择导线截面积,并校验发热和机械强度。(注:可将设备的额定容量当作线路的视在计算负荷,不计变压器损耗。)

解:$\cos\varphi_1 = 0.90$,$\sin\varphi_1 = 0.4359$,$\cos\varphi_2 = 0.86$,$\tan\varphi_2 = 0.5934$。

(1)线路第 1 段,长度为 2 km,传输的功率为

$$P_1 = s_1 \cos\varphi_1 + p_2/\eta_2 = 1\ 000 \times 0.90 + 300/0.89 = 1\ 237.08 (\text{kW})$$

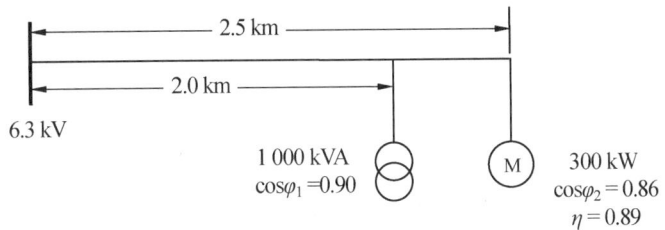

图 5-13 例 5-6 系统图

$$Q_1 = s_1\sin\varphi_1 + (p_2/\eta_2)\tan\varphi_2 = 1\,000 \times 0.435\,9 + (300/0.89) \times 0.593\,4 = 635.92(\text{kvar})$$

线路第 2 段,长度为 0.5 km,传输的功率为

$$P_2 = p_2/\eta_2 = 300/0.89 = 337.08\ (\text{kW})$$

$$Q_2 = (p_2/\eta_2)\tan\varphi_2 = (300/0.89) \times 0.593\,4 = 200.02(\text{kvar})$$

(2)电抗未知,估计 $X_0 = 0.35\ \Omega/\text{km}$

$$\Delta U_r\% = \frac{\sum_{i=1}^{n} Q_i X_0 l_i}{10 U_N^2} = \frac{635.92 \times 0.35 \times 2.0 + 200.02 \times 0.35 \times 0.5}{10 \times 6^2} = 1.33$$

$$\Delta U_a\% = \Delta U_{al}\% - \Delta U_r\% = 5 - 1.33 = 3.67$$

$$S = \frac{\sum_{i=1}^{n} P_i l_i}{10 U_N^2 \gamma_{Al} \Delta U_a\%} = \frac{1\,237.08 \times 2.0 + 337.08 \times 0.5}{10 \times 6^2 \times 0.032 \times 3.67} = 62.51(\text{mm}^2)$$

取截面积 $S = 70\ \text{mm}^2$,几何均距为 $a_{av} = \sqrt[3]{a_1 a_2 a_3} = \sqrt[3]{1 \times 1 \times 2} = 1.26(\text{m})$。

查附录表 5:$R_0 = 0.48\ \Omega/\text{km}, X_0 = 0.36\ \Omega/\text{km}$。线路电压损失为

$$\Delta U\% = \frac{R_0 \sum_{i=1}^{n} P_i l_i + X_0 \sum_{i=1}^{n} Q_i l_i}{10 U_N^2}$$

$$= \frac{0.48 \times (1\,237.08 \times 2.0 + 337.08 \times 0.5) + 0.36 \times (635.92 \times 2.0 + 200.02 \times 0.5)}{10 \times 6^2}$$

$$= 4.90$$

满足电压损失要求。

(3)按发热条件校验

温度校正系数:

$$K = \sqrt{\frac{\theta_{al} - \theta'_0}{\theta_{al} - \theta_0}} = \sqrt{\frac{70 - 35}{70 - 25}} = 0.88$$

查附录表 5:$\theta_0 = 25\ ℃$,导线截面为 70 mm^2 的 LJ 线,$I_{al} = 265\ \text{A}$。根据温度校正系数,在环境温度 35 ℃ 的允许载流量为 $KI_{al} = 0.88 \times 265 = 233.20(\text{A})$。

$$I_{30} = \frac{S_1}{\sqrt{3} U_N} = \frac{\sqrt{P_1^2 + Q_1^2}}{\sqrt{3} U_N} = \frac{\sqrt{1\,237.08^2 + 635.92^2}}{\sqrt{3} \times 6} = 133.84(\text{A})$$

$KI_{al} > I_{30}$,满足发热条件。

(4) 按机械强度条件校验

查附录表 9：6 kV 高压架空铝绞线在居民区和非居民区加架设的最小允许截面积 S_{min} 分别为 35 mm² 和 25 mm²，所选截面积均有 $S>S_{min}$，满足机械强度要求。

思考题与习题

5-1 高压和低压配电系统的接线方式有几种？

5-2 比较架空线路和电缆线路的优缺点？

5-3 导线的选择原则是什么？各种情况下优先按哪种条件选择？

5-4 低压配电网系统中三相四线制或两相三线制的中性线截面如何选择？

5-5 什么是电压降落、电压损失、电压偏移？

5-6 某 220/380 V 的两相三线制线路末端，接有 220 V、5 kW 加热器 2 台，其相线和中性线均采用 BLV-500-1×16 的导线明敷，线路长 50 m。试计算其电压损失。

5-7 有一条 380 V 的三相架空线路，配电给 2 台 40 kW（$\cos\varphi = 0.8, \eta = 0.85$）电动机。该线路长 70 m，线间几何均距为 0.6 m，允许电压损失为 5%。该地区最热月份的平均最高气温为 30 ℃。试选择该线路的 LJ 型铝绞线截面积。（要求按发热条件选择，再校验机械强度和电压损失。）

5-8 试选择一条供电给 2 台变压器的 10 kV 供电线路的 LJ 型铝绞线截面积。全线截面积一致，线路长度及变压器容量如图 5-14 所示，变压器的功率因数均为 0.9。线路的三相导线做水平等距排列，线距 1 m，全线允许电压损失 5%，当地最热月的平均最高气温为 35 ℃。（注：可将两台变压器的容量当作线路的视在计算负荷，不计变压器损耗，按电压损失选择，校验发热和机械强度。）

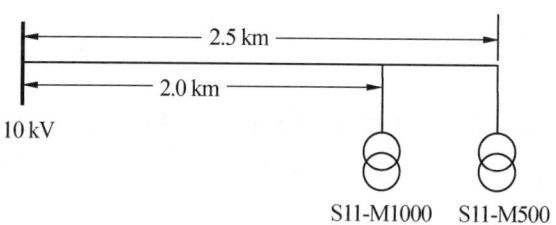

图 5-14 习题 5-8 系统图

第六章 港口供电系统的保护

第一节 继电器与继电保护

一、继电器工作原理

继电器是所有继电保护装置中的基本组成元件。在静态继电保护电路中,有时又称为元件,例如电流继电器称为电流元件,阻抗继电器称为阻抗元件等。在现代继电保护技术中所使用的继电器是指一个能自动动作的电器,当作为控制它的物理量达到一定数值或进入某一特定的物理量时,它能够使被控制的物理量发生突然的变化,在上述两个物理量中,应至少有一个是电气量。如常用的电磁型电流继电器,当它的输入电流达到一定数值(整定值)时,继电器的触点从断开到闭合。

电力系统的飞速发展对继电保护不断提出新要求,电子技术、计算机技术与通信技术的不断更新又为继电保护技术的发展提供了新的可能性。因此继电保护技术在近百年的时间里经历了四个发展阶段,即机电式保护(电磁型、感应型)、晶体管式保护、集成电路式保护、数字式保护(亦称微机保护)。

继电器的工作原理与测量表计有很多相似之处,例如反应于电流的继电器与电流表相似,电压继电器与电压表相似,功率方向继电器与功率表相似。其主要的区别在于,测量表计是随着被测量的变化而指出不同的数值,而继电器则是预先调好一个定值,当作为控制的电量超过或低于这个数值时才开始动作。

按其输入信号性质的不同,继电器分为非电量继电器和电量继电器或电气继电器两类。非电量继电器有压力继电器、温度继电器、瓦斯继电器、液面降低继电器、位置继电器及声继电器、光继电器等。非电量继电器用于各个工业领域,在电力系统中也有应用。

反应于物理量增大而动作的继电器称为过量继电器(例如过电流继电器),反应于物理量降低而动作的继电器称为低量继电器(例如低电压继电器、低阻抗继电器等)。

电磁型电流继电器的工作原理可用图 6-1(a)说明。在线圈 1 中的电流 $\dot{I}_K$ 产生磁通 $\dot{\Phi}$，它将通过由铁芯、空气隙和可动衔铁组成的磁路。衔铁被磁化后，即与铁芯的磁极产生电磁吸力，吸引衔铁向左转动。在它上面装有继电器的可动接点 5，当电磁吸力大于弹簧 7 的拉力时，即可吸动衔铁并使接点接通，称为继电器"动作"。

电磁吸力与 Φ^2 成正比。假定磁路的磁阻全部集中在空气隙中，设 δ 表示气隙的长度，则磁通 Φ 就与 I_k 成正比而与 δ 成反比。这样，由电磁吸力作用在衔铁上的电磁转矩即可表示为

$$M_e = K_1 \Phi^2 = K_2 \frac{I_K^2}{\delta^2} \tag{6-1}$$

式中，K_1、K_2 为比例常数。

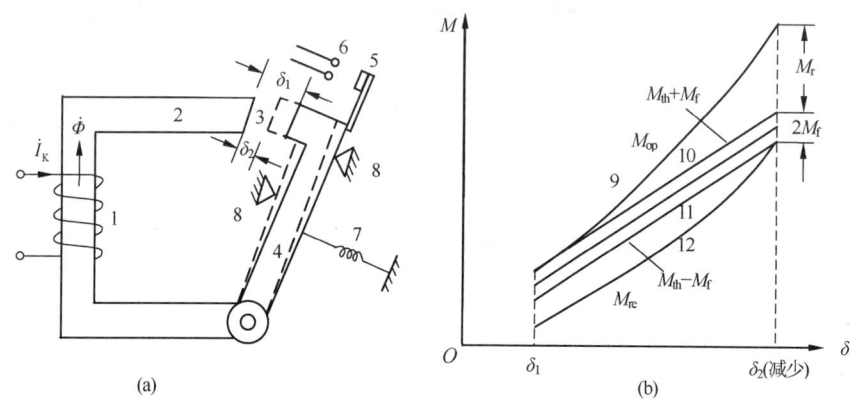

图 6-1 电磁型电流继电器的原理结构和转矩曲线

1—线圈；2—铁芯；3—空气隙；4—被吸引的可动衔铁；5—可动接点；6—固定接点；7—弹簧；8—止挡；9—电磁转矩；10—反作用转矩；11—返回时的反作用转矩；12—返回时的电磁转矩

在正常情况下，线圈中流入负荷电流，为保证继电器不动作，可动衔铁受弹簧 7 反作用力的控制而保持在原始位置，此时弹簧产生的力矩 M_{th1} 称为初拉力矩，对应此时的空气隙长为 δ_1。由于弹簧的张力与其伸长成正比，因此当衔铁向左移动而使 δ 减小时，则由弹簧所产生的反抗力矩增大，可表示为

$$M_{th} = M_{th1} + K_3(\delta_1 - \delta) \tag{6-2}$$

式中，K_3 为比例常数。

此外，在衔铁转动的过程中还必须克服由摩擦力所产生的摩擦转矩 M_f，其值可认为是一个常数，不随 δ 的改变而变化。因此，阻碍继电器动作的全部机械反抗转矩就是 $M_{th}+M_f$。

为使继电器起动并闭合其接点就必须增大电流 I_K，以增大电磁转矩 M_e。继电器能够动作（可靠闭合其接点）的条件是

$$M_e \geqslant M_{th} + M_f \tag{6-3}$$

满足这个条件并能使继电器动作的最小电流值，称为继电器的动作电流（习惯上又称为起动电流），以 $I_{K\cdot op}$（下标 K 代表继电器）表示，对应此时的电磁转矩，根据式(6-1)可表示为

$$M_{op} = K_2 \frac{I_{K\cdot op}^2}{\delta^2} \tag{6-4}$$

图 6-1(b)表示了当衔铁由起始位置（气隙为 δ_1）转动到终端位置（气隙为 δ_2）时，电磁转

矩及机械反抗转矩与行程的关系曲线。当 $I_{K \cdot op}$ 不变时,随着 δ 的减小,M_{op} 与其平方成反比增加(按曲线 9 变化),而机械反作用转矩则按线性关系增加(如直线 10 所示),在行程的末端将出现一个剩余转矩 M_r,它有利于保证继电器接点的可靠闭合。

在继电器动作之后,为使它重新返回原位,就必须减小电流以减小电磁转矩,然后由弹簧的反作用力把衔铁拉回来。在这个过程中,摩擦力又起着阻碍返回的作用。因此继电器能够返回的条件是

$$M_e \leqslant M_{th} - M_f \tag{6-5}$$

对应这一电磁转矩、能使继电器返回原位的最大电流值称为继电器的返回电流,以 $I_{K \cdot re}$ 表示,代入式(6-1),则得对应于此时的电磁转矩为

$$M_{re} = K_2 \frac{I_{K \cdot re}^2}{\delta^2} \tag{6-6}$$

在返回过程中,转矩与行程的关系如图 6-1(b)中的直线 11 和曲线 12。

由以上的分析可见,当 $I_K < I_{K \cdot op}$ 时,继电器根本不动作;而当 $I_K \geqslant I_{K \cdot op}$ 时,继电器能够迅速动作,闭合其接点;继电器动作以后,只有当电流减小到 $I_K \leqslant I_{K \cdot re}$ 时,继电器才能立即返回原位,接点重新打开。无论起动和返回,继电器的动作都是明确干脆的,它不可能停留在某一个中间位置,这种特性称之为"继电特性"。

为了保证继电保护可靠动作,其动作特性要有明确的"继电特性"。对于反应过量的继电器,如过流继电器,流过正常状态下的电流时是不动作的,其接点处于打开状态,以电平 L 表示;只有其流过的电流等于整定的继电器 K 的动作电流 $I_{K \cdot op}$ 时开始动作,如果电流大于其动作电流 2 倍时,继电器可迅速、可靠动作,闭合接点,以电平 H 表示。在继电器动作后,只有当电流减小到小于返回电流 $I_{K \cdot re}$ 以后,继电器才能立即可靠返回到原始位置,接点可靠打开。图 6-2 中给出用输出电平表示的过电流继电器动作与返回的继电特性曲线。高电平 H 表示继电器动作,低电平 L 表示其返回。为保证可靠返回,其返回电流应大于最大负荷电流 $I_{L \cdot max}$,为保证灵敏动作,其动作电流应小于最小短路电流 $I_{k \cdot min}$。

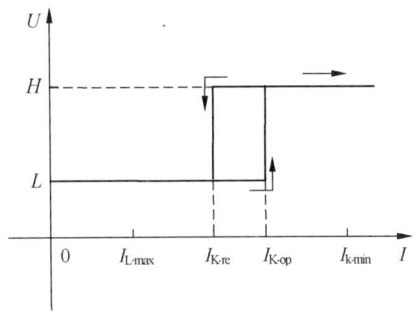

图 6-2 继电器的触发特性曲线(继电特性)

返回电流与动作电流的比值称为继电器的返回系数,可表示为

$$K_{re} = \frac{I_{K \cdot re}}{I_{K \cdot op}} \tag{6-7}$$

由于在行程末端存在剩余转矩及摩擦转矩,电磁型过电流继电器(以及一切反应于过量

动作的继电器)的返回系数都小于1。在实际应用中,常常要求过电流继电器有较高的返回系数,如0.85~0.90。为此应采用坚硬的轴承以减小摩擦转矩,减小转动部分的重量,改善磁路系统的结构以适当减小剩余转矩等方法来提高返回系数。

电网中实际使用的电磁型电流继电器是旋转衔铁式电流继电器,其结构图如图6-3所示。

这种继电器用Z形旋转衔铁代替了转动衔铁,由于衔铁的Z形结构及磁极的特殊形状使得在δ变化时,尤其是在δ_2附近时,磁阻变化较小,因此,这种继电器的剩余转矩较小,返回系数较高。

继电器起动电流的调整,一般是利用改变线圈的匝数和弹簧的张力来实现。

二、继电器的分类

继电器可以按照下述不同方法来分类。

1. 按接入的方法分类

按照继电器接入被保护元件的方法可以分为两种:

(1) 一次式继电器,其线圈直接接入一次回路,如图6-4(a)所示。

(2) 二次式继电器,其线圈接于电流互感器TA的二次侧,如图6-4(b)所示。目前广泛采用的都是这种型式的继电器,因为它与一次回路没有直接的联系,运行检修方便,也没有高压的危险,此外它的灵敏度高,体积小,还可以制定统一标准型式由继电器制造厂大规模生产。

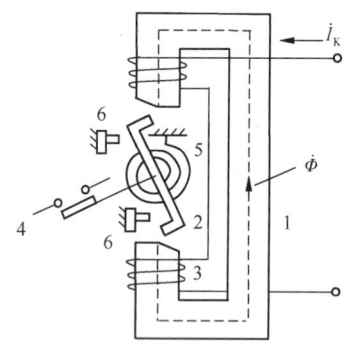

图6-3 旋转衔铁式电流继电器结构图
1—电磁铁;2—可动衔铁;3—线圈;4—接点;5—反作用弹簧;6—止挡

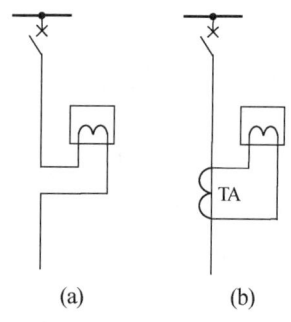

图6-4 继电器的接入方式

2. 按作用于断路器的跳闸方法分类

按照作用于断路器跳闸的方法可以分为两种:

(1) 直接作用式继电器,如图6-5(a)所示,它动作后直接作用于断路器的跳闸机构,因此,需要消耗很大的功率,体积笨重不够灵敏。

(2) 间接作用式继电器,如图6-5(b)所示,它动作后利用触点闭合一个辅助操作回路(即接通断路器的跳闸线圈),然后由操作机构使断路器跳闸,其优点是精确性较高且功率消耗小。在继电保护装置中,二次式间接作用的继电器获得了最广泛的应用。

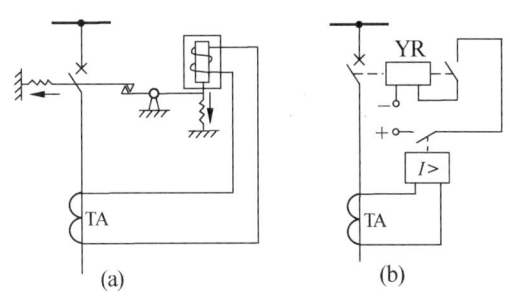

图 6-5 作用于断路器的跳闸方式

3. 按工作原理分类

按照继电器的工作原理可以分为五种,其中前四种是机电式继电器。

(1) 电磁型继电器;
(2) 感应型继电器;
(3) 电动型继电器;
(4) 整流型继电器;
(5) 静态型继电器,是晶体管型、集成电路型和微机型继电器的统称。

关于常用继电器的表示方法见表 6-1,一般都采用一个方框上面带有触点的形式,设想在方框里放有它的线圈。

表 6-1 常用继电器文字符号和图形符号

序号	名称	文字符号	图形符号
1	(过)电流继电器	KA	$I>$
2	感应式电流继电器	KA	$I>$
3	过电压继电器	KV	$U>$
4	低电压继电器	KV	$U<$
5	时间继电器	KT	
6	信号继电器	KS	
7	中间继电器	KM	

三、电力系统继电保护的作用

电力系统在运行中,可能发生各种故障和不正常运行状态,最常见同时也是最危险的故障是发生各种型式的短路。发生短路时可能产生以下的后果:

(1)通过故障点很大的短路电流和所燃起的电弧使故障元件损坏;

(2)由于发热和电动力的作用,短路电流通过非故障元件时引起它们的损坏或缩短它们的使用寿命;

(3)电力系统中部分地区的电压大大降低,破坏用户用电的稳定性或影响工厂产品的质量;

(4)破坏电力系统并列运行的稳定性,引起系统振荡,甚至使整个系统瓦解。

电力系统中电气元件的正常工作遭到破坏,但没有发生故障,这种情况属于不正常运行状态。例如,因负荷超过电气设备的额定值而引起的电流升高(一般又称过负荷),就是一种最常见的不正常运行状态。由于过负荷,使元件载流部分和绝缘材料的温度不断升高,加速绝缘的老化和损坏,就可能发展成故障。此外,系统中出现功率缺额而引起的频率降低,发电机突然甩负荷而产生的过电压,以及电力系统发生振荡等,都属于不正常运行状态。

故障和不正常运行状态,都可能在电力系统中引起事故。事故就是指系统或其中一部分的正常工作遭到破坏,并造成对用户少送电或电能质量变坏到不能容许的地步,甚至造成人身伤亡和电气设备的损坏等。

系统事故的发生,除了由于自然条件的因素(如遭受雷击等)以外,一般都是由于设备制造上的缺陷、设计和安装的错误、检修质量不高或维护不当而引起的。因此,只要充分发挥人的主观能动性,正确地掌握客观规律,加强对设备的维护和检修,就可以大大减少事故发生的概率,把事故消灭在发生之前。

在电力系统中,除应采取各项积极措施消除或减少发生故障的可能性以外,故障一旦发生,必须迅速而有选择性地切除故障元件,这是保证电力系统安全运行的最有效方法之一。为了维持系统稳定运行,切除故障的时间常常要求小到几十微秒。实践证明只有装设在每个电气元件上的保护装置才有可能满足这个要求。这种保护装置长期以来是由单个继电器或继电器与其附属设备的组合构成的,故称为继电保护装置。在电子式静态保护装置和微机保护装置出现以后,虽然继电器已被电子元件或计算机所代替,但仍沿用此名称。在电业部门常用"继电保护"一词泛指继电保护技术或由各种继电保护装置组成的继电保护系统。继电保护装置一词则指各种具体的装置。

继电保护装置,就是指能反应电力系统中电气元件发生故障或不正常运行状态,并动作于断路器跳闸或发出信号的一种自动装置。它的基本任务是:

(1)当电力系统发生故障时,继电保护装置能自动、迅速、有选择性地将故障设备从电力系统中切除,保证系统的其余部分迅速恢复正常运行,并使故障设备不再继续遭到损坏。

(2)反应电气元件的不正常运行状态,并根据运行维护的条件(例如有无经常值班人员),而动作于发出信号、减负荷或跳闸。此时一般不要求保护迅速动作,而是根据对电力系统及其元件的危害程度规定一定的延时,以免不必要的动作和由于干扰而引起的误动作。

因继电保护主要反应短路故障,故习惯上对"短路"和"故障"二词不加以严格区分。例如"单相接地""单相短路""单相故障"实际上指的是同一件事。严格地说,故障的含义较广,不只是指短路,也包括其他故障。

四、继电保护的基本原理和保护装置的组成

为完成继电保护所担负的任务,显然应该要求它能够正确地利用系统正常运行与发生故障或不正常运行状态之间的差别,以实现保护。

下面先以动作时间与短路距离成"阶梯形"时限特性的保护为例说明继电保护的基本原理。

图 6-6(a)所示的网络接线,在电力系统正常运行时,每条线路上都流过由它供电的负荷电流 $\dot{I}_L$,越靠近电源端的线路上的负荷电流越大。同时,各变电所母线上的电压,一般都在额定电压的±(5%~10%)范围内变化,且靠近电源端母线上的电压较高。线路始端电压与电流之间的相位角决定于由它供电的负荷的功率因数角和线路的参数。由电压与电流之比值所代表的"测量阻抗",则是在线路始端所感受到的、由负荷所反应出来的一个等效阻抗,其值一般很大。

当系统发生故障时,其情况如图 6-6(b)所示。假定在线路 BC 上发生了三相短路,则短路点的电压 $\dot{U}_k$ 降低到零,从电源到短路点之间均将流过很大的短路电流 $\dot{I}_k$,各变电所母线上的电压也将在不同程度上有很大的降低,距短路点越近时降低得越多。设以 Z_k 表示短路点到变电所 B 母线之间的阻抗,则母线上的残余电压应为 $\dot{U}_{(B)} = \dot{I}_k Z_k$。$\dot{U}_{(B)}$ 与 $\dot{I}_k$ 之间的相位角就是 Z_k 的阻抗角,在线路始端的测量阻抗就是 Z_k,此测量阻抗的大小一般正比于短路点到变电所 B 母线之间的距离。

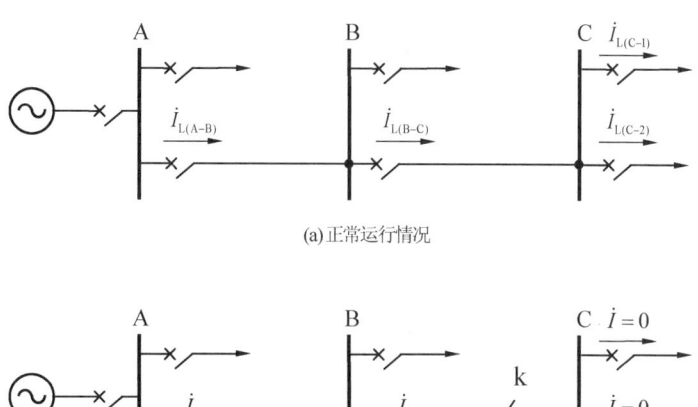

图 6-6 单侧电源网络接线

在一般情况下,发生短路之后总是伴随有电流的增大和电压的降低以及线路始端测量阻抗的减小和电压与电流之间相位角的变化。因此,利用正常运行与故障时这些基本参数的区别便可以构成各种不同原理的具有"阶梯形"时限特性的继电保护。例如:①反应于电流增大而动作的过电流保护;②反应于电压降低而动作的低电压保护;③同时反应于电流增大和电压

降低而动作的电压电流联锁保护;④反应于短路点到保护安装地点之间的距离(或测量阻抗的减小)而动作的距离保护(或低阻抗保护)等。

此外,就电力系统中的任一电气元件而言,如图6-7中的线路AB,在正常运行时,在某一瞬间,负荷电流总是从一侧流入而从另一侧流出,如图6-7(a)所示。如果统一规定电流的正方向都是从母线流向被保护线路(图6-7中所示电流方向是实际的方向,不是假定的正方向),那么,按照规定的正方向,AB两侧电流的大小相等,而相位相差180°。

当在线路AB的范围以外的k_1点短路时,如图6-7(b)所示,由电源I所供给的短路电流$\dot{I}'_{k1}$将流过线路AB,此时AB侧的电流仍然是大小相等相位相反,其特征与正常运行时一样。如果短路发生在线路AB的范围以内(k_2),如图6-7(c)所示,由于两侧电源均分别向短路点供给短路电流$\dot{I}'_{k2}$和$\dot{I}''_{k2}$,因此,线路AB两侧的电流都是由母线流向线路,此时两个电流的大小一般都不相等,在理想情况下(两侧电动势相位相同且全系统的阻抗角相等),两个电流同相位。

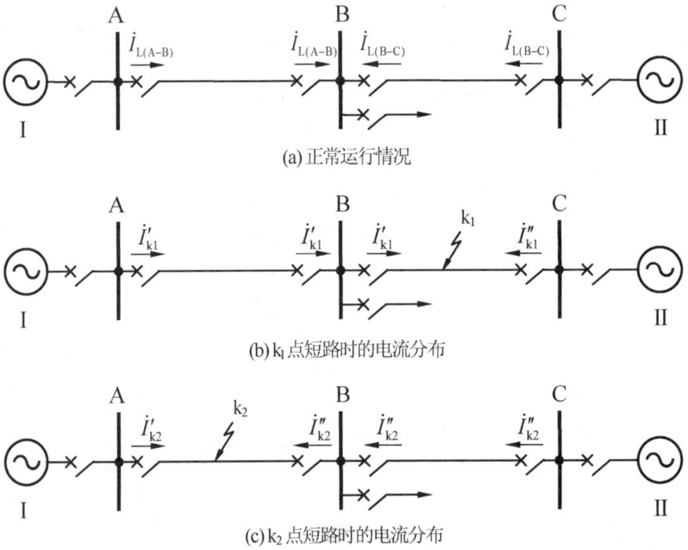

(a) 正常运行情况

(b) k_1点短路时的电流分布

(c) k_2点短路时的电流分布

图6-7 双侧电源网络接线

利用每个电气元件:在内部故障与外部故障(或正常运行情况)时,两侧电流相位或功率方向的差别,就可以构成各种差动原理的保护,如电流差动纵联保护、相位差动纵联保护、方向纵联保护等。电流差动原理的保护只能在被保护元件的内部故障时动作,而外部故障不反应,因而被认为具有绝对的选择性。

在按照上述原理构成各种继电保护装置时,可以使它们的参数反应于每相中的电流和电压(如相电流、相电压或线电压),也可以使之仅反应于其中的某一个对称分量(如负序、零序或正序)的电流和电压。由于在正常运行情况下,负序和零序分量不会出现,而发生不对称短路时,具有较大的负序分量;发生不对称接地短路时,具有较大的零序分量。因此,利用这些分量构成的保护装置一般都具有良好的选择性和灵敏性,这正是这种保护装置获得广泛应用的原因。

此外,利用短路时电压和电流的突然变化可以做成各种突变量保护或工频变化量保护,利用短路时产生的行波及其反射特性可以做成各种行波保护等。利用短路点产生行波中的暂态分量通过阻波器时数值或波形的变化还可以实现输电线的无通道快速保护,这是最理想的保护原理。

除上述反应各种电气量的保护以外,还有根据电气设备的特点实现反应非电量的保护。例如,当变压器油箱内部的绕组短路时,反应于油被分解所产生的气体而构成的瓦斯保护;反应于电动机绕组的温度升高而构成的过负荷或过热保护等。

以上各种原理的保护,可以由一个或若干个模拟式继电器连接在一起组成保护装置来实现,也可用微机实现。

就一般情况而言,整套继电保护装置是由测量部分、逻辑部分和执行部分组成的,如图6-8所示。有些简单的保护,如反时限过电流保护,上述3个单元的全部任务可由一个感应型的电流继电器来完成,而电力系统实际所使用的大多数继电保护装置都较复杂,往往由几个或几十个继电器来构成,或者由分立元件或集成电路组合的电子电路来构成,或者由计算机及其接口部件来构成。在微机保护中,这三部分不是截然分开的。测量部分又由数据采集、数据处理、保护判据运算等组成。

图 6-8　继电保护装置的原理结构

(1) 测量部分

测量部分是测量从被保护对象输入的有关电气量(如电流、电压等)进行计算,并与已给定的整定值进行比较,根据比较的结果,给出"是"、"非","大于"、"不大于",等于"0"或"1"性质的一组逻辑信号,从而判断保护是否应该起动。

(2) 逻辑部分

逻辑部分是根据测量部分各输出量的大小、性质、输出的逻辑状态、出现的顺序或其组合,使保护装置按一定的逻辑关系工作,最后确定是否应该使断路器跳闸或发出信号,并将有关命令传给执行部分。继电保护中常用的逻辑回路有"或"、"与"、"非"、"否"(闭锁)、"延时起动"、"延时返回"及"记忆"等回路。

(3) 执行部分

执行部分是根据逻辑部分输出的信号,最后完成保护装置所担负的任务。如被保护对象故障时,动作于跳闸;不正常运行时,发出信号;正常运行时,不动作等。

五、对电力系统继电保护装置的基本要求

动作于跳闸的继电保护在技术上一般应满足四个基本要求,即选择性、速动性、灵敏性和可靠性。

1. 选择性

继电保护动作的选择性是指电力系统中有故障时,应由距故障点最近的保护装置动作,仅将故障元件从电力系统中切除,使停电范围尽量缩小,以保证系统中的无故障部分仍能继续安全运行。

在图 6-9 所示的网络接线中,当 k_1 点短路时,应由距短路点最近的保护 1 和 2 动作跳闸,将故障线路切除,变电所 B 则仍可由另一条无故障的线路继续供电。而当 k_3 点短路时,保护 6 动作跳闸,切除线路 CD,此时只有变电所 D 停电。由此可见,继电保护有选择性的动作可将停电范围限制到最小,甚至可以做到不中断向用户供电。

在要求继电保护动作有选择性的同时,还必须考虑继电保护或断路器有拒绝动作的可能性,因而就需要有后备保护。如图 6-9 所示,当 k_3 点短路时,距短路点最近的保护 6 本应动作切除故障,但由于某种原因,该处的继电保护或断路器拒绝动作,故障不能消除,此时如其上级线路(靠近电源侧的相邻线路)的保护 5 能动作,故障也可消除。能起保护 5 这种作用的保护称为相邻元件的后备保护。同理,保护 1 和 3 又应该作为保护 5 和 7 的后备保护。按以上方式构成的后备保护是在远处实现的,因此又称为远后备保护。

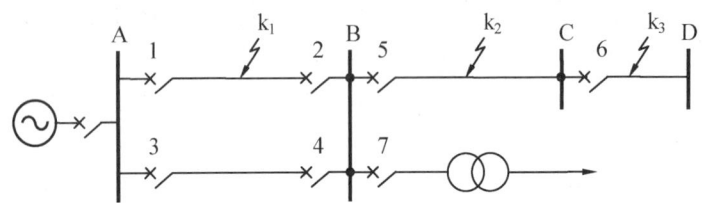

图 6-9　单侧电源继电保护装置动作选择性示意图

一般情况下远后备保护动作切除故障时将使供电中断的范围扩大。在复杂的高压电网中,当实现远后备保护在技术上有困难(主要是灵敏系数不满足要求)时,应采用近后备保护的方式。这就是说,每个设备和线路等元件都有独立的主保护和后备保护,当本元件的主保护拒绝动作时,由其后备保护动作跳闸;当断路器拒绝动作时,由同一发电厂或变电所内的各有关断路器动作,实现后备作用。为此,在每一元件上应装设单独的主保护和后备保护,并装设必要的断路器失灵保护。由于这种后备作用是在主保护安装处实现,因此称为近后备保护。

应当指出,远后备保护的性能是比较完善的,它对相邻元件的保护装置、断路器、二次回路和直流电源所引起的拒绝动作,均能起到后备作用,同时实现简单、经济。因此,在电压较低的线路上应优先采用远后备保护,只有当远后备不能满足灵敏度和速动性的要求时,才考虑采用近后备的方式。

对图 6-9 所示的单电源供电系统,保护装置的选择性是通过"阶梯形"特性的动作时间来保证,即 $t_1 > t_5 > t_6$,因而负荷端断路器的保护动作时间最短,电源端断路器的保护动作时间最长,这对近电源处的短路切除是不利的。为使近电源处保护装置迅速动作,可配合线路自动重合闸或备用电源自动投入装置,进行无选择性动作。

2. 速动性

快速地切除故障可以提高电力系统并联运行的稳定性,减少用户在电压降低情况下工作的时间,以及缩小故障元件的损坏程度。因此,在发生故障时,应力求保护装置能迅速动作切除故障。动作迅速而同时又能满足选择性要求的保护装置,一般都结构比较复杂,价格比较昂贵。在一些情况下,允许保护装置带有一定的延时切除故障。因此,对继电保护速动性的具体要求,应根据电力系统的接线以及被保护元件的具体情况来确定。下面列举一些必须快速切除的故障:

(1) 根据维持系统稳定的要求,必须快速切除的高压输电线路上发生的故障;
(2) 为了限制特高压线路的过电压持续时间,必须快速从两端同时切除的故障;
(3) 使发电厂或重要用户的母线电压低于允许值(一般为 0.7 倍额定电压)以下的故障;
(4) 大容量的发电机、变压器以及电动机内部发生的故障;
(5) 1~10 kV 线路导线截面过小,为避免过热不允许延时切除的故障;
(6) 可能危及人身安全、对通信系统或铁道信号系统有强烈干扰的故障等。

故障切除的总时间等于保护装置和断路器动作时间之和。一般的快速保护的动作时间为 0.02~0.04 s,最快的可达 0.01~0.02 s;一般的断路器的动作时间为 0.06~0.15 s,最快的可达 0.02~0.04 s。

3. 灵敏性

继电保护的灵敏性,是指对于其保护范围内发生任何故障或不正常运行状态的反应能力。满足灵敏性要求的保护装置应该是在事先规定的保护范围内部故障时,在系统的任何运行方式下,保护范围内的任何地点、发生任何类型的短路,不论短路点是否有过渡电阻,都能敏锐感觉、正确反应。保护装置的灵敏性通常用灵敏系数来衡量,它主要取决于被保护元件和电力系统的参数和运行方式。

4. 可靠性

保护装置的可靠性是指在该保护装置规定的保护范围内发生了它应该动作的故障时,它不应该拒绝动作,而在任何其他该保护装置不应该动作的情况下,则不应该误动作。

可靠性主要取决于保护装置本身的质量和运行维护水平。一般说来,保护的原理越完善、装置组成元件的质量越高、接线越简单、模拟式保护回路中继电器的触点数量越少,保护装置的工作就越可靠。同时,精细的制造工艺、正确地调整试验、良好的运行维护以及丰富的运行经验,对于提高保护的可靠性也具有重要的作用。

继电保护装置的误动作和拒绝动作都会给电力系统造成严重的危害。但提高其不误动的可靠性和不拒动的可靠性的措施常常是互相矛盾的。由于电力系统的结构和负荷性质的不同,误动和拒动的危害程度有所不同,因而提高保护装置可靠性的着重点在各种具体情况下也应有所不同。例如当系统中有充足的旋转备用发电容量、输电线路很多、各系统之间和电源与负荷之间联系很紧密时,由于继电保护装置的误动作,使发电机、变压器或输电线切除而给电力系统造成的影响可能很小。但如果发电机、变压器或输电线故障时继电保护装置拒绝动作,将会造成设备的损坏或系统稳定的破坏,损失是巨大的。在此情况下,提高继电保护不拒动的可靠性比提高不误动的可靠性更为重要。但在系统中旋转备用容量小及各系统之间和电源与负荷之间的联系比较薄弱的情况下,由于继电保护装置的误动作将发电机、变压器或输电线路切除时,会引起对负荷供电的中断,甚至造成系统稳定的破坏,其损失是巨大的。而当某一保护装置拒动时,其后备保护仍可以动作而切除故障。因此,在这种情况下,提高保护装置不误动的可靠性比提高其不拒动的可靠性更为重要。由此可见,提高保护装置的可靠性应根据电力系统和负荷的具体情况采取适当的措施。

上述四个方面的要求互相联系,有时又互相矛盾。例如,为了保证选择性,有时就要求保护动作必须具有一定的延时,在无法兼顾选择性和速动性的情况下,为了快速切除故障以保护某些关键设备,或者为了尽快恢复系统的正常运行,有时甚至牺牲选择性来保证速动性;为了保证灵敏性,有时就允许保护装置无选择地动作,再采取自动重合闸装置进行纠正;为了保证动作迅速和灵敏性,有时就采用比较复杂和可靠性稍差的保护。因此,在设计继电保护和使用继电保护装置时,要根据具体情况(被保护对象、供电系统条件和运行经验等),分清主要矛盾和次要矛盾,统筹兼顾,求得相对的最优。

选择继电保护方案除应满足上述的基本要求外,还应该考虑经济条件。但首先应从国民经济的整体利益出发,按被保护元件在电力系统中的作用和地位来确定保护方案,而不能只从保护装置本身的投资来考虑,这是因为保护不完善或不可靠而给国民经济造成的损失,一般都远远超过即使是最复杂的保护装置的投资。但要注意对较为次要的数量很多的电气元件(如低压配电线路、小容量电动机等),也不应该装设过于复杂和昂贵的保护装置。

第二节 港口供电网络的继电保护

港口供电系统的保护装置有:继电保护、熔断器保护和低压断路器保护。

继电保护装置,适用于要求供电可靠性较高、操作灵活方便、特别是自动化程度较高的供电系统中。继电保护装置在过负荷时动作,一般只发出报警信号,引起值班人员注意,以便及时处理;而在短路时动作,就要使相应的高压断路器跳闸,将故障部分切除。

港口供电网络主要是单侧电源供电网络,常设的保护装置主要有电流速断保护、定时限或反时限过电流保护、小电流接地系统的单相接地保护等。

继电保护的整定和校验往往要涉及短路电流,短路电流的大小又与系统运行方式有关,如电源多少(与系统阻抗有关)、网络接线方式变化、中性点接地方式调整等都会影响短路电流的大小。

对每一套具体的保护装置来讲,通过该保护装置的短路电流为最大的系统运行方式称为系统最大运行方式;对每一套具体的保护装置来讲,通过该保护装置的短路电流为最小的系统运行方式称为系统最小运行方式。对不同安装地点的保护装置,最大运行方式或最小运行方式有可能不同,应根据网络接线的实际情况确定。

在最大运行方式下发生三相短路时,通过保护装置的短路电流为最大;在最小运行方式下发生两相短路时,通过保护装置的短路电流为最小。

一、保护装置的接线方式和电流互感器的10%误差曲线

1. 保护装置的接线方式

在港口6~10 kV供电线路中,过电流继电器与电流互感器之间的连接方式,主要有两相两继电器式和两相一继电器式两种。

(1)两相两继电器式接线(见图6-10)。在这种接线的一次电路中发生三相短路和任意两相短路时,至少有一个(有时两个)继电器要流过电流互感器的二次电流,保护装置要动作。为了表述流过继电器线圈的电流I_{KA}与电流互感器二次电流I_2的关系,特引入一个接线系数K_w为:$K_w=I_{KA}/I_2$。两相两继电器式接线在一次电路发生任意相间短路时,$K_w=1$,即灵敏度都相同。但是当未接电流互感器的那一相(B相)发生单相短路或接地故障时,继电器不会动作,所以这种接线不能保护单相故障,只能作相间短路保护。两相两继电器式接线比两相一继

电器式接线要多用一个电流继电器,但它对各种相间短路的灵敏性都一样,又比三相三继电器式接线简单经济,所以两相两继电器式接线在港口供电系统中应用最广。

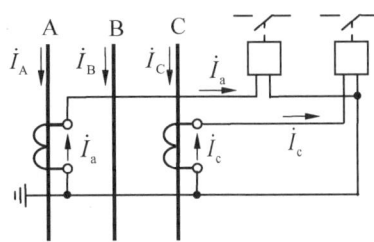

图 6-10　两相两继电器式接线

(2)两相一继电器式接线(见图 6-11)。这种接线又叫两相电流差接线。正常工作时,流入继电器的电流为两相电流互感器二次电流之差。

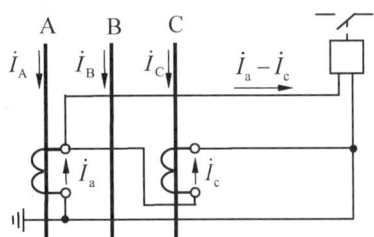

图 6-11　两相一继电器式接线

在一次电路发生三相短路时,流入继电器的电流为电流互感器二次电流的 $\sqrt{3}$ 倍,即 $K_w^{(3)} = \sqrt{3}$。在 A、C 两相(均装有 TA)短路时,由于两相短路电流大小相等,相位互差 180°,所以流入继电器中的电流(两相电流差)为互感器二次电流的 2 倍,即 $K_w^{(A,C)} = 2$。而在 A、B 两相或 B、C 两相(B 相未装 TA)短路时,流入继电器的电流只有一相互感器的二次电流,即 $K_w^{(A,B)} = K_w^{(B,C)} = 1$。如 A 相或 C 相发生单相短路时,继电器中的电流与互感器二次电流相等;但在 B 相发生单相短路时,继电器中无电流,不会动作。由以上分析可知,两相电流差接线能够反应于各种相间短路故障,只是灵敏性不同。但它对于某些单相短路不能反应,所以也只能做相间短路保护。

两相一继电器式接线,由于它更为简单经济,而且相间短路故障也能反应,所以在港口供电系统中也有所应用,特别广泛地用来保护高压电动机。

2. 电流互感器的 10% 误差曲线

由于电流继电器是由电流互感器二次绕组供电的,所以继电保护装置的工作与互感器的准确度有密切的关系。按我国规程规定,用于继电保护的电流互感器的变比误差(简称比差)不得大于±10%,相位误差(简称角差)不得大于 7°,对于同一个电流互感器来说,在保证其误差不超过允许值的前提下,如果二次负荷阻抗 Z_2 较大,则允许的一次电流倍数 K_1(互感器实际的一次电流 I_1 与其额定一次电流 I_{1N} 的比值)就较小;如果二次负荷阻抗 Z_2 较小,则允许的一次电流倍数 K_1 就较大。生产厂按照试验所绘制的允许比差为 10%、角差为 7°的电流互感器一次电流倍数(通称 10% 倍数)K_1 与最大允许的二次负荷阻抗 $Z_{2.al}(\Omega)$的关系曲线,就称为电流互感器的 10% 误差曲线,如图 6-12 所示。如果已知电流互感器的一次电流倍数,就可从对应的10%误差曲线查得相应的允许二次负荷阻抗$Z_{2.al}$。只要实际的二次负荷阻抗$Z_2 \leq Z_{2.al}$就可满足要求。如果不满足要求，可以改选互感器，即选具有较大的$I_{1.N}$的互感器，或者选具有较大的$Z_{2.al}$的互感器。

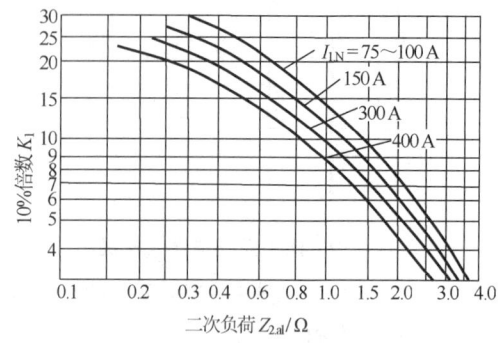

图 6-12 某电流互感器的 10%误差曲线

二、带时限的过电流保护

带时限的过电流保护，按照其动作时间特性可分为定时限过电流保护和反时限过电流保护两种。

1. 定时限过电流保护的接线和原理

图 6-13 是定时限过电流保护的原理接线图。采用两相两继电器式接线方式。继电保护接线图一般可以用原理接线图和展开图两种形式表示。

原理接线图中的每个功能块，在由电磁型继电器实现时可能是一个独立的元件，但在数字式保护和集成电路式保护中，往往将几个功能块用一个元件实现。如图 6-13(a) 所示，每个继电器的线圈和触点都画在一个图形内，所有元件都用设备文字符号标注，如图中 KA 表示电流继电器，KT 表示时间继电器，KS 表示信号继电器，KM 表示中间继电器，YR 表示跳闸线圈等。原理接线图可以对整个保护的工作原理给出一个完整的概念，易于理解，但交、直流回路合在一张图上，有时难以对回路进行分析和检查。

展开图中交流回路和直流回路分开表示，如图 6-13(b) 所示。其特点是每个继电器的输入量(线圈)和输出量(触点)根据实际动作的回路情况分别画在图中的不同位置上，但仍然用同一符号标注，以便查对。在展开图中，继电器线圈和触点的连接尽量按照故障后动作顺序，自左而右，自上而下依次画出。

图 6-13 中两个电流继电器 KA_A 和 KA_C 为起动元件，时间继电器 KT 为时限元件。当线路发生相间短路时，电流继电器 KA_A 或 KA_C 瞬时动作，闭合其触点，接通时间继电器 KT 的线圈回路。经过预先整定的时限后，时间继电器的延时触点闭合，使中间继电器 KM 动作。中间继电器的触点闭合后，接通断路器的跳闸线圈 YR，使断路器跳闸，切除短路故障部分。信号继电器 KS 串联在跳闸回路中。当中间继电器的触点接通跳闸线圈的同时，信号继电器动作，指示牌掉下，或同时给出灯光和音响信号，告诉值班人员保护装置已经动作。断路器跳闸时，其辅助触头 QF 随之断开跳闸回路，以减轻中间继电器触点的工作。在短路故障被切除后，除信号继电器 KS 外，保护装置中的其他元件(KA_A 或 KA_C、KT、KM)均自动退回起始状态，而信号继电器 KS 的常开接点闭合后，它本身不能自动恢复到断开位置，需人工手动复位。

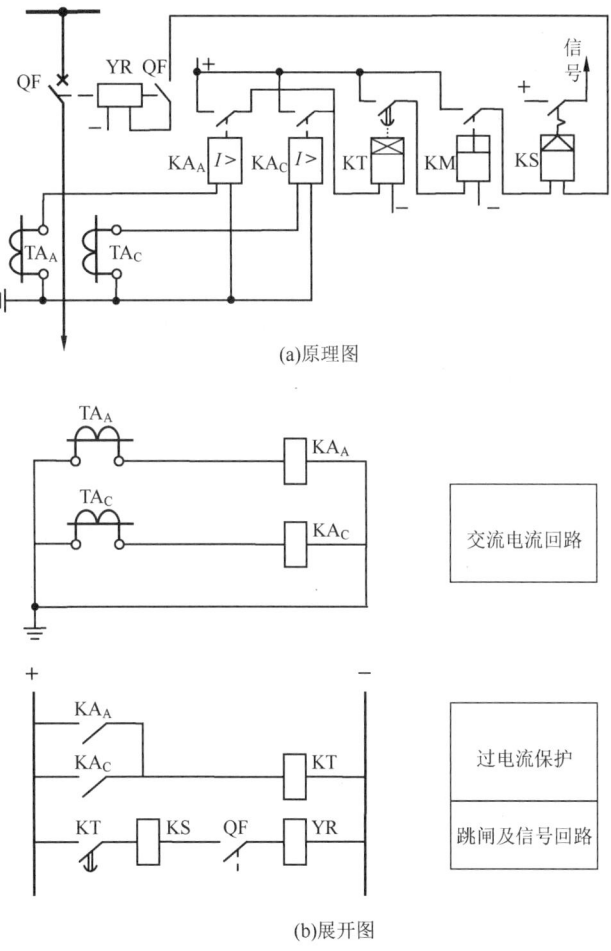

图 6-13 定时限过电流保护的原理接线图

图 6-13(a)中元件是按机电式继电器符号表示的。随着技术的进步,微机保护正逐步取代传统的机电式继电器,成为继电保护装置的主流。因此,一些继电保护教材尝试采用逻辑框图来绘制继电保护原理接线图,但不如传统的原理图清晰明了。采用逻辑框图来绘制定时限过电流保护的原理接线图如图 6-14 所示。

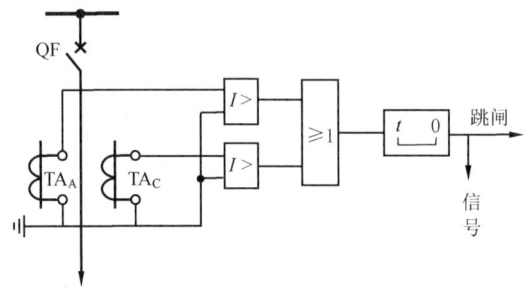

图 6-14 定时限过电流保护的原理接线图

2. 反时限过电流保护的接线和原理

图 6-15 是反时限过电流保护的原理接线图和展开图。当供电线路发生相间短路时,电流

继电器根据过电流的程度,按反时限特性动作,其常开触点闭合,紧接着其常闭触点断开。这时断路器的跳闸线圈因去掉了短接分流支路而通电动作,使断路器跳闸,切除短路故障部分,此方法称为"去分流跳闸"。在继电器去分流跳闸的同时,其信号牌自动掉下,指示保护装置已经动作。在短路故障被切除后,继电器自动返回,其信号牌可手动复位。

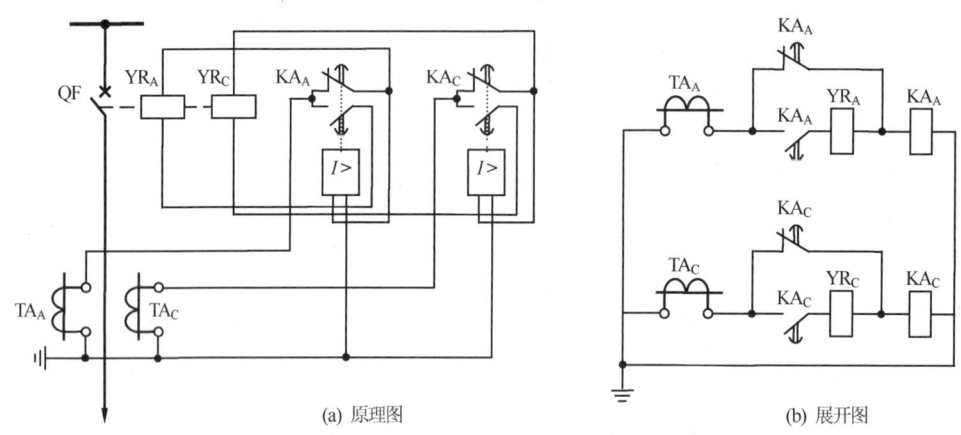

图 6-15 反时限过电流保护的原理接线图和展开图

3. 过电流保护的动作电流整定

带时限的过电流保护(包括定时限和反时限)的动作电流 I_{op},应躲过线路的最大负荷电流(包括正常过负荷电流和尖峰电流)I_{Lmax},以免在最大负荷电流通过时保护装置误动作。而且保护装置的返回电流 I_{re} 也应躲过线路的最大负荷电流,否则保护装置还可能发生误动作。下面以图 6-16(a)为例加以说明。

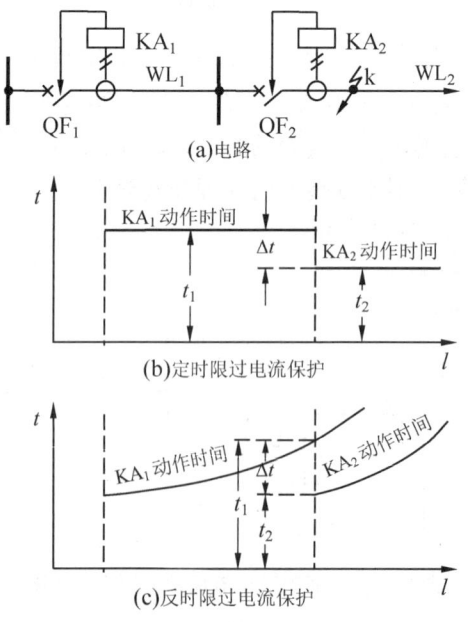

图 6-16 线路过电流保护的时限整定示意图

当 k 点发生短路时,由于短路电流远远大于正常负荷电流,所以沿线路的过电流保护装置如 KA_1 和 KA_2 都要起动。在正确动作的情况下,应是靠近故障点 k 的保护装置 KA_2 首先断开断路器 FQ_2,切除故障线路 WL_2。这时保护装置 KA_1 因故障线路 WL_2 已被切除应返回起始位置。假如 KA_1 的返回电流未躲过线路 WL_1 的最大负荷电流时,则在 KA_2 动作断开 WL_2 后,KA_1 可能不返回而继续动作(因线路 WL_1 供电的负荷线路一般不只 WL_2 一条,故 WL_2 切除后,WL_1 仍有负荷电流),经过它所整定的时限后,必将错误地断开断路器 FQ_1,造成线路 WL_1 停电,这是不能允许的。所以保护装置的返回电流也应该躲过线路的最大负荷电流。

线路的最大负荷电流 I_{Lmax} 一般可根据具体情况取为线路计算电流的 1.5~3 倍。设电流互感器的变流比为 K_i,保护装置的接线系数为 K_w,保护装置的返回系数为 K_{re},则最大负荷电流换算到继电器中的电流为 $K_w I_{Lmax}/K_i$。

由于要求 $I_{re} > K_w I_{Lmax}/K_i$,而 $I_{re} = K_{re} I_{op}$,因此,$K_{re} I_{op} > K_w I_{Lmax}/K_i$,即 $I_{op} > K_w I_{Lmax}/(K_i K_{re})$,将此式写成等式,计入一个系数 K_{rel},即得过电流保护动作电流的整定公式为

$$I_{op} = K_{rel} K_w I_{Lmax}/(K_i K_{re}) \tag{6-8}$$

式中,K_{rel} 为保护装置的可靠系数,对 DL 型电流继电器取 1.2,对 GL 型电流继电器取 1.3。

引入可靠系数的原因,是由于理论计算与实际情况之间存在着一定的差别,必须考虑实际上存在的各种误差的影响。如:①实际的短路电流可能大于计算值;②对瞬时动作的保护还应考虑非周期分量使总电流增大的影响;③保护装置中电流继电器的实际动作电流可能小于整定值;④考虑必要的裕度。综合这些因素,设置一个大于1的可靠系数。

当采用断路器手动操动机构中的脱扣器(直动式继电器)作过电流保护时,则脱扣器的动作电流(即脱扣电流)应按下式整定:

$$I_{op} = K_{rel} K_w I_{Lmax}/K_i \tag{6-9}$$

保护装置的可靠系数 K_{rel} 可取 2~2.5。由于脱扣器一般未标出其返回系数 K_{re},所以式中无 K_{re},而将 K_{rel} 取大 1 倍左右,以计入 K_{re} 的影响。

4. 过电流保护的动作时限整定

过电流保护的动作时限,为保证前后两级保护装置动作的选择性,应按"阶梯原则"进行整定,即在后一级保护装置所保护的线路首端发生三相短路时,前一级保护的动作时限 t_1 应比后一级保护中最长的动作时限 t_2 都要大一个时间阶段(或叫时间级差)Δt,如图 6-16(b)、6-16(c)所示,即 $t_1 \geq t_2 + \Delta t$。

式中,Δt 应考虑前一级保护动作时限 t_1 可能发生的负误差,即可能提前动作一个时间 Δt_1,而后一级保护动作时限 t_2 又可能发生正误差,即可能延后动作一个时间 Δt_2;后一级保护处断路器 QF_2 的跳闸时间 Δt_{QF2}(从跳闸电流送入跳闸线圈算起,直到电弧熄灭为止)。另外应考虑前一级电流继电器返回还有一定的惯性时间 Δt_{in1}。为了确保动作选择性,还应再加一个裕度时间 Δt_r(一般取 0.1~0.15 s),因此,

$$\Delta t = \Delta t_{QF2} + \Delta t_1 + \Delta t_2 + \Delta t_{in1} + \Delta t_r \tag{6-10}$$

对于定时限过电流保护,通常取 $\Delta t = 0.5$ s,Δt 可通过调节时间继电器的动作时限来实现。对于反时限过电流保护,通常取 $\Delta t = 0.7$ s(因其继电器的惯性误差 Δt_{in} 较大),Δt 要根据前后两级的 GL 型电流继电器的动作特性曲线来整定。

假设图 6-16(a)所示线路中,前后两级保护均采用反时限过电流保护,后一级保护 KA_2 的

10倍动作电流动作时限已经整定为t_2,现在要确定前一级保护KA_1的10倍动作电流动作时限t_1,整定计算的步骤如下[见图6-16(a)和图6-17]。

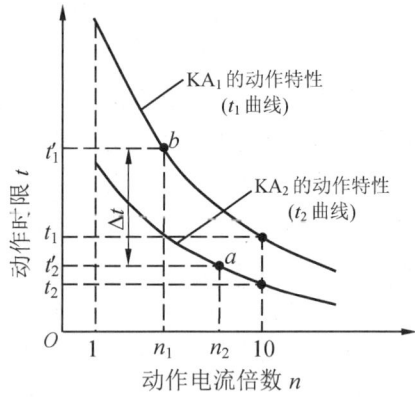

图6-17 反时限过电流保护的时限整定

(1)计算WL_2首端发生三相短路时流经KA_2的短路电流值

$$I'_{k(2)} = I_k K_{w(2)} / K_{i(2)} \qquad (6-11)$$

式中,I_k为WL_2首端的三相短路电流;$K_{w(2)}$为KA_2与电流互感器相连的接线系数;$K_{i(2)}$为KA_2所连电流互感器的变流比。

(2)计算$I'_{k(2)}$对KA_2的动作电流倍数

$$n_2 = I'_{k(2)} / K_{op(2)} \qquad (6-12)$$

式中,$I_{op(2)}$为KA_2的整定电流(动作电流)。

(3)确定KA_2的实际动作时间

在继电器KA_2的动作特性曲线的坐标轴上,找出n_2,然后向上找到t_2曲线上一点(如图6-17上的a点),这一点所对应的动作时间t'_2就是KA_2在$I'_{k(2)}$时的实际动作时间。

(4)计算KA_1的实际动作时间

根据保护选择性的要求,KA_1的实际动作时间$t'_1 = t'_2 + \Delta t$,取$\Delta t = 0.7$ s,故$t'_1 = t'_2 + 0.7$ s。

(5)计算WL_2首端的三相短路电流I_k反映到KA_1的电流值

$$I'_{k(1)} = I_k K_{w(1)} / K_{i(1)} \qquad (6-13)$$

式中,$K_{w(1)}$为KA_1与电流互感器相连的接线系数;$K_{i(1)}$为KA_1所连电流互感器的变流比。

(6)计算$I'_{k(1)}$对KA_1的动作电流倍数

$$n_1 = I'_{k(1)} / K_{op(1)} \qquad (6-14)$$

式中,$I_{op(1)}$为KA_1的整定电流(动作电流)。

(7)确定KA_1的10倍动作电流动作时限

在继电器KA_1的动作特性曲线横坐标轴上找出n_1,在纵坐标轴上找出t'_1,然后找到n_1和t'_1的坐标点(图6-17上的b点),由b点确定的继电器动作曲线即为继电器KA_1使用的动作特性曲线,所确定的曲线所对应的10倍动作电流动作时限t_1即为所求。

必须注意:有时n_1和t'_1的坐标点不在给出的特性曲线上,而在两条曲线之间,这就只能从上下两条曲线来概略地估计其10倍动作电流动作时限。

5. 定时限与反时限过电流保护的比较

定时限过电流保护的优点是动作时限比较准确,整定简单。缺点是所需继电器的数量较多,接线复杂,需直流操作电源,投资较大。此外,靠近电源处的保护装置动作时限较长。

反时限过电流保护的优点是继电器数量大为减小,一个 GL 型电流继电器就基本上能代替定时限过电流保护的电流继电器、时间继电器、中间继电器和信号继电器等一系列继电器,因而投资少,接线简单,而且同时可实现电流速断保护,使之更加简单、经济。由于其触点容量大,可直接接通跳闸线圈,且适于交流操作。缺点是动作时限的整定比较麻烦;继电器动作的误差稍大,尤其是其速断部分;当短路电流较小时,其动作时限可能相当长,延长了故障持续时间。

对于中小型港口供电系统而言,继电保护以简单经济者为宜,所以反时限过电流保护应用较为普遍。

三、电流速断保护

上述带时限的过电流保护,有一个明显的缺点,就是越靠近电源的线路过电流保护,其动作时限越长;而短路电流则是越靠近电源,其值越大,危害也更加严重。因此一般规定,当过电流保护的动作时限超过 0.7 s 时,应该装设电流速断保护。

1. 电流速断保护的动作电流整定

电流速断保护就是一种瞬时动作的过电流保护。对于采用 DL 系列电流继电器的速断保护来说,就相当于定时限过电流保护中去掉时间继电器;而采用 GL 系列电流继电器时,就是利用该继电器的电磁元件。

速断保护既是瞬时动作,那怎样来保证前后级保护之间的选择性动作呢?

电流速断保护的选择性是靠它的动作电流的特殊整定要求来保证的,即电流速断的动作电流 I'_{op} 应躲过它所保护的线路末端的最大短路电流(即末端三相短路电流)$I_{k.max}$。只有这样整定,才能避免在后一级速断保护的线路首端发生严重短路时前一级速断保护误动作的可能性。如图 6-18 所示,WL_1 末端 k_1 点的三相短路电流实际上与 WL_2 首端 k_2 点的三相短路电流差不多是相等的,因为两者距离很短。

由此可得电流速断保护动作电流的整定公式为

$$I'_{op} = K'_{rel} I_{k.max} \tag{6-15}$$

式中,K'_{rel} 为可靠系数,对脱扣器,取 1.8~2;对 DL 型继电器,取 1.2~1.3;对 GL 型继电器,取 1.4~1.5。

电流速断保护电流继电器动作电流为

$$I'_{op.KA} = K'_{rel} K_w I_{k.max} / K_i \tag{6-16}$$

2. 电流速断保护的死区及其弥补

既然电流速断保护的动作电流躲过了线路末端的最大短路电流,那么在靠近末端的一段线路上出现较小的短路电流(例如两相短路电流)时,电流速断保护就不可能动作。这就是说,电流速断保护装置不可能保护线路的全长,存在不能保护的区域,如图 6-18 所示。这种保护装置不能保护的区域,叫作"死区"。因存在死区,电流速断保护只能作为辅助保护以快速切除使电压严重降低的电源附近的短路。

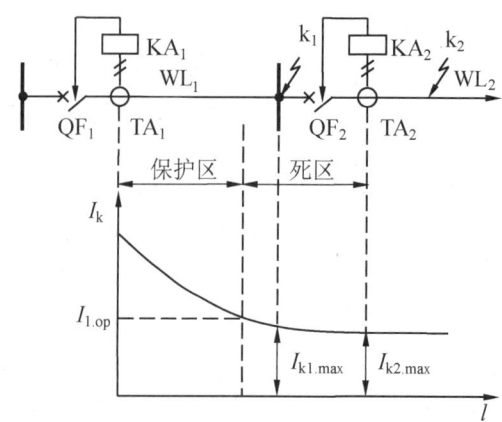

图 6-18 线路电流速断保护的保护区

为了弥补死区得不到保护的缺陷,凡是装有电流速断保护的线路必须配备带时限的过电流保护。过电流保护的时限比电流速断保护至少长一个时间级差 $\Delta t = 0.5 \sim 0.7$ s,而且前后过电流保护动作时限又要符合"阶梯原则",以保证动作的选择性。在速断保护区内,速断为主保护,过电流保护作为后备保护,而在速断保护的死区内,则过电流保护为基本保护。

四、限时电流速断保护

具有完全选择性的电流速断保护不能保护本线路的全长,可考虑增加一段新的保护,用来切除本线路上速断保护范围以外的死区故障,同时兼作速断保护的近后备保护,这就是限时电流速断保护。对这个新增设保护的要求,首先是在任何情况下都能保护本线路的全长,并具有足够的灵敏性和具有最小的动作时限。正是由于它能以最小时限快速切除全线路范围内的故障,因此,称为限时电流速断保护。

1. 工作原理和定值计算

由于要求限时电流速断保护必须保护本线路的全长,因此其保护范围必然要延伸到下一条线路中去,这样当下一条线路出口处发生短路时,就可能起动,出现灵敏性和选择性的矛盾。为了保证选择性,就必须使保护的动作带一定的延时,延时的大小与其延伸的范围有关。为了使这一时限尽量缩短,首先考虑使它的保护定值不超出下一条线路速断保护的范围,而动作时限则比下一条线路的速断保护高出一个时间阶梯,此时间阶梯以 Δt 表示。

以如图 6-19 所示的保护 2 为例来说明限时电流速断保护的整定方法。设保护 1 装有电流速断保护,其起动电流按式(6-15)计算 $I'_{op(1)}$,它与短路电流变化曲线的交点 M 即为保护 1 电流速断保护的保护范围,当在此点发生短路时,短路电流即为 $I'_{op(1)}$,电流速断保护刚好能动作。保护 2 限时电流速断保护不应超出保护 1 电流速断保护的保护范围,因此在单侧电源供电的情况下,它的起动电流就应该整定为

$$I''_{op(2)} \geq I'_{op(1)} \tag{6-17}$$

式(6-17)中如果选取的两个电流相等,就意味着保护 2 限时电流速断的保护范围正好和保护 1 电流速断保护的范围相重合。这在理想情况下虽然可以,但实际上是不允许的。因为保护 2 和保护 1 安装在不同的地点,使用的是不同的电流互感器和继电器,因此它们之间的

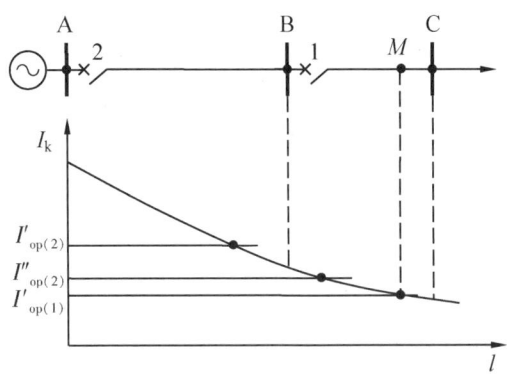

图 6-19 限时电流速断保护的动作特性

特性很难完全一样,如果正好遇到保护 1 的电流速断的动作电流出现正误差,其保护范围比计算值缩小,而保护 2 的限时速断的动作电流是负误差,其保护范围比计算值增大。那么实际上,当保护范围末端短路时,就会出现保护 1 的电流速断已不能动作,而保护 2 的限时速断仍然会起动的情况。由于故障位于线路 BC 的范围以内,当保护 1 的电流速断不动时,应该由保护 1 的限时速断切除故障,如果保护 2 的限时速断也起动了,其结果是两个保护的限时速断同时动作于跳闸,因而保护 2 失去了选择性。为了避免这种情况的发生,就必须使得 $I''_{op(2)} > I'_{op(1)}$,并引入可靠系数 K''_{rel},则得整定动作值为

$$I''_{op(2)} = K''_{rel} I'_{op(1)} \tag{6-18}$$

式(6-18)中 K''_{rel},考虑短路电流中的非周期分量已经衰减,同时由于通过保护 1 和保护 2 的电流为同一电流,短路电流计算的误差对两者的影响相同,故选取的可靠系数比瞬时速断保护的 K'_{rel} 小一些,一般为 1.1~1.2。

2. 动作时限的选择

保护 2 的限时速断的动作时限 t''_2 应比下一条线路保护 1 瞬时速断的动作时限 t'_1 高出一个时间段 Δt,即

$$t''_2 = t'_1 + \Delta t \tag{6-19}$$

3. 灵敏性的校验

为了能够保护本线路的全长,限时电流速断保护必须在系统最小运行方式下,线路末端发生两相短路时,具有足够的反应能力,这个能力通常用灵敏系数 K''_s 来衡量,即

$$K''_s = \frac{I_{k.min}}{I''_{op}} \tag{6-20}$$

式中,$I_{k.min}$ 为保护范围末端发生金属性短路时的最小短路电流值;I''_{op} 为保护装置的动作电流。

为了保证在线路末端短路时,保护装置一定能够动作,我国国家标准对限时电流速断保护要求为 $K''_s \geq 1.3 \sim 1.5$。

校验时必须要求保护装置有较高的灵敏系数,是考虑当线路末端短路时可能会出现一些不利于保护动作的因素,而在这些因素实际存在时,为使保护仍然能够动作就必须留一定裕度。不利于保护动作的因素如下:

(1) 故障一般都不是金属性短路,而是在故障点存在过渡电阻,它将使实际的短路电流减

小,因而不利于保护装置动作;

(2)实际的短路电流由于计算误差或其他原因可能小于计算值;

(3)保护装置所使用的电流互感器,在短路电流通过时一般由于饱和都具有负误差,因此使进入保护装置的电流小于按额定变比折算的数值;

(4)保护装置中的继电器的实际起动数值可能具有正误差;

(5)考虑一定的裕度。

如果灵敏系数不满足国标要求,那就意味着发生内部故障时由于上述不利因素的影响保护可能拒动,达不到保护线路全长的目的,这是不允许的。为了解决这个问题,通常都是考虑进一步延伸限时电流速断的保护范围,使之与下一条线路的限时电流速断相配合,动作限时也要比下一条线路限时速断的时限高一个 Δt。

五、电流保护配置

瞬时电流速断、限时电流速断和过电流保护都是反应于电流升高而动作的保护装置。它们之间的区别主要在于按照不同的原则来选择起起动电流。瞬时速断是按照躲过被保护元件末端的最大短路电流整定,限时速断是按照躲过下级各相邻元件瞬时速断最小保护范围末端的最大短路电流整定,而过电流保护则是按照躲过最大负荷电流整定。

由于瞬时电流速断不能保护线路全长,限时电流速断能保护线路全长却不能作为相邻元件的后备保护。因此,为保证迅速而有选择性地切除故障,常常将瞬时电流速断、限时电流速断和过电流保护组合在一起,构成阶段式电流保护。瞬时电流速断、限时电流速断和过电流保护又分别称为电流Ⅰ段保护、电流Ⅱ段保护、电流Ⅲ段保护。具体应用时,可以只采用过电流保护、瞬时速断加过电流保护、限时速断加过电流保护,也可以三者同时采用。以图6-20所示网络为例说明电流保护配置情况。

图 6-20 电流保护配置图

在电网最末端——用户的电动机或其他用电设备上,保护1采用瞬时动作的过电流保护即可满足要求,其动作电流按躲过电动机起动时的最大电流整定(如果电动机用手动经起动器起动,可不考虑自起动电流),与电网中其他保护在整定值和时限上都没有配合关系。在电网的倒数第二级上,保护2应首先考虑采用0.5 s的过电流保护,如果在电网中对线路CD上的故障没有提出瞬时切除的要求,则保护2只装设一个0.5 s的过电流保护;如果要求线路CD上的大部分故障必须尽快切除,则可只增设一个瞬时电流速断,此时保护2就是一个速断加过电流的两段式保护。对于保护3,其过电流保护由于要和保护2配合,动作时限要整定为0.9~1.0 s,在这种情况下一般就需要考虑增设瞬时电流速断或同时装设瞬时电流速断和限时速断,此时保护3可能是两段式,也可能是三段式。越靠近电源端,过电流保护的动作时限越长,因此一般都需要装设三段式的电流保护。在三段式电流保护中,瞬时速断是辅助保护,其作用是弥补主保护性能的缺陷,快速切除靠近保护安装处的使母线电压大幅度降低的短路;限时速断是主保护;过电流是本线路的后备保护,也作为下级线路保护的远后备。如果在下条线路末端短路时远后备灵敏系数不足,则应设置近后备保护。

按照上述原则配置保护,当电网任何地点发生短路时,如果不发生保护或断路器拒绝动作的情况,则故障都可以在 0.35~0.5 s 内予以切除。

六、电流保护评价

使用Ⅰ段、Ⅱ段、Ⅲ段组成的阶段式电流保护,其主要的优点就是简单、可靠,并且在一般情况下也能满足快速切除故障的要求,因此在系统中特别是在 35 kV 及以下的较低电压等级的系统中获得了广泛应用。这种保护的缺点是直接受系统的接线以及电力系统运行方式变化的影响,例如整定值必须按系统最大运行方式来选择,而灵敏性则必须用系统最小运行方式来检验,这就使它往往不能满足灵敏系数或保护范围的要求。但用微机保护和自适应原理可以大大提高这种保护的性能和应用范围。

七、大电流接地系统接地保护

接地故障是指导线与大地之间的不正常连接,包括单相接地故障和两相接地故障。统计表明,单相接地故障占高压线路总故障次数的 70% 以上、占配电线路总故障次数的 80% 以上,而且绝大多数相间故障都是单相接地故障发展而来的。因此接地故障保护对于电力线路乃至整个电力系统安全运行至关重要。

接地故障与中性点接地方式密切相关,相同的故障条件但不同的中性点接地方式,接地故障所表现出的故障特征和后果、危害完全不同,因而保护策略也不相同。

大电流接地系统中发生接地故障时,故障相流过很大的短路电流,因而接地故障也称为接地短路。接地短路发生后,要求保护尽快动作切除故障。为了反应于接地短路,必须装设专用接地短路保护,并作用于跳闸。发生接地短路时会出现很大的零序电流,而正常运行情况下仅有很小的零序电流。因此利用零序电流来构成大电流接地系统的接地短路保护,具有显著优点。

1. 零序电压分量的获取

系统发生接地故障时,会出现零序电压。根据对称分量法,零序电压为

$$\dot{U}_0 = (\dot{U}_A + \dot{U}_B + \dot{U}_C)/3 \tag{6-21}$$

零序电压保护使用的是 3 倍零序电压,把三相电压加在一起即可。

为了取得零序电压,通常采用如图 6-21(a)所示的三个单相电压互感器或图 6-21(b)所示的三相五柱式电压互感器,其一次绕组接成星形并将中性点接地,其二次绕组接成开口三角形,这样从 m、n 端子上得到的输出电压为

$$\dot{U}_{mn} = \dot{U}_A + \dot{U}_B + \dot{U}_C = 3\dot{U}_0 \tag{6-22}$$

而对正序或负序分量的电压,因三相相加后等于零,没有输出。因此,这种接线实际上就是零序电压过滤器。

此外,当发动机的中性点经电压互感器或消弧线圈接地时,如图 6-21(c)所示,从它的二次绕组中也能取得零序电压。

实际上在正常运行和电网相间短路时,由于电压互感器的误差以及三相系统对地不完全平衡,在开口三角形侧也能有数值不大的电压输出,此电压称为不平衡电压 $\dot{U}_{unb}$。此外,当系

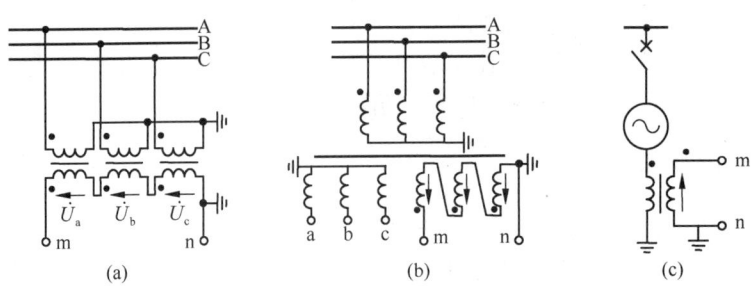

图 6-21 取得零序电压接线图

统中存在三次谐波分量时,由于三次谐波分量同相位,因此,在零序电压过滤器的输出端也有三次谐波的电压输出。对反应于零序电压而动作的保护装置,应该考虑它们的影响。

三相三柱式电压互感器不能作为零序电压过滤器使用。三相三柱式电压互感器的一次绕组只能接成星形,但其中性点不能接地。参考图 6-22 所示的三相三柱式电压互感器零序分量图,可见若中性点接地,当系统发生接地故障时,三相绕组的零序电流同向,都流向中性点,并通过大地构成回路。但同一时刻,零序磁通在三柱中上下方向相同,不能在铁芯中构成零序磁通通路,只能通过气隙和铁外壳构成回路,由于磁阻很大,使得零序电流比正常励磁电流大很多倍,使互感器过热甚至烧毁。

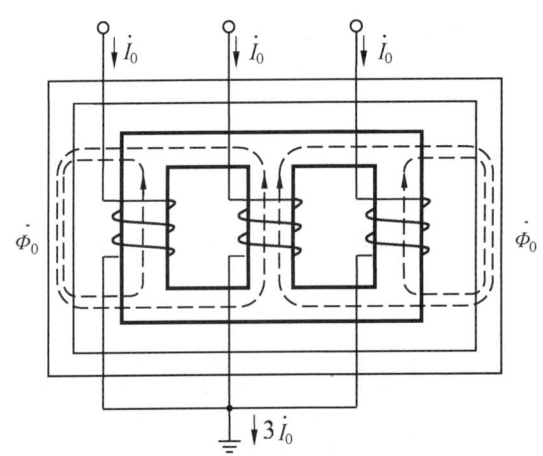

图 6-22 三相三柱式电压互感器零序分量图

2. 零序电流分量的获取

系统发生接地故障时,会出现零序电流。根据对称分量法,零序电流为

$$\dot{I}_0 = (\dot{I}_A + \dot{I}_B + \dot{I}_C)/3 \tag{6-23}$$

零序电流保护使用的是 3 倍零序电流,把三相电流加在一起即可。

为了取得零序电流,通常采用三相电流互感器按照图 6-23(a)的方式接线,此时流入继电器回路的电流为

$$\dot{I}_{KA} = \dot{I}_a + \dot{I}_b + \dot{I}_c = 3\dot{I}_0 \tag{6-24}$$

而对正序或负序分量的电流,因三相相加后等于零,没有输出。因此,这种接线实际上就是零序电流过滤器。在三相星形接线方式中,在中性线上流过的电流就是 $3\dot{I}_0$,因此,在实际

应用中,零序过滤器并不需要专门用一组电流互感器,而是接入相间保护用的电流互感器的中性线上就可以了。

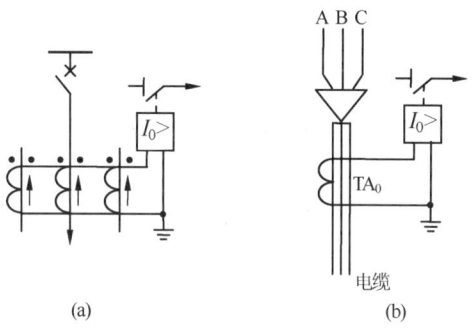

图 6-23 取得零序电流接线图

零序电流过滤器也会产生不平衡电流。如图 6-24 所示的电流互感器等值电路,考虑励磁电流 $\dot{I}_e$ 的影响后,二次电流和一次电流的关系为

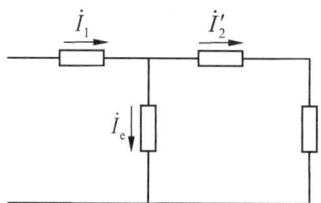

图 6-24 电流互感器的等值电路

$$\dot{I}_2 = \frac{\dot{I}_1 - \dot{I}_e}{K_i} \tag{6-25}$$

则流入继电器的电流为

$$\begin{aligned}\dot{I}_{KA} &= \dot{I}_a + \dot{I}_b + \dot{I}_c \\ &= \frac{(\dot{I}_A - \dot{I}_{eA}) + (\dot{I}_B - \dot{I}_{eB}) + (\dot{I}_C - \dot{I}_{eC})}{K_i} \\ &= \frac{\dot{I}_A + \dot{I}_B + \dot{I}_C}{K_i} - \frac{\dot{I}_{eA} + \dot{I}_{eB} + \dot{I}_{eC}}{K_i}\end{aligned} \tag{6-26}$$

在正常运行和电网相间短路时,三个电流互感器一次侧电流之和为零,因此流入继电器的电流为

$$\dot{I}_{KA} = -\frac{\dot{I}_{eA} + \dot{I}_{eB} + \dot{I}_{eC}}{K_i} = \dot{I}_{unb} \tag{6-27}$$

此 $\dot{I}_{unb}$ 称为零序电流过滤器的不平衡电流,它是由于三个电流互感器励磁电流不相等引起的,而励磁电流的不等,则是由于铁芯的饱和程度不完全相同以及制造过程中的某些差别而引起的。当发生相间短路时,电流互感器一次侧流过的电流值最大并且包含非周期分量,铁芯

饱和的程度最严重,因此不平衡电流也达到最大值,以 $I_{\text{unb.max}}$ 表示。

采用电缆送电或引出的线路,都采用零序电流互感器的接线取得 $3\dot{I}_0$,如图 6-23(b)所示。此电流互感器就套在电缆的外面,从其铁芯中穿过的电缆就是电流互感器的一次绕组,因此,这个互感器的一次电流就是 $\dot{I}_A + \dot{I}_B + \dot{I}_C$,只有当一次侧出现零序电流时,在互感器二次侧才有相应的 $3\dot{I}_0$ 输出,故称为零序电流互感器。和零序电流过滤器相比,零序电流互感器的主要优点是没有不平衡电流,同时接线也更加简单。

3. 线路零序电流保护整定

同相间电流保护类似,零序电流保护也包括零序电流瞬时速断保护、零序电流限时速断保护、零序过电流保护,也分别称为零序Ⅰ段、零序Ⅱ段、零序Ⅲ段。

(1)零序Ⅰ段保护

零序Ⅰ段保护整定原则如下:

①躲开下一条线路出口处单相或两相接地短路时可能出现的最大零序电流 $3I_{0.\max}$,即

$$I'_{\text{op}} = K'_{\text{rel}} \times 3I_{0.\max} \tag{6-28}$$

②躲开断路器三相触头不同期合闸时所出现的最大零序电流 $3I_{0.\text{ut}}$,即

$$I'_{\text{op}} = K'_{\text{rel}} \times 3I_{0.\text{ut}} \tag{6-29}$$

整定值选取其中较大者。在一些情况下按照原则②整定时起动电流过大,保护范围较小,也可以采用在手动合闸以及三相自动重合闸时使零序Ⅰ段带有一个小延时(约 0.1 s),以躲开断路器三相不同期合闸的时间,这样在整定时就无须考虑原则②了。

③当线路上采用单相重合闸时,按照能够躲开非全相运行状态下又发生系统振荡时会出现的最大零序电流 $3I_{0.\text{os}}$ 来整定,即

$$I'_{\text{op}} = K'_{\text{rel}} \times 3I_{0.\text{os}} \tag{6-30}$$

按照原则①和②整定的零序Ⅰ段,往往不能躲开在非全相运行状态下又发生系统振荡时所出现的最大零序电流;如果按原则③整定,正常情况下发生接地故障时其保护范围又要缩小,不能充分发挥零序Ⅰ段的作用。

为了解决这个矛盾,通常设置两个零序Ⅰ段保护,一个是按原则①或②整定,由于其定值较小,保护范围较大,称为灵敏Ⅰ段,它的主要任务是对全相运行状态下的接地故障起保护作用,具有较大的保护范围,而当单相重合闸时将其自动闭锁,恢复全相运行时再重新投入。另一个是按原则③整定,由于其定值较大,保护范围较小,称为不灵敏Ⅰ段,它的任务是在单相重合闸期间,其他两相发生接地故障时起到保护作用。不灵敏Ⅰ段对全相运行状态下的接地故障也能起保护作用,只是保护范围较小。

(2)零序Ⅱ段保护

零序Ⅱ段保护在整定值和时限上需要与下一条线路的零序Ⅰ段配合,以保证选择性。零序Ⅱ段作为接地短路的主保护,其灵敏系数按照本线路末端接地短路时的最小零序电流来校验,灵敏系数应不小于 1.3~1.5。当下一条线路较短或运行方式变化较大,不能满足对灵敏系数的要求时,可以用如下方式解决。

①使零序Ⅱ段保护的定值和时限与下一条线路的零序Ⅱ段配合;

②保留 0.5 s 的零序Ⅱ段,同时再增加一个按原则①整定的零序Ⅱ段保护,定值较大的零序Ⅱ段保护能在正常运行或最大运行方式下,以较短的延时切除线路上所发生的大部分故障;

另一个则具有较长的延时,可以保证在各种运行方式下线路末端接地短路时保护装置具有足够的灵敏系数。

(3) 零序Ⅲ段保护

零序Ⅲ段保护按照躲开下一条线路出口处相间短路时所出现的最大不平衡电流 $I_{\text{unb.max}}$ 来整定,即

$$I_{\text{op}} = K_{\text{rel}} I_{\text{unb.max}} \tag{6-31}$$

零序Ⅲ段保护不仅动作时限要逐级配合,灵敏系数也要逐级配合,即各级零序Ⅲ段保护的保护范围不要延时到下一级零序Ⅲ段保护的保护范围之外,这一点与相间短路的过电流保护要求不同。

保护装置的灵敏系数,作为近后备时按本线路末端发生接地短路的最小零序电流考虑,作为远后备时按下一条线路末端发生接地短路的最小零序电流考虑。

4. 对零序电流保护的评价

(1) 零序电流保护的优点:

① 零序过电流保护按照躲开不平衡电流的原则整定,整定值低;而当真正的接地故障发生时,故障相的电流数值一般都很大。因此,保护灵敏系数高。例如,A 相发生接地短路时,$I_A = 3I_0$,但零序过电流整定值却比相间过电流整定值小得多,因此零序过电流的灵敏系数要高得多。

此外,零序过电流保护的动作时限也较相间保护短。如图 6-25 所示的相间过电流保护和零序过电流保护的动作时限。

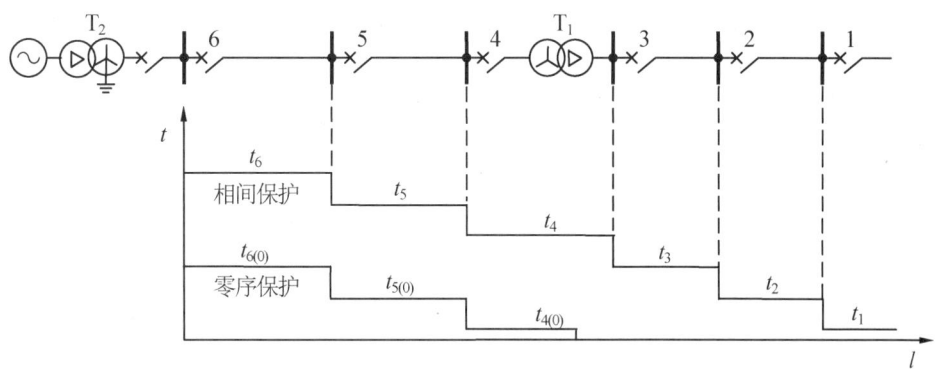

图 6-25　相间过电流保护和零序过电流保护的动作时限

图 6-25 中由于 Yd 接线的变压器低压侧的任何故障都不能在高压侧引起零序电流,因此安装在变压器高压侧的零序过电流保护 4 可以瞬时动作,不需要与保护 1~3 配合。这样零序过电流保护 4~6 就要比相应的相间短路的过电流保护 4~6 的动作时限小。

② 零序电流保护受运行方式变化的影响小,零序保护Ⅰ段的保护范围大、稳定,零序保护Ⅱ段的灵敏系数也易于满足要求。

③ 当系统中出现某些不正常运行状态时,例如系统振荡、短时过负荷等,三相是对称的,相间短路的电流保护均受到它们的影响而可能误动作,因而需要采取必要的措施以防止误动作,而零序电流则不受它们的影响。

④ 单相接地故障占系统全部故障的 70%~90%,而且其他类型的故障也往往是由单相接

地故障发展起来的。因此采用专门的零序保护就具有显著的优越性。

(2)零序电流保护的缺点:

①对于短线路或运行方式变化很大的情况,保护往往不能满足系统运行所提出的要求。对于复杂的双回线环网,灵敏性常常难以满足要求。

②随着单相重合闸的广泛应用,在重合闸动作的过程中将出现非全相运行状态,再考虑系统两侧的发电机发生摇摆,可能出现较大的零序电流,因而影响零序电流保护的正常工作。此时应从整定计算上予以考虑,或在单相重合闸动作过程中使之短时退出运行。

③当采用自耦变压器连接两个不同电压等级的网络时,则任一网络的接地短路都将在另一网络中产生零序电流,这将使零序保护的整定配合复杂化,并将增大零序Ⅲ段保护的动作时限。

八、小电流接地系统接地保护

小电流接地系统发生接地故障时零序电流数值较小,这是由于接地回路的阻抗较大,接地故障特征不如大电流接地系统明显。对于两相接地故障,相间电流保护将动作切除故障线路;对于单相接地故障,只要求保护有选择性地发出接地告警信号,一般情况下不需要跳闸。

1. 中性点不接地系统中单相接地故障的特点

对于如图 6-26(a)所示的简单网络,在正常运行情况下,三相对地电容均为 C_0,在相电压作用下,每相都有一超前于相电压 $90°$ 的电容电流流入大地,而三相电流之和为零。假设在 A 相发生了单相接地,则 A 相对地电压变为零,对地电容被短接而放电,而其他两相的对地电压升高了 $\sqrt{3}$ 倍,对地电容的充电电流也相应地增大了 $\sqrt{3}$ 倍,其相量图如图 6-26(b)所示。

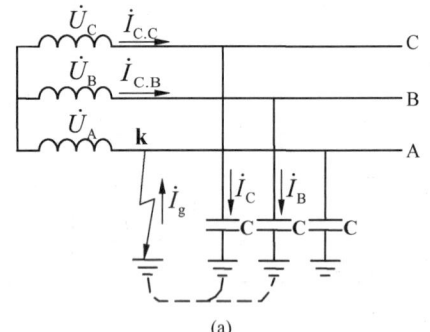 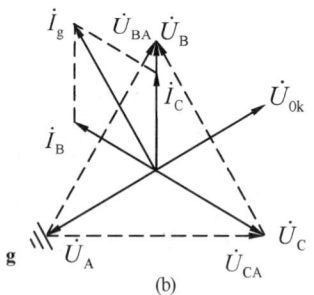

图 6-26 单相接地时的电源中性点不接地的电力系统

A 相接地后,各相对地电压为

$$\begin{cases} \dot{U}_{Ag} = 0 \\ \dot{U}_{Bg} = \dot{U}_B - \dot{U}_A = \dot{U}_{BA} = \sqrt{3}\dot{U}_A e^{-j150°} \\ \dot{U}_{Cg} = \dot{U}_C - \dot{U}_A = \dot{U}_{CA} = \sqrt{3}\dot{U}_A e^{j150°} \end{cases} \tag{6-32}$$

故障点 k 的零序电压为

$$\dot{U}_{0k} = (\dot{U}_{Ag} + \dot{U}_{Bg} + \dot{U}_{Cg})/3 = -\dot{U}_A \tag{6-33}$$

在非故障相中流向故障点 k 的电容电流为

$$\begin{cases} \dot{I}_\text{B} = \dot{U}_\text{Bg} j\omega C_0 \\ \dot{I}_\text{C} = \dot{U}_\text{Cg} j\omega C_0 \end{cases} \qquad (6\text{-}34)$$

有效值为

$$I_\text{B} = I_\text{C} = \sqrt{3}\, U_\varphi \omega C_0 \qquad (6\text{-}35)$$

式中,U_φ 为相电压的有效值。

此时,从接地点流回的电流为 $\dot{I}_\text{g} = \dot{I}_\text{B} + \dot{I}_\text{C}$,由图 6-26 可见,其有效值为 $3U_\varphi \omega C_0$,即正常运行时三相对地电容电流的算术和。

如图 6-27 所示,当网络中有发电机 G 和多条线路存在时,每台发电机和每条线路对地均有电容存在,设以 $C_{0\text{G}}$、$C_{0\text{I}}$、$C_{0\text{II}}$ 等集中电容表示,当线路 II 的 A 相接地后,如果忽略负荷电流和电容电流在线路阻抗上的电压降,则全系统 A 相对地的电压均等于零,因而各元件 A 相对地电容电流也都等于零,同时 B 相和 C 相的对地电压和电容电流也都升高 $\sqrt{3}$ 倍。

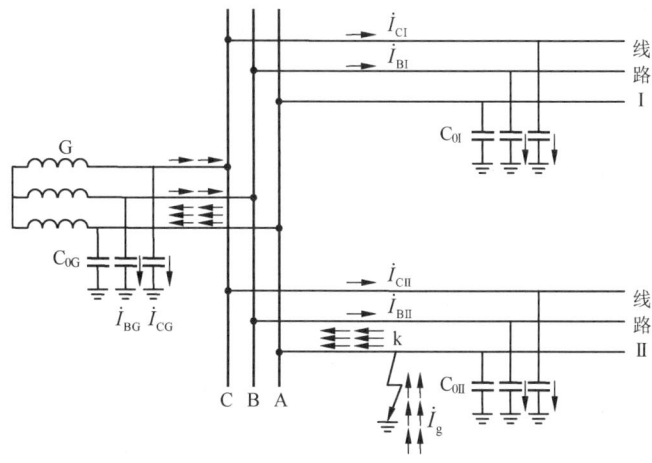

图 6-27 单相接地时用三相系统表示的电容电流分布图

由图 6-27 可见,在非故障的线路 I 上,A 相电流为零,B 相和 C 相中流有本身的电容电流,因此在线路始端所反应的零序电流为

$$3\dot{I}_{0\text{I}} = \dot{I}_\text{BI} + \dot{I}_\text{CI} \qquad (6\text{-}36)$$

有效值为

$$3I_{0\text{I}} = 3U_\varphi \omega C_{0\text{I}} \qquad (6\text{-}37)$$

即零序电流为线路 I 本身的电容电流,电容性无功功率的方向是由母线流向线路。

在发电机 G 上,首先流过它本身的 B 相和 C 相的电容电流,由于它还是产生其他电容电流的电源,因此从 A 相中要流回从故障点流过来的全部电容电流,而在 B 相和 C 相中又要分别流出各线路上同名相的对地电容电流,此时从发电机出线端所反应的零序电流为

$$3\dot{I}_{0\text{G}} = \dot{I}_\text{BG} + \dot{I}_\text{CG} \qquad (6\text{-}38)$$

有效值为

$$3I_{0\text{G}} = 3U_\varphi \omega C_{0\text{G}} \qquad (6\text{-}39)$$

即零序电流为发电机本身的电容电流,电容性无功功率的方向是由母线流向发电机,这个特点

与非故障线路一样。

在故障的线路Ⅱ上,在 B 相和 C 相中也是流有本身的电容电流,但在接地点要流回全系统 B 相和 C 相对地电容之和,其值为

$$\dot{I}_g = (\dot{I}_{BI} + \dot{I}_{CI}) + (\dot{I}_{BII} + \dot{I}_{CII}) + (\dot{I}_{BG} + \dot{I}_{CG}) \tag{6-40}$$

有效值为

$$I_g = 3U_\varphi \omega (C_{0I} + C_{0II} + C_{0G}) = 3U_\varphi \omega C_{0\Sigma} \tag{6-41}$$

式中,$C_{0\Sigma}$ 为全系统每相对地电容之和。

接地点的电流要从线路Ⅱ的 A 相流回到电源,因此线路Ⅱ的 A 相流出的电流为 $\dot{I}_{AII} = -\dot{I}_g$,线路Ⅱ上始端流过的零序电流为

$$\dot{I}_{0II} = \dot{I}_{AII} + \dot{I}_{BII} + \dot{I}_{CII} = -(\dot{I}_{BI} + \dot{I}_{CI} + \dot{I}_{BG} + \dot{I}_{CG}) \tag{6-42}$$

有效值为

$$3I_{0II} = 3U_\varphi \omega (C_{0\Sigma} - C_{0II}) \tag{6-43}$$

可见,由故障线路流向母线的零序电流,其数值等于全系统非故障元件对地电容电流之和,电容性无功功率的方向由线路流向母线,恰好与非故障元件相反。

电缆外面有金属外皮,此金属外皮接地,包含电缆线路的电容电流分布如图 6-28 所示,电缆采用零序电流互感器获取零序电流,如果零序电流互感器直接套在电缆上,如图中虚线框,则互感器一次侧电流为零,没能取得零序电流分量,如果把接地线也穿入零序电流互感器中,则接地线和电缆外皮的电流互相抵消,零序电流互感器一次侧电流恰好是零序电流。因此零序电流互感器接线时,电缆头上的接地线必须穿过零序电流互感器的铁芯,这样才能正确获取零序电流。

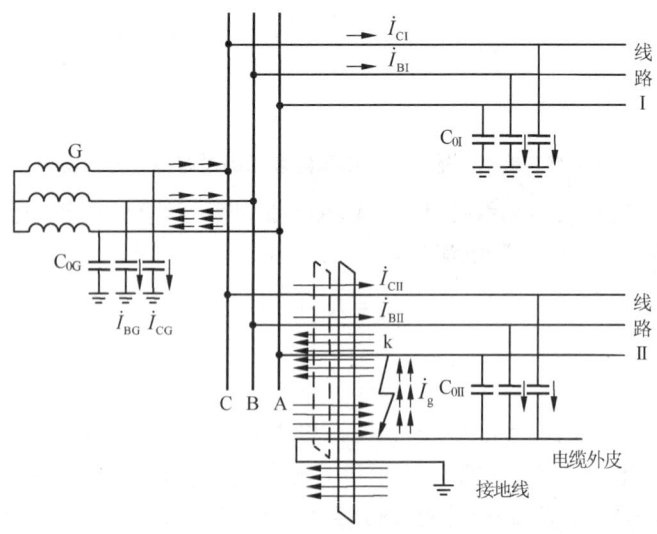

图 6-28 零序电容互感器使用方法分析

对图 6-27 表示的三相系统应用对称分量法,可得到单相接地时的零序等效网络,如图 6-29(a)所示。图中在接地点有一个零序电压 $\dot{U}_{k0}$,线路的零序阻抗远小于电容的容抗,因此可以忽略不计,在中性点不接地系统中的零序电流就是各元件的对地电容电流。图中 $\dot{I}'_{0II}$ 表示

线路Ⅱ本身的零序电容电流。

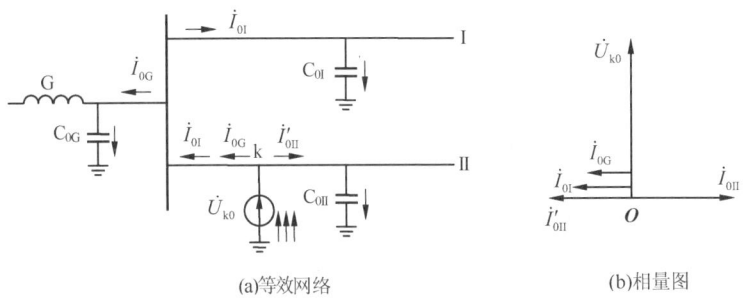

图 6-29 单相接地时的零序等效网络及相量图

利用图 6-27 所示的三相系统分析单相接地时电流分布物理概念清晰,但计算复杂,使用不便。利用图 6-29(a)所示的零序等效网络,计算零序电流的大小和分布则非常方便。

综上分析,得到如下结论:

(1)在发生单相接地时,全系统都将出现零序电压;

(2)在非故障元件上有零序电流,其数值等于本身的对地电容电流,电容性无功功率的实际方向为母线流向元件;

(3)在故障线路上,零序电流为除本线路以外的全系统非故障元件对地电容电流之和,数值一般较大,电容性无功功率的实际方向为线路流向母线。

这些特点和区别将是构成保护方式的依据。

2.中性点经消弧线圈接地系统中单相接地故障的特点

中性点不接地系统中发生单相接地故障时,接地点要流过全系统的对地电容电流,如果此电流较大,就会在接地点燃起电弧,引起弧光过电压,从而使非故障相的对地电压进一步升高,可能使绝缘损坏,形成多点接地短路。为此通常加消弧线圈来限制流经故障点的电流。消弧线圈接地电网中单相接地时的电流分布图如图 6-30 所示。

根据对电容电流补偿程度的不同,消弧线圈可以有完全补偿、欠补偿和过补偿三种方式。由第一章第五节可知应该采用过补偿,过补偿度一般为 5%~10%。

中性点经消弧线圈接地系统中单相接地故障的特点如下:

(1)当采用完全补偿方式时,流经非故障元件和故障线路的零序电流都是本身的对地电容电流,电容性无功功率的实际方向为母线流向元件。根据零序电流的大小和零序功率方向无法判断哪一条线路发生了故障。

(2)当采用过补偿方式时,流经故障线路的零序电流大于本身的对地电容电流,电容性无功功率的实际方向仍为母线流向元件,与非故障元件的零序功率方向一样。因此根据零序功率方向无法判断故障线路;由于过补偿度不大,也不能利用零序电流大小的不同找出故障线路。

3.绝缘监视装置

在小电流接地系统中,发生单相接地故障时,只有很小的接地电容电流,相间电压仍然是对称的,因此可以暂时继续运行。但由于非故障相的对地电压升高为原来对地电压的 $\sqrt{3}$ 倍,所以对线路绝缘仍有一定的威胁。如果长期运行下去,可能引起非故障相对地击穿而造成两

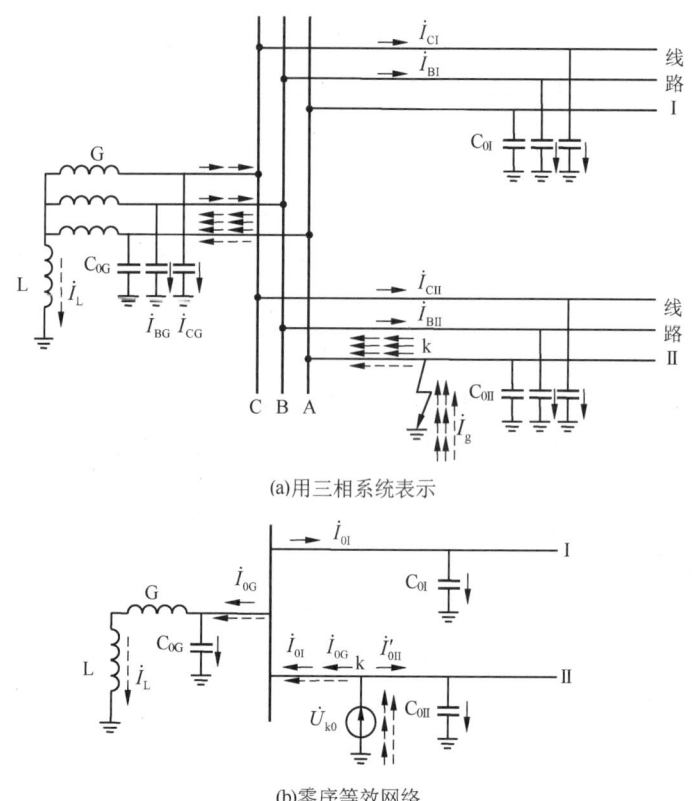

(a) 用三相系统表示

(b) 零序等效网络

图 6-30 消弧线圈接地电网中单相接地时的电流分布图

相接地短路，这时将引起开关跳闸，线路停电。因此要装设特定的保护装置，以便及时发现和处理单相接地故障。

在发电厂和变电所的母线上，一般装设电网单相接地的监视装置，它利用接地后出现的零序电压带延时动作于信号。为此 6~10 kV 网络中可用过电压继电器接于三相五柱式电压互感器二次开口三角形侧[见图 6-21(b)]构成单相接地绝缘监视装置，如图 6-31 所示。

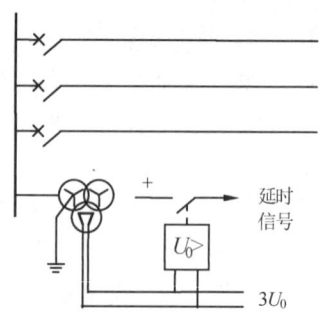

图 6-31 绝缘监视装置原理接线图

三相五柱式电压互感器有两个二次绕组，其中一个绕组接成星形并将中性点接地，另一个绕组接成开口三角形，这样，从开口处端子上得到的输出电压为 $\dot{U}_{mn} = \dot{U}_a + \dot{U}_b + \dot{U}_c$。

网络正常运行时，3 个相电压大小相等，相位差 120°。在开口三角形的 3 个绕组中的电压

$\dot{U}_a$、$\dot{U}_b$、$\dot{U}_c$ 也是大小相等,互差 120°,三相电压相加为零,输出电压 $\dot{U}_{mn}$ 为零,外接过电压继电器不会动作。当网络发生单相金属性接地时,开口三角形的三相电压 $\dot{U}_a$、$\dot{U}_b$、$\dot{U}_c$ 相加不为零,为 $3\dot{U}_0$,其输出电压值为 100 V。实际上,当发生非金属性(经过渡电阻)接地时,输出电压 $3U_0$ 将小于 100 V,通常也能使继电器(动作值一般定为 33 V)动作而发出信号。

只要本网络中发生单相接地故障,则在同一电压等级的所有发电厂和变电所的母线上都将出现零序电压,因此这种方法给出的信号是没有选择性的。要想发现故障是在哪条线路上,还需要由运行人员依次短时断开每条线路,并继之以自动重合闸将断开的线路投入,当某条线路断开时零序电压的信号消失,即表明故障是在该线路上。目前多采用微机接地故障自动选线装置实现此功能。

35 kV 以上的系统,零序电压是采用 3 个单相式电压互感器,将其二次侧绕组串接成开口三角形取得的[见图 6-21(a)]。

必须指出,三相三芯式电压互感器不能作为绝缘监视装置之用。

4. 中性点不接地系统零序电流保护

中性点不接地系统中,利用故障线路零序电流较非故障线路大的特点来实现有选择性地发出信号或动作于跳闸。

这种保护一般使用在有条件安装零序电流互感器的线路上(电缆线路或经电缆引出的架空线路);或当单相接地电流较大,足以克服由三相电流互感器构成的零序电流过滤器中不平衡电流的影响时,保护装置也可以接于三个电流互感器构成的零序回路中。

根据分析,当电网中某条线路发生单相接地故障时,非故障线路上的零序电流为本身的电容电流。为保证保护动作的选择性,保护装置的起动电流应大于本线路的电容电流,即

$$I_{op} = K_{rel} \times 3U_\varphi \omega C_0 \tag{6-44}$$

式中,C_0 为被保护线路每相的对地电容。

灵敏系数按本线路发生单相接地故障校验,本线路发生单相接地故障时,流经本线路的零序电流为全网络中非故障元件电容电流之和,因此灵敏系数为

$$K_s = \frac{3U_\varphi \omega (C_\Sigma - C_0)}{K_{rel} \times 3U_\varphi \omega C_0} = \frac{C_\Sigma - C_0}{K_{rel} C_0} \tag{6-45}$$

式中,C_Σ 为同一电压等级网络中,各元件每相对地电容之和,校验时应按系统最小运行方式下的电容校验。

由式(6-45)可见,当全网络的电容电流越大或被保护线路的电容电流越小时,零序电流保护的灵敏系数就越容易满足要求。

5. 中性点不接地系统零序功率方向保护

中性点不接地系统中发生单相接地故障时,故障线路与非故障线路零序功率方向是不同的,利用这一特点可以构成零序功率方向保护,动作于信号或跳闸。这种方式适合于零序电流保护不能满足灵敏系数要求时和接线复杂的网络中。

根据 Q/GDW 10370—2016《配电网技术导则》,单相接地电流较大时,需要加消弧线圈予以限制,因此单相接地电流一般不会很大,故而零序电流保护的灵敏性一般较差。中性点经消弧线圈接地系统中,一般采用过补偿,由于过补偿度不大,靠零序电流很难区分故障线路和非

故障线路,故障线路和非故障线路的零序功率方向又相同,也无法采用零序功率方向保护。因此小电流接地系统发生单相接地时,很难区别故障线路和非故障线路。对于小电流接地系统,迄今为止还没有一种原理简单、动作可靠、实现简单的单相接地保护。

第三节 电力变压器的继电保护

一、电力变压器的故障类型和不正常运行状态

电力变压器是电力系统中十分重要的电气设备,它的故障将对供电可靠性和系统的正常运行带来严重的影响。同时大容量的电力变压器也是十分贵重的设备,因此,必须根据变压器的容量和重要程度考虑装设性能良好、工作可靠的继电保护装置。

油浸式电力变压器的内部故障可以分为油箱内和油箱外故障两种。油箱内的故障包括绕组的相间短路、接地短路(碰壳)、匝间短路以及铁芯的烧损等。对变压器来讲,这些故障都是十分危险的,因为油箱内故障时产生的电弧,将引起绝缘物质和变压器油急速分解和汽化而产生大量气体,从而可能引起爆炸。因此,这些故障应该尽快加以切除。油箱外的故障,主要是套管和引出线上发生相间短路和接地短路。上述接地短路均系对中性点直接接地电力网的一侧而言。

变压器的不正常运行状态主要有:由于变压器外部相间短路引起的过电流和外部接地短路引起的过电流和中性点过电压;由于负荷超过额定容量引起的过负荷以及由于漏油等原因而引起的油面降低。

此外,对大容量变压器,由于其额定工作时的磁通密度相当接近于铁芯的饱和磁通密度,因此在过电压或低频率等异常运行方式下,还会发生变压器的过励磁故障。

二、电力变压器的保护类型

根据上述故障类型和不正常运行状态,对变压器应装设下列保护。

①瓦斯保护。对变压器油箱内的各种故障以及油面的降低,应装设瓦斯保护,它反应于油箱内部所产生的气体或油流而动作。其中轻瓦斯保护动作于信号,重瓦斯保护动作于跳开变压器各电源侧的断路器。

应装设瓦斯保护的变压器容量界限是:800 kVA 及以上的油浸式变压器和 400 kVA 及以上的车间内油浸式变压器。

②纵联差动保护或电流速断保护。对变压器绕组、套管及引出线上的故障,应根据容量的不同,装设纵联差动保护或电流速断保护。

纵联差动保护适用于:并列运行的变压器以及发电厂厂用变压器和工业企业中的重要变压器,容量为 6 300 kVA 及以上时;单独运行的变压器,容量为 10 000 kVA 及以上时。

电流速断保护用于 10 000 kVA 以下的变压器,且其过电流保护的时限大于 0.5 s 时。

对 2 000 kVA 及以上的变压器,当电流速断保护的灵敏性不能满足要求时,也应装设差动保护。

纵联差动保护不能反应绕组匝数很少的匝间短路故障、油面降低等,因此存在一定的保护

死区。而瓦斯保护不能反应油箱外部的短路故障。因此,纵联差动保护和瓦斯保护共同构成变压器的主保护。当上述各保护动作后,均应跳开变压器各电源侧的断路器。

③外部相间短路时应采用的保护。对于外部相间短路引起的变压器过电流,应采用下列保护:

过电流保护,一般用于降压变压器,保护装置的整定值应考虑事故状态下可能出现的过负荷电流;复合电压起动的过电流保护,一般用于升压变压器及过电流保护灵敏性不满足要求的降压变压器;负序电流及单相式低电压起动的过电流保护,一般用于大容量升压变压器和系统联络变压器;阻抗保护,对于升压变压器和系统联络变压器,当采用前两种保护不能满足灵敏性和选择性要求时,可采用阻抗保护。

④外部接地短路时,应采用的保护。对中性点直接接地电力网内,由外部接地短路引起过电流时,如变压器中性点接地运行,应装设零序电流保护。

对自耦变压器和高、中压侧中性点都直接接地的三绕组变压器,当有选择性要求时,应增设零序方向元件。

当电力网中部分变压器中性点接地运行,为防止发生接地短路时,中性点接地的变压器跳开后,中性点不接地的变压器(低压侧有电源)仍带接地故障继续运行,从而产生过电压,应根据具体情况,装设专用的保护装置,如零序过电压保护、中性点装放电间隙加零序电流保护等。

⑤过负荷保护。对 400 kVA 以上的变压器,当数台并列运行,或单独运行并作为其他负荷的备用电源时,应根据可能过负荷的情况,装设过负荷保护。过负荷保护接于一相电流上,并延时作用于信号。对于无经常值班人员的变电所,必要时过负荷保护可动作于自动减负荷或跳闸。

⑥过励磁保护。高压侧电压为 500 kV 及以上的变压器,针对频率降低和电压升高而引起的变压器励磁电流的升高,应装设过励磁保护。在变压器允许的过励磁范围内,保护作用于信号,当过励磁超过允许值时,可动作于跳闸。过励磁保护反应于实际工作磁密和额定工作磁密之比(称为过励磁倍数)而动作。

⑦其他保护。针对变压器温度及油箱内压力升高和冷却系统故障,应按现行变压器标准的要求,装设可作用于信号或动作于跳闸的装置。

根据变压器常见的故障与不正常工作状态,并考虑到变压器电压等级及容量大小等具体情况,港口供电系统的变压器继电保护装置的装设原则主要如下:①(35~110/6~10) kV 变压器。1 000 kVA 及以下——装设过电流保护、电流速断保护(当过电流保护时限不超过 0.7 s,可不装设电流速断保护);1 000~6 300 kVA——装设瓦斯保护、过电流保护及电流速断保护;10 000 kVA 及以上——装设瓦斯保护、差动保护和过电流保护;以上变压器若有过负荷可能时,应增设过负荷保护作用于信号。②(6~10/0.4~0.23) kV 变压器。这类变压器主要用于码头变电所,容量通常不超过 1 000 kVA。一般应装设过电流保护及电流速断保护(过电流保护时限大于 0.7 s 时),对容量为 800~1 000 kVA 的变压器,应附设瓦斯保护。

三、电力变压器的瓦斯保护

1. 瓦斯保护

瓦斯保护(或称气体保护)是变压器匝间短路和相间短路的主要保护。瓦斯保护的主要元件是瓦斯继电器,也称气体继电器,它能反应变压器油箱内的所有故障。当变压器油箱内部发生任何故障时,绝缘物质在电弧的作用下将会分解出气体。瓦斯保护就是根据这一特点制成的。

港口企业的供电系统中采用的瓦斯继电器有三种,即浮筒式水银接点继电器(FJ-22 型、CR-3 型)、挡板式继电器以及由开口杯和挡板构成的复合式继电器(FJ3-80 型)。

以前不少港口企业采用浮筒式瓦斯继电器。这种继电器有上下两个浮筒,正常运行时,浮筒内的水银触点断开,当变压器内发生轻微故障(轻瓦斯)时,或油面降低时,上浮筒下倾,使附属的水银触点闭合,从而发出信号;当变压器内部发生严重故障(重瓦斯)时,在气流或油流的作用下,下浮筒内的水银触点闭合,瓦斯继电器动作于跳闸。这种旧式瓦斯继电器的主要缺点是抗振能力差,容易因振动而造成误动作。另外,重瓦斯保护的调试整定也比较麻烦。所以许多使用单位都将下浮筒改成挡板,使可靠性大为提高。但挡板式瓦斯继电器在变压器油面严重下降时,也存在不能跳闸的缺点。FJ3-80 型瓦斯继电器基本上消除了上述缺点,具有较高的抗振能力。图 6-32 是其内部结构示意图。

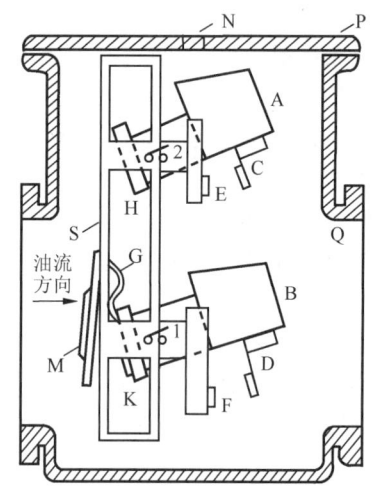

图 6-32　FJ3-80 型瓦斯继电器内部结构示意图

瓦斯继电器安装在变压器油箱与油枕的连通管上,如图 6-33 所示。在图 6-32 的内部结构示意图中,Q 为瓦斯继电器的容器,其内装有上、下开口油杯 A 和 B。上、下油杯的底部装有永久磁铁 C 和 D,在支架 S(固定在顶盖 P 上)上固定两个磁力接点 E 和 F。上、下开口油杯亦固定在支架 S 上,可以分别绕 2、1 轴转动。H 和 K 为两个油杯的平衡锤。

在正常状态下,整个容器 Q 内充满变压器油,A 和 B 受油的浮力向左上方倾斜,如图 6-32 中的平衡位置,继电器接点断开。当变压器内发生轻微故障(轻瓦斯)时,产生的气体聚集在容器 Q 的上部,迫使油面相应降低,此时上油杯 A 下降,C 亦随之下降。当 C 下降至一定程度时,磁力接点 E 接通,给出报警信号。当变压器内部发生严重故障(重瓦斯)时,连接管内产生油流(其方向如图中箭头所示),流速达到一定值时,便冲动挡板 G(固定在平衡锤 K 上),使下油杯 B 下降,D 亦随之下降。当 D 下降至一定程度时,磁力接点 F 接通,作用于跳开变压器的所有断路器。

调节平衡锤 H 的位置,可在 $200\sim400\ cm^2$ 的范围内调节上油杯的动作容积(即调节动作时气体量的大小)。调节平衡锤 K 和进油口挡板 M 的位置,可调节下油杯动作时所需的油速,动作油速的调节范围为 0.35~1.2 m/s。

当变压器严重漏油时,油面大幅降低,瓦斯继电器先发出报警信号(上油杯动作),然后再跳开断路器(下油杯动作)。为保证瓦斯继电器可靠、灵敏地工作,在制造变压器时,连通管对油箱有 1.0%~2.5% 的坡度。同时,在安装变压器时,将装有油枕的一侧稍微垫高,再形成 1.0%~1.5% 的坡度,如图 6-33 所示。

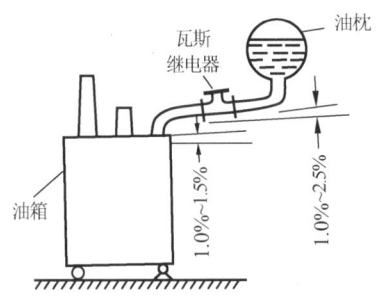

图 6-33 瓦斯继电器的安装位置

瓦斯保护的接线如图 6-34 所示,图中 KG 表示瓦斯继电器,若上接点闭合,表示轻瓦斯动作,发出报警信号。下接点闭合则表示重瓦斯动作,它经过信号继电器 KS_2 和切换片 XB 接通中间继电器 KM,作用于断开变压器的两侧断路器。因为瓦斯继电器下油杯在受到气体冲击时,其接点可能振动或闭合的时间很短,为了保证断路器的可靠跳闸,中间继电器采用自保持的办法,即在 KG 的下接点瞬间闭合时,通过 KM 的一对常开接点将 KM 本身锁住,以保证断路器能得到可靠地跳闸。跳闸后按下按钮 SB 使中间继电器复归原位。在检修或试验 KG 时可将切换片 XB 切换到信号位置。

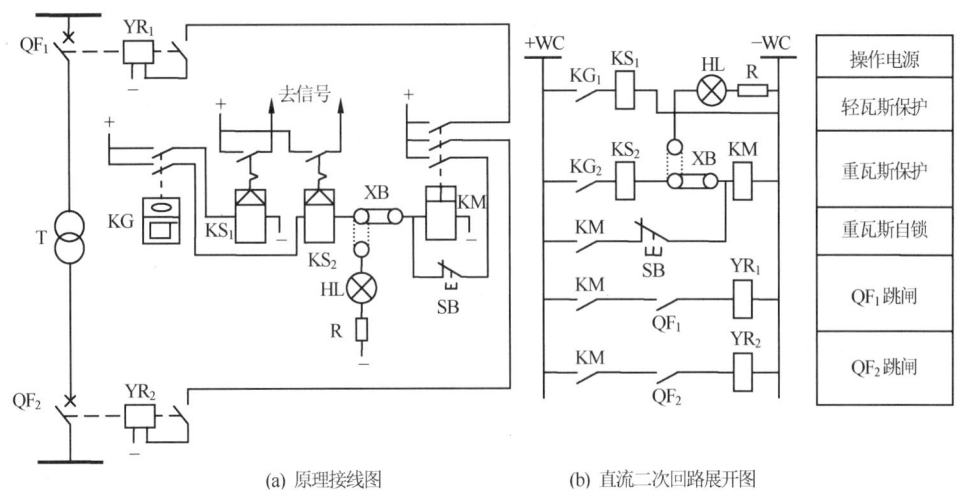

图 6-34 变压器瓦斯保护

2. 变压器瓦斯保护动作后的故障分析

变压器瓦斯保护动作后,可由蓄积于瓦斯继电器内的气体性质来分析和判断故障的原因,如表 6-2 所示。

表 6-2　瓦斯继电器动作后的气体分析和处理要求

气体性质	故障原因	处理要求
无色、无臭、不可燃	变压器内含有空气	允许继续运行
灰白色、有剧臭、可燃	纸质绝缘烧毁	立即停电检修
黄色、难燃	木质部分烧毁	停电检修
深灰或黑色、易燃	油质炭化	分析油样,必要时停电检修

运行经验表明,瓦斯保护对油浸式变压器内部的各种故障反应很灵敏,特别是对匝间短路,其灵敏度之高是其他任何保护所不及的;而且瓦斯保护装置的结构和接线简单,因此它是保护油浸式变压器内部故障的一种经济合理的继电保护装置。瓦斯保护是变压器内部故障的主要保护。然而瓦斯保护不宜整定得过于灵敏,以免误动作。另外,瓦斯保护不能反应于油箱外部套管和引出端子的故障,因此还需与其他保护(例如差动保护、速断和过电流保护)配合使用。

四、电力变压器的电流保护装置

对于容量较小的变压器(5 600 kVA 以下),特别是港口码头变电所用变压器(容量一般不超过 1 000 kVA),广泛采用电流速断保护作为电源侧绕组及引线的相间短路保护。再用限时过电流保护装置,保护变压器的全部并作为外部短路所引起的过电流以及变压器内部故障的后备保护。

1. 变压器的电流保护装置

电流速断及过电流保护装置的接线方式,根据变电所操作电源的情况一般都采用两相两继电器式的交流操作接线方式来实现电流速断及反时限过电流两种保护。

如果变电所有直流电源,例如在总降压变电所中,也可以采用图 6-35 的接线方式。

图中电流继电器 KA_4、KA_5 为电流速断,其动作不经延时,直接起动出口中间继电器 KCO 而作用于断路器跳闸。电流继电器 $KA_1 \sim KA_3$ 和时间继电器 KT_1 构成定时限过电流保护。本节以采用两相三继电器式接线为例进行介绍,KA_3 接在电流互感器的中性线回路上,以提高保护的灵敏度。如果灵敏度满足要求,则 KA_3 可以省掉不用。$KA_1 \sim KA_3$ 任何一个动作都可以起动时间继电器 KT_1,经过预定的延时后再起动出口中间继电器 KCO 而跳闸。

继电器 KA_6 与 KT_2 用于过负荷保护。仅当变压器有过负荷可能时才装设,过负荷保护只接于一相,其动作后只给出信号。

这里为什么采用两相三继电器式接线而不采用两相两继电器或两相电流差式接线呢?

先分析两相两继电器式接线(见图 6-36)(设变压器和电流互感器的变比均为1)。

这种接线对变压器低压侧的单相短路反应不够灵敏。由图 6-36(a)可以看出,Yyn12 接线的降压变压器在低压出线上(b 相)发生单相短路时的电流分布。根据对称分量法,可将低压侧 b 相的单相短路电流 $\dot{I}_k^{(1)} = \dot{I}_b$,分解为正序 $\dot{I}_{b1} = \dot{I}_b/3$,负序 $\dot{I}_{b2} = \dot{I}_b/3$,零序 $\dot{I}_{b0} = \dot{I}_b/3$。由此可绘出变压器低压侧的正序、负序和零序的相量图,如图 6-36(b)所示。

低压侧的正序和负序电流都要感应到高压侧去,而低压侧的零序电源由于电力变压器为三相三铁芯柱,其铁芯中不可能存在三个同相的零序磁通,因此高压侧也就不会感生零序电流。

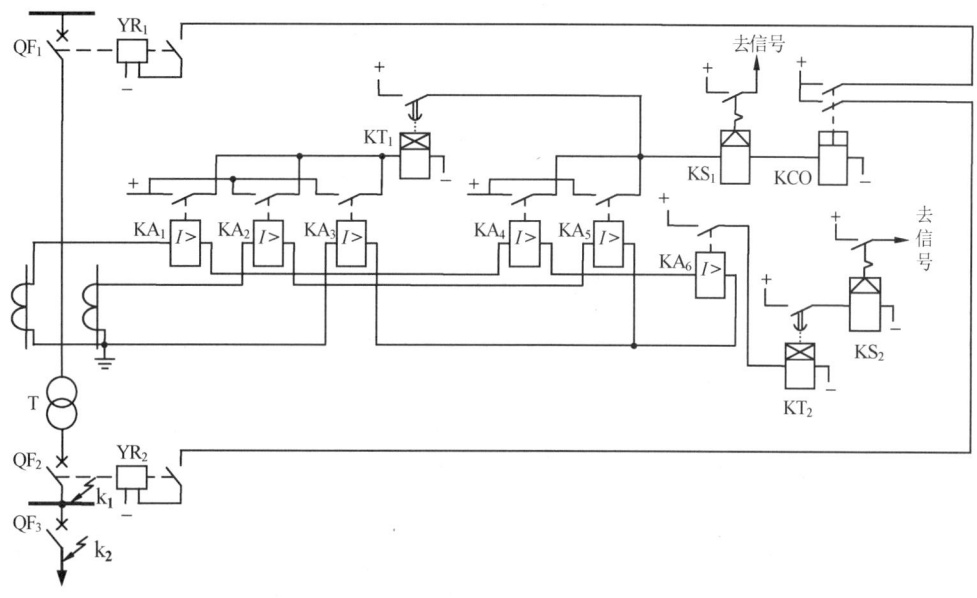

图 6-35　变压器的电流速断、过电流及过负荷保护接线图

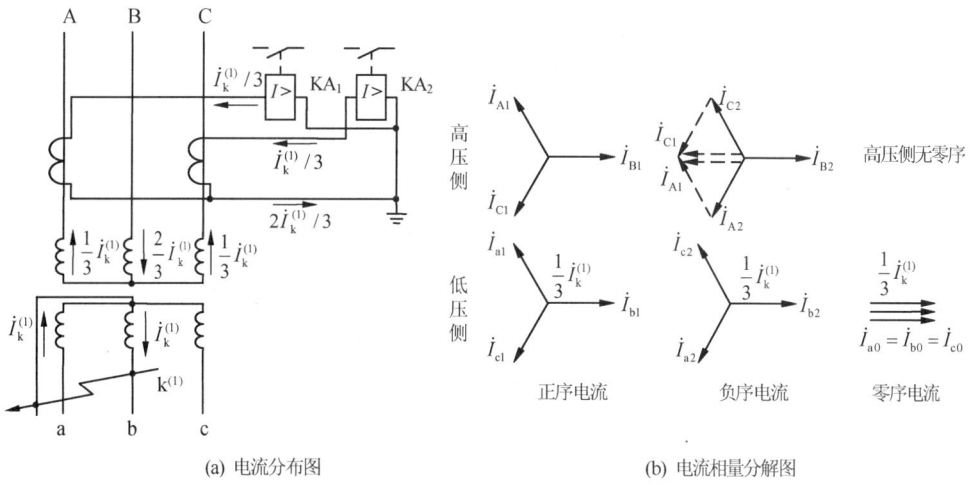

(a) 电流分布图　　　　　　　　　(b) 电流相量分解图

图 6-36　Yyn12 接线的变压器低压侧 b 相短路时电流分布

由以上分析可知,当未装互感器的 b 相低压侧发生单相短路时,流入两相两继电器式接线的继电器中的电流,仅为单相短路电流的 1/3。由此可见,这种接线方式的继电保护对低压侧的单相短路反应不够灵敏,因此只适于用作相间短路保护和过负荷保护。

再分析两相电流差式接线(见图 6-37)。

这种接线也适于用作相间短路保护和过负荷保护,不过对不同的相间短路的灵敏系数不同。另外,由图 6-37 中可以看出,如未装互感器的 b 相低压侧发生单相短路时,继电器中无电流,根本不动作,因此不能用作单相短路保护。

为了弥补上述两种接线不适于变压器低压侧的单相短路保护,可采取下列任一措施。

(1) 在两相两继电器式接线的公共线上加装一个电流继电器,如图 6-35 中的 KA_3。由图 6-36 可知,公共线上通过的电流为其他两相电流的两倍,从而使低压侧单相短路保护的灵敏

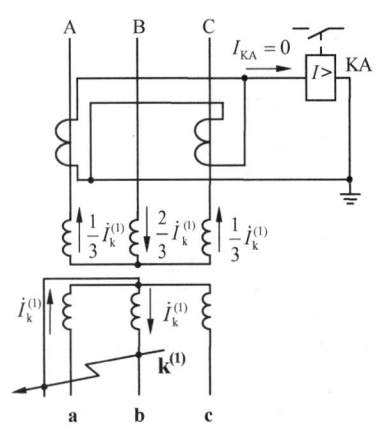

图 6-37 两相电流差式接线

系数提高一倍。

（2）在变压器低压侧中性点引出线上装设零序过电流保护，如图 6-38 所示。保护装置的动作电流按躲过正常运行时变压器中性线上流过的最大不平衡电流（一般不超过 25%$I_{2N.T}$）来

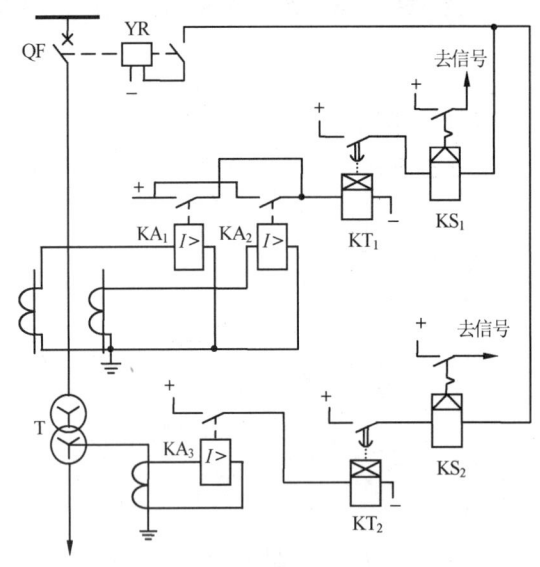

图 6-38 零序过电流保护

整定，即

$$I_{op} = 0.25 I_{2N.T} K_{rel} \tag{6-46}$$

式中，$I_{2N.T}$ 为变压器二次侧的额定电流；K_{rel} 为可靠系数，一般取 1.2~1.3。

保护装置的灵敏系数为

$$K_s = I^{(1)}_{k\,min} / I_{op} \geq 1.5 \tag{6-47}$$

式中，$I^{(1)}_{k\,min}$ 为系统最小运行方式下，二次侧母线或干线末端单相短路电流。

保护装置的动作时限应与低压侧分支线或下一级保护设备（自动开关或熔断器）相配合，一般取为 0.5 s。

(3)在变压器低压侧三相装设熔断器。

(4)在变压器低压侧装设三相都带过流脱扣器的自动开关。

2.各种保护装置的整定计算

(1)电流速断保护

由于电流速断是瞬时动作的,为了保证动作的选择性,避免当外部短路时误将变压器切除,其动作电流必须躲开 k_2 点短路(见图 6-35)时的短路电流,亦即在配出线出口处 k_2 点短路时,应由配出线的保护装置将断路器 QF_3 跳开,而不应切除变压器。因此,速断保护装置的动作电流必须大于 k_2 点短路时的最大可能的短路电流,又因为 k_2 点的短路电流数值与母线上(k_1 点)的短路电流相等,故在整定计算时可引用变压器二次侧母线上的短路电流值,即

$$I_{op} = K_{rel} I_{k.max}^{(3)} \tag{6-48}$$

式中,$I_{k.max}^{(3)}$ 为系统最大运行方式下,变压器二次侧母线三相短路时流经变压器一次侧(保护安装地点)的次暂态短路电流值 $I''^{(3)}$;K_{rel} 为可靠系数,取 1.3~1.5。

应该注意,电流速断保护是瞬时动作的,需要考虑励磁涌流的影响。运行经验表明,保护装置的一次侧动作电流必须大于 $(3~5)I_{N.T}$,以避免变压器空载投入时所产生的励磁电流误将变压器断开。

保护装置的灵敏系数按照保护安装地点发生两相短路的条件校验:

$$K_S = I_{k.min}^{(2)} / I_{op1} \geq 1.5 \tag{6-49}$$

式中,$I_{k.min}^{(2)}$ 为系统在最小运行方式下,保护安装地点(变压器一次侧)发生两相短路时的最小短路电流值。

(2)过电流保护

保护动作电流的整定计算,按照躲开变压器在最严重工作情况下,流经保护安装处的最大计算负荷电流 $I_{L.max}$ 来整定。

$$I_{op} = K_{rel} I_{L.max} = K_{rel} I_{N.T} m_{ov} \tag{6-50}$$

式中,$m_{ov} = I_{L.max} / I_{N.T}$,为变压器的过负荷倍数。

当无准确数据时,可取 $m_{ov} = 3~4$,此时不再考虑系数 K_{rel},于是

$$I_{op} = (3~4) I_{N.T}$$

保护装置的灵敏系数按变压器二次侧母线发生两相短路的条件校验:

$$K_S = I_{k.min}^{(2)} / I_{op} \geq 1.25~1.5 \tag{6-51}$$

式中,$I_{k.max}^{(2)}$ 为系统在最小运行方式下,变压器二次侧母线上发生两相短路时,流经变压器一次侧的短路电流。

过电流保护的动作时限,应选择得比变压器二次侧母线配出线的过电流保护的最大时限大一个时间阶段 Δt(Δt 取 0.5~0.7 s)。若变压器低压侧是熔断器或自动开关保护,则其动作时限应与熔断器或自动开关相配合即比它们的动作时限大一时间阶段 Δt,Δt 取 0.7 s。

(3)过负荷保护

动作电流按躲开变压器的额定电流整定:

$$I_{op} = (1.2~1.25) I_{N.T} \tag{6-52}$$

动作时限一般采用 10~15 s。

五、变压器的差动保护装置

前面介绍的几种变压器保护装置，都各有优点和不足之处。过电流和电流速断保护虽然接线简单、设备投资少，但前者带有动作时间，后者灵敏性低，而且保护有死区（包括变压器一部分低压绕组、二次侧套管和引出线不能保护），保护范围有限。瓦斯保护对变压器内部故障反应最灵敏，因而它是变压器内部故障的主保护，但它不能保护变压器油箱外面套管和引出线的故障。根据实际运行经验统计，这部分故障的比率也是不低的。因此对于大容量的变压器就有必要增设差动保护装置。根据我国国家标准《电力装置的继电保护和自动装置设计规范》（GB/T 50062—2008）规定单独运行的 10 000 kVA 及并列运行容量在 6 300 kVA 及以上的变压器，应装设差动保护装置。以下对差动保护做一些必要的介绍。

1. 差动保护的工作原理

差动保护是反应于被保护元件两侧电流差而动作的保护装置，其原理接线图如图 6-39 所示。

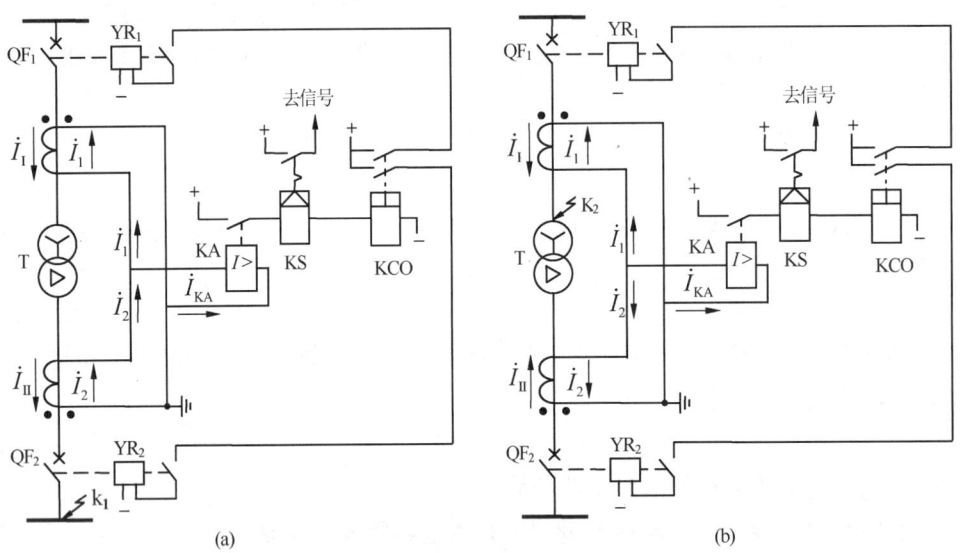

图 6-39 变压器差动保护原理接线图

将变压器两侧电流互感器串联起来构成环路（其极性如图中所示），而电流继电器就并联在环路上，使其中通过的电流等于两侧电流互感器二次电流之差，即 $\dot{I}_{KA} = \dot{I}_1 - \dot{I}_2$ [见图 6-39（a）]。若适当选择变压器两侧电流互感器的变流比和接线方式，可以使得在正常运行情况下其二次侧电流 $\dot{I}_1$ 与 $\dot{I}_2$ 大小相等、相位相同。于是流入差动电流继电器内的电流 $\dot{I}_{KA} = \dot{I}_1 - \dot{I}_2 = 0$，保护装置不动作。

差动保护的保护范围（又称保护区）是变压器两侧电流互感器安装地点之间的区域。它可以保护变压器绕组内部及两侧套管和引出线上的相间短路，以及绕组的匝间短路。

当保护区内发生短路时[图 6-39（b）的 k_2 点短路]，对于单侧电源供电的变压器，此时 $\dot{I}_2 = 0$；于是 $\dot{I}_{KA} = \dot{I}_1 - \dot{I}_2 = \dot{I}_1$；对于双侧电源供电的变压器，例如变电所有两台变压器并列运行时则 $\dot{I}_2$ 改变方向，$\dot{I}_{KA} = \dot{I}_1 + \dot{I}_2$。可以整定电流继电器，使保护区内部出现故障时流过继电器的

电流 $I_{KA} > I_{op.KA}$,继电器动作,不带延时地跳开变压器两侧的断路器。

当保护区外部短路,例如变压器二次侧母线短路时[图 6-39(a)的 k_1 点短路],$\dot{I}_1$ 和 $\dot{I}_2$ 虽然较正常运行时的数值要大得多,但两者仍然是大小相等、相位相同,流入继电器的电流 $\dot{I}_{KA} = \dot{I}_1 - \dot{I}_2$ 还是为零,故保护装置不动作。

2. 保护装置中的不平衡电流及其消除方法

前已述及,适当选择变压器两侧电流互感器变流比和接线方式,使在正常运行及外部短路时,流入继电器的电流 I_{KA} 为零,保护装置不动。但对于变压器来讲,这实际上是不可能的。

由于下列一些原因,即使在正常运行时,也会有一个电流流入继电器线圈,该电流称为不平衡电流,以 I_{unb} 表示。尤其在外部短路时,此不平衡电流更大,可能会使保护装置误动作。因此必须分析保护装置中产生不平衡电流的一些主要原因并采取必要的对策。

如图 6-40 所示的电流互感器的稳态不平衡电流示意图,当电流互感器一次电流在铁芯的不饱和范围内时,电流互感器工作在磁化曲线的线性段,一、二次电流成正比且误差很小。当电流互感器的一次电流很大,铁芯处于饱和段时,励磁电流迅速增大,二次电流的误差也随之增大,铁芯越饱和,误差越大。

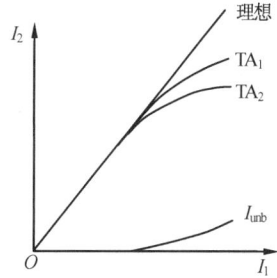

图 6-40 电流互感器的稳态不平衡电流示意图

由于差动保护是瞬时动作的,因此,还需要考虑在外部短路的暂态过程中差动回路出现的不平衡电流。如图 6-41(a)所示,一次侧短路电流中包含非周期分量,由于非周期分量对时间的变化率很小,很难变换到电流互感器二次侧,而大部分成为励磁电流。另外,由于电流互感器的磁通和电流不能突变,也会在二次侧产生非周期分量。因此,在暂态过程中励磁电流中含有大量缓慢衰减的非周期分量,这将使差动保护的不平衡电流大为增加,图 6-41(b)、(c)、(d)、(e)分别为外部短路暂态过程中两侧电流互感器的励磁电流、两个励磁电流之差和实验录取的不平衡电流波形。显然,暂态不平衡电流大于稳态不平衡电流。

除了在整定计算需要考虑外,还可以采用以下措施减小不平衡电流。

(1)保证电流互感器在外部最大短路电流过时满足 10% 误差曲线的要求。

(2)减小电流互感器二次回路负载阻抗以降低稳态不平衡电流。常用方法有通过适当增大导线截面积和尽量缩小长度,以减小控制电缆的电阻;采用二次侧额定电流为 1 A 的电流互感器,以增大变比,进而减小折算到一次侧的等效阻抗等。

(3)在差动回路中接入具有速饱和特性的中间变流器以降低暂态不平衡电流,如采用专用的 BCH-1、BCH-2 的差动继电器。

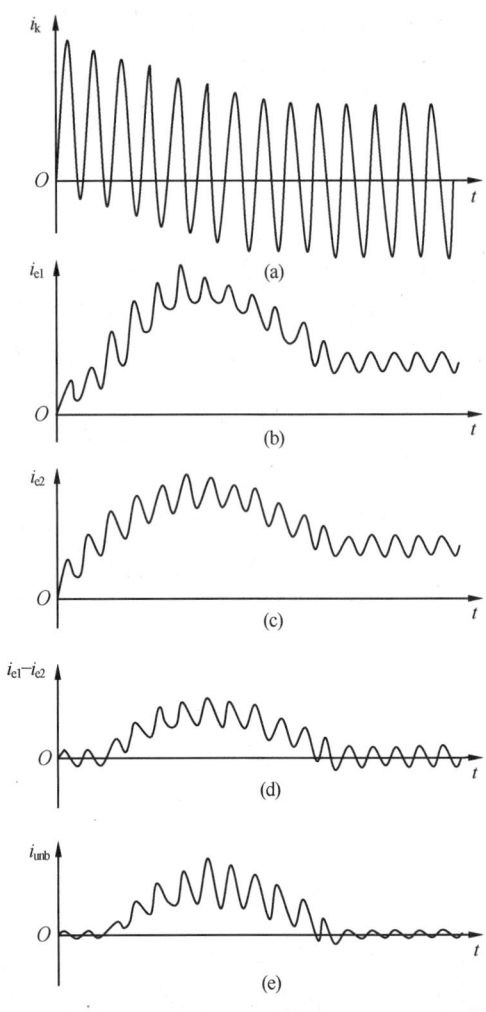

图 6-41 外部短路暂态过程中电流互感器的励磁电流及不平衡电流波形
(a)外部短路电流;(b)、(c)两侧电流互感器励
磁电流;(d)两个励磁电流之差;(e)实验录取的
不平衡电流

3. 变压器差动保护装置中的不平衡电流及其消除方法

(1)变压器 YNd11 接线方式两侧相位不同产生的不平衡电流

港口企业总降压变电所主变压器的绕组通常是 YNd11 接线,变压器两侧线电流的相位差是 30°。如果变压器两侧电流互感器采用相同的接线方式,则其二次侧电流 $\dot{I}_1$ 与 $\dot{I}_2$ 的相位也不同,此时即使能保证 $\dot{I}_1$ 与 $\dot{I}_2$ 数值相等,但由于二者有 30° 的相位差,仍有一个不平衡电流 $I_{unb} = |\dot{I}_1 - \dot{I}_2|$ 流入继电器。消除方法是将安装在变压器星形侧的电流互感器二次侧接成三角形,而将安装在变压器三角形侧的电流互感器二次侧接成星形,如图 6-42(a)所示。

在变压器一次侧(星形侧),假设变压器的线电流为 $\dot{I}_{A1}^Y 、\dot{I}_{B1}^Y 、\dot{I}_{C1}^Y$,电流互感器二次侧相电流为 $\dot{I}_{A2}^Y 、\dot{I}_{B2}^Y 、\dot{I}_{C2}^Y$,它们分别与 $\dot{I}_{A1}^Y 、\dot{I}_{B1}^Y 、\dot{I}_{C1}^Y$ 同相;流到两侧电流互感器所构成的环路(一般称为差动

保护的两臂）中去的电流为两相电流之差 $\dot{I}_{A2}^{Y} - \dot{I}_{B2}^{Y}$、$\dot{I}_{B2}^{Y} - \dot{I}_{C2}^{Y}$、$\dot{I}_{C2}^{Y} - \dot{I}_{A2}^{Y}$ 的相位分别比 $\dot{I}_{A1}^{Y}$、$\dot{I}_{B1}^{Y}$、$\dot{I}_{C1}^{Y}$ 超前 30°，其相量关系如图 6-42(b) 所示。

在变压器二次侧（三角形侧），假设变压器的线电流为 $\dot{I}_{a1}^{\Delta}$、$\dot{I}_{b1}^{\Delta}$、$\dot{I}_{c1}^{\Delta}$，其相位比变压器一次侧线电流 $\dot{I}_{A1}^{Y}$、$\dot{I}_{B1}^{Y}$、$\dot{I}_{C1}^{Y}$ 超前 30°；而电流互感器的二次侧电流（也就是流到环路中去的电流）$\dot{i}_{a2}^{\Delta}$、$\dot{i}_{b2}^{\Delta}$、$\dot{i}_{c2}^{\Delta}$ 分别与 $\dot{I}_{a1}^{\Delta}$、$\dot{I}_{b1}^{\Delta}$、$\dot{I}_{c1}^{\Delta}$ 同相，其相量关系如图 6-42(c) 所示。

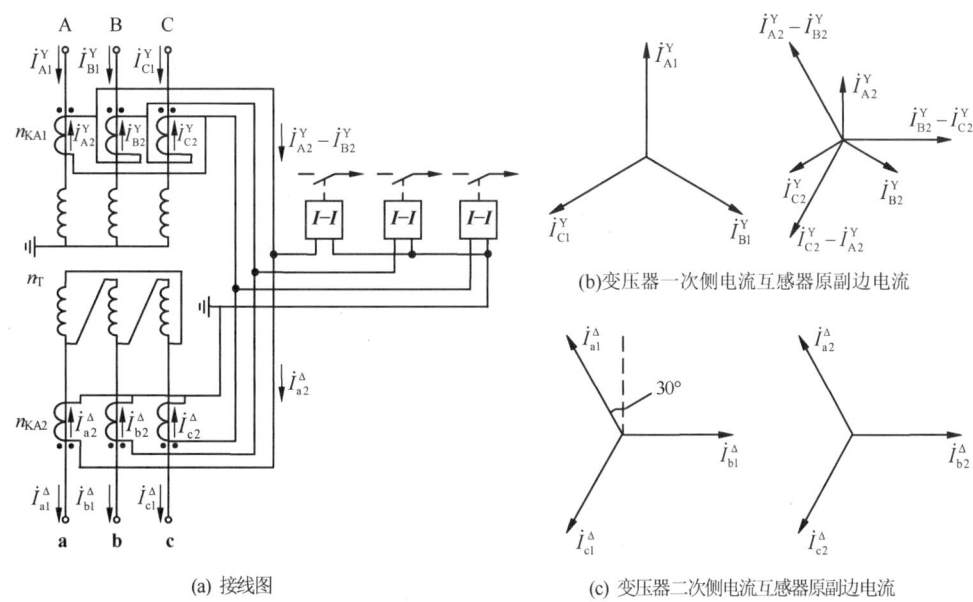

(a) 接线图

(b) 变压器一次侧电流互感器原副边电流

(c) 变压器二次侧电流互感器原副边电流

图 6-42　YNd11 接线变压器的差动保护接线图和变压器正常运行时相量图

因此，流到差动保护两臂中的电流 $\dot{I}_{A2}^{Y} - \dot{I}_{B2}^{Y}$、$\dot{I}_{B2}^{Y} - \dot{I}_{C2}^{Y}$、$\dot{I}_{C2}^{Y} - \dot{I}_{A2}^{Y}$ 分别与 $\dot{i}_{a2}^{\Delta}$、$\dot{i}_{b2}^{\Delta}$、$\dot{i}_{c2}^{\Delta}$ 同相位，这就消除了由于变压器两侧绕组接线不同而产生的不平衡电流。

（2）电流互感器实际变比与计算变比不同产生的不平衡电流

由图 6-39(a) 可见，在外部短路时，为了使得流入差动回路的电流为零，应该满足：

$$I_1 = I_2 \tag{6-53}$$

对于 Yy 接线或 Dd 接线的变压器一次侧电流应满足：

$$\frac{I_{\mathrm{I}}}{n_{\mathrm{KA1}}} = \frac{I_{\mathrm{II}}}{n_{\mathrm{KA2}}} \tag{6-54}$$

由式（6-54）得

$$\frac{n_{\mathrm{KA1}}}{n_{\mathrm{KA2}}} = \frac{I_{\mathrm{I}}}{I_{\mathrm{II}}} = n_{\mathrm{T}} \tag{6-55}$$

因此构成变压器差动保护时，两侧的电流互感器变比与变压器变比三者间应该满足式（6-55），否则就会产生不平衡电流的影响。实际上，变压器变比是给定的，电流互感器的变比又是标准化的，很难满足式（6-55），必然存在不平衡电流。

为了减小由于变比不匹配产生的不平衡电流，传统模拟式差动继电器如 BCH-1、BCH-2 广泛采用平衡线圈的方式来减轻不平衡电流的影响；变压器微机差动保护可由软件实现电流幅值的精确平衡调整。

采用平衡线圈的方式消除不平衡电流的影响的接线图如图 6-43 所示。设外部短路时，$I_1 > I_2$。

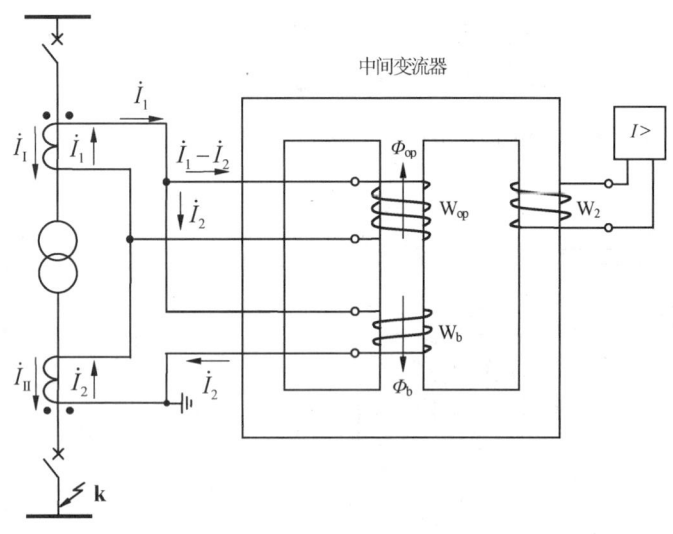

图 6-43 利用平衡线圈消除不平衡电流

为补偿不平衡电流在差动绕组 W_{op} 中产生的磁动势 $(I_1 - I_2)W_{op}$，将平衡线圈绕组 W_b 接在二次电流较小的一侧，只要满足 $I_2 W_b = (I_1 - I_2) W_{op}$，即可消除不平衡电流的影响。实际使用时，$W_b$ 和 W_{op} 都必须取整数，不能平滑调节，因此，采用平衡线圈后仍有残留的不平衡电流磁动势，整定计算时应予以考虑。BCH-1 和 BCH-2 都有两个平衡线圈，为了更加精确地平衡磁动势，双绕组变压器的高低压侧都接平衡线圈。

（3）变压器调压分接头的调整产生的不平衡电流

电力系统采用有载调压时，实际上就是改变了变压器变比。差动保护一般按变压器中间分接头整定，因此变压器分接头位置的改变必然会产生不平衡电流，此不平衡电流在整定计算时应予以考虑。

（4）变压器各侧电流互感器特性不同产生的不平衡电流

前面分析表明，电流互感器的饱和会引起各侧电流互感器二次电流误差增大，饱和特性不同又会进一步加大这一误差。外部发生短路时，还会出现更大的暂态不平衡电流。通常在差动回路中接入具有速饱和特性的中间变流器来降低暂态不平衡电流。如图 6-43 中的中间变流器就采用具有速饱和特性的变流器。

（5）变压器励磁涌流产生的不平衡电流

变压器在空载投入或外部故障切除后电压恢复时，可能出现数值很大的励磁电流，称为励磁涌流。变压器励磁涌流产生的不平衡电流很大，必须采取有效措施来减小励磁涌流的影响，或鉴别出励磁涌流以躲开励磁涌流。

4. 变压器差动保护装置中的最大不平衡电流计算

综上所述，以上各项不平衡电流中有的可以采取措施消除或消除其影响，有的不能完全消除但可以减小其影响，有的则必须在整定时加以考虑。采取各种措施减小不平衡电流后的最大不平衡电流为

$$I_{\text{unb.max}} = (\Delta f_c + \Delta U + K_{ap}K_{ss}K_{er})I_{k.max} \tag{6-56}$$

式中,Δf_c 为电流互感器计算变比与实际变比不一致时引起的相对误差,一般取 0.05;ΔU 为由带负荷调压所引起的相对误差,取调压范围的 1/2;K_{ap} 为非周期分量系数,一般取 1.5~2.0,对于有速饱和变流器的保护可取 1.3;K_{ss} 为电流互感器的同型系数,当两侧电流互感器的型号、容量均相同时取 0.5,不同时取 1.0;K_{er} 为电流互感器的比误差,可取 0.1;$I_{k.max}$ 为外部最大短路电流归算到二次侧的数值。

5. 变压器励磁涌流的影响及其对策

(1) 励磁涌流的产生原因及其影响

变压器励磁电流是产生差动保护不平衡电流原因之一。在正常运行情况下此电流很小,一般不超过额定电流的 2%~5%;在外部故障时,由于电压降低,励磁电流将减小。因此,变压器励磁电流在正常运行与外部故障情况下对差动保护的影响可以忽略不计。但当变压器空载投入或外部故障切除后电压恢复时,则可能出现数值很大的励磁涌流,其数值可达额定电流的 6~8 倍。

在稳态运行时,铁芯中的磁通滞后于外加电压 90°,如图 6-44(a)所示。如果在空载合闸瞬时($t=0$)正好电压瞬时值 $u=0$,初相角 $\alpha=0°$,此时,铁芯中的磁通应为负最大值 $-\Phi_m$。但是由于铁芯中的磁通不能突变,因此将出现一个非周期的分量磁通 Φ_{ap},其值为 $+\Phi_m$。这样经过半个周期,铁芯中的磁通就达到 $2\Phi_m$;如果铁芯中原来还存在剩磁通 Φ_r,则最大磁通 $\Phi_p = 2\Phi_m + \Phi_r$,如图 6-44(b)所示,这时变压器的铁芯严重饱和。

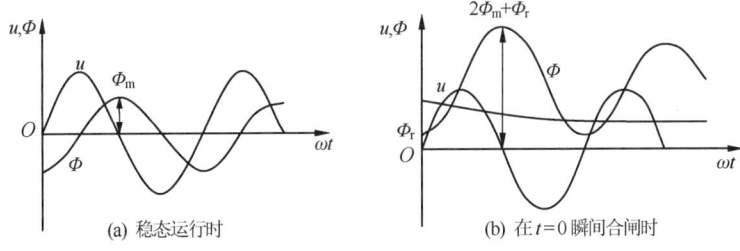

图 6-44 磁通与电压的关系

变压器空载合闸时磁通随时间的变化轨迹如图 6-45(a)所示,简化的磁化曲线如图 6-45(b)所示,由图 6-45(a)和(b)可得到励磁电流的变化曲线如图 6-45(c)所示,可见在铁芯未饱和前($\Phi < \Phi_s$),励磁电流较小,可以忽略不计;当铁芯饱和后($\Phi > \Phi_s$),励磁电流急剧增大,形成励磁涌流,幅值最大可达额定电流的 6~8 倍。励磁涌流的大小和衰减时间,与合闸瞬间电压的初相角、铁芯中剩磁通的大小和方向、电源容量的大小、回路的阻抗以及变压器容量的大小和铁芯材料的性质等都有关。如果正好在电压瞬时值为最大时合闸就不会出现励磁涌流,只是正常的励磁电流。但对于三相变压器而言,无论何时合闸,至少有两相会出现不同程度的励磁涌流。大型变压器励磁涌流的倍数比中、小型变压器的励磁涌流倍数小。中、小型变压器的励磁涌流衰减较快,经 0.5~1 s 后,其值一般不超过 0.25~0.5 倍额定电流,大型变压器要经过 2~3 s,变压器容量越大,衰减越慢,完全衰减则需要几十秒时间。

(2) 励磁涌流的特点

励磁涌流具有以下特点:

①包含成分很大的非周期分量,约为基波的 70%,涌流偏向时间轴的一侧。

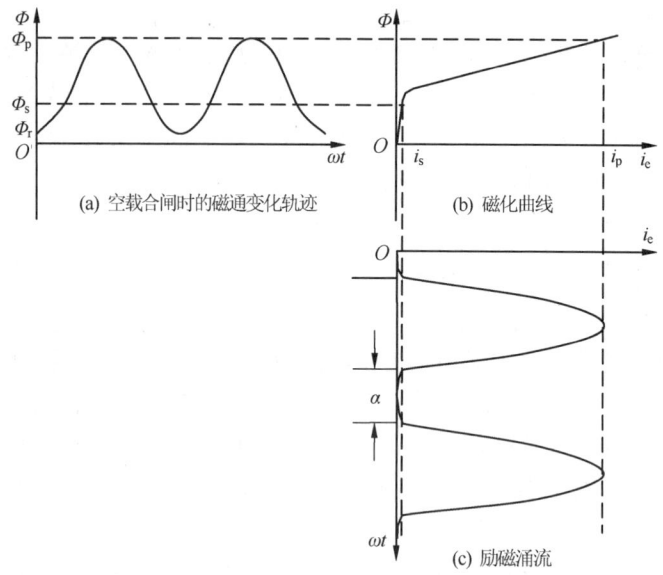

图 6-45　单相变压器励磁涌流的产生机理

②包含大量的高次谐波分量,以二次谐波为主,为基波的 30%~40%。

③波形之间出现间断角,即图 6-45(c)中的 α,可达 80°以上。

(3)防止励磁涌流影响的措施

根据励磁涌流的特点,可采取以下措施防止励磁涌流的影响:

①采用具有速饱和铁芯的差动继电器。

②利用二次谐波制动而躲开励磁涌流。

③通过鉴别波形间断角来判断内部故障和励磁涌流。

由于速饱和变流器躲过非周期分量效果不理想,目前,中、小型变压器广泛采用加强型速饱和变流器构成的差动继电器 BCH-2。BCH-2 是在速饱和变流器基础上,增加了短路绕组,以改善躲过非周期分量的性能。

6. 带加强型速饱和变流器的差动继电器 BCH-2

BCH-2 型差动继电器由带短路绕组的三柱式速饱和变流器和电流继电器组合而成。图 6-46 是它的原理结构图。铁芯中间的 B 柱的截面积是边柱截面积的 2 倍,其上绕有一个差动线圈 W_d,两个平衡线圈 W_{b1} 和 W_{b2} 以及短路线圈一部分 W_{k1},短路线圈另一部分 W_{k2} 绕在左边的 A 柱上,两者同向串联。在右边 C 柱上绕有二次线圈 W_2,它与电流继电器相连。除二次线圈以外,其他线圈都有抽头,可以调整线圈匝数。差动线圈 W_d 共 20 匝,它有 5、6、8、10、13、20 匝抽头;两个平衡线圈 W_{b1} 和 W_{b2} 均为 19 匝,并分为两段,分别为 0、1、2、3 抽头段和 0、4、8、12、16 抽头段,匝数由两段抽头数组合;短路线圈 W_{k1} 为 28 匝,有 A_1、B_1、C_1、D_1 共 4 组抽头,短路线圈 W_{k2} 为 56 匝,有 A_2、B_2、C_2、D_2 共 4 组抽头,两个短路线圈相同标号抽头(如 A_1 和 A_2)的匝数比为 1∶2。差动继电器能否动作不仅与差动电流大小有关,还与差动线圈匝数有关,一般 BCH-2 的动作安匝数为 60 安匝。

当差动保护区内发生短路故障时,短路电流中的非周期分量衰减很快,流经差动线圈的短路电流接近于周期分量,铁芯柱未饱和,差动线圈电流产生的磁通在两个短路线圈感应出电

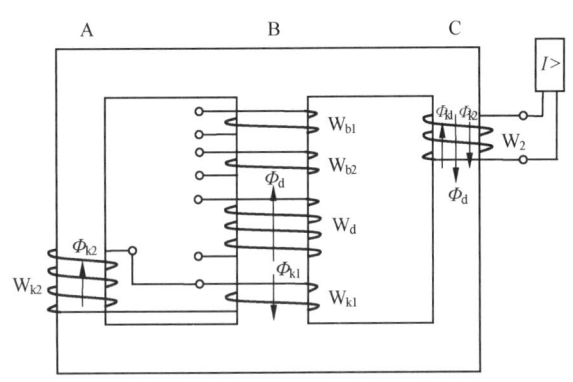

图 6-46　BCH-2 型差动继电器原理结构图

流,短路线圈 W_{k1} 中感应电流产生的磁通对 C 柱的磁通起去磁作用,短路线圈 W_{k2} 中感应电流产生的磁通对 C 柱的磁通起助磁作用,如果两个短路线圈按 1∶2 的比例设置,则去磁和助磁作用相等,不影响差动保护的动作。

当变压器空载投入或外部故障切除后,电压突然恢复时,励磁涌流流经差动线圈,由于励磁涌流含有很大成分的非周期分量,使得铁芯迅速饱和,磁阻增大,差动线圈电流不易变换到二次线圈侧,又由于 A 柱到 C 柱磁路长、漏磁增大,助磁磁通显著减小,而 B 柱到 C 柱磁路短、漏磁相对较小,去磁磁通减小得不显著,进一步减小了 C 柱的总磁通,使得电流继电器不易动作,能可靠地消除励磁涌流的影响。短路线圈匝数越多,躲过非周期分量的效果越好。但由于内部短路时,短路电流也含有一定的非周期分量,只有非周期分量衰减到一定程度时,差动继电器才能动作,这就延缓了保护动作的时间,因此,要尽量采用较小的短路匝数,以空载试投不误动为准。

7. 具有制动特性的差动继电器 BCH-1

差动保护的整定应躲开外部短路时的不平衡电流,由式(6-56)可知,不平衡电流的大小与外部短路电流成正比,可以引入随外部短路电流大小变化的制动电流,以提高差动保护的性能。BCH-1 差动继电器就是利用外部故障时的短路电流来实现制动的差动继电器,其原理结构图如图 6-47 所示。其速饱和变流器铁芯、差动线圈 W_d、平衡线圈 W_{b1} 和 W_{b2} 及电流继电器部分与 BCH-2 型继电器相同。但它没有短路线圈,而是在铁芯边柱上分别绕有制动线圈 W_{res1} 和 W_{res2},两个制动线圈反向串联,接入差流回路中一侧的电流,制动线圈中电流产生的磁通,只沿边柱形成回路,两个二次线圈 W_{21}、W_{22} 同向串联后接电流继电器。制动线圈产生的磁通在两个二次线圈中产生的电动势相互抵消,而差动线圈产生的磁通在两个二次线圈中产生的电动势相加。

当不考虑制动线圈的作用时,BCH-1 型继电器相当于一个普通的速饱和变流器,它可以消除不平衡电流和励磁涌流中非周期分量的影响。如图 6-47 所示,当制动线圈 W_{res} 中没有电流时,为使差动继电器起动,需在差动线圈 W_d 中加入一个电流 $I_{op.min}$,由此电流在二次线圈 W_2 中感应一定的电动势 E_{op},使电流继电器刚好能动作,此 $I_{op.min}$ 称为继电器的最小动作电流。

当制动线圈 W_{res} 中有电流以后,它将在铁芯的边柱上产生磁通 Φ_{res},使铁芯饱和,致使磁导率下降,此时必须增大差动线圈 W_d 中的电流才能在二次线圈 W_2 中感应一定的电动势 E_{op},使电流继电器动作,也就是说,继电器的动作电流随着制动电流的增大而增大。由实验得到的

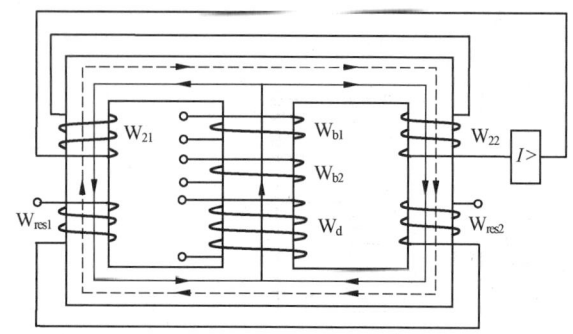

图 6-47　BCH-1 型差动继电器原理结构图

继电器动作电流 I_{op} 与制动电流 I_{res} 的关系,称为制动特性曲线。

如果采用无制动特性的差动继电器,则应该按外部短路时的最大不平衡电流 $I_{unb.max}$ 整定,差动继电器的整定值很大,为一个常数,如图 6-48 中的水平线 3 所示。如果采用具有制动特性的差动继电器,应该选择当制动电流为 $I_{k.max}$ 时,使继电器的动作值为 $K_{rel}I_{unb.max}$,也就是使继电器的制动曲线 1 通过 a 点,且位于不平衡曲线 2 之上,则可保证在任何大小的外部短路电流作用下继电器的实际动作值均大于相应的不平衡电流,继电器都不会误动作,如图 6-48 所示。

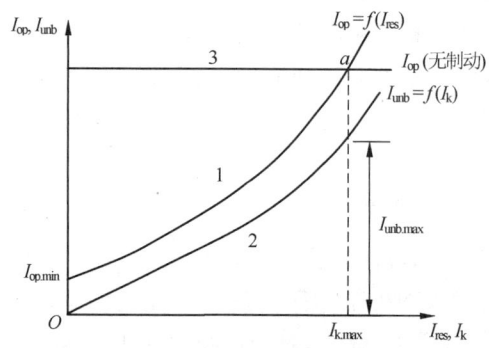

图 6-48　继电器的制动特性曲线及其整定方法

具有制动特性的差动继电器,在外部短路时,制动电流是穿越变压器的短路电流,差动电流仅是不平衡电流,明显小于变压器的穿越性电流,不能误动作,可靠地躲开了外部短路时不平衡电流的影响;而在内部故障时,制动电流则较小,甚至为零,差动电流为流向故障点的总的短路电流,数值很大,能可靠动作。

8. 变压器纵联差动保护的整定原则

(1) 在正常运行情况下,为防止电流互感器二次回路断线时引起差动保护误动作,保护装置的动作电流 I_{op} 应大于等于变压器的最大负荷电流 $I_{L.max}$,有

$$I_{op} = K_{rel} I_{L.max} \tag{6-57}$$

式中,K_{rel} 为可靠系数,一般取 1.3。

目前微机差动保护一般可以判断电流互感器是否断线,并且在断线情况下将差动保护闭锁,此时定值整定可不用考虑断线影响,因此定值可以小于额定电流。

（2）躲开保护范围外部短路时的最大不平衡电流,动作电流整定为

$$I_{op} = K_{rel} I_{unb.max} \tag{6-58}$$

式中,可靠系数 K_{rel} 一般取 1.3；$I_{unb.max}$ 为保护外部短路时的最大不平衡电流,可由式(6-56)计算得到。

（3）无论按上述哪一个原则整定变压器纵联差动保护的动作电流,都还必须考虑变压器励磁涌流的影响。当变压器纵联差动保护采用二次谐波制动、鉴别间断角等原理识别励磁涌流时,它本身就具有躲开励磁涌流的性能,定值一般无须再另作考虑。而当采用具有速饱和铁芯的差动继电器时(BCH-1、BCH-2 型差动继电器),虽然可以利用励磁涌流中的非周期分量使铁芯饱和来躲开励磁涌流的影响,但根据运行经验,差动继电器的动作电流仍需整定为 $I_{op} \geq 1.3 I_{N.T}/K_i$ 时才能躲开励磁涌流的影响。对于各种原理的差动保护,其躲开励磁涌流影响的性能和保护定值,最后还应经过现场的空载合闸试验加以检验。

9. 变压器纵联差动保护灵敏系数的校验

变压器纵联差动保护的灵敏系数可按下式校验

$$K_s = \frac{I_{K.min}}{I_{op}} \tag{6-59}$$

式中,$I_{K.min}$ 为保护范围内部故障时流过差动继电器的最小差流(一般是单侧电源情况下内部故障的短路电流)。

按照要求,灵敏系数 K_s 一般不应低于 1.5。当不能满足要求时,则需要采用具有比率制动特性的差动继电器。

必须指出,即使灵敏系数的校验能够满足要求,但对变压器内部的匝间短路,轻微故障等情况,纵联差动保护往往也不能动作。运行经验表明,在此情况下常常都是瓦斯保护首先动作,然后待故障进一步发展差动保护才动作。显然,差动保护的整定值越大,则对变压器内部故障的反应能力也就越低。

六、变压器相间过电流保护

为反应于变压器外部故障引起的变压器绕组过电流,以及在变压器内部故障时作为差动保护和瓦斯保护的后备,变压器应装设过电流保护,根据变压器容量和系统短路电流水平不同,过电流保护的方式有过电流保护、低电压起动过电流保护、复合电压起动过电流保护以及负序电流及单相低电压起动过电流保护。

1. 过电流保护

图 6-35 所示的变压器的电流速断、过电流及过负荷保护接线图中电流继电器 $KA_1 \sim KA_3$ 和时间继电器 KT_1 所构成的保护即为过电流保护。

2. 低电压起动过电流保护

低电压起动过电流保护原理接线图如图 6-49 所示。保护起动元件由电流继电器和低电压继电器构成。

电流继电器的动作电流按躲开变压器额定电流整定,即

$$I_{op} = \frac{K_{rel}}{K_{re}} I_{N.T} \tag{6-60}$$

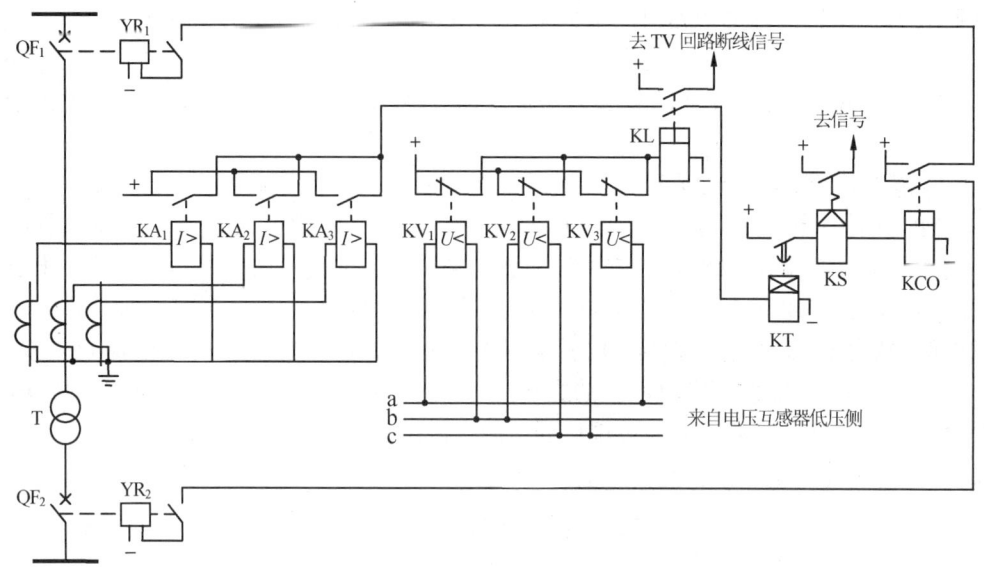

图 6-49 低电压起动过电流保护原理接线图

低电压继电器的动作电压按躲开正常运行时的最低工作电压整定,一般取 $U_{op} = 0.7U_{N.T}$。式中,$U_{N.T}$ 为变压器的额定电压。

电压元件的灵敏系数按下式校验

$$K_s = \frac{U_{op}}{U_{k.max}} \quad (6-61)$$

式中,$U_{k.max}$ 为最大运行方式下,灵敏系数校验点短路时,保护安装处的最大电压。

图 6-49 中设置了闭锁中间继电器 KL,当电压互感器二次回路断线时,低电压继电器动作,起动 KL,发出电压回路断线信号。

3. 复合电压起动过电流保护

复合电压起动过电流保护一般用于升压变压器、系统联络变压器及过电流保护灵敏系数达不到要求的降压变压器。其保护原理接线图如图 6-50 所示。保护起动元件由电流继电器、低电压继电器、负序电压过滤器及过电压继电器构成。

当变压器发生不对称短路时,故障相电流继电器动作,同时负序电压过滤器所接的过电压继电器 KV_1 动作,切断低电压继电器 KV_2 的电压回路,KV_2 的常闭触点闭合,使闭锁中间继电器 KL 通电动作,其触点闭合与电流继电器触点一起起动时间继电器 KT,KT 的触点延时闭合,起动出口中间继电器 KCO,使变压器各侧断路器断开。

当变压器发生对称短路时,由于短路瞬间也会出现短时负序电压,负序电压过滤器所接的过电压继电器 KV_1 也会动作,使得低电压继电器 KV_2 动作,当负序电压消失后,KV_2 接于线电压,只有母线电压高于其返回电压时 KV_2 才能返回,此时相对于低电压起动过电流保护,但 KV_2 不需要在三相短路时的母线电压下起动,只需不返回即可,相比低电压起动过电流保护,提高了灵敏度。

电流继电器的动作电流整定与校验与低电压起动过电流保护相同。

低电压继电器的动作电压整定与校验与低电压起动过电流保护相同。但用于发电厂的升压

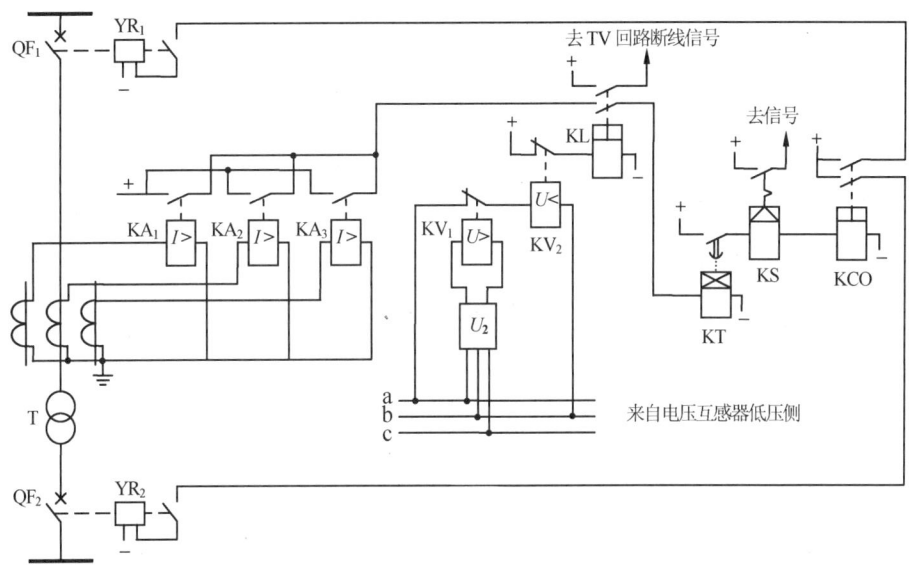

图 6-50　复合电压起动过电流保护原理接线图

变压器时应该考虑发电机失磁运行时的最低运行电压整定，一般取 $U_{op}=(0.5\sim0.6)U_{N.T}$。

负序过电压继电器的动作电压按正常运行时的不平衡电压整定，一般取 $U_{op}=0.06U_{N.T}$。负序电压元件的灵敏系数按式(6-62)校验

$$K_s = \frac{U_{k.min.2}}{U_{op}} \quad (6-62)$$

式中，$U_{k.min.2}$ 为最小运行方式下，灵敏系数校验点短路时，保护安装处的最小负序电压。

4. 负序电流及单相低电压起动过电流保护

负序电流及单相低电压起动过电流保护的原理接线图如图 6-51 所示。它由负序电流过滤器 I_2 和电流继电器 KA_2 组成负序电流保护，反应于不对称短路；由电流继电器 KA_1 和低电压继电器 KV 组成单相低电压起动过电流保护，反应于三相短路。

电流继电器和低电压继电器的整定与校验与低电压起动过电流保护相同。

负序电流元件按以下条件整定：

(1) 躲开变压器正常运行时负序过滤器输出的最大不平衡电流，一般取 $(0.1\sim0.2)I_{N.T}$。
(2) 躲开线路一相断线时出现的负序电流；
(3) 与相邻元件的负序电流保护在灵敏系数上配合。

第四节　熔断器保护及低压断路器保护

港口供电系统的保护装置除了继电保护装置外，还有熔断器保护和低压断路器保护。

熔断器保护，其装置简单经济，所以在港口供电系统应用非常普遍。但是它的断流能力较小，选择性较差，且熔体熔断后更换不便，不能迅速恢复供电，因此不宜在要求供电可靠性较高的场所使用。

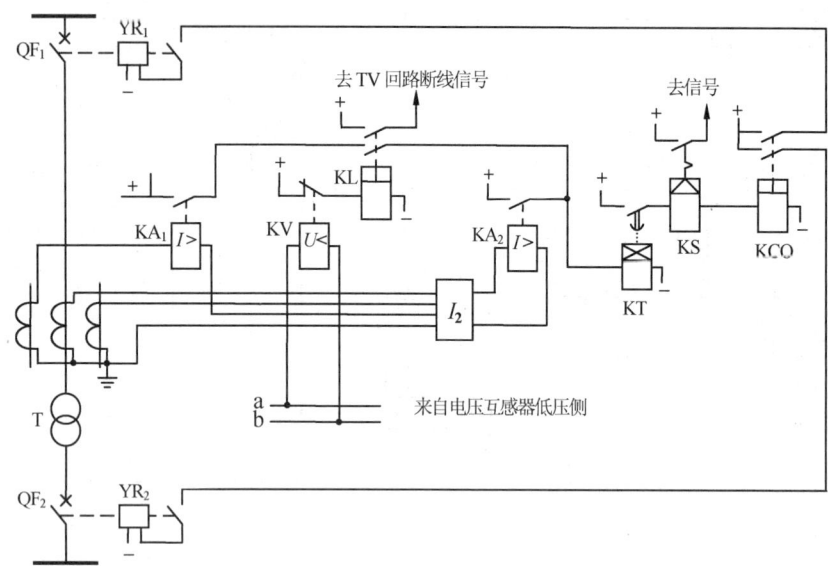

图 6-51　负序电流及单相低电压起动过电流保护原理接线图

低压断路器保护,适用于要求供电可靠性较高和操作灵活方便的低压供电系统中。

熔断器保护和低压断路器保护都能在过负荷和短路时动作,断开电路,以切除过负荷和短路部分,而使系统的其他部分恢复正常运行。

一、熔断器保护

1. 熔断器在供电系统中的配置

熔断器在供电系统中的配置,应符合选择性保护的原则,同时还要兼顾经济性原则。一般要求熔断器要配置得能使故障范围缩小到最低限度,且供电系统中配置的熔断器的数量又要尽量少。

图 6-52 是港口放射式供电系统中熔断器的配置方案,既满足了保护选择性的要求,配置的数量又较少,是一种合理的配置方案。熔断器 FU_5 用来保护电动机及其支线。当 k_5 处短路时,FU_5 熔断。熔断器 FU_4 主要用来保护动力配电箱母线。当 k_4 处短路时,FU_4 熔断。同理,熔断器 FU_3 主要用来保护配电干线,FU_2 主要用来保护低压配电屏母线,FU_1 主要用来保护电力变压器。当 $k_1 \sim k_3$ 处短路时,也都是靠近短路点的熔断器熔断。为了保证前后熔断器之间能选择性动作,一般要求前一级(电源一侧距离故障点最远)的熔断器为后一级(电源一侧距离故障点最近)的熔断器做后备。

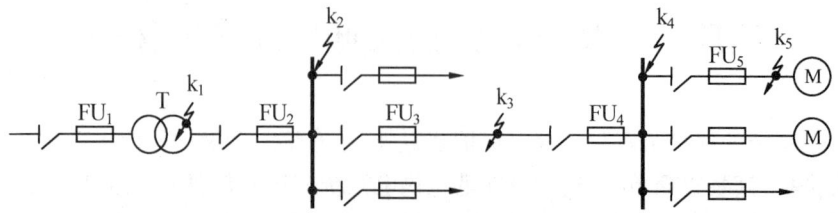

图 6-52　港口放射式供电系统中熔断器的配置方案

另外,一般不允许在三相四线制的接地中性线(零线)上装设熔断器,以免零线断路时,使所有接零的设备外壳带电,危及人身安全。

2. 熔断器熔体电流的选择与校验

(1)线路熔断器保护的熔体电流的选择应满足下列条件:

①熔体额定电流 $I_{N.FE}$ 应不小于线路的计算电流 I_{30},即 $I_{N.FE} \geqslant I_{30}$,以使熔体在线路正常运行时不致熔断。

②熔体额定电流 $I_{N.FE}$ 还应躲过线路的尖峰电流 I_{pk},以使熔体在线路出现正常的尖峰电流时也不致熔断。由于尖峰电流为很短时间内出现的最大电流,而熔体加热熔断需要一定的时间,所以满足的条件是:

$$I_{N.FE} \geqslant kI_{pk} \tag{6-63}$$

式中,k 为小于 1 的计算系数。

规程规定:电动机起动时间 $t < 3$ s 时,取 $k = 0.25 \sim 0.4$;$t = 3 \sim 8$ s 时,$k = 0.35 \sim 0.5$;$t > 8$ s 时或者为频繁起动、反接制动条件下,$k = 0.5 \sim 0.6$。

(2)变压器熔断器保护的熔体电流选择

6~10 kV 的降压变压器,凡容量在 1 000 kVA 及以下,而供电可靠性要求不高时,都可采用熔断器保护。其熔体额定电流可取为变压器额定一次电流的 1.4~2 倍,即 $I_{N.FE} = (1.4 \sim 2) I_{1N.T}$。

3. 熔断器保护灵敏系数的校验

为保证熔断器可靠熔断,必须按下式进行校验:

$$K_s = I_{kmin}/I_{N.FE} \geqslant (4 \sim 7) \tag{6-64}$$

式中,K_s 为保证熔体可靠动作的灵敏系数;I_{kmin} 为最小运行方式下,被保护线路末端的短路电流;$I_{N.FE}$ 为熔断器熔体额定电流。

I_{kmin} 在大电流接地系统为保护范围末端单相短路电流 $I_k^{(1)}$;小电流接地系统为两相短路电流 $I_k^{(2)}$;变压器为低压母线的两相短路电流折算到高压侧的值。

4. 熔断器的选择和校验

选择熔断器时应满足下列条件:

(1)熔断器的额定电压应不低于线路的额定电压;

(2)熔断器的额定电流应不小于它所装设的熔体额定电流;

(3)熔断器的类型应符合安装条件(户内或户外)及被保护设备的技术要求;

(4)熔断器的断流能力应进行以下校验:

①对有限流作用的熔断器(如 RN1、RT0 等),由于它能在短路电流达到冲击值之前完全熄灭电弧,因此只需满足下列条件:

$$I_{oc} \geqslant I''^{(3)} \tag{6-65}$$

式中,I_{oc} 为熔断器的最大分断电流;$I''^{(3)}$ 为熔断器安装处的三相次暂态短路电流有效值。

②对无限流作用的熔断器(如 RW4、RM10 等),由于它不能在短路电流达到冲击值之前熄灭电弧,因此需要满足下列条件:

$$I_{oc} \geqslant I_{sh}^{(3)} \tag{6-66}$$

式中,$I_{sh}^{(3)}$ 为熔断器安装地点的三相短路冲击电流有效值(即三相短路电流第一个周期有效值)。

③对规定了分断电流上下限的熔断器(如 RW4 等跌落式熔断器),其分断电流的上限按式(6-66)进行验算;其分断电流的下限,在小电流接地系统中,应按此熔断器所保护的线路末端发生两相短路的短路电流进行验算,满足的条件为

$$I_{oc \cdot min} \leqslant I_k^{(2)} \tag{6-67}$$

式中,$I_{oc \cdot min}$ 为熔断器的分断电流下限;$I_k^{(2)}$ 为熔断器所保护线路末端发生两相短路的短路电流。

5. 熔断器之间的选择性配合

选择性配合,就是在线路上发生故障时,靠近故障点的熔断器最先熔断,切除故障部分,从而使系统的其他部分迅速恢复正常运行。一般按熔断器的保护特性曲线来校验前后两级熔断器是否满足选择性配合。如图 6-53(a)所示线路中,设支线 WL_2 的首端 k 点发生三相短路,根据保护选择性的要求,应该是 FU_2 的熔体先熔断,切除故障线路 WL_2。但是熔体实际熔断的时间与其标准保护特性曲线所查得的熔断时间可能有±50%的误差。从最不利的情况考虑,设 k 点短路时,FU_1 的实际熔断时间 t'_1 比由标准保护特性曲线查得的时间 t_1 小 50%(负误差),即 $t'_1 = 0.5 t_1$,而 FU_2 的实际熔断时间 t'_2 又比由标准保护特性曲线查得的时间 t_2 大 50%(正误差),即 $t'_2 = 1.5 t_2$,这时由图 6-53(b)可以看出,要保证前后两级熔断器的动作选择性,必须满足的条件是:$t'_1 > t'_2$,即 $0.5 t_1 > 1.5 t_2$,因此,有

$$t_1 > 3 t_2 \tag{6-68}$$

式(6-68)说明:在后一级熔断器出口发生最严重的短路时,前一级熔断器根据保护特性曲线得出的熔断时间,至少应为后一级熔断器根据保护特性曲线得出的熔断时间的 3 倍,才能保证前后两级熔断器动作的选择性。如果不能满足这一要求,应将前一级熔断器的熔体电流提高 1~2 级,再进行校验。

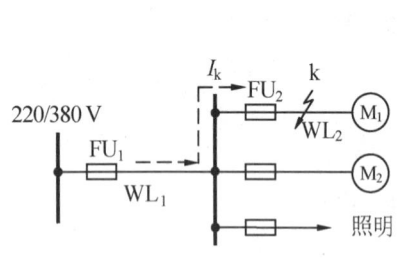

(a) 熔断器在低压线路中的选择性配置

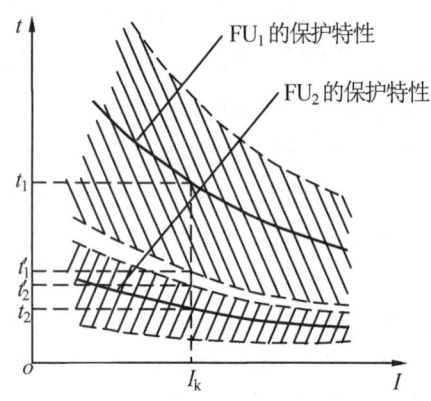

(b) 熔断器的保护特性曲线及选择性校验
(注:斜线区为特性曲线的误差范围)

图 6-53 熔断器保护

6. 熔断器与导线或电缆的配合

熔断器与导线或电缆配合时,应满足以下条件:

熔体额定电流 $I_{N.FE}$ 不大于线路的允许载流量 I_{al},即 $I_{N.FE} \leqslant I_{al}$,以保证熔体在线路没有超

过允许载流量时能够熔断;短路保护的熔断器应该考虑线路短时过负荷能力,满足的条件是:

$$I_{N.FE} \leq k_{ov}I_{al} \tag{6-69}$$

式中,k_{ov} 为导线、电缆的允许短时过负荷系数。短路保护时,绝缘导线明敷取 1.5,导线穿管或电缆取 2.5;过载保护取 0.8。

例 6-1 一电动机,额定参数为 $U_N = 380$ V,$P_N = 17$ kW,$I_N = 35.8$ A,起动电流 $I_{st} = 197$ A,用 BLV 型导线穿钢管敷设,用 RT0 型熔断器作短路保护。设 $I_k^{(3)} = 13$ kA,环境温度 $t_0 = 30$ ℃。试选择熔断器及 $I_{N.FE}$、导线 S 和钢管直径。

解:(1)选择熔断器及 $I_{N.FE}$

要求 $I_{N.FE} \geq I_{30}$,即 $I_{N.FE} \geq 35.8$ A;

又按轻载起动,起动时间以 $t < 3$ s 计,取 $k = 0.3$,

$$I_{N.FE} > kI_{pk} = 0.3 \times 197 = 59.1(A)$$

查附录表 13,取 $I_{N.FE} = 60$ A,可选 RT0-100 型熔断器,熔断器额定电流为 100 A。

(2)校验熔断器的断流能力

查附录表 13,RT0-100 型熔断器的最大分断电流 $I_{oc} = 50$ kA。因 $I_k^{(3)} = 13$ kA,所以 $I_{oc} > I_k^{(3)}$,RT0-100 型熔断器的断流能力足够。

(3)选择导线截面及钢管直径

按发热条件选,查附录表 12 可知,$S = 10$ mm^2 的 BLV 型铝芯塑料线三根穿钢管,$t_0 = 30$ ℃ 时,$I_{al} = 43$ A,配套钢管直径为 25 mm。计算负荷为额定负荷 $I_N = 35.8$ A,$I_{al} > I_N$,满足发热条件。

查附录表 12 可知,穿管导线的最小截面积 S_{min} 为 2.5 mm^2,10 mm^2 的 BLV 线可满足机械强度要求。

(4)校验导线与熔断器保护的配合

短路保护时,穿管导线的过负荷系数为 2.5,$k_{ov}I_{al} = 2.5 \times 43 = 107.5$ A,$I_{N.FE} = 60$ A,$I_{N.FE} < k_{ov}I_{al}$,满足配合关系。

二、低压断路器保护

1. 低压断路器在低压系统中的配置

低压断路器在低压系统中的配置,通常有下列三种方式:

(1)单独接低压断路器的方式[见图 6-54(a)]

单独接低压断路器的方式适用于从变压器二次侧引出的低压供电干线。为了检修低压断路器 QF 安全,在其前装设一个刀开关 QS,使检修时有一个明显可见的断开间隙,用以隔离电源。另外,主变压器低压侧的低压断路器,由于高压侧有隔离开关,则可不装刀开关。

(2)低压断路器与接触器配合的方式[见图 6-54(b)]

低压断路器与接触器配合的方式适用于操作频繁的电路。接触器 KM(或磁力起动器)用作电路的控制电器,热继电器 KH 用作过负荷保护,低压断路器 QF 用作短路保护。

(3)低压断路器与熔断器配合的方式[见图 6-54(c)]

低压断路器与熔断器配合的方式适用于低压断路器断流能力不足以断开电路的短路电流的情况。因此低压断路器只装热脱扣器和失压脱扣器,在过负荷和失压时能够断开电路。而

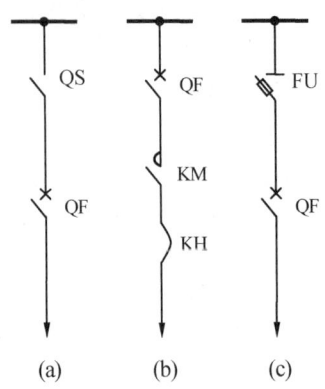

图 6-54 低压断路器配置方式

电路发生短路时,则必须依靠熔断器进行保护。如采用自复式熔断器,与低压断路器配合使用,能有效地切断短路电流,并能在故障消除后自动恢复供电。

2. 低压断路器脱扣器的选择和整定

低压断路器上配备三种过电流脱扣器:具有反时限特性的长延时电磁脱扣器,动作时间为 10 s 左右;短延时脱扣器,延时时限为两种,0.1 s(或 0.2 s)以及 0.4 s;延时时间小于 0.1 s 的瞬时脱扣器。

(1) 长延时过流脱扣器的整定

这种脱扣器用于线路过负荷保护,故其整定值比线路的计算电流稍大即可。

$$I_{1op} \geqslant I_{30} \tag{6-70}$$

式中,I_{1op} 为长延时脱扣器的整定动作电流。

(2) 瞬时(或短延时)过流脱扣器的整定

瞬时(或短延时)过流脱扣器的整定电流应躲开线路中可能出现的尖峰电流 I_{pk},即

$$I_{2op} \geqslant K_{rel} I_{pk} \tag{6-71}$$

式中,I_{2op} 为瞬时(或短延时)脱扣器的整定电流;K_{rel} 为可靠系数,对于动作时间大于 0.4 s 的 DW 型低压断路器,取 $K_{rel} = 1.35$;对于动作时间小于 0.02 s 的 DZ 型低压断路器,取 $K_{rel} = 1.7 \sim 2$;对于多台设备的干线,可取 $K_{rel} = 1.3$。

(3) 灵敏系数 K_s

为保证低压断路器保护具有足够的灵敏性,按有关规程规定

$$K_s = I_{kmin}/I_{2op} \geqslant 1.5 \tag{6-72}$$

式中,I_{kmin} 为线路末端最小短路电流。

3. 低压断路器的选择和校验

选择低压断路器时应满足下列条件:

(1) 低压断路器的额定电压应不低于线路的额定电压。

(2) 低压断路器的额定电流应不小于其脱扣器的额定电流。

(3) 低压断路器的类型应符合安装条件、保护性能和操作方式的要求。

(4) 低压断路器的断流能力应进行校验:

① DW 型低压断路器,其极限分断电流 I_{oc} 应不小于通过它的三相短路电流周期分量有效

值 $I_k^{(3)}$，即 $I_{oc} \geq I_k^{(3)}$；

②DZ 型低压断路器，其极限分断电流 I_{oc} 应不小于通过它的三相短路冲击电流有效值 $I_{sh}^{(3)}$，即 $I_{oc} \geq I_{sh}^{(3)}$。

在选择低压断路器型号规格的同时，还应选择其操动机构的形式。

4. 低压断路器之间的选择性配合

前后两级低压断路器之间的选择性配合，最好按其保护特性曲线进行校验。低压断路器的保护特性是指开关动作时间 t_{op} 与过流脱扣器的动作电流 I_{op} 的关系曲线，即 $t_{op} = f(I_{op})$。要使前后两级低压断路器实现保护配合，则要求它们的保护特性不能相交，以满足供配电系统保护选择性。定性地考虑，则对于前后两相同型号的低压断路器，前一级低压断路器的脱扣电流应比后一级低压断路器的脱扣电流大一级以上；而对于前后型号不同的低压断路器，前一级低压断路器最好带延时动作的脱扣器，以确保动作的选择性。

例如，配电线路的主保护开关 QF_1、配电支路开关 QF_2、电动机保护开关 QF_3，它们的保护特性分别为 A_1、A_2、A_3，它们的配合如图 6-55 所示。

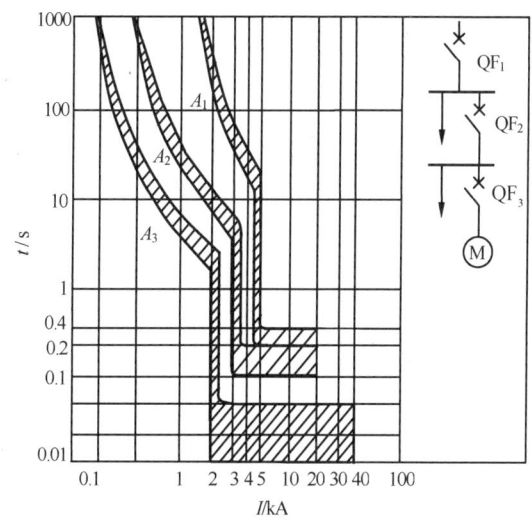

图 6-55 低压断路器保护特性配合

A_1—第一级低压断路器（配电线路的主保护开关）；A_2—第二级低压断路器（配电支路低压断路器）；A_3—第三级低压断路器（电动机保护低压断路器）

5. 低压断路器和熔断器之间的保护配合

低压断路器和熔断器之间的保护配合有多种设置方案，最关键的问题是正确选定额定参数，使上一级保护元件的特性曲线在任何电流下都位于下一级保护元件安秒特性曲线的上方。其中应用较广的设置方式如图 6-56 所示，这样的保护特性配合能满足有选择的动作。

6. 低压断路器与导线或电缆的配合

低压断路器与导线或电缆配合时，应满足以下条件：

低压断路器过流脱扣器的动作电流 I_{op} 不大于线路的允许载流量 I_{al}，即 $I_{op} \leq I_{al}$，以保证低压断路器在线路没有超过允许载流量时能够断开；短路保护的过流脱扣器应该考虑线路短时

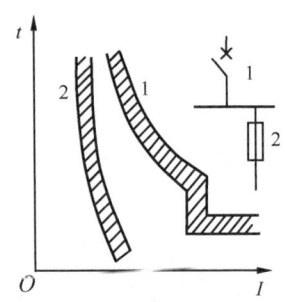

图 6-56 低压断路器与熔断器的配合

过负荷能力,满足的条件是:

$$I_{op} \leq k_{ov} I_{al} \tag{6-73}$$

式中,k_{ov} 为导线、电缆的允许短时过负荷系数。只作短路保护时取 4.5,过载保护时取 0.8~1.0。

例 6-2 一条 380 V 电力线,$I_{30}=120$ A,$I_{pk}=400$ A,线路首端短路电流 $I_k^{(3)}=8.5$ kA,选 BLV-500 型导线穿塑料管,环境温度 $t_0=30$ ℃。求:导线 S、管径和装设 DW15-200 型低压断路器的规格。

解:(1)选择低压断路器

查附录表 15,初选 DW15-200 型低压断路器,过流脱扣器额定电流 $I_{N·OR}=150$ A。由于 $I_{30}=120$ A,则 $I_{1op}>I_{30}$。

设瞬时脱扣电流整定为 3 倍(最大),则 $I_{2op}=3\,I_{N·OR}=3\times150=450$(A)。

DW15-200 型低压断路器动作时间大于 0.02 s,因而可靠系数取 $K_{rel}=1.35$。$K_{rel}I_{pk}=1.35\times400=540$(A),则有 $I_{2op}<1.35\,I_{pk}$,不满足脱扣要求。

改选 $I_{N·OR}=200$ A,这时 $I_{2op}=3\,I_{N·OR}=200\times3=600$(A),则有 $I_{2op}>1.35\,I_{pk}$,满足脱扣要求。

(2)校验断流能力

查附录表 14,DW15-200 型低压断路器的 $I_{oc}=50$ kA。而 $I_k^{(3)}=8.5$ kA,$I_{oc}>I_k^{(3)}$,满足要求。

(3)选择导线截面积及管径

查附录表 12,可知 $S=70$ mm^2 的 BLV-500 型导线穿塑料管,$t_0=30$ ℃ 时 $I_{al}=126$ A,塑料管管径 $\varphi=50$ mm,而 $I_{30}=120$ A,则有 $I_{al}>I_{30}$,满足发热要求;

校验机械强度,查附录表 12,可知穿管线允许最小截面积为 2.5 mm^2,而 $S=70$ mm^2,满足要求。

(4)校验导线与低压断路器保护的配合

作短路保护时导线、电缆的允许短时过负荷系数取 4.5,则 $k_{ov}I_{al}=4.5\times126=567$(A)。而 $I_{2op}=600$ A,不满足 $I_{2op}<k_{ov}I_{al}$,因而不符合要求。

改选导线截面积 $S=95$ mm^2 导线,其 $I_{al}=154$ A,则 $k_{ov}I_{al}=693$ A,满足 $I_{2op}<k_{ov}I_{al}$,改选后导线截面积满足要求,对应的塑料管管径 $\varphi=65$ mm。

思考题与习题

6-1 继电保护装置的任务和要求是什么？

6-2 什么是过电流继电器的动作电流、返回电流和返回系数？

6-3 电流保护的常用接线方式有哪几种？各有什么特点？

6-4 测量用电流互感器和保护用电流互感器的要求有什么不同？

6-5 线路三段式电流保护是哪几段？各段电流保护如何整定、校验？线路三段式电流保护如何配置？

6-6 如何选择熔断器及熔体额定电流，如何与线路允许电流配合？

6-7 如何选择低压断路器？如何与线路允许电流配合？

6-8 大电流接地系统零序电流保护的整定原则和特点是什么？

6-9 小电流接地系统单相接地电流有什么特点？

6-10 绝缘监视装置的工作原理是什么？

6-11 差动保护的原理是什么？变压器差动保护不平衡电流产生的原因是什么？如何减小其影响？

6-12 试分析瓦斯保护的工作原理。

6-13 变压器的外部相间短路过电流保护的种类有哪些？各有什么特点？

6-14 有一台电动机，额定电压为 380 V，额定电流为 20 A，起动电流为 140 A，试选择保护该电动机短路的 RT0 型熔断器及其熔体的额定电流，并选择该电动机的配电线（采用 BLV 型导线穿硬塑料管）的导线截面和管径（环境温度按 30 ℃计）。

6-15 有一条 380 V 线路，其计算电流为 280 A，尖峰电流为 600 A，首端三相短路的 $I_k^{(3)}$ = 1.7 kA，末端单相短路的 $I_k^{(1)}$ = 1.4 kA。试选择线路首端装设的 DW15 型低压断路器，并选择和整定其瞬时动作的电磁脱扣器，校验其灵敏性。

6-16 某 6 kV 线路，采用两相两继电器接线的去分流跳闸原理的反时限过电流保护装置。电流互感器的变比为 150/5 A，线路的计算电流为 80 A，末端三相短路电流有效值为 1 kA。试整定该线路采用的 GL-15/10 型电流继电器的动作电流和速断电流倍数。

6-17 现有前后两级反时限过电流保护，都采用 GL-15 型过电流继电器，按两相两继电器式接线。后一级继电器的 10 倍动作电流的动作时限已整定为 0.5 s，动作电流为 5 A。前一级继电器的动作电流也为 5 A。前一级的电流互感器变比为 75/5 A，后一级的电流互感器变比为 50/5 A。后一级首端的三相短路电流有效值为 450 A，试整定前一级继电器的 10 倍动作电流的动作时限（取 Δt = 0.7 s）。

第七章 港口变电所自动化

第一节 自动重合闸装置

自动重合闸装置(ARD)是一种反事故装置,它主要装设在有架空线路出线的断路器上。

架空线路是供电系统中的一个薄弱环节,故障机会较多。但架空线上的事故大部分是瞬时性的,并非永久性的故障,如雷电放电、鸟类或树枝的跨接等。短路故障后,故障点的绝缘一般能自行恢复。自动重合闸装置就是针对这一特点而设计的,即当架空线路发生故障,由保护装置动作将断路器跳开后,同时起动自动重合闸装置,经一定时限自动重合闸装置使断路器重新合闸恢复供电。若线路上的故障属永久性的,则再由保护装置将断路器跳开,自动重合闸装置不再合闸。运行经验说明,架空线路运行中自动重合闸装置动作成功率在70%~90%。可见,自动重合闸装置提高了供电的可靠性。电缆发生瞬时故障的可能性很小。自动重合闸装置主要用于架空线路,对全电缆线路一般不装设自动重合闸装置。

一、对自动重合闸装置的要求

(1)手动或遥控合闸时,断路器遇故障跳闸后不应重合。手动或遥控跳闸时也不应再重合。

(2)除了上述情况外,当断路器因继电保护动作或其他原因而跳闸时,自动重合闸装置均应动作。

(3)自动重合闸次数应符合预先规定次数,即使ARD中任一元件发生故障或接点黏结时,也应保证不多次重合。

(4)应优先采用由控制开关位置与断路器位置不对应的原则来起动重合闸。同时也允许由保护装置来起动,但要采取措施保证ARD可靠动作。

(5)ARD动作后,一般能自动复归,准备好下一次动作。有值班人员的10 kV及以下线路也可采用手动复归。

(6) ARD 应能在重合闸以前或重合闸以后加速继电保护的动作。

(7) 在满足短路点的去游离以及断路器灭弧能力的恢复和机械上恢复的情况下,动作应尽量快,以减少港口企业的停电时间。一般重合闸动作时间为 0.7 s 左右。

(8) 在双侧电源的线路上实现重合闸时,应考虑合闸时两侧电源间的同步问题。

(9) 当断路器处于不正常状态(如操作机构中使用的气压、液压降低等)而不允许实现重合闸时,应将 ARD 闭锁。

二、自动重合闸接线和工作原理

图 7-1 所示为采用 DH-2 型重合闸继电器的自动重合闸原理接线图。SA_1 为断路器控制开关,SA_2 为自动重合闸装置选择开关,用于投入和解除 ARD。

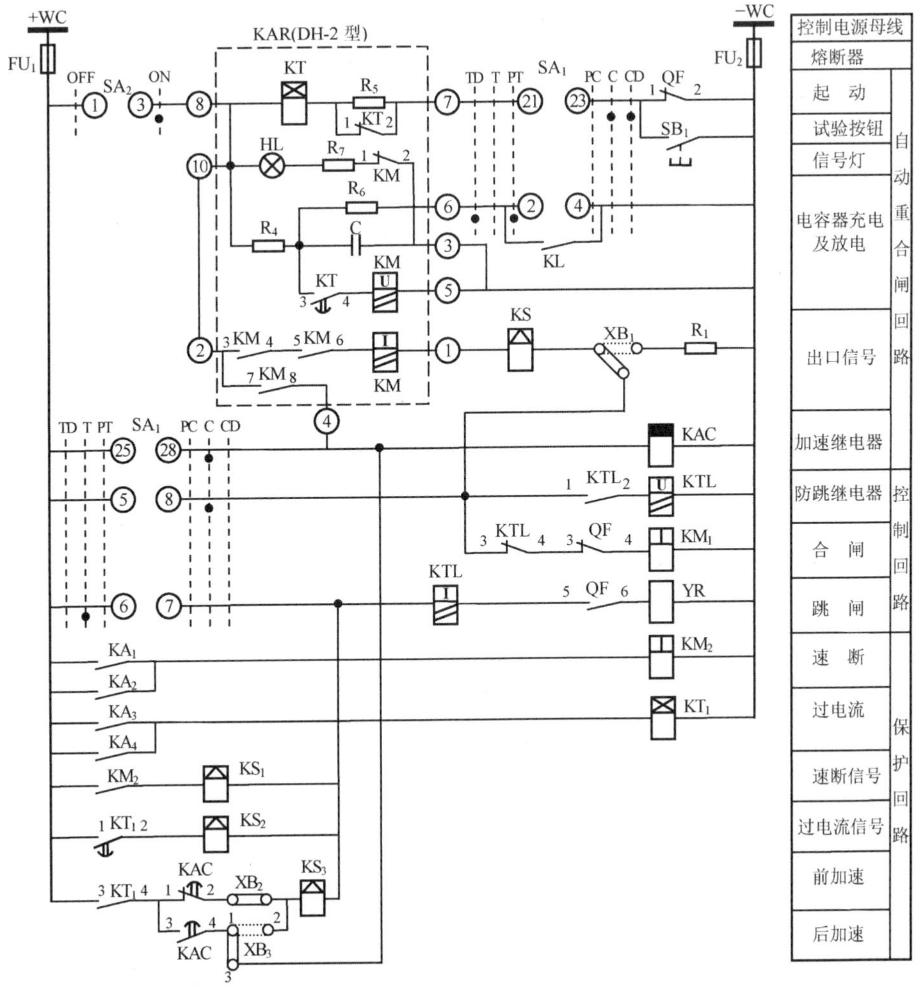

图 7-1 DH-2 型重合闸继电器的原理接线图

SA_2—选择开关;SA_1—断路器控制开关;KAR—重合闸接触器;KM_1—合闸接触器;YR—跳闸线圈;QF—断路器辅助触点;KTL—防跳继电器;KAC—加速继电器;$KS_1 \sim KS_3$—信号继电器;KT_1—时间继电器

控制开关的操作手柄和面板安装在控制屏前面,与操作手柄固定连接的转轴上有数节触点盒,安装于控制屏后。触点盒的节数(每节内部触点形式不同)和形式可以根据控制回路的要求进行组合。每个触点盒内有4个定触点和1个旋转式动触点,定触点分布在盒的四角,盒外有4个引出线端子,动触点处于盒的中心。

图7-1中SA_1是LW2-Z-1a·4·6a·40·20·20·4/F8型控制开关,其触点开断状态如表7-1所示。

表7-1　LW2-Z-1a·4·6a·40·20·20·4/F8型控制开关的触点图表

手柄和触点盒形式 F8		1a		4		6a			40			20			20			4	
触点号		1-3	2-4	5-8	6-7	9-10	9-12	10-11	13-14	14-15	13-16	17-19	17-18	18-20	21-23	21-22	22-24	25-28	26-27
位置	跳闸后(TD) ←	—	•	—	—	—	•	—	—	•	—	—	•	—	—	—	•	—	—
	预备合闸(PC) ↑	•	—	—	—	—	—	•	—	—	—	—	—	•	—	•	—	•	—
	合闸(C) ↗	—	—	—	•	•	—	—	•	—	—	—	—	•	—	•	—	—	•
	合闸后(CD) ↑	•	—	—	—	•	—	—	•	—	—	—	—	—	•	—	—	—	•
	预备跳闸(PT) ←	—	•	—	—	•	—	—	—	—	•	•	—	—	•	—	—	—	•
	跳闸(T) ↙	—	—	•	—	—	—	—	—	—	•	•	—	—	•	—	—	•	—

注:"•"表示接通,"—"表示断开。

控制开关有6个位置,其中"跳闸后"和"合闸后"为固定位置,其他为操作时的过渡位置。有时用字母表示6种位置,"C"表示合闸中,"T"表示跳闸中,"P"表示"预备","D"表示"后"。图7-1中,虚线上打黑点(•)的触点,表示控制开关在此位置时该触点接通。

图中虚线框内为DH-2型重合闸继电器,主要由电容器C、电阻R_4、时间继电器KT和带有自保持线圈的中间继电器KM组成。

ARD选择后加速时,连片XB_2断开,连片XB_3接于端点1、2。

下面分析ARD后加速保护的工作原理。

(1)线路正常运行的情况

控制开关SA_1和SA_2都处于合闸位置,除了接点①—③、㉑—㉓接通外,其余均断开,ARD投入工作,断路器的常闭辅助触点QF_2(1-2)是断开的。重合闸继电器KAR中的电容C经过R_4充电,充电时间15~20 s,充电电压为100 V直流操作电源电压,充电回路为+WC → SA_2 → R_4 → C → -WC。其信号灯HL点亮,表示母线电压正常,电容器已在充电状态。

(2)断路器因继电保护动作或其他原因而跳闸

当线路发生故障时,由继电保护(速断或过电流)动作,使跳闸回路通电跳闸,防跳继电器KTL电流线圈起动,KTL(1-2)闭合,但因SA_1的接点⑤—⑧不通,KTL的电压线圈不能自保持,跳闸后,KTL电流线圈和电压线圈均断电。

断路器跳闸后,其辅助常闭接点QF(1-2)闭合,使KAR中的时间继电器KT通电动作,其瞬时动断触点KT(1-2)打开,使R_5串入KT回路,以限制KT线圈中的电流,仍使KT保持动作状态,KT(3-4)延时闭合(延时调整范围0.5~5 s),于是电容C对中间继电器KM的电压线圈放电,使KM动作,KM(1-2)打开,使HL熄灭,表示KAR动作。KM(3-4)、KM(5-6)、KM(7-8)闭合,合闸接触器KM_1经+WC → SA_2 → KM(3-4) → KM(5-6) → KM电流线圈 → KS → XB_1 → KTL(3-4) → QF(3-4) → KM_1 → -WC接通电源,将断路器重新合闸。由于KM电流线圈的自保持作用,使它能可靠动作,直到断路器合闸,QF(3-4)断开为止。

ARD的中间继电器KM动作后,加速继电器KAC也因KM(7-8)闭合而起动,KAC的常开触点闭合。如果线路上发生的是瞬时性故障,此时故障已清除,继电保护不会再动作,则重合闸成功。当断路器合上后,其辅助接点 QF(1-2)断开,KAR 内继电器均返回,电容器 C 重新开始充电。但加速继电器 KAC(3-4)延时打开,线路上存在永久性故障时,则过电流保护动作或速断保护与过电流保护同时动作,并通过 KT_1 的瞬时动合触点和 KAC 的动合触点 KAC(3-4)及连片 XB_3(后加速时,连片 XB_3 接于端子 1、2)接通跳闸线圈 YR,断路器瞬时跳闸,加速继电保护动作。断路器跳闸后,QF(1-2)闭合,KT 又重新起动,由于电容器 C 两端电压尚来不及充足电,中间继电器 KM 不能动作,并因电容器 C 两端已与中间继电器 KM 并联,电容 C 将不会充电至电源电压。这就保证了 ARD 只能动作一次,如果故障为瞬时性的,重合闸成功,电容 C 又开始经 R_4 充电,经过 15~20 s 的充电时间后,C 的两端充满电压,准备好下一次动作,因此这一电路是自动复归的。

(3)用控制开关手动跳闸

当用控制开关跳开断路器时,㉑—㉓在"PT(预备跳闸)"、"T(跳闸)"和"TD(跳闸后)"位置时均断开,从而可靠切断了重合闸的电源,重合闸不能动作。此外,在操作控制开关跳闸时,在"PT(预备跳闸)"和"TD(跳闸后)"位置时②—④接通,电容 C 与电阻 R6 并联,C 充电达不到电源电压而无法重合闸。

(4)用控制开关手动合闸

此时㉑—㉓接通,②—④断开,重合闸回路获得电源,电容 C 开始充电。如果线路上存在永久性故障,则当断路器投入后,随即由继电保护作用跳开。此时由于电容 C 尚未充电到 KM 的动作电压,所以重合闸不会动作。此种工作情况与重合闸动作后,重合到永久性故障的情况相似。控制开关 SA_1 手柄在"C(合闸)"位置时,其触点㉕—㉘接通。若 SA_1"C(合闸)"于故障线路,则直接接通加速继电器 KAC,也会加速故障电路的切除。

(5)防止多次重合的措施

如果重合闸继电器 KAR 中的 KM 的接点 KM(3-4)和 KM(5-6)粘住,就将出现把断路器多次重合到永久性故障的情况,这是不允许的。为此采用了防跳继电器 KTL,它的常闭接点串联在合闸回路里,它的一组电流线圈串接在继电保护作用于跳闸的跳闸回路中。假定线路发生永久性故障且继电器 KM 的接点粘住,断路器重合闸后,继电保护将作用于跳闸。如没有 KTL 继电器,则在断路器跳开后,通过被粘住的 KM 常开接点立刻可以发出合闸脉冲,形成多次重合。由于增设了 KTL 继电器,当保护接通跳闸回路时,KTL 的电流线圈也流有电流,于是 KTL 继电器起动,其常闭接点断开,常开接点闭合。由于 KM 的常开接点粘住,于是 KTL 电压线圈通电并自保持(由+WC→KM 粘住的常开接点→KM 的电流线圈→KS→XB_1-KTL(1-2)→KTL 电压线圈→-WC)。以后 KTL 一直自保持,其常闭接点 KTL(3-4)一直断开,切断合闸回路,防止跳跃现象,消除了多次重合的危险。与此同时,由于 KM 接点粘住,KM 自保持于动作状态,其常闭接点打开,信号灯 HL 熄灭,发出了重合闸回路故障的信号,以便及时进行处理。

当断路器的操作机构具有防跳机械闭锁装置时,则可不必装设 KTL 继电器。

(6)重合闸的闭锁回路

在某些情况下,例如母线上发生故障,母线保护动作,或者自动按频率减负荷装置动作使线路断路器跳闸,此时不允许进行重合闸,而应将重合闸闭锁。为此可利用该保护或自动装置的接点(图中用 KL 表示)使电容 C 的放电回路接通,使断路器跳闸后不能进行重合。

三、ARD 装置与继电保护的配合

为了尽量利用 ARD 所提供的条件,加速故障切除时间,ARD 与继电保护的配合方式有两

种：重合闸前加速保护及重合闸后加速保护。下面讨论这两种配合方式的特点。

(1) 重合闸前加速保护：一般又简称"前加速"，多用于单端供电的干线式线路中，如图 7-2 所示。每段线路上均装设过电流保护，由于动作时限按阶梯原则配合，靠近电源的保护 3 处的时限较长，为了加速故障的切除，在保护 3 处加装了自动重合闸装置。

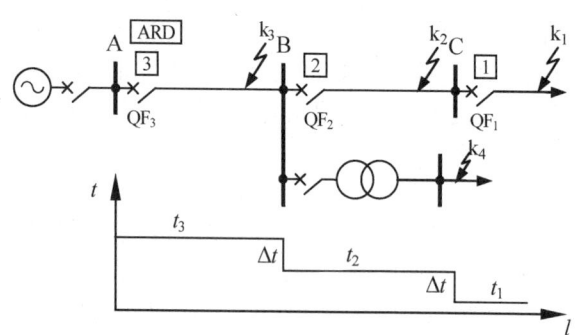

图 7-2 重合闸前加速网络接线图

当线路的任何一处发生故障时（无论在 k_1、k_2 或 k_3 处），保护 3 都无选择地瞬时动作于断路器 QF_3 跳闸，然后 ARD 动作，使断路器 QF_3 重新合闸。如果是瞬时性故障，则重合闸成功，加快了故障切除时间；如果发生的是永久性故障，则各处保护再次起动，并按选择性要求，使相应的断路器跳开。

为了不使无选择性的动作范围扩展太大，一般当变压器低压侧短路时，保护 3 不应动作，因此其起动电流应按照躲开相邻变压器低压侧的短路（k_4 点）来整定。

前加速保护的接线可以利用具有延时返回的加速继电器 KAC 以及接通连接片 XB_2 和 XB_3 的 1～3 来实现，如图 7-3 所示。由于 KAC 继电器未起动，其延时返回动断触点 KAC(1-2) 是闭合的，延时返回动合触点 KAC(3-4) 是断开的。当线路发生故障时，电流保护 KA 动作，起动时间继电器 KT_1，其瞬时动合触点 KT_1(3-4) 闭合，使断路器的跳闸回路接通 [由 +WC→KT_1(3-4)→KAC(1-2)→XB_2→KS_3→KTL 电流线圈→QF(5-6)→YR→-WC]，断路器跳闸。保护是瞬时动作的。

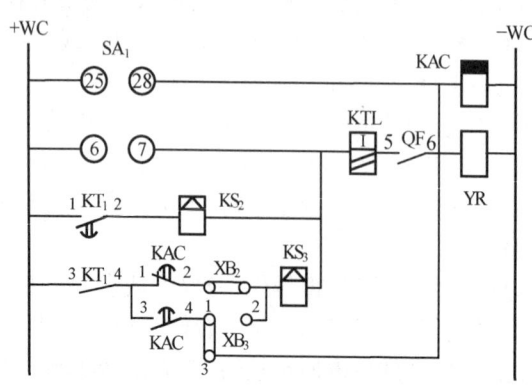

图 7-3 前加速保护接线示意图

随后，ARD 启动，同时启动 KAC 继电器，于是其常开接点 KAC(3-4) 闭合，常闭接点 KAC

(1-2)断开。如果重合于永久性故障上,则保护又重新起动,但此时因 KAC(1-2)断开,断路器不能瞬时跳闸。继电器 KAC 通过 KT_1(3-4)和 KAC(3-4)自保持。当时间继电器 KT_1 的延时接点 KT_1(1-2)接通后,断路器的跳闸回路导通,断路器跳闸,也就是说 ARD 动作以后,保护再次动作时是按照有选择性的方式动作的。

重合闸前加速保护有利于迅速消除故障,而且使用设备少,只需在靠近电源侧装设一套 ARD 装置,简单经济。其缺点是增加了装设 ARD 装置处的断路器动作次数,而且一旦该断路器拒动,将会扩大事故的停电范围,所以多用在 35 kV 及以下电压等级系统中。

(2)重合闸后加速保护:一般又简称"后加速",如图 7-4 所示。每段线路上均装设过三段式电流(或距离)保护和自动重合闸装置。当线路发生故障时,保护按有选择性的方式动作,然后进行重合闸。如果重合在永久性故障上,则加速保护动作,瞬时切除故障,不管保护装置原来是否具有时限。

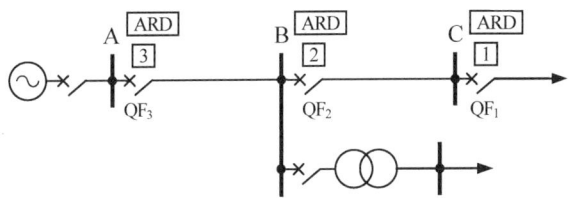

图 7-4 重合闸后加速网络接线图

实现后加速的接线只要把图 7-1 中连接片 XB_2 打开,XB_3 接通 1~2 的位置即可,如图 7-5 所示,分析时仍然以加速过电流为例。由于 KAC 继电器未起动,其延时返回动断触点 KAC(1-2)是闭合的,延时返回动合触点 KAC(3-4)是断开的。线路发生故障后,保护起动,时间继电器 KT_1 动作。KT_1 的瞬动接点 KT_1(3-4)回路因 XB_2 已打开及 KAC(3-4)断开而无法导通。经过保护的整定时限后,KT_1 的延时接点 KT_1(1-2)接通跳闸线圈 YR,使断路器跳闸。随后 ARD 动作,并起动加速继电器 KAC,使其常开接点 KAC(3-4)闭合,常闭接点 KAC(1-2)断开。如断路器重合在永久性故障上,则过流保护再次起动。当时间继电器 KT_1 的瞬动接点 KT_1(3-4)闭合后,断路器的跳闸回路即刻接通[由+WC→KT_1(3-4)→KAC(3-4)→XB_3→KS_3→KTL 电流线圈→QF(5-6)→YR→-WC],使断路器跳闸,从而加速了继电保护的动作。

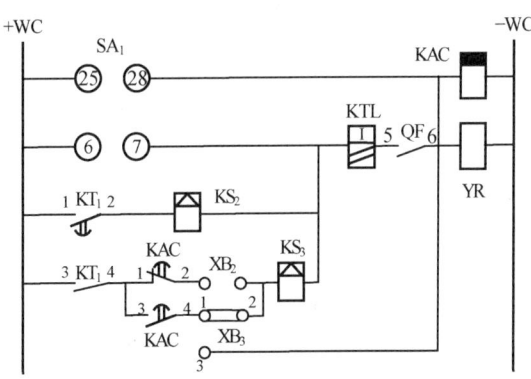

图 7-5 后加速保护接线示意图

重合闸后加速保护配合方式,因保护第一次动作具有选择性而防止了事故扩大的可能,所以一般说来是有利而无害的,各级电压送电线路均可适用。只是由于每个断路器均装一套

ARD装置,同前加速相比费用较高。

在35 kV以上电压等级系统中,通常都装有性能较好的保护(如距离保护),所以第一次有选择性动作的时限不会很长(瞬时或延时0.5 s),故后加速方式在这种系统中广泛采用。

第二节 备用电源自动投入装置

在对供电可靠性要求较高的变电所中,通常采用两路及以上的电源进线。两路电源可以是互为备用,或一主一备。备用电源自动投入装置(APD)就是当工作电源因供电线路故障或电源本身发生事故而停电时,能自动而且迅速地将备用电源投入运行,以确保供电可靠性的自动装置,简称备自投装置。

一、对备自投装置的基本要求

(1)当工作电源失压或电压降得很低时,装置应把此路断路器跳开。如上级断路器装有自动重合闸装置时,备自投装置跳闸应带有时限,以便躲开上级自动重合闸装置的动作时间。备用电源的断路器,应在工作电源断路器跳开后立即合闸。

(2)工作电源断路器因继电保护动作(负荷侧故障)跳闸,或备用电源无电时,备自投装置均不应动作。

(3)备自投装置应只动作一次。它由备用电源断路器(或母联断路器)跳闸后,将其合闸回路闭锁来实现。

(4)电压互感器熔丝熔断或拉开电压互感器刀开关时,备自投装置不应误动作。

(5)正常操作需停掉常用电源断路器时,应事先解除备自投装置的压板,以防止其动作。

二、双电源互为备用的备自投接线

当变电所采用如图7-6所示的双电源互为备用接线时,要求任一工作电源消失时,另一路备自投装置动作。正常运行时,备用电源的隔离开关QS_3和QS_4闭合,每路进线设置一组电压互感器,用来检测进线是否带电。双电源接线的两个备自投接线相同,其原理接线图如图7-7所示。

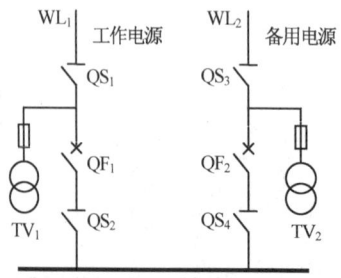

图7-6 变电所双电源互为备用接线

图7-6中WL_1和WL_2为两路电源进线,其断路器分别为QF_1和QF_2。假定WL_1为工作电源、WL_2为备用电源,则QF_1处于合闸状态,图7-7中SA_1的⑤—⑧、⑥—⑦不通,⑯—⑬接

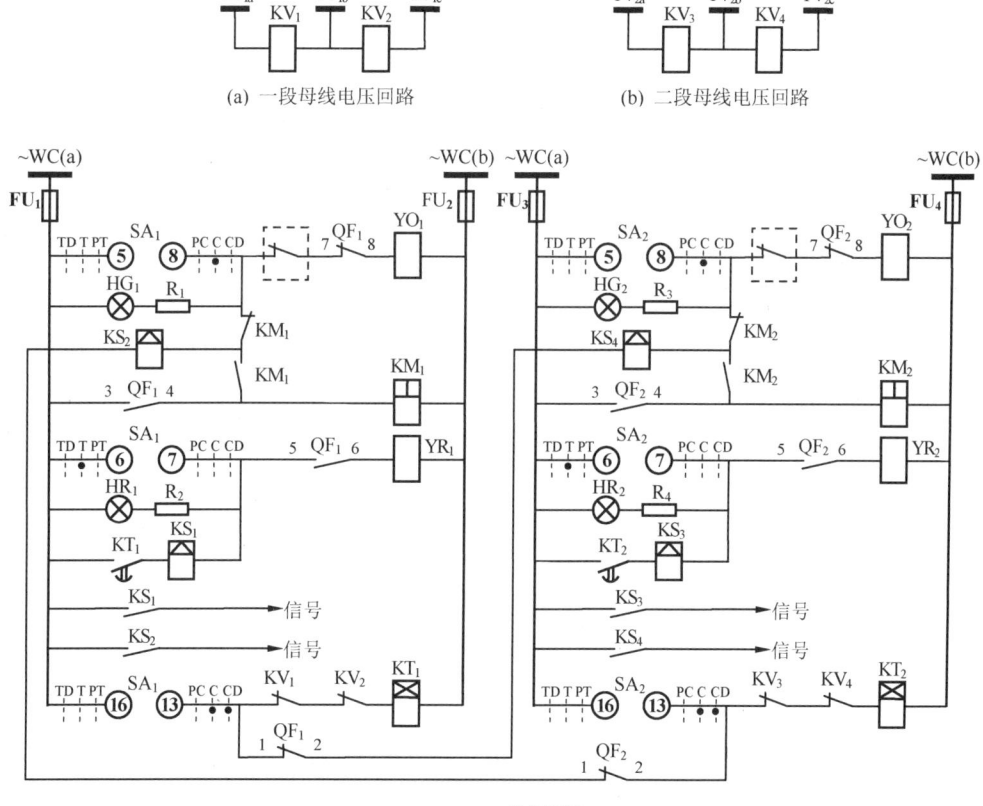

(a) 一段母线电压回路　　　　(b) 二段母线电压回路

(c) APD 控制回路

图 7-7　双电源互为备用的 APD 原理接线图

$KV_1 \sim KV_4$—电压继电器；SA_1、SA_2—断路器控制开关；KM_1、KM_2—中间继电器；YQ_1、YQ_2—合闸线圈；
FQ_1、FQ_2—断路器辅助触点；KT_1、KT_2—时间继电器；$KS_1 \sim KS_4$—信号继电器

通，断路器的常闭辅助触点 QF_1(1-2)、QF_1(7-8)处于断开状态，常开辅助触点 QF_1(3-4)、QF_1(5-6)则处于闭合状态。QF_2 处于分闸状态，SA_2 的⑤—⑧、⑥—⑦、⑯—⑬均断开，断路器的常闭辅助触点 QF_2(1-2)、QF_2(7-8)处于闭合状态，常开辅助触点 QF_2(3-4)、QF_2(5-6)则处于断开状态。中间继电器 KM_2 回路由于 QF_2(3-4)断开而断电，KM_2 的常开触点处于断开状态。

正常运行时，TV_1 和 TV_2 均带电，则 $KV_1 \sim KV_4$ 动作，其常闭触点打开，切断了备自投装置起动回路的时间继电器 KT_1。采用 2 只电压继电器使其触点串联，是为了防止电压互感器一相熔丝熔断而使备自投装置误动作。

图中虚框中的触点为对方断路器保护回路的出口断路器触点，用于闭锁备自投，当 QF_1 因故障跳闸时，线路 WL_2 的备自投合闸回路便被断开，从而保证变电所内部故障跳闸时，将备自投闭锁。正常运行时，两路备自投的闭锁触点都闭合。

当工作电源 WL_1 因故障停电后，电压继电器 KV_1 及 KV_2 的常闭触点接通，起动时间继电器 KT_1，其延时闭合触点延时闭合，使 QF_1 的跳闸线圈 YR_1 通电，实现 QF_1 跳闸。QF_1 跳闸的同时，其辅助常闭触点 QF_1(1-2)闭合，QF_2 的合闸线圈 YO_2 经 SA_1(⑯-⑬)→QF_1(1-2)→KS_4→KM_2 的常闭触点→QF_2(7-8)→WC(b)通电，将 QF_2 闭合，从而使备用电源 WL_2 自动投

入,变电所恢复供电。

QF$_2$ 合闸后,其常开辅助触点 QF$_2$(3-4)将 KM$_2$ 起动并使其自保持,KM$_2$ 的常闭触点使合闸线圈 YO$_2$ 失电,因而保证了 QF$_2$ 只合闸 1 次,起到"防跳闭锁"作用。

图 7-7 中红色指示灯(HR$_1$、HR$_2$)和绿色指示灯(HG$_1$、HG$_2$)分别显示电源进线断路器 QF$_1$、QF$_2$ 的开合状态。红色指示灯亮表示断路器处于闭合状态,绿色指示灯亮表示断路器处于断开状态。

思考题与习题

7-1 自动重合闸的条件是什么?试分析自动重合闸的原理以及如何与保护配合。

7-2 试分析双电源互为备用电源自动投入的工作原理。

第八章 港口供电系统的电气安全与防雷接地

第一节 电气安全

电气安全包括人身安全和设备安全两个方面。人身安全是指电气从业人员或其他人员的安全;设备安全是指电气设备及其所拖动的机械设备的安全。

电气设备应用广泛,如果设计不合理,安装不妥当,使用不正确,维修不及时,尤其是电气人员缺乏必要的安全知识与安全技能,麻痹大意,就可能引发各类事故,如触电伤亡、设备损坏、停电甚至引起火灾或爆炸等严重后果。因此,必须采用切实有效的措施,杜绝事故的发生,一旦发生事故,就应采取应急措施及时处理,避免事故和损失扩大。

一、电气安全措施

(1)建立完整的安全管理机构。

(2)健全各项安全规程,并严格执行。

(3)严格遵循设计、安装规范。电气设备和线路的设计、安装应严格遵循相关的国家标准,做到精心设计,按图施工,确保质量,不留事故隐患。

(4)加强运行、维护和检修试验工作。应定期测量在用电气设备的绝缘电阻及接地装置的接地电阻,确保处于合格状态;对安全用具、避雷器、保护电器应定期检查、测试,确保其性能良好、工作可靠。

(5)按规定正确使用电气安全用具。电气安全用具分为绝缘安全用具和防护安全用具,绝缘安全用具又分为基本安全用具和辅助安全用具。

(6)采用安全电压和符合安全要求的电器。

(7)普及安全用电知识。

二、电气防火和防爆

当电气设备和线路处于短路、过载、接触不良、散热不良的不正常运行状态时,其发热量增加,温度升高,容易引起火灾。在有爆炸性混合物的场合,电火花、电弧还会引发爆炸。

1. 防火防爆的措施

(1)选择适当的电气设备及保护装置,应根据具体环境、危险场所的区域等级选用相应的防爆电气设备和配线方式,所选用的防爆电气设备的级别应不低于该爆炸场所内爆炸性混合物的级别。

(2)保持必要的防火间距及良好的通风。

2. 电气火灾的特点

(1)着火的电气设备可能是带电的,如不注意可能引起触电事故。

(2)有些电气设备(如油浸式变压器、油断路器)本身充有大量的油,可能发生喷油甚至爆炸事故,扩大火灾范围。

3. 电气火灾的处理

电气着火后应首先切断电源,但有时为争取时间,来不及断电或因生产需要等原因不允许断电时,则需要带电灭火,带电灭火必须注意以下几点。

(1)选择适当的灭火器。二氧化碳(CO_2)、四氯化碳(CCl_4)、二氟一氯一溴甲烷(CF_2ClBr,俗称"1211")或干粉灭火器的灭火剂均不导电,可用于带电灭火。二氧化碳(干冰)灭火器使用时要打开门窗,离火区 2~3 m 喷射,勿使干冰沾着皮肤,以防冻伤。四氯化碳灭火器灭火要防止中毒,应打开门窗,有条件时最好戴上防毒面具。不能使用一般的泡沫灭火器,因为该灭火剂具有一定的导电性,且对电气设备具有腐蚀作用。由于对臭氧层破坏力强,我国已于 2005 年停止生产二氟一氯一溴甲烷灭火剂。

(2)小范围带电灭火,可使用干砂覆盖。

(3)专业灭火人员使用水枪灭火时,宜采用喷雾水枪,这种水枪通过水柱的泄漏电流较小,带电灭火比较安全,用普通直流水枪灭火时,为防止泄漏电流流过人体,可将水枪喷嘴接地,也可戴绝缘手套、穿绝缘靴或穿均压服进行灭火。

三、触电与防护

1. 触电的概念

人体也是导体,当人体某部位接触一定电位时,就有电流流过人体,这就是触电。触电分为直接触电和间接触电两类。

触电事故可分为电击和电伤两类。电击是指电流通过人体内部,破坏人的心脏、呼吸系统与神经系统,重则危及生命;电伤是指电流的热效应、化学效应或机械效应对人体造成的伤害,它可伤及人体内部,甚至骨骼,还会在人体体表留下电流印、电纹等触电伤痕。

2. 电流对人体的危害

触电事故引起死亡大都是由于电流刺激心脏,引起心室纤维性颤动、停搏和电流引起呼吸中枢麻痹,导致呼吸停止而造成的。

电流对人体的伤害程度与通过人体电流的强度、持续时间、频率、路径及人体健康状况等因素有关。电流大小不同,引起人体的生理、病理效应不同,电流通过人体的效应是研究触电安全技术,制定安全防护标准以及设计有关电气设备的基本依据之一。

一般情况下通过人体的 50 Hz 交流电的电流超过 50 mA 时,会出现心脏停止跳动,发生昏迷,以及致命的电烧伤。50 Hz 交流电 100 mA 电流通过人体时,很快使人致命。图 8-1 是国际电工委员会(IEC)提出的人体触电时间和通过人体电流(50 Hz)引起人身肌体反应的曲线。

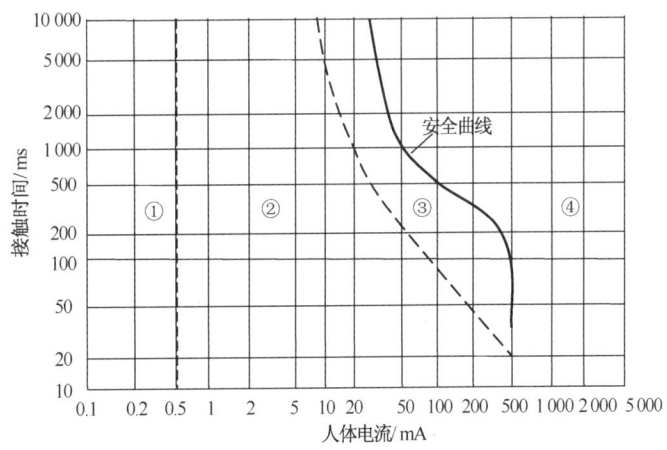

图 8-1 人体触电时间和通过人体电流(50 Hz)引起人身肌体反应曲线

从图 8-1 可以看出,电流对人体的不同效应分成了 4 个区。区①为无反应区;区②为无有害的生理病变反应区;区③为对人体无危险,但可能出现病理生理反应区,如呼吸困难、肌肉收缩、血压升高和心脏电刺激等;区④除会发生病理生理反应外,还可能出现心室纤维性颤动。随着通过电流的增加和持续时间的延长,人体将会出现心脏停搏、呼吸停止和严重烧伤等后果。

我国规定触电时间不超过 1 s 的安全电流为 30 mA(50 Hz),并以此规范了我国国家标准 GB 3805—1983《安全电压等级》,规定了安全电压等级,如表 8-1 所示。

表 8-1 安全电压等级

安全电压(50 Hz 有效值)/ V		选用实例
额定值	空载上限值	
42	50	在有触电危险的场所使用的手持式电动工具等
36	43	在矿井、多导电粉尘等场所使用的行灯等
24	29	工作空间狭窄,操作者容易大面积接触带电体,如在锅炉、金属容器内
12	15	人体可能经常触及的带电体设备
6	8	

3. 触电的防护

触电防护包括直接触电防护和间接触电防护。

(1)直接触电防护是指对直接接触正常带电部分的防护,如对带电体加隔离栅栏或加防护罩,使用绝缘物等。

(2)间接触电防护是指对故障时可带危险电压而正常时不带电的外露可导电部分(如金属外壳、框架等)的防护,例如,将正常不带电的外露可导电部分接地,并装设接地故障保护装置,故障时可自动切断电源。

第二节 过电压和防雷

一、过电压及其种类

过电压是指电气线路或设备上出现的超过正常工作电压的对绝缘有很大危害的异常电压。在电力系统中,过电压可分为内部过电压和雷电过电压。

1. 内部过电压

内部过电压是由电力系统正常操作、发生故障、事故切换或负荷骤变引起的过电压,分为操作过电压、弧光接地过电压和谐振过电压。内部过电压的能量来自电力系统本身,过电压一般不会超过系统正常运行时额定相电压的3~4倍,对电力线路和电气设备绝缘的威胁不是很大。

2. 雷电过电压

雷电过电压也称外部过电压、大气过电压,是由电力系统中的设备或建筑物遭受来自大气中的雷击或雷电感应引起的过电压。雷电过电压的电压幅值可高达1亿V、电流幅值可高达几十万安,对电力系统的危害非常大。可能毁坏电气设备和线路的绝缘,烧断线路,造成大面积长时间停电。因此,必须采取有效措施加以防护。

二、雷电的形成

雷电是大气中的放电现象。在闷热、潮湿、无风的天气里,接近地面的湿气受热上升,遇到冷空气凝结成冰晶。冰晶受到上升气流的冲击而破碎分裂,气流夹带一部分带正电的小冰晶上升,形成正雷云,而另一部分较大的带负电的冰晶则下降,形成负雷云,随着电荷的积累,雷云电位逐渐升高。由于高空气流的流动,正、负雷云均在空中飘浮不定,当带不同电荷的雷云相互接近到一定程度时,就会产生强烈的放电,放电瞬间出现耀眼的闪光和震耳的轰鸣,这种现象就叫雷电。

雷电可分为直击雷、感应雷和雷电波侵入三大类。

(1)直击雷

当雷电直接击中电气设备、线路或建筑物时,强大的雷电流通过被击物流入大地,并在被击物上产生较高的电压降,称为直击雷过电压。

有时雷云很低,周围又没有带异性电荷的雷云,这样有可能在地面凸出物上感应出异性电荷,在雷云与大地之间形成很大的雷电场。当雷云与大地之间在某一方位的电场强度达到2 500~3 000 kV/m时就开始放电,这就是直击雷,如图8-2所示。大量的观察统计表明,在地面上产生雷击的雷云多为负极性雷云,只有约10%的雷击的雷云为正极性雷云。

(2)感应雷

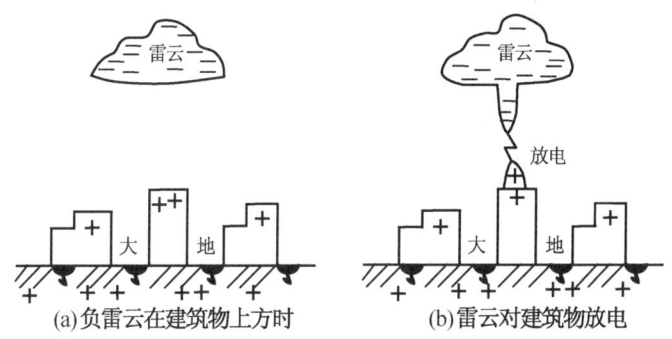

图 8-2　直击雷示意图

当雷云在架空线路上方时,使架空线路感应出异性电荷。雷云对其他物体放电后,架空线路上的电荷被释放,形成自由电荷流向线路两端,产生电位很高的过电压,称为感应过电压,如图 8-3 所示。架空线路上的感应过电压可达几万甚至几十万伏,对供电系统的危害很大。

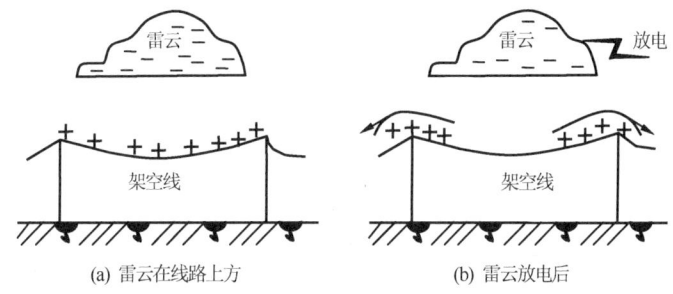

图 8-3　架空线路上的感应雷过电压

(3)雷电波侵入

直击雷或感应雷产生的高电压雷电波,沿架空线路或金属管道侵入变电所或用户,称为雷电波侵入。这种雷电波侵入造成的危害占雷害总数的一半以上。

三、防雷设备

一个完整的防雷设备由接闪器或避雷器、引下线和接地装置三部分组成。

接闪器是用来接收直接雷击的金属物体。接闪器的金属杆称为避雷针,主要用于保护露天变电设备及建筑物;接闪器的金属线称为避雷线或架空地线,主要用于保护输电线路;接闪器的金属带、金属网称为避雷带和避雷网,主要用于保护建筑物。它们都是利用其高出被保护物的突出位置,把雷电引向自身,然后通过引下线和接地装置把雷电电流泄入大地,使被保护的线路、设备、建筑物免受雷击。

1. 避雷针

避雷针安装高度高于被保护物,当雷电先导临近地面时,它能使雷电场畸变,改变雷电先导的通道方向,吸引到避雷针本身,然后经与避雷针相连的引下线和接地装置将雷电流泄放到大地中去,使被保护物免受直接雷击。

避雷针能否对被保护物进行有效保护,保护范围的计算是很重要的。避雷针保护范围计算早期采用折线法(又称为规程法),方法比较成熟,计算简单,但不适合高于 20 m 建筑物。

国际电工委员会(IEC)推荐滚球法作为接闪器保护范围计算方法之一,我国国标 GB 50057—2023《建筑物防雷设计规范》也把滚球法作为计算避雷针保护范围的方法。

滚球法就是选择一个半径为 h_r(滚球半径)的滚球,沿着需要防护直击雷的部分滚动,球体滚动轨迹以下部分为接闪器的保护范围之内。滚球半径 h_r 根据建筑物防雷类别确定,如表 8-2 所示。

表 8-2　各类防雷建筑物的滚球半径和避雷网尺寸

建筑物防雷类别	滚球半径 h_r/m	避雷网尺寸/m
第一类	30	≤5×5 或 6×4
第二类	45	≤10×10 或 12×8
第三类	60	≤20×20 或 24×16

下面参考图 8-4 介绍单支避雷针的保护范围的计算方法。

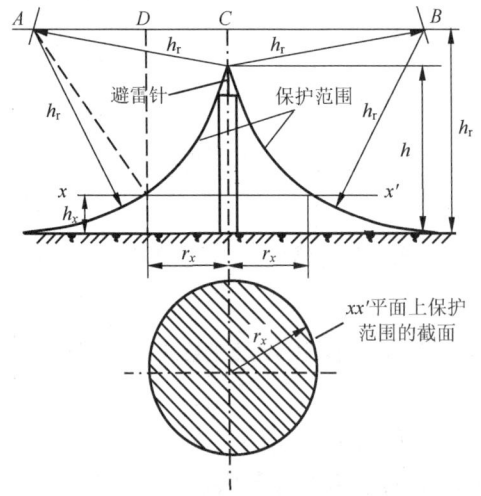

图 8-4　单支避雷针的保护范围

(1)避雷针高度 $h \leqslant h_r$ 时

①距地面高 h_r 处作一平行于地面的平行线。

②以避雷针的针尖为圆心,h_r 为半径,作弧线交平行线于 A、B 两点。

③分别以 A、B 为圆心,h_r 为半径,作弧线与针尖相交,并与地面相切。由此弧线起到地面为止的整个锥形空间,就是避雷针的保护范围。

从图 8-4 可见,避雷针在被保护高度 h_x 的 xx' 平面上的保护半径 r_x 就是线段 DC 的长度,因此保护半径 r_x 为

$$r_x = \sqrt{h(2h_r - h)} - \sqrt{h_x(2h_r - h_x)} \tag{8-1}$$

(2)避雷针高度 $h > h_r$ 时

在避雷针上取高度 h_r 的一点代替避雷针的针尖作为圆心,其他步骤与避雷针高度 $h \leqslant h_r$ 时相同。

对于比较大的保护范围,采用单支避雷针,由于保护范围并不随着避雷针的高度成正比增加,所以将大大增大避雷针的高度,以致安装困难,投资增大。在这种情况下,采用两支避雷针

或多支避雷针比较经济。

2. 避雷线

架设避雷线是线路防雷的最有效措施,但成本很高,只有 66 kV 及以上线路才沿全线装设。35 kV 电力线路一般不采用全线装设避雷线,但为防止变电所附近线路上受到雷击时,雷电过电压沿线路侵入变电所内损坏设备,需在进线 1~2 km 段内装设避雷线,使该段线路免遭直接雷击。

避雷线保护范围的计算也采用滚球法。如果单根避雷线高度 $h \geq 2h_r$,则保护范围为零。另外确定架空避雷线高度时,应考虑弧垂影响。

3. 避雷器

避雷器是用来防止雷电产生的过电压波沿线路侵入变电所或其他建筑物内而危及被保护设备的绝缘。一旦出现高电压,且危及被保护设备绝缘时,避雷器立即动作,将高电压冲击电流导向大地,从而限制电压幅值。

避雷器的类型有阀型避雷器、排气式避雷器、氧化锌避雷器、保护间隙。其中氧化锌避雷器以氧化锌为主要材料,具有良好的伏安特性。在工频电压下,它呈现出极大的电阻,阀片流过的电流小于 1 mA,能迅速有效地抑制工频续流;而当电压超过某一数值时,其电阻又变得很小,能很好地泄放雷电流。氧化锌避雷器具有无间隙、无续流、残压低和体积小等优点,在工程中广泛应用。

第三节 电气装置的接地

一、概述

1. 接地和接地装置

电气设备的某部分与大地之间做良好的电气连接称为接地。埋入地中并直接与土壤相接触的金属导体,称接地体或接地极,如埋入地下的钢管、角铁等。电气设备应接地部分与接地体(极)相连接的金属导体(线)称为接地线。接地线在设备正常运行的情况下是不载流的,但在故障情况下要通过接地故障电流。接地体与接地线总称接地装置。由若干接地体在大地中用接地线相互连接起来的一个整体,称为接地网。

2. 接地电流和对地电压

电气设备发生接地故障时,电流通过接地装置流入大地并呈半球形散开,这一电流称为接地电流,如图 8-5 中的 I_E。由于这半球形球面距接地体越远的地方球面积越大,所以距接地体越远的地方,散流电阻越小。试验表明,在单根接地体或接地故障点 20 m 处,实际散流电阻已趋近于零。电位为零的地方,称为电气上的"地"或"大地"。

电气设备接地部分与零电位的"大地"之间的电位差,称为对地电压,如图 8-5 中的 U_E。

3. 接触电压和跨步电压

当电气设备绝缘损坏时,人站在地面上接触该电气设备,人体所承受的电位差称为接触电

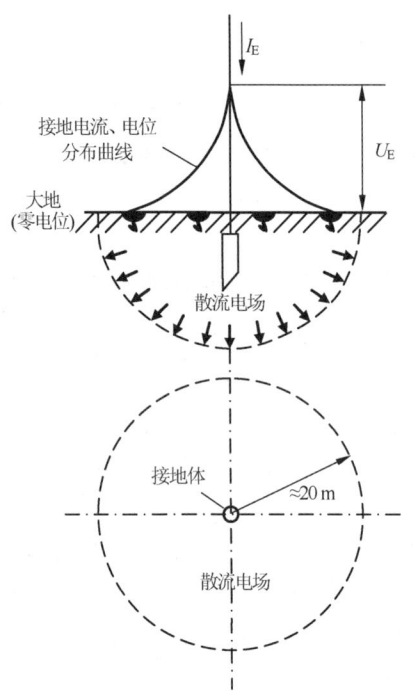

图 8-5 接地电流电位分布图

压 U_{tou}。例如,当设备发生接地故障时,以接地点为中心的地表约 20 m 半径的圆形范围内,便形成了一个电位分布区。这时,如果有人站在该设备旁边,手触及带电外壳,那么手与脚之间所呈现的电位差,即为接触电压 U_{tou},如图 8-6 所示。

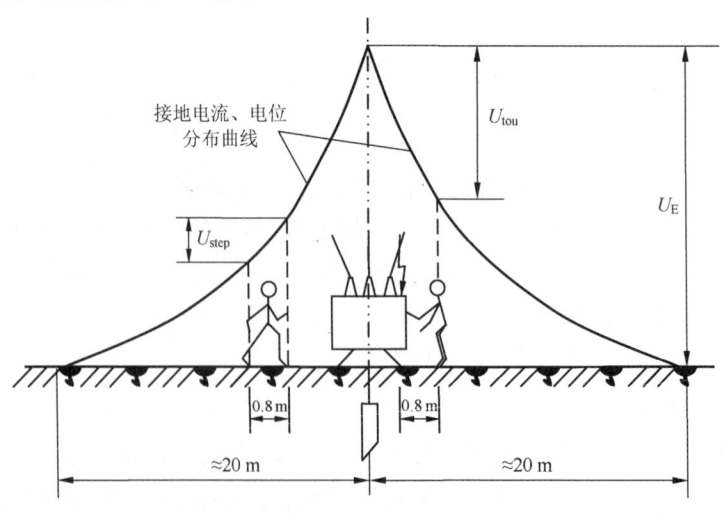

图 8-6 接触电压和跨步电压

在接地故障点附近行走,人的双脚之间所呈现的电位差称为跨步电压 U_{step},如图 8-6 所示。跨步电压的大小与距离接地点的远近及跨步的长短有关,离接地点越近,跨步越长,跨步电压就越大。离接地点达 20 m 时,跨步电压通常为零。

4. 工作接地和保护接地

(1) 工作接地

在正常或故障情况下,为了保证电气设备可靠地运行,而将电力系统中某一点接地称为工作接地。例如,电源(发电机或变压器)的中性点直接接地,能维持非故障相对地电压不变,电压互感器一次线圈的中性点接地,能保证一次系统中相对地电压测量的准确度,防雷设备的接地是为雷击时对地泄放雷电流。

(2) 保护接地

将在故障情况下可能呈现危险的对地电压的设备外露可导电部分进行接地称为保护接地。电气设备上与带电部分绝缘的金属外壳,通常因绝缘损坏或其他原因而导致意外带电,容易造成人身触电事故,因此必须保护接地。

5. 保护接地方式

低压配电系统的保护接地方式分为 TN 系统、TT 系统和 IT 系统三种。

(1) TN 系统

TN 系统的电源中性点直接接地,并引出有中性线(N 线)、保护线(PE 线)或保护中性线(PEN 线),属于三相四线制或三相五线制系统。如果系统中的 N 线与 PE 线全部合为 PEN 线,则此系统称为 TN-C 系统,如图 8-7(a)所示;如果系统中的 N 线与 PE 线全部分开,则此系统称为 TN-S 系统,如图 8-7(b)所示;如果系统中前一部分 N 线与 PE 线合为 PEN 线,后一部分 N 线与 PE 线全部或部分分开,则此系统称为 TN-C-S 系统,如图 8-7(c)所示。

TN 系统中的设备外露可导电部分经低压配电系统中公共的 PE 线(在 TN-S 系统中)或 PEN 线(在 TN-C 系统中)接地,这种接地方式也称为保护接零。

TN 系统中的设备发生单相碰壳漏电故障时,就形成了单相短路回路,该回路内不包含任何接地电阻,整个回路的阻抗就很小,故障电流很大,足以保证在最短时间内使熔丝熔断、保护装置或自动开关跳闸,从而切除故障设备的电源,保证人身安全。

(2) TT 系统

TT 系统的电源中性点直接接地,并引出中性线(N 线),属于三相四线制系统。设备外露可导电部分经与系统接地点无关的各自的接地装置单独接地,这种接地方式也称为保护接地,如图 8-8(a)所示。

当设备发生单相接地故障时,就会通过保护接地装置形成单相短路电流 $I_k^{(1)}$,如图 8-8(b)所示,由于电源相电压为 220 V,如按电源中性点工作电阻为 4 Ω,保护接地电阻为 4 Ω 计算,则故障电流为 27.5 A。这么大的故障电流,对于容量较小的电气设备,所选用的熔丝会熔断或使自动开关跳闸,切断电源,可以保障人身安全。但是,对于容量较大的电气设备,因所选用的熔丝或自动开关的额定电流较大,所以不能保证切断电源,也就无法保障人身安全,这是保护接地方式的局限性,但可通过加装漏电保护器来弥补。

(3) IT 系统

IT 系统的电源中性点不接地或经 1 kΩ 阻抗接地,通常不引出中性线(N 线),属于三相三线制系统。设备外露可导电部分均经各自的接地装置单独接地,如图 8-9(a)所示。

当设备发生单相接地故障时,就会通过接地装置、大地、两个非故障相对地电容及电源中性点接地装置形成单相短路故障电流,如图 8-9(b)所示,这时若人体触及漏电设备外壳,人体

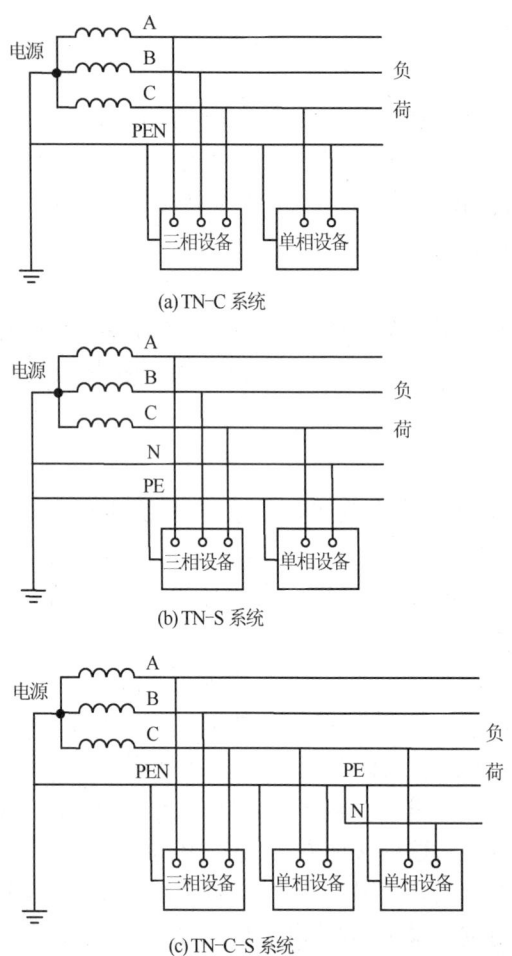

图 8-7 低压配电的 TN 系统

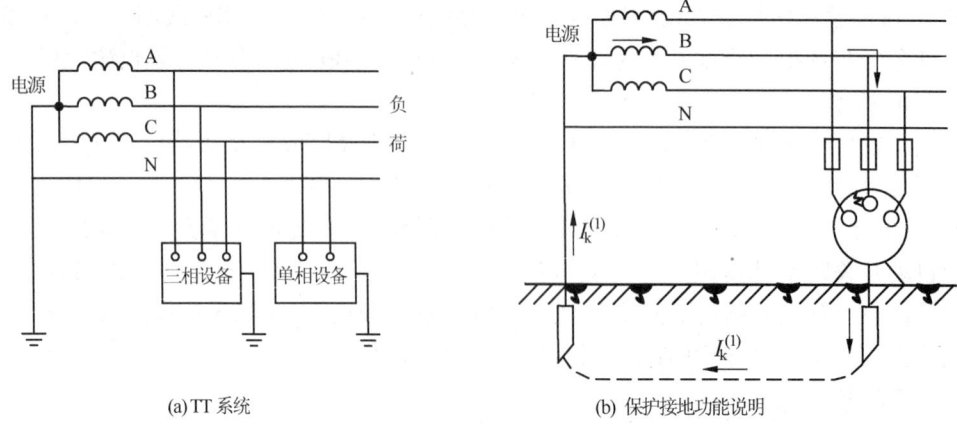

图 8-8 TT 系统及保护接地功能说明

电阻与接地电阻并联,因人体电阻比接地电阻大 200 倍以上,则通过人体的故障电流远小于流经接地电阻的故障电流,极大地减小了触电的危害程度。

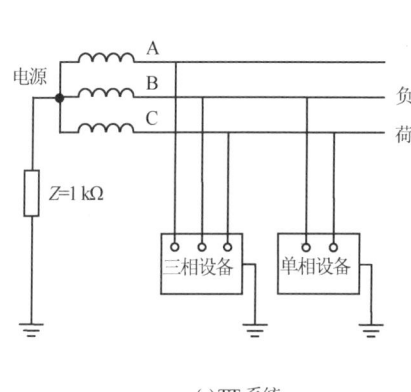
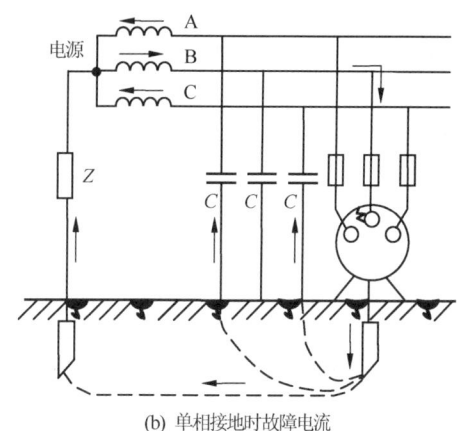

(a)TT 系统　　　　　　　　(b) 单相接地时故障电流

图 8-9　IT 系统及单相接地时故障电流

在同一低压配电系统中,保护接地和保护接零不能混用。否则,当采用保护接地的设备发生单相接地故障时,危险电压将通过大地串至零线及采用保护接零的设备外壳上。

6. 重复接地

将零线上的一处或多处通过接地装置与大地再次连接,称为重复接地。在架空线路终端及沿线每 1 km 处、电缆或架空线引入建筑物处都要重复接地。如不重复接地,当零线断线同时断点之后某一设备又恰好发生单相碰壳时,断点之后的接零设备外壳都将出现较高的接触电压,即 $U_E \approx U_\varphi$,如图 8-10(a)所示,十分危险。如果重复接地,接触电压大大降低,$U_E \ll U_\varphi$,如图 8-10(b)所示,危险程度大为降低。

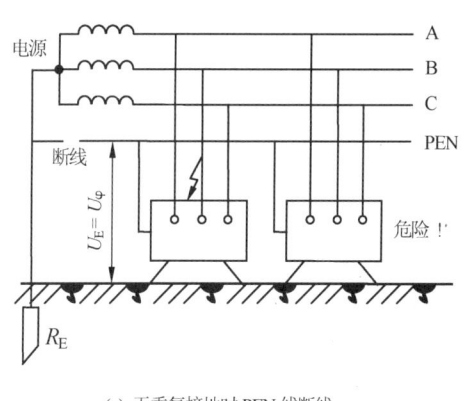
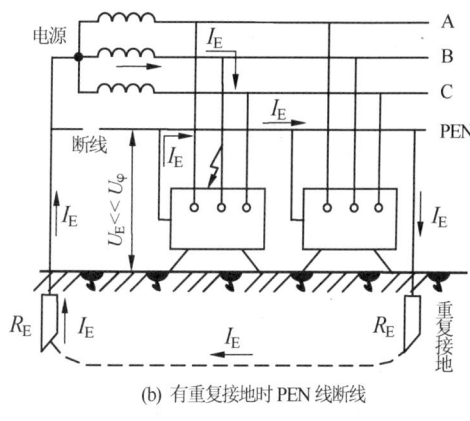

(a) 无重复接地时 PEN 线断线　　　　　(b) 有重复接地时 PEN 线断线

图 8-10　重复接地功能说明示意图

7. 应实行接地或接零的设备

GB 50169—2016《电气装置安装工程接地装置施工及验收规范》规定,凡因绝缘损坏而可能带有危险电压的电气设备及电气装置的金属外壳和框架均应可靠接地或接零,其中包括:

(1)电气设备的金属底座、框架及外壳和传动装置;

(2)携带式或移动式用电器具的金属底座和外壳;

(3)箱式变电站的金属箱体;

(4)互感器的二次绕组;

(5)配电、控制、保护用的屏(柜、箱)及操作台的金属框架和底座;

(6)电力电缆的金属护层、接头盒、终端头和金属保护管及二次电缆的屏蔽层;

(7)电缆桥架、支架和井架;

(8)变电站(换流站)构架和支架;

(9)装有架空地线或电气设备的电力线路杆塔;

(10)配电装置的金属遮拦;

(11)电热设备的金属外壳。

8. 可不接地或不接零的设备

GB 50169—2016《电气装置安装工程接地装置施工及验收规范》规定:

(1)在木质、沥青等不良导电地面的干燥房间内,交流额定电压 380 V 及以下或直流额定电压 440 V 及以下的电气设备的外壳,但当有可能同时触及上述电气设备外壳和已接地的其他物体时,则仍应接地;

(2)在干燥场所,交流额定电压为 127 V 及以下或直流额定电压为 110 V 及以下的电气设备的外壳;

(3)安装在配电屏、控制屏和配电装置上的电气测量仪表、继电器和其他低压电器等的外壳,以及当发生绝缘损坏时,在支持物上不会引起危险电压的绝缘子的金属底座等;

(4)安装在已接地金属构架上的设备,如穿墙套管等;

(5)额定电压为 220 V 及以下的蓄电池室内的金属支架;

(6)由发电厂、变电所和工业、企业区域内引出的铁路轨道;

(7)与已接地的机床、机座之间有可靠电气接触的电动机和电器的外壳。

思考题与习题

8-1 电气安全包括哪两方面?忽视电气安全有什么危害?

8-2 什么是安全电压和安全电流?

8-3 什么是直接触电和间接触电?如何防护?

8-4 电气火灾有何特点?如何正确选择和使用灭火器材?

8-5 什么是过电压?过电压有哪些类型?雷电过电压有哪几类?

8-6 避雷针、避雷线和避雷器的功能是什么?

8-7 什么是滚球法?如何用滚球法确定避雷针的保护范围?

8-8 什么是接地?电气上的"地"是何含义?

8-9 什么是接地电流和对地电压?

8-10 什么是接触电压和跨步电压?

8-11 低压配电系统有哪些接地方式?

8-12 什么是工作接地和保护接地?什么是保护接零?同一低压系统中,能否有的采用保护接地,有的采用保护接零?

8-13 什么是重复接地?有何必要?

8-14 哪些设备需要接地?哪些设备可以不接地?

附录

表1 用电设备组的需要系数、二项式系数及功率因数值

用电设备组名称	需要系数 K_d	二项式系数 b	二项式系数 c	最大容量设备台数 x[①]	$\cos\varphi$	$\tan\varphi$
小批生产的金属冷加工机床电动机	0.16~0.2	0.14	0.4	5	0.5	1.73
大批生产的金属冷加工机床电动机	0.18~0.25	0.14	0.4	5	0.5	1.73
小批生产的金属热加工机床电动机	0.25~0.3	0.24	0.4	5	0.6	1.33
大批生产的金属热加工机床电动机	0.3~0.35	0.26	0.5	5	0.65	1.17
通风机、水泵、空压机及电动发电机组	0.7~0.8	0.65	0.25	5	0.8	0.75
非连锁的连续运输机械及铸造车间整砂机械	0.50~0.60	0.4	0.2	5	0.75	0.88
连锁的连续运输机械及铸造车间整砂机械	0.65~0.7	0.6	0.2	5	0.75	0.88
锅炉房和机加、机修、装配等类车间的吊车($\varepsilon=25\%$)	0.1~0.15	0.06	0.2	3	0.5	1.73
铸造车间的吊车($\varepsilon=25\%$)	0.15~0.25	0.09	0.3	3	0.5	1.73
自动连续装料的电阻炉设备	0.75~0.8	0.7	0.3	2	0.95	0.33
实验室用的小型电热设备(电阻炉、干燥箱等)	0.7	0.7	0	—	1.0	0
工频感应电炉(未带无功补偿装置)	0.8	—	—	—	0.35	2.68
高频感应电炉(未带无功补偿装置)	0.8	—	—	—	0.6	1.33
电弧熔炉	0.9	—	—	—	0.87	0.57
点焊机、缝焊机	0.35	—	—	—	0.6	1.33
对焊机、铆钉加热机	0.35	—	—	—	0.7	1.02
自动弧焊变压器	0.5	—	—	—	0.4	2.29
单头手动弧焊变压器	0.35	—	—	—	0.35	2.68
多头手动弧焊变压器	0.4	—	—	—	0.35	2.68
单头弧焊电动发电机组	0.35	—	—	—	0.6	1.33
多头弧焊电动发电机组	0.7	—	—	—	0.75	0.88
生产厂房及办公室、阅览室、实验室照明[②]	0.8~1	—	—	—	1.0	0
变配电所、仓库照明[②]	0.5~0.7	—	—	—	1.0	0
宿舍(生活区)照明[②]	0.6~0.8	—	—	—	1.0	0
室外照明、事故照明[②]	1	—	—	—	1.0	0

① 如果用电设备组的设备总台数 $n<2x$ 时，则最大容量设备台数取 $n/2$，且按"四舍五入"规则取整数。

② 这里的 $\cos\varphi$ 和 $\tan\varphi$ 值为白炽灯照明的数值。如为荧光灯照明，则 $\cos\varphi=0.9$，$\tan\varphi=0.48$；如为高压汞灯、钠灯照明，则 $\cos\varphi=0.5$，$\tan\varphi=1.73$。

表2 部分企业的全企业需要系数、功率因数及年最大有功负荷利用小时参考值

企业类别	需要系数	功率因数	年最大有功负荷利用小时	企业类别	需要系数	功率因数	年最大有功负荷利用小时
汽轮机制造厂	0.38	0.88	5 000	量具刃具制造厂	0.26	0.60	3 800
锅炉制造厂	0.27	0.73	4 500	工具制造厂	0.34	0.65	3 800
柴油机械制造厂	0.32	0.74	4 500	电机制造厂	0.33	0.65	3 000
重型机械制造厂	0.35	0.79	3 700	电器开关制造厂	0.35	0.75	3 400
重型机床制造厂	0.32	0.71	3 700	电线电缆制造厂	0.35	0.73	3 500
机床制造厂	0.2	0.65	3 200	仪器仪表制造厂	0.37	0.81	3 500
石油机械制造厂	0.45	0.78	3 500	滚珠轴承制造厂	0.28	0.70	5 800
船舶制造	0.40	0.72	4 000	海港	0.45	0.55	6 200
内河港口	0.40	0.50	4 500				

表3 并联电容器的主要技术数据

型号	额定容量 /kvar	额定电容 /μF	型号	额定容量 /kvar	额定电容 /μF
BZMJ0.4-10-3	10	199	BFM6.6-50-1W	50	2.2
BZMJ0.4-12-3	12	239	BFM6.6-80-1W	80	3.6
BZMJ0.4-14-3	14	279	BFM6.6-100-1W	100	7.3
BZMJ0.4-16-3	16	318	BFM6.6-150-1W	150	10.9
BZMJ0.4-20-3	20	398	BFM6.6-200-1W	200	14.6
BZMJ0.4-30-3	30	597	BFM11-50-1W	50	1.32
BZMJ0.4-40-3	40	796	BFM11-100-1W	100	2.63
BZMJ0.4-50-3	50	995	BFM11-200-1W	200	5.26
BAM6.6/$\sqrt{3}$-50-1W	50	10.97	BFM11-334-1W	334	8.79
BAM6.6/$\sqrt{3}$-80-1W	80	17.55	BFM11/$\sqrt{3}$-50-1W	50	3.95
BAM6.6/$\sqrt{3}$-100-1W	100	21.94	BFM11/$\sqrt{3}$-100-1W	100	7.89
BAM6.6/$\sqrt{3}$-150-1W	150	32.91	BFM11/$\sqrt{3}$-200-1W	200	15.79
BAM6.6/$\sqrt{3}$-200-1W	200	43.88	BFM11/$\sqrt{3}$-334-1W	334	26.37

表 4 功率因数调整电费表

1. 以 0.9 为标准值的功率因数调整电费表

$\cos\varphi$	0.90	0.91	0.92	0.93	0.94	0.95~1.00							
电费减(%)	0.00	0.15	0.30	0.45	0.60	0.75							
$\cos\varphi$	0.89	0.88	0.87	0.86	0.85	0.84	0.83	0.82	0.81	0.80	0.79	0.78	0.77	0.76
电费加(%)	0.50	1.00	1.50	2.00	2.50	3.00	3.50	4.00	4.50	5.00	5.50	6.00	6.50	7.00
$\cos\varphi$	0.75	0.74	0.73	0.72	0.71	0.70	0.69	0.68	0.67	0.66	0.65	≤0.64		
电费加(%)	7.5	8.0	8.5	9.0	9.5	10.0	11.0	12.0	13.0	14.0	15.0	每降低0.01,加2.0%		

2. 以 0.85 为标准值的功率因数调整电费表

$\cos\varphi$	0.85	0.86	0.87	0.88	0.89	0.90	0.91	0.92	0.93	0.94~1.00			
电费减(%)	0.00	0.10	0.20	0.30	0.40	0.50	0.65	0.80	0.95	1.10			
$\cos\varphi$	0.84	0.83	0.82	0.81	0.80	0.79	0.78	0.77	0.76	0.75	0.74	0.73	0.72	0.71
电费加(%)	0.50	1.00	1.50	2.00	2.50	3.00	3.50	4.00	4.50	5.00	5.50	6.00	6.50	7.00
$\cos\varphi$	0.70	0.69	0.68	0.67	0.66	0.65	0.64	0.63	0.62	0.61	0.60	≤0.59		
电费加(%)	7.50	8.00	8.50	9.00	9.50	10.0	11.0	12.0	13.0	14.0	15.0	每降低0.01,加2.0%		

3. 以 0.8 为标准值的功率因数调整电费表

$\cos\varphi$	0.80	0.81	0.82	0.83	0.84	0.85	0.86	0.87	0.88	0.89	0.90	0.91	0.92~1.00
电费减(%)	0.00	0.10	0.20	0.30	0.40	0.50	0.60	0.70	0.80	0.90	1.00	1.15	1.30
$\cos\varphi$	0.79	0.78	0.77	0.76	0.75	0.74	0.73	0.72	0.71	0.70	0.69	0.68	0.67	0.66
电费加(%)	0.50	1.00	1.50	2.00	2.50	3.00	3.50	4.00	4.50	5.00	5.50	6.00	6.50	7.00
$\cos\varphi$	0.65	0.64	0.63	0.62	0.61	0.60	0.59	0.58	0.57	0.56	0.55	≤0.54		
电费加(%)	7.50	8.00	8.50	9.00	9.50	10.0	11.0	12.0	13.0	14.0	15.0	每降低0.01,加2.0%		

表 5 LJ 型铝绞线的主要技术数据

额定截面积/mm^2	16	25	35	50	70	95	120	150	185	240
50℃的电阻/(Ω/km)	2.07	1.33	0.96	0.66	0.48	0.36	0.28	0.23	0.18	0.14
线间几何均距/mm	线路电抗/(Ω/km)									
600	0.36	0.35	0.34	0.33	0.32	0.31	0.30	0.29	0.28	0.28
800	0.38	0.37	0.36	0.35	0.34	0.33	0.32	0.31	0.30	0.30
1 000	0.40	0.38	0.37	0.36	0.35	0.34	0.33	0.32	0.31	0.31
1 250	0.41	0.40	0.39	0.37	0.36	0.35	0.34	0.34	0.33	0.33
1 500	0.42	0.41	0.40	0.38	0.37	0.36	0.35	0.35	0.34	0.33

续表

2 000	0.44	0.43	0.41	0.40	0.40	0.39	0.37	0.37	0.36	0.35
室外气温25℃、导线最高允许温度70℃时的允许载流量/A	105	135	170	215	265	325	375	440	500	610

注:1. 表中允许载流量所对应的环境温度为25℃。如不是25℃,则导体的允许载流量应按下面附录表修正。
2. TJ型铜绞线的允许载流量约为同截面的LJ型铝绞线允许载流量的1.3倍

实际环境温度/℃	5	10	15	20	25	30	35	40	45
允许载流量修正系数	1.20	1.15	1.11	1.05	1.00	0.94	0.88	0.82	0.75

表6　S11-M系列6～10 kV级变压器的技术数据

型号	额定电压/kV 高压及分接范围	低压	连接组别	空载损耗/kW	短路损耗/kW	空载电流/%	短路阻抗/%
S11-M30				0.10	0.60/0.63	1.50	
S11-M50				0.13	0.87/0.91	1.40	
S11-M63				0.15	1.04/1.09	1.30	
S11-M80				0.18	1.25/1.31	1.20	
S11-M100	6±5%			0.20	1.50/1.58	1.10	
S11-M125	6.3±5%			0.24	1.80/1.89	1.00	
S11-M160	10±5%			0.28	2.20/2.31	1.00	4.0
S11-M200	10.5±5%			0.34	2.60/2.73	0.90	
	11±5%						
S11-M250		0.4	Yyn0 Dyn11	0.40	3.05/3.20	0.80	
S11-M315	6±2×2.5%			0.48	3.65/3.83	0.80	
S11-M400	6.3±2×2.5%			0.57	4.30/4.52	0.70	
S11-M500	10±2×2.5%			0.68	5.15/5.41	0.70	
S11-M630	10.5±2×2.5% 11±2×2.5%			0.81	6.20	0.60	
S11-M800				0.98	7.50	0.60	
S11-M1000				1.15	10.30	0.50	
S11-M1250				1.36	12.00	0.40	4.5
S11-M1600				1.64	14.50	0.40	
S11-M2000				2.10	16.50	0.32	
S11-M2500				2.50	19.30	0.32	5.0

注:斜线右侧的数据适用于Dyn11连接组别。

表7 S11系列66 kV级变压器的技术数据

型号	额定电压/kV		连接组别	空载损耗/kW	短路损耗/kW	空载电流/%	短路阻抗/%
	高压及分接范围	低压					
S11-500/66	63±5% 66±5% 69±5%		Yd11	1.04	6.80	1.40	8.0
S11-630/66				1.28	7.12	1.40	
S11-800/66				1.52	8.55	1.35	
S11-1000/66				1.76	9.88	1.30	
S11-1250/66				2.08	11.97	1.30	
S11-1600/66				2.48	14.06	1.25	
S11-2000/66				2.88	16.62	1.20	
S11-2500/66				3.44	19.66	1.10	
S11-3150/66		6.3 6.6 10.5 11	YNd11	4.08	23.08	1.05	
S11-4000/66				4.80	27.36	1.00	
S11-5000/66				5.76	30.78	0.85	
S11-6300/66				7.36	34.20	0.75	
S(F)11-8000/66	63±2×2.5% 66±2×2.5% 69±2×2.5%			8.96	40.56	0.75	
S(F)11-10000/66				10.56	47.88	0.70	
S(F)11-12500/66				12.48	56.81	0.70	
S(F)11-16000/66				15.04	69.82	0.65	
S(F)11-20000/66				17.60	84.64	0.65	
S(F)11-25000/66				20.80	100.30	0.60	
S(F)11-31500/66				24.64	120.55	0.55	
S(F)11-40000/66				29.44	141.45	0.55	
S(F)11-50000/66				35.20	175.27	0.50	
S(F)11-63000/66				41.60	211.80	0.45	9.0
SZ11-5000/66	63±8×1.25% 66±8×1.25% 69±8×1.25%			5.76	30.78	0.80	
SZ11-6300/66				8.00	34.20	0.70	
SZ11-8000/66				9.60	40.56	0.70	
S(F)Z11-10000/66				11.36	47.88	0.65	
S(F)Z11-12500/66				13.44	56.81	0.65	
S(F)Z11-16000/66				16.16	69.82	0.55	
S(F)Z11-20000/66				19.20	84.64	0.55	
S(F)Z11-25000/66				22.72	100.30	0.50	
S(F)Z11-31500/66				26.96	120.55	0.50	
S(F)Z11-40000/66				32.24	141.45	0.50	
S(F)Z11-50000/66				38.08	175.27	0.40	
S(F)Z11-63000/66				44.96	211.80	0.40	

表8 高压断路器的技术数据

类别	型号	额定电压/kV	额定电流/A	开断电流/kA	极限通过电流峰值/kA	热稳定电流/kA	固有分闸时间/s	合闸时间/s
少油断路器	SN10-10Ⅰ	10	630	16	40	16(4s)	≤0.06	≤0.15
			1 000					≤0.2
	SN10-10Ⅱ		1 000	31.5	80	31.5(4s)	≤0.06	≤0.2
	SN10-10Ⅲ		1 250	40	125	40(2s)	≤0.07	≤0.2
			2 000			40(4s)		
			3 000					
	SN10-35Ⅰ	35	1 000	16	45	16(4s)	≤0.06	≤0.2
	SN10-35Ⅱ		1 250	20	50	20(4s)		≤0.25
	SW2-35		1 000	16.5	45	16.5(4s)	≤0.06	≤0.4
			1 500	24.8	63.4	24.8(4s)		
	SW4-110	110	1 000	18.4	55	21(5s)	≤0.06	≤0.25
	SW4-110G		1 600	15.8				
真空断路器	ZN3-10Ⅰ	10	630	8	20	8(4s)	≤0.07	≤0.15
	ZN3-10Ⅱ		1 000	20	50	20(20s)	≤0.05	≤0.10
	ZN4-10		1 000	17.3	44	17.3(4s)	≤0.05	≤0.2
			1 250	20	50	20(4s)		
	ZN5-10		630	20	50	20(2s)	≤0.05	≤0.1
			1 000	20	50	20(2s)		
			1 250	25	63	25(2s)		
	ZN12-10		1 250	31.5	80	31.5(4s)	≤0.06	≤0.1
			2 000					
			2 500	40	100	40(4s)		
			3 150					
	ZN24-10		1 250	20	50	20(4s)	≤0.06	≤0.1
			1 250	31.5	80	31.5(4s)		
			2 000					
	ZN28-10		1 250	25	63	25(4s)	≤0.06	≤0.15
			1 600	31.5	80	31.5(4s)		
			2 000					
			3 150	40	100	40(4s)		
	ZN12-35	35	1 250	25	63	25(4s)	≤0.075	≤0.09
			1 600	31.5	80	31.5(4s)		
			2 000					
	ZN23-35		1 600	25	63	25(4s)	≤0.06	≤0.075
SF$_6$断路器	LN2-10	10	1 250	25	63	25(4s)	≤0.06	≤0.15
	LN2-35Ⅰ	35	1 250	16	40	16(4s)	≤0.06	≤0.15
	LN2-35Ⅱ		1 250	25	63	25(4s)		
	LN2-35Ⅲ		1 600					
	LW6-110Ⅰ	110	2 500	31.5	125	50(3s)	≤0.03	≤0.09
	LW6-110Ⅱ		3 150	40				

表9 架空裸导线的最小允许截面积

导线种类		最小允许截面积/mm²		
		铝及铝合金导体	钢芯铝导体	铜导体
35 kV 及以上线路		35	35	35
3～10 kV 线路	居民区	35	25	25
	非居民区	25	16	16
低压线路	一般	16	16	16
	与铁路交叉跨越	35	16	16

表10 导体在正常和短路时的最高允许温度

导体种类和材料	最高允许温度/℃		导体种类和材料	最高允许温度/℃	
	正常时	短路时		正常时	短路时
1. 母线			3. 橡皮绝缘导线和电缆	65	150
铜	70	300	4. 聚氯乙烯绝缘导线和电缆	65	120
铜（接触面有锡覆盖层时）	85	200	5. 交联聚乙烯绝缘电缆		
铝	70	200	铜芯	80	230
钢（不与电器直接连接时）	70	400	铝芯	80	200
钢（与电器直接连接时）	70	300	6. 有中间接头的电缆（不包括聚氯乙烯绝缘电缆）	—	150
2. 油浸纸绝缘电缆					
铜芯 1～3 kV	80	250			
6 kV	65	250			
10 kV	60	250			
铝芯 1～3 kV	80	200			
6 kV	65	200			
10 kV	60	200			

表11 我国规定的导线和电缆的经济电流密度（j_{ec}）

线路类别	导线材料	年最大负荷利用小时 T_{max}/h		
		3 000 以下	3 000～5 000	5 000 以上
架空线路 /(A/mm²)	铜	3.00	2.25	1.75
	铝	1.65	1.15	0.90
电缆线路 /(A/mm²)	铜	2.50	2.25	2.00
	铝	1.92	1.73	1.54

表12 绝缘导线明敷、穿钢管和穿塑料管时的允许载流量

1. BLX、BBLX 和 BLV 型铝芯绝缘线明敷时的允许载流量,A(导线正常最高允许温度为65 ℃)。

芯线截面积/mm²	BLX、BBLX 型铝芯橡皮线				BLV 型铝芯塑料线			
	环境温度							
	25 ℃	30 ℃	35 ℃	40 ℃	25 ℃	30 ℃	35 ℃	40 ℃
2.5	27	25	23	21	25	23	21	19
4	35	32	30	27	32	29	27	25
6	45	42	38	35	42	39	36	33
10	65	60	56	51	59	55	51	46
16	85	79	73	67	80	74	69	63
25	110	102	95	87	105	98	90	83
35	138	129	119	109	130	121	112	102
50	175	163	151	138	165	154	142	130
70	220	206	190	174	205	191	177	162
95	265	247	229	209	250	233	216	197
120	310	280	268	245	283	266	246	225
150	360	336	311	284	325	303	281	257
185	420	392	363	332	380	355	328	300

2. BLX、BBLX 和 BLV 型铝芯绝缘线穿钢管时的允许载流量,A(导线正常最高允许温度为65 ℃)。

芯线截面积/mm²	两根单芯线				管径/mm		三根单芯线				管径/mm		四根单芯线				管径/mm	
	环境温度						环境温度						环境温度					
	25 ℃	30 ℃	35 ℃	40 ℃	G	DG	25 ℃	30 ℃	35 ℃	40 ℃	G	DG	25 ℃	30 ℃	35 ℃	40 ℃	G	DG
2.5	21	19	18	16	15	20	19	17	16	15	15	20	16	14	13	12	20	25
4	28	26	24	22	15	20	25	23	21	19	20	20	23	21	19	18	20	25
6	37	34	32	29	20	20	34	31	29	26	20	25	30	28	25	23	20	25
10	52	48	44	41	20	25	46	43	39	36	25	32	40	37	34	31	25	32
16	66	61	57	52	25	32	59	55	51	46	25	32	52	48	44	41	32	40
25	86	80	74	68	32	32	76	71	65	60	32	40	68	63	58	53	40	—
35	106	99	91	83	32	40	94	87	81	74	40	40	83	77	71	65	50	—
50	133	124	115	105	40	—	118	110	102	93	50	—	105	98	90	83	50	—
70	165	154	142	130	50	—	150	140	129	118	50	—	133	124	115	105	70	—
95	200	187	173	158	70	—	180	168	155	142	70	—	160	149	138	126	70	—
120	230	215	198	181	70	—	210	198	181	166	70	—	190	177	164	150	80	—
150	260	243	224	205	70	—	240	224	207	189	70	—	220	205	190	174	80	—

3. BLX、BBLX 和 BLV 型铝芯绝缘线穿塑料管时的允许载流量,A(导线正常最高允许温度为65 ℃)。

芯线截面积/mm²	两根单芯线 环境温度				管径/mm	三根单芯线 环境温度				管径/mm	四根单芯线 环境温度				管径/mm
	25 ℃	30 ℃	35 ℃	40 ℃		25 ℃	30 ℃	35 ℃	40 ℃		25 ℃	30 ℃	35 ℃	40 ℃	
2.5	19	17	16	15	15	17	15	14	13	20	15	14	12	11	20
4	25	23	21	19	15	23	21	19	18	20	20	18	17	15	25
6	33	30	28	26	20	29	27	25	22	20	26	24	22	20	25
10	44	41	38	34	25	40	37	34	31	25	35	32	30	27	32
16	58	54	50	45	25	52	48	44	41	32	46	43	39	36	32
25	77	71	66	60	32	68	63	58	53	40	60	56	51	47	40
35	95	88	82	75	40	84	78	72	66	40	74	69	64	58	50
50	120	112	103	94	40	108	100	93	85	50	95	88	82	75	50
70	153	143	132	121	50	135	126	116	106	50	120	112	103	94	50
95	184	172	159	145	50	165	154	142	130	65	150	140	129	118	65
120	210	196	181	166	50	190	177	164	150	65	170	158	147	134	80
150	250	233	216	197	70	227	212	196	179	65	205	191	177	162	80

注:①以上仅指表 12 下的第 1 个表适于除穿管线以外的明敷绝缘线,第 2 个表和第 3 个表适于明敷和暗敷的所有穿管线。
②BX、BBX 和 BV 型铜芯绝缘线的允许载流量为同截面积的 BLX、BBLX 和 BLV 型铝芯绝缘线的允许载流量的 1.3 倍。
③第 2 个表中的 G 为焊接钢管,管径按内径计;DG 为电线管,管径按外径计。
④四根单芯线,如其中一根仅供接地或接零保护用时,其允许载流量仍按三根单芯线的载流量计。

表 13　常用低压熔断器的技术数据

型　号	额定电压/V	额定电流/A		最大分断电流/kA	
		熔断器	熔体	电流	cosφ
RT0-100	交流 380 V 直流 440 V	100	30, 40, 50, 60, 80, 100	50	0.1~0.2
RT0-200		200	(80, 100), 120, 150, 200		
RT0-400		400	(150, 200), 250, 300, 350, 400		
RT0-600		600	(350, 400), 450, 500, 550, 600		
RT0-1000		1 000	700, 800, 900, 1 000		
RM10-15	交流 220 V、380 V、500 V 直流 220 V、440 V	15	6, 10, 15	1.2	0.8
RM10-60		60	15, 20, 25, 35, 45, 60	3.5	0.7
RM10-100		100	60, 80, 100	10	0.35
RM10-200		200	100, 125, 160, 200		
RM10-350		350	200, 225, 260, 300, 350		
RM10-600		600	350, 430, 500, 600		

续表

型 号	额定电压/V	额定电流/A 熔断器	额定电流/A 熔体	最大分断电流/kA 电流	最大分断电流/kA cosφ
RL1-15	交流 380 V 直流 440 V	15	2, 4, 5, 6, 10, 15	25	
RL1-60		60	20, 25, 30, 35, 40, 50, 60		
RL1-100		100	60, 80, 100	50	
RL1-200		200	100, 125, 150, 200		

表 14 DW15 系列低压断路器(200~600 A)的技术数据

断路器额定电流/A	瞬时通断能力有效值/kA 额定电压/V			瞬时通断能力有效值/kA cosφ			一次极限分断能力有效值/kA	短延时通断能力有效值/kA 380 V, cosφ=0.5	机械寿命/次	电寿命/次 配电用/V			电寿命/次 电动机保护用
	380	660	1 140	380	660	1 140				380	660	1 140	
200	20	10	—	0.35	0.30	—	50	4.4	20 000	5 000	2 500	—	10 000
400	25	15	10	0.35	0.30	0.30	50	8.8	10 000	2 500	1 500	1 000	5 000
600	30	20	12	0.30	0.30	0.30	50	13.2	10 000	2 500	1 500	1 000	5 000

表 15 DW15 系列低压断路器(200~600 A)过流脱扣器技术数据

断路器额定电流/A	过流脱扣器额定电流/A 热式	过流脱扣器额定电流/A 半导体式	过流脱扣器额定电流/A 长延时动作电流 热式	过流脱扣器额定电流/A 长延时动作电流 半导体式	过流脱扣器额定电流/A 半导体式 短延时	过流脱扣器额定电流/A 半导体式 瞬时
200	100	100	64~80~100	40~100	300~1 000	300~1 000, 800~2 000
	150	—	96~120~150	—		
	200	200	128~160~200	80~120	600~2 000	600~2 000, 1 600~4 000
400	200	200	128~160~200	80~120	600~2 000	600~2 000, 1 600~4 000
	300	—	192~240~300	—		
	400	400	256~320~400	160~400	1 200~4 000	1 200~4 000, 3 200~8 000
600	300	300	192~240~300	120~300	900~3 000	900~3 000, 2 400~6 000
	400	400	256~320~400	160~400	1 200~4 000	1 200~4 000, 3 200~8 000
	600	600	384~480~600	240~600	1 800~6 000	1 800~6 000, 4 800~12 000

注：① 当额定电压为 660 V 和 1 140 V 时,过流脱扣器为半导体式,其瞬时整定电流为 3~10 倍的脱扣器额定电流;

② 热式脱扣器为不可调式,当额定电压为 380 V 时,其瞬时整定电流为 10 倍或 12 倍的脱扣器额定电流。

参考文献

[1] 吴志良，王伟. 港口供电及自动化系统. 大连：大连海事大学出版社，2003.

[2] 姚玉斌，吴志良. 港口供电系统. 大连：大连海事大学出版社，2018

[3] 唐志平，邹一琴. 供配电技术. 4 版. 北京：电子工业出版社，2019.

[4] 庞清乐，郭文，李希年. 供电技术. 北京：清华大学出版社，2015.

[5] 贾渭娟，罗平. 供配电系统. 重庆：重庆大学出版社，2016.

[6] 范锡普. 发电厂电气部分. 北京：水利电力出版社，1987.

[7] 许珉，杨宛辉，孙丰奇. 发电厂电气主系统. 北京：机械工业出版社，2006.

[8] 贺家李，李永丽，董新洲，等. 电力系统继电保护原理. 4 版. 北京：中国电力出版社，2010.

[9] 张保会，尹项根. 电力系统继电保护. 2 版. 北京：中国电力出版社，2010.

[10] 刘学军，段慧达，辛涛. 继电保护原理. 3 版. 北京：中国电力出版社，2012.

[11] 何仰赞，温增银. 电力系统分析（上）. 4 版. 武汉：华中科技大学出版社，2016.

[12] 刘介才. 工厂供电. 6 版 北京：机械工业出版社，2015.

[13] 徐国政，张节容，徐家骊，等. 高压断路器原理和应用. 北京：清华大学出版社，2000.